主 编 蔡 昌

副主编 冯守东 李梦娟

SHUIWU HEGUI JIHUA

税务合规计划

高等学校财政税务系列教材

中国教育出版传媒集团

高等教育出版社·北京

内容提要

本书是高等学校财政税务系列教材之一,参考国家税务总局《涉税专业服务管理办法(试行)》编写。

本书共十章,主要内容包括税务合规计划概论,税务合规计划的基本方法,增值税的税务合规计划,消费税的税务合规计划,企业所得税的税务合规计划,个人所得税的税务合规计划,土地增值税、房产税、契税的税务合规计划,城镇土地使用税、资源税、环境保护税的税务合规计划,其他税种的税务合规计划,以及国际税务合规计划。

本书可作为税务合规计划课程相关教材,也可作为社会人士的自学用书。

图书在版编目(CIP)数据

税务合规计划 / 蔡昌主编. -- 北京：高等教育出版社, 2025. 8. -- ISBN 978-7-04-064241-4

Ⅰ. F810.423

中国国家版本馆 CIP 数据核字第 202567X6E6 号

策划编辑	金 越	责任编辑	金 越	封面设计	张文豪	责任印制	高忠富

出版发行	高等教育出版社	网　址	http://www.hep.edu.cn
社　址	北京市西城区德外大街 4 号		http://www.hep.com.cn
邮政编码	100120	网上订购	http://www.hepmall.com.cn
印　刷	上海叶大印务发展有限公司		http://www.hepmall.com
开　本	787mm×1092mm　1/16		http://www.hepmall.cn
印　张	18.25		
字　数	444 千字	版　次	2025 年 8 月第 1 版
购书热线	010-58581118	印　次	2025 年 8 月第 1 次印刷
咨询电话	400-810-0598	定　价	39.00 元

本书如有缺页、倒页、脱页等质量问题,请到所购图书销售部门联系调换

教师教学资源服务指南

关注微信公众号"**高教财经教学研究**"，可浏览云书展了解最新经管教材信息、下载教学资源、申请教师样书、下载试卷、观看师资培训课程和直播录像等。

下载教学资源

电脑端进入公众号点击导航栏中的"教学服务"，点击子菜单中的"资源下载"，或浏览器输入网址链接http://101.35.126.6/，注册登录后可搜索相应资源并下载。

申请教师样书

点击导航栏中的"教学服务"，点击子菜单中的"云书展"，了解最新教材信息及申请样书。

下载试卷

高教财经教学研究公众号目前提供基础会计学、中级财务会计、财务管理、管理会计、审计学、税法、税收筹划、税务会计课程试卷下载。点击导航栏中的"教学服务"，点击子菜单中的"免费试卷"，下载试卷。

观看教师培训课程

高教财经教学研究公众号上线了"路国平谈中级财务会计教学""黄中生谈高级财务会计教学""池国华谈财务报表分析教学""刘海生谈管理会计教学""李越冬谈审计学教学""智能投资在线课程""Python量化投资在线课程"等课程。点击导航栏中的"教师培训"，点击子菜单中的"培训课程"即可观看教师培训课程和"名师谈教学与科研直播讲堂"的录像。

联系我们

联系电话：（021）56718921　　　　高教社本科会计教师论坛QQ群：116280562

前　言

税收乃"国之重器"。税收是政府筹集财政收入的一种形式。马克思深刻地指出："国家存在的经济体现就是捐税。"19世纪美国大法官霍尔姆斯说："税收是我们为文明社会付出的代价。"税收是一种取之于民、用之于民的财富流，反映了人类社会的进步之旅，也绽放出璀璨的文明之花。

建立在人类社会与财富分配基础上的税务合规计划，与税收一样，是人类文明的产物。税务合规计划是指在既定的税制框架下，通过对纳税主体的战略模式、经营投资活动、理财涉税事项等进行事先规划和安排，达到节税、递延纳税和降低税务风险等目标的一系列税务规划活动。税收法定原则确立了纳税人的税务合规计划权，私法自治原则①使税务合规计划权得以实现。税务合规计划是市场经济的产物，也是纳税人的理性经济行为，不仅具备合法性的基本要件，而且体现出民主正义的税收契约精神。

与逃税或避税不同，税务合规计划作为一种融战略规划、经营模式、商务结构及管理方略于一体，旨在降低企业运营成本与税务风险的智慧行为，享有"皇冠上的明珠"之美誉，已经得到全世界的广泛关注，备受企业家和高层管理者的追崇。出于理财决策的考虑，法人企业、集团公司、商务机构乃至个人都十分重视税务合规计划的实践操作。国内外一些税务师事务所、会计师事务所、律师事务所、会计与税务协会、研究机构等组织积极推出高端税务合规计划服务，一些上市公司、集团公司不惜重金设立庞大的税务部门并开展相关税务合规计划活动。

税务合规计划是财务、税收、会计、财政、金融、管理等本科专业开设的一门重要课程，具有综合性、实践性、学科交叉性等特点。具体来说，本书具有以下特点：

（1）本书具有一定的原创性，充分体现了税务合规计划方面的中国实践和理论创新。在实践创新上，本书探讨诸多与中国改革开放以来的伟大实践、中国式现代化建设进程紧密相关的实践议题，充分体现了我国为国护税、为国理财，旗帜鲜明地维护国家利益、维护人民

---

① 私法自治原则，又称意思自治原则，是指法律确认民事主体得自由地基于其意志去进行民事活动的基本准则。

利益,提高财政分配的公平性、科学性,追求国富民强、共同富裕的税务合规计划立场。在理论构建上,本书提出"税务合规计划"等新概念、新提法,并将习近平经济思想中关于创新驱动、协调发展、绿色发展等核心理念融入税务合规计划的理论框架中,充分展示了税务合规计划是以人民为中心理念的体现与贯彻。

(2) 本书为适应本科及研究生教学工作,从横向角度出发,按照不同税种构建税务合规计划的逻辑框架;从纵向角度出发,涉及税务合规计划活动贯穿的公司设立、投融资管理、供产销、薪酬管理、资产重组等具体业务内容。

(3) 本书简明扼要、结构完整、重点突出、配套资源丰富。本书每章均设计有复习与思考、自测题、业务题等巩固练习,全方位测评学生学习成果。本书还以二维码形式补充了拓展阅读材料等教学资源。

学生通过学习税务合规计划课程,可以全面掌握和理解税务合规计划的基础理论,把握税务合规计划方法与技巧,提高税收实务操作能力、税收风险管理能力与税务合规计划实战能力。

本书由蔡昌担任主编,负责全书的统筹规划与总纂定稿;冯守东、李梦娟担任副主编;吴海燕、张云华、蔡一炜等参与编写。本书得到高等教育出版社的大力支持,在此表示衷心的谢忱。本书既可作为高等院校本科生教材,又可作为广大财税工作者的学习用书,还可作为财税实操人员的培训教程。

限于时间与编者水平,本书不免有疏漏之处,敬请读者批评指正。

蔡　昌

中央财经大学财政税务学院教授、博士生导师

中央财经大学税收与法律研究中心主任

北京大数据协会财税大数据专业委员会会长

2025 年 7 月

目　录

目　录

第一章　税务合规计划概论

 **学习目标**

学 习 内 容	要　求	难　度
1. 税务合规计划的概念及特点	了解	☆
2. 税务合规计划的学科定位与原则	熟悉	☆
3. 税务合规计划与逃税、避税的区别	熟悉	☆☆
4. 税务合规计划的检验规则	掌握	☆☆☆
5. 税务合规计划的微观目标与宏观经济效应	掌握	☆☆☆

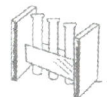 **案例导读**

皮埃尔的面包店：法国增值税规划的智慧之旅

在法国的一个小镇上，有一位名叫皮埃尔的面包师。他的面包店因为独特的烘焙技术和美味的面包口感而广受好评。然而，随着生意的兴隆，增值税的税负日益加重，这让皮埃尔感到压力倍增。

皮埃尔对增值税政策进行了深入研究，发现通过合理的税务合规计划，可以有效减轻税负。于是，他开始制定一系列的策略。首先，他与供应商协商，尽量争取更低的价格和更长的延迟付款期限，以降低成本和现金流的压力。其次，他开始将面包店的一些业务外包给其他小型企业，以享受小微企业的税收优惠政策。

此外，皮埃尔还积极申请增值税减免。他对店内的设备进行升级改造，以符合节能环保的标准，成功获得了政府的增值税减免。

经过一段时间的努力，皮埃尔的面包店的税负得到了有效降低，生意也更加红火。他的成功故事在小镇上传为佳话，其他商家纷纷效仿他的税务合规计划方法。

这个商业小故事告诉我们，税务合规计划需要深入研究和巧妙运用。通过合理的税务合规计划，我们可以有效降低税负，为企业经营发展创造更多的机会和空间。

第一节　税务合规计划的起源与发展

一、税收的概念与纳税意识

（一）税收的起源与发展

税收是一个古老的财政范畴，随着国家的出现而出现。无国无税，无税无国。从本质上说，**税收是一种政府行为，是国家凭借其政治权力，无偿地向居民征收货币或实物，以取得财政收入的一种财政工具**。数千年前的古希腊、古罗马和古埃及就已存在税收，英美很早就有"只有死亡和纳税是不可避免的"之类的名言；中国唐代诗人杜荀鹤的名句"任是深山更深处，也应无计避征徭"，道出了人类社会几千年来的赋税制度。

税收是政治与经济的交汇点，体现着政治制度及社会变革的深刻性，也描绘出经济演进的轨迹。税收的英文为"tax"，源于拉丁文"taxo"，含有"必须忍受""必须负担"的意思。可以说，税收是与人类的文明进程相伴随的，没有税收就不可能创造出辉煌的人类文明。

夏、商、周时期的贡、助、彻，是我国税收的雏形。从夏代开始就有"任土作贡"的国法，即按土地的好坏分等级征税。夏代的贡赋分为两种：① 王室对其所属部落以及用武力征服的部落强制征收的土贡；② 平民因耕种土地而向贵族或王室缴纳的贡赋。《孟子》记载："夏后氏五十而贡，殷人七十而助，周人百亩而彻，其实皆什一也。"这里的"贡""助""彻"都是比较原始的土地税征收形式。"五十""七十""百亩"均是计算征税土地的计量单位。"其实皆什一也"是说当时的征税率均为"十税一"。

商代井田制在中国历史上非常有名。井田制是在一块四方形的土地上画一个大大的"井"字，把土地平均分为九份，最中间的一块是公田，其余八块是私田。公田由耕种私田的八家农户共同耕种。《孟子》："方里而井，井九百亩，其中为公田，八家皆私百亩，同养公田，公事毕，然后敢治私事。"井田制是商代典型的赋税制度，即农户先耕种公田，公田的农活干完之后，才能够耕种私田。公田的全部收入上缴政府，私田的收入归农户所有。这是中国早期的农业税形式，其实质是对劳动力进行征税。一份公田的收入缴税，八份私田的收入属于农户，这样算来，井田制的税率大约为九分之一。

春秋时期，鲁宣公十五年，鲁国实行"初税亩"，即将平民开垦出来的田地全部算作私田，对私田按亩征税，正式确立以私有制为基础、完全意义上的税收制度。"初税亩"的施行，使鲁国在当时的诸侯国中变得很强大。

拓展阅读

从"税"字写法推测税收起源

如果注意到汉字"税"的写法，你会发现："税"字的左边是禾木旁，右边是一个"兑"。"税"字的构成喻示着最早出现的税是农业税。"税"的探源性解释为：税取之于民，民以禾为兑。即税收最早起源于农业，最早的税收是以农产品形式征收的，即农业税的雏形是以禾苗或粮食为代表的"实物税"。后来，随着人类社会发展，产业类型越来越丰富，税收才渗透进工商业、服务业、建筑房地产业等领域，逐渐演变为"货币税"。

（二）税收的概念与本质

税收是国家财政收入的主要来源，也是政府宏观调控的重要工具。从本质上说，税收是一种政府行为，体现着政府的意志，但这种意志也不是随心所欲的。一国经济的运行模式和经济发展水平制约着该国的税制结构、税负水平和税收征管方式。从不同的角度分析，税收具有不同的内涵。

从收入分配角度分析，税收是国家凭借其政治权力强制性参与国民收入分配的一种工具，具有强制性、固定性、无偿性的特征。马克思认为："国家存在的经济体现就是捐税。""捐税体现着表现在经济上的国家存在，官吏和僧侣、士兵和女舞蹈家、教师和警察、希腊式的博物馆和哥特式的尖塔、王室费用和官阶表这一切童话般的存在物于胚胎时期就已安睡在一个共同的种子——捐税之中了。"列宁认为："所谓税赋，就是国家不付任何报酬而向居民取得东西。"

从公共财政角度分析，税收是公共产品的价格。美国法学家奥利弗·霍尔姆斯有一句经典名言：税收是我们为文明社会付出的代价。布坎南认为，税收是个人为支付由政府通过集体筹资所提供的商品与劳务的价格。我们之所以能享受政府的公共产品，是因为我们作为纳税人支付了税款。因此，税收是公共产品的价格。这里强调的是税收交换论，即税收体现着政府与纳税人之间的一种利益交换关系。

从法学角度分析，税收是以法的形式存在的。法律上的税收，是指作为法律上的权利与义务主体的纳税者（公民），以自己的给付适用于宪法规定的各项权利为前提，在此范围内，依照遵从宪法制定的税法，承担的物质性给付义务。

（三）纳税意识

在市场经济下，纳税人的意识非同小可。对此，不能仅仅从政府收入来源的层次上来理解。事实上，纳税人既昭示着一种义务，又标志着一种权利。纳税人是集权利与义务于一身的特殊群体。市场经济的通行准则是权利与义务的相对称。讲到某人负有什么义务，要相应说明其享有怎样的权利；讲到某人享有怎样的权利，也要相应说明其负有怎样的义务。纳税人的纳税义务与纳税权利，是一种对称关系。

在美国，有位女士家里养的一只猫爬到了房顶上，下不来了。焦急中，她打电话向警察局求助。警察特意跑来，搬梯子上房，帮她把猫抱了下来。有人奇怪地问她："为什么警察可以管这种事？"她不假思索地反问道："为什么不可以？他们花的是我们纳税人的钱！"由这句意料之外、情理之中的幽默话，我们想到了纳税人和政府之间的关系。从某种意义上说，在市场经济下，政府实质上是一个特殊的产业部门——为社会提供公共产品。正如人们到商店买东西需要为之付款一样，政府提供的公共产品也不是"免费的午餐"。消费公共产品的付款，是以纳税的方式来完成的。只要纳税人依法缴纳了税金，便因此拥有了向政府部门索取公共产品的权力。只要政府部门依法取得了税收，便因此负起了向纳税人提供公共产品的义务。纳税人之所以要纳税，就是因此要换取公共产品的消费权。政府部门用于提供公共产品的资金，来源于纳税人缴纳的税金。因此，对于生活在市场经济环境下的纳税人，既要依法履行好缴纳税金的义务，又要充分用好消费公共产品的权利。这两个方面的有机结合与统一，便是人们通常所说的纳税意识。

二、税务合规计划的产生与发展

（一）税务合规计划的产生

纳税人的税收抗争活动蕴含着税务合规计划[①]行为。税收抗争是比税务合规计划更宽泛的一个概念，包含避税、逃税、抗税等丰富的内涵。

从已有文献探源税务合规计划的产生，最早可追溯至19世纪中叶的意大利。那时意大利的税务咨询业务已存在税务规划安排，意大利的税务专家地位不断提高，可以看作税务规划的早期萌芽。税务规划的正式提出始于美国财务会计准则，美国财务会计准则委员会（FASB）在《SFAS109——所得税的会计处理》中首次提出税务规划战略（Tax-planning Strategy），并将其表述为一项目满足某种标准，其执行会使一项纳税利益或营业亏损或税款移后扣减在到期之前得以实现的举措。在评估是否需要递延所得税资产的估价准备及所需要的金额时，要考虑税务规划策略。上述观点较为准确地阐明了税务规划与税务会计的关系：尽管税务规划的边界远远超出了《SFAS109——所得税的会计处理》定义的范围，但税务规划始终是税务会计的重要组成部分。

20世纪以来，有三件里程碑式的事件使税务规划正式进入人们的视野：

其一，1935年，英国上议院议员汤姆林爵士针对"税务局局长诉温斯特大公"一案，作了有关税务合规计划的重要声明："任何一个人都有权安排自己的事业，如果依据法律所做的某些安排可以使自己少缴税，那么就不能强迫他多缴税。"这一观点得到了法律界的普遍认同，税务规划第一次得到法律的认可，成为税务合规计划史上的基础判例。

其二，1947年，美国联邦大法官勒纳德·汉德在法庭判决书中勇敢地为纳税人辩护："人们合理安排自己的活动以降低税负，是无可指责的。每个人都可以这样做，不论他是富人，还是穷人。纳税人无须超过法律的规定来承担国家税收。税收是强制课征的，而不是自愿的捐款。以道德的名义来要求税收，纯粹是奢谈。"该判例成为美国税务规划的法律基石。

其三，1959年，欧洲税务联合会在法国巴黎成立，由5个欧洲国家的从事税务咨询的专业团体和专业人士发起成立。后来，其规模不断扩大，其成员遍布英、法、德、意等22个国家。欧洲税务联合会明确提出"为纳税人开展税务规划"是其服务的主要内容。

提示

从历史逻辑角度分析，理性经济人假设是税务合规计划产生的前提条件，私法自治原则是税务合规计划赖以存在的土壤。税收法定主义确立了纳税人的税务合规计划权，而私法自治使这种权利成为现实。因此，税务合规计划是市场经济的必然产物，是纳税人具有法律意识的维权行为，体现着民主、正义、自由的税收契约精神。

（二）税务合规计划的发展

20世纪中叶以来，税务合规计划为世界上越来越多的纳税人所青睐，成为中介机构涉

---

① 税务合规计划，也称税务规划或税收规划。英文名称为 Tax planning。

税业务新的增长点。德勤、普华永道、毕马威、安永等四大国际会计师事务所纷纷进军税务合规计划咨询业。据不完全统计，四大会计师事务所来自税务咨询业务方面的收入超过其总收入的半壁江山，其中税务合规计划已经成为税务咨询业的重要构成内容。

税务合规计划在我国起步较晚，这与我国市场经济的发展状况息息相关。已有税务合规计划方案大多停留在"就税论税、单边规划"层面，很多所谓的税务合规计划方案并没有多少含金量，充其量只是依靠税收优惠或税制缺陷获取税收利益。规划者较少考虑经济交易中其他契约方的利益诉求和非税成本的影响，也未从战略高度推进企业经营活动、业务流程与税务合规计划模式的深度融合。

三、税务合规计划的学科定位与方法论

（一）税务合规计划的学科定位

1. 税务合规计划的理财性质

税务合规计划本质上是一种企业理财行为，税负测算、税务合规计划方案设计、税务风险控制都属于财务管理范畴。因此，学术界的主流观点认为税务合规计划应归属于财务管理范畴，本书也持这一观点。税务合规计划是财务管理的重要组成部分，税务合规计划的目标与财务管理的目标具有一致性。现代企业财务管理的目标是企业价值最大化，衡量企业价值最大化所采用的最重要的指标是现金流，而**税务合规计划的功能之一就是对现金流的管理，包括节约现金流、控制现金流、获取资金时间价值**，为财务决策增添税收因素。税务合规计划与企业价值具有的紧密的关联，使税务合规计划成为财务管理的重要构成内容。

拓展阅读

国内外税务规划研究

2. 税务合规计划与税务会计的关系

税务合规计划天然不是税务会计，但税务会计必然衍生出税务合规计划。企业的税收活动离不开税务会计，税收征管依据的基础信息是税务会计提供的，税务合规计划依据的基础信息也必然来源于税务会计，税务合规计划对税务会计产生强烈的依赖关系。不以税务会计信息为依据，税务合规计划是无法开展的，税务合规计划与税务会计相辅相成、交相辉映，形成一种交叉互补的依存关系。

关于税务会计与税务合规计划的关系，盖地教授有着精辟的见解："在会计专业中，税务规划可以不作为一门独立的学科，而是作为税务会计的组成部分。"查尔斯·T.亨瑞格更是一语破的："税务会计有两个目的：遵守税法和尽量合理避税。"汉弗莱·H.纳什认为："公司的目标是在税务会计的限度内实现税负最小化及税后利润的最大化。在永无休止的税务征战中，税务会计只能算是一组'征战法则'……税务会计的目标不是会计，而是收益。"

从根源上讲，**税务合规计划是税务会计决策职能的衍生，其理财决策特征十分明显**。

3. 法学视角的税务合规计划

罗马谚语有云："私法乃为机警之人而设。"税法作为公法有"为机警之人而设"之妙用。从法律角度出发，税收法定原则要求实务中对税收法规作严格解释，即法律没有禁止的就是允许的。法学派对税务合规计划的研究内容可以概括为：注重从司法原理上界定税务合规计划的范围，通过控制经济交易的税法细节和例外规定来进行合法的税务合规计划。法学派对税务合规计划的研究主要基于具体技术和特定规则的范式。

税务合规计划是纳税人的一种理性经济行为，有其存在的市场空间。税务合规计划有其社会经济土壤。这主要是指市场经济的优良环境，使其具有自发性特征，显示出勃勃生

机。税务合规计划之所以具有生长的自发性和韧性,源于纳税主体的利益诉求与外部制度环境形成的双重驱动力。

税务合规计划是一门新兴的复合型、应用型学科,融经济学、管理学、财务学、会计学、税收学、法学于一体。随着经济全球化趋势和市场经济的发展,税务合规计划已经独立为一门重要的交叉性学科,但属于财务学范畴这一点并没有改变。还有一种观点认为,税务合规计划应属于管理会计范畴,理由是税务合规计划不仅有着涉税会计决策功能,而且给企业管理者提供相当丰富、有益的内部税务会计信息。本书认为,若税务合规计划的财务决策功能充分发挥出来,其客观效应一定是形成对企业内部管理有用的决策信息。因此,税务合规计划属于管理会计的观点颇为牵强,税务合规计划的基本功能是理财决策,将税务合规计划归为财务管理或理财学较为合适。

(二)税务合规计划的方法论

方法论是指人们认识世界、改造世界的一般方法,具体是指人们用什么样的方式、方法来观察事物与处理问题,即一整套解决问题的方法体系。税务合规计划的方法论就是如何开展税务合规计划活动、解决税务合规计划问题的一整套方法体系。税务合规计划的方法论来自对税务合规计划理论与现实问题的研究与探索。

归纳法、演绎法是推理、判断和认识问题本质的科学方法,被广泛应用于税务合规计划领域。**税务合规计划方法论的精髓在于归纳法、演绎法的交替使用。**归纳法是指通过样本信息来推断总体信息的思维方法,即从个别前提得出一般结论的方法,其优点是能体现众多事物的根本规律,且能体现事物的共性。演绎法是指人们以一定的反映客观规律的理论认识为依据,从服从该认识的已知部分推知事物的未知部分的思维方法,即由一般到个别的认识方法。

恩格斯的《自然辩证法》中有一段关于归纳演绎的精辟言论:"归纳和演绎,正如分析和综合一样,是必然相互联系着的。不应当牺牲一个而把另一个捧到天上去,应当把每一个都用到该用的地方,而要做到这一点,就只有注意它们的相互联系,它们的相互补充。"

众所周知,税务合规计划是致用之学,备受纳税人重视,实务中已经出现大量成功案例。首先从税务合规计划个案出发,运用归纳法,从特殊推理到一般,归纳概括出税务合规计划的基本方法与规律;然后,从基本方法与规律出发,运用演绎法,从一般推演到特殊,将归纳获得的税务合规计划基本方法与规律演绎推广到税务合规计划实践中去。通过归纳、演绎方法的交替使用,可以深化对税务合规计划本质的认识,挖掘税务合规计划的各种方法,有助于解决现实问题,也有利于将理论、方法与现实操作完美结合起来。

第二节　税务合规计划的基本原理

一、税务合规计划的概念及其系统理解

(一)税务合规计划的概念

学术界对于税务合规计划依据不同的认识,存在以下五种不同的称谓:税务合规计划、

税务规划、纳税规划、税收策划、税收规划。这些说法其实并无本质差别,基本上是混用的。国内大多将"tax planning"一词译为"税务规划",但也存在着不同的看法。盖地教授认为"税务规划"与"税务会计"相对应,称税务规划对纳税人来说更为妥帖。税务合规计划的概念,从一个侧面说明了国内从事税务合规计划研究的学者,所遵从的一种研究范式与分析线索。"税务合规计划"观点主要体现了以税收学中的税务管理和税收制度为基础的合规性分析范式,"税务规划"观点主要代表了以会计与税收融合中的税务会计和涉税管理为基础的研究思路。在某种程度上,二者体现了殊途同归的学术思想。本书对此所持观点认为:"tax planning"最准确的含义应该是"税务规划",即强调事前性和科学规划性特征,但"税务合规计划"之称谓比较符合税法逻辑,也较好地体现出税务合规计划是一种合规性纳税方案设计的意蕴。基于上述考虑,本书认为学术界、实务界使用"税务规划"这一规范称谓是最有效推广和传播税务合规方案的明智之举。

2017 年 5 月 5 日,《税务总局关于发布〈涉税专业服务监管办法(试行)〉的公告》(国家税务总局公告 2017 年第 13 号)使用了税收策划这一概念,将其定义为"对纳税人、扣缴义务人的经营和投资获得提供符合税收法律法规及相关规定的纳税计划、纳税方案",特别强调合规性要求,即只有符合税收法律及其他相关规定的纳税计划、纳税方案才可以称为税收策划。如果纳税人以违法手段设计并实施纳税计划、纳税方案,导致国家税收流失和纳税人违法犯罪,就会受到国家法律的惩处。

2025 年 3 月 17 日,国家税务总局发布《涉税服务管理办法(试行)》,正式提出税务合规计划。**税务合规计划**是指纳税人为了实现企业价值最大化目标,在既定的税制框架内,通过对战略管理、生产经营、理财涉税事项等进行合规审核与财税风险筛查,以提供符合税法及相关规定的纳税计划、纳税方案的税务管理活动。

(二)对税务合规计划概念的系统理解

我们从以下方面来系统理解税务合规计划的概念:

1. 税务合规计划的主体是纳税人

纳税人是税法规定的直接负有纳税义务的单位和个人。国家对于税法中的每一个税种都需要规定纳税人,以解决国家对谁征税的问题。纳税人既包括法人,也包括自然人。我国纳税人中的法人指的是企业法人。我国纳税人中的自然人指的是我国公民、居住在我国的外国人和无国籍人,包括个人、个体工商户、个人独资企业、合伙企业等。中介机构及其执业人员接受纳税人委托进行税务合规计划活动,只是以税务代理人的身份为纳税人提供税务合规计划建议、实施方案和税务咨询服务,并不改变纳税人进行税务规划的主体身份。

拓展阅读

对税务合规计划主体的争论

关于税务合规计划的主体,目前有"征纳双方"与"纳税人一方"两种观点,即存在双主体论和单主体论的争辩。目前,单主体论的观点是主流观点,大量的学术文献都支持该观点。盖地教授认为："在征纳双方法律地位平等但不对等的情况下,对公法来说,应遵循'法无授权不得行'的原则,即依法行政。因此,如果他们(税收执法机关)还可以进行'税务规划',就会造成对公法的滥用和对纳税人权益的侵害。"

所谓的税收执法机关的征税规划其实是不存在的,税务合规计划只是针对纳税人而言的,其主体只能是纳税人。征税规划只不过是税务机关的征税计划而已,即针对不同性质、不同表现的纳税人,税务当局采取不同的监控方式和征管模式,以实现税款征收管理的计划性和有效性。

2. 税务合规计划的客体是纳税人的战略管理、生产经营和投资理财等活动

税务合规计划的客体范畴广泛,涉及企业的战略模式制定与组织架构设计,以及生产经营各个环节和投资理财的整个过程。纳税人进行税务合规计划活动的抓手,一方面是充分利用国家的税收法律法规、优惠政策,另一方面是调整战略方向、生产经营活动、布局投资结构和运行模式,从而降低企业税收成本,实现企业价值最大化。

3. 税务合规计划是纳税人在纳税义务发生之前对相关事项的事先安排和统筹规划

一个生产经营行为发生后,其纳税义务是确定的,而纳税人的纳税义务发生之后,就必须依法纳税,不存在税务合规计划空间。 因此,税务合规计划应当在纳税义务发生前进行。纳税人在进行税务合规计划时,不仅要精通税法和财务知识,还要熟悉和掌握会计、审计、财政、管理等方面的法律法规,这样才能真正做到科学规划。

4. 税务合规计划的目标是企业价值最大化,而不是税负最小化

在实践中,企业价值最大化目标不一定好衡量,一般以税后利润最大化为税务合规计划的目标取向。评价税务合规计划成功与否的标准,是能否有利于企业价值最大化,具体表现为税后利润最大化,而不是某一时点、某一项目的税收成本最小。因为税负最小化并不一定就能实现税后利润最大化。当不同税务合规计划方案的税负最小化与税后利润最大化目标不相吻合时,必然选择税后利润最大化的方案。

提示

在税收征纳活动中,税务合规计划是纳税人对税收环境的一种反应和适应行为。该行为不仅仅是减轻税负,还有降低税务风险的要求。因此,纳税人应该分析税收环境的特征,掌握税收政策的差异性和变化趋势,了解税务当局的征税行为特征,有针对性地开展税务合规计划活动。

2024 年 11 月 29 日在南京召开的全国税务专业学位研究生教育指导委员会第 11 届培养单位工作会议上,经参会委员研究决定,将税务专业学位研究生五大核心课之一的"税收筹划"更名为"税务合规计划"。从专业角度分析,"税务合规计划"的本意是纳税人为实现税务合规的计划安排与运筹,强调业务活动与对应税务处理的契合性、税务处理遵循和渗透税法精神,以及纳税人精准掌握企业会计准则、深度关注税法及其与其他法律间的交互影响。纳税人在税务合规计划安排中,必须兼顾实体法与程序法的制度约束,在开展业务工作时主动提前考量税务因素,提高税法遵从度与税务合规意识。

二、税务合规计划的特点

（一）合法性

合法性强调税务合规计划行为本身是符合税法规定的,其最基本的特点就是遵守税法。纳税人应在税法许可的范围内进行税务合规计划,依据税法进行最优纳税方案选择。这也是税务合规计划和逃税等违法行为最大的区别。税收具有强制性、无偿性、固定性的特点。纳税义务发生后,纳税人应按照税法的规定及时、足额缴纳税款,任何不纳、少纳或推迟缴纳税款的行为都是违法的。税务合规计划的合法性在于纳税人遵守税法的基本规定,合理地运用税法的各项规定安排生产经营、财务活动,及时、足额缴纳税款,减轻税收负担。

企业进行税务合规计划活动既要在税法规定的范围内进行,又要随时关注国家政策法规的变化。税务合规计划方案是在一定的税法规定和税法环境下制定的。随着经济社会的不断发展,国家政策法规会顺应时代要求做出调整变化,企业管理者需要根据国家政策法规的变化重新调整税务合规计划方案。

（二）事前性

事前性遵循的是一种规划思想,即纳税人在纳税义务发生之前,根据国家政策法规和税收法律对生产经营活动与财务活动进行事先规划、设计和安排。一般情况下,纳税人是在发生经济行为以后才负有纳税义务。比如,企业只有在发生了经济行为以后才需要缴纳增值税、消费税等流转税,只有在实现收益或发生利润分配时才需要缴纳企业所得税、个人所得税等,企业在发生经济行为之前,可以根据国家政策法规和税收法律中赋予的选择税收政策的机会,对企业未来的生产经营活动和财务活动进行事先规划和安排,尽可能降低企业的税收负担。如果生产经营导致的纳税活动已经发生,纳税义务已经确定,再去谋求少纳税或不纳税,则不是合法的税务合规计划。税务合规计划实际上就是以税法的各项规定为基础,通过对战略管理、经营活动和财务活动的事先规划来安排纳税义务及其发生时间。

（三）目的性

税务合规计划要求企业能够防范税务风险、准确履行纳税义务。准确与否的关键在于税务合规计划能否有利于实现企业价值最大化目标。税务合规计划的目的非常明确,即服务于企业价值最大化的终极目标。

（四）风险性

风险性主要体现为税务合规计划方案的设计具有主观性,税务合规计划方案的实施具有条件性,这些都会带来税务合规计划风险。企业追求税后利润最大化或企业价值最大化,开展税务合规计划时要充分利用税法赋予的税收优惠政策和其他政策法规,使税务合规计划方案的风险最小化,即要在收益与风险之间进行权衡。

（五）专业性

税务合规计划要求在精通国家税收制度、政策及征管规定的基础上,结合企业生产经营的内容、特点及不同时期的战略目标,对企业涉税的交易和事项进行统筹安排,通过税收成本差异来实现企业价值最大化目标。因此,此项业务的专业性较强,必须由税收、会计、财务管理等专业素养较强的人员组织实施。随着经济的不断发展,对专业化要求日益加强,更多地由税务师事务所、会计师事务所、律师事务所等中介机构接受委托开展税务合规计划业务,体现了税务合规计划专业性强的特点。

三、税务合规计划的原则

(一)合法性原则

合法性是税务合规计划的前提和基础。"合法性"的概念是广义的,**不仅表现为手段合法,而且要求税务合规计划的精神实质合法,即税务合规计划的方法和手段不违背税收的立法精神,不钻任何法律的空子。**税务合规计划活动不仅要以国家法律为依据,以税收法律为基础,而且必须符合国家的政策导向,符合法律政策的制定意图。纳税人采取的税务合规计划手段必须是完全合法的,在法律规定的范围内从事税务合规计划活动,即使法律没有明确禁止的行为,也要尽可能地符合法律的政策导向。从这个层面来看,税务合规计划和避税是有显著区别的。

(二)企业价值最大化原则

税务合规计划的直接结果可能是税收成本的降低,但是这个结果必须服务于企业生产经营的终极目标——企业价值最大化。这个原则对税务合规计划提出的要求是:**税务合规计划活动必须兼顾全局,**考虑各方面因素;在各种备选方案中,**选择符合企业价值最大化要求的、能体现企业全体相关利益者共同利益的方案;**进行税务合规计划,要**兼顾各税种之间的关系,**要**通盘考虑方案结果对企业整体财务状况的影响,同时应该考虑可能带来的非财务影响。**

(三)战略性原则

税务合规计划本身就是一个战略过程,要遵守战略性原则。首先,要对税务合规计划进行战略环境分析,既包括对企业所处的税收环境分析,又包括对利益相关者的分析。其次,要进行相应的战略定位和策略选择,进行协商、交易,实施战略。最后,还要进行相应的战略评价。坚持税务合规计划的战略性原则,就是要求在税务合规计划的过程中,站在战略的高度审视和把握企业的各项税收活动,从而提高税务合规计划的效率。

(四)动态性原则

企业面临的税收环境是不断发展变化的,国家的税收法律法规也在不断补充和完善中。从这个意义上讲,企业的税务合规计划也应该坚持动态性原则,即税务合规计划方案也应该随着客观环境的变化而变化。坚持税务合规计划的动态性原则,就是要求在税务合规计划的过程中,从动态的视角去研读税收政策,**制定税务合规计划方案,要特别关注税务合规计划外部环境的变化。**

(五)系统性原则

税务合规计划是一项系统性工程,企业在进行税务合规计划时,要坚持系统性原则。系统性主要体现在两个方面:一方面,税务合规计划要从整体性的角度进行考虑,即在税务合规计划时,要综合考虑各方面的因素,力求使企业的整体税收负担最轻、长期税收负担最轻,而不是局限于某个单一税种或某个时期;另一方面,税务合规计划要遵循科学的步骤,即税务合规计划有其特定的工作规程和要求。

(六)安全性原则

税务合规计划的安全性也是一项重要原则。通常,纳税人的收益越大,风险也越高,安全性也就越差。税务合规计划都存在一定的风险性,税务合规计划收益与税制变化风险、市场风险、利率风险、债务风险、汇率风险、通货膨胀风险等是紧密联系在一起。税务合规计划要尽量做到风险最小化,要在收益与风险之间进行权衡。因此,企业要坚持安全性原则,切实保证税务合规计划行为的安全性,防范税收法律风险。

【例1-1】 赵先生是一位装潢设计师,2024年利用业余时间为一家公司提供装潢设计服务,每月获得劳务报酬8 000元,为了获得该报酬,赵先生每月需要支付往返车费200元、材料费1 000元。

计划前:

$$\text{赵先生2024年度业余时间服务应缴纳的个人所得税} = 8\ 000 \times (1-20\%) \times 20\% \times 12 = 15\ 360\ (元)$$

计划后:赵先生决定创业,成立了一家个人独资企业,专门提供装潢服务,其他条件不变。个人独资企业投资者的全年应纳税所得额是每一纳税年度的收入总额减除成本、费用以及损失后的余额。赵先生的总收入是96 000元(8 000×12),总成本为14 400元[(200+1 000)×12],赵先生作为投资者,其个人费用可以扣除60 000元,则该年度赵先生应纳个人所得税计算如下:

$$应纳税所得额 = 96\ 000 - 14\ 400 - 60\ 000 = 21\ 600\ (元)$$
$$应纳个人所得税 = 21\ 600 \times 5\% = 1\ 080\ (元)$$

创业后,赵先生可少缴个人所得税14 280元(15 360-1 080)。

四、税务合规计划的必要性

(一)税务合规计划是维护企业合法权益的要求

税法要求纳税人依法履行纳税义务,对纳税人的行为作出了要求和限定。同时,企业作为纳税人,享有特定的权利。税务合规计划就是纳税人的一项基本权利,纳税人同时承担着维护企业自身合法权利的重任。企业通过税务合规计划获得的税收利益是合法的。

对于企业而言,首先必须尊重税法,并遵守税法的各项规定,这是开展税务合规计划的前提。在税务合规计划操作过程中,由于将企业税务合规计划的利益充分考虑了进来,企业应当享有的合法权益可以最大限度地得到保障。

(二)税务合规计划是企业经营管理活动的重要内容

纳税人的税务合规计划行为需要采取一系列的方案和措施。对于那些税收负担较重的企业而言,税务合规计划显得尤为重要。纳税人为增加企业效益,需要采取合法的手段,即税务合规计划。任何违法的手段(如逃税)都是不可取的,企业也会为自己的行为负相关的法律责任。在遵守国家的税收政策,不违反国家各项法律法规的前提下,企业精心安排自己的经营决策方案,规划自己的纳税行为,是值得支持和鼓励的。

(三)税务合规计划是企业参与国际竞争的必然选择

企业的竞争更多地呈现出国际化的特点,国际交流和合作更加凸显。这样的大环境,对税务合规计划提出了更高要求,企业的税收环境也变得更加复杂。从税收法律法规的角度来看,企业纳税的依据不仅有国内税法,而且有世界贸易组织(World Trade Organization,

WTO)规则。企业税收征管主体不仅有国内政府,而且有世界贸易组织及其成员。从现实的情况来看,国际税务合规计划在当前的税务合规计划实务中所占的比例越来越大。因此,税务合规计划是企业走向世界、加入国际竞争的必然选择。

(四) 税务合规计划是企业产权明晰的客观要求

现代企业制度具有产权清晰、权责明确、政企分离、管理科学的特点。税务合规计划是建立在企业自主经营、自负盈亏的基础上的。在政企不分的时代,企业的税务合规计划难以得到有效的开展。随着现代企业制度的建立,税务合规计划逐渐有了发展空间和生存土壤。市场环境下,企业的产权关系更加明晰,税务合规计划更具有活力和财富增长价值。

(五) 税务合规计划是降低企业经营成本的重要环节

企业在经营活动中会产生营运成本,包括直接成本和间接成本。其中,直接成本包括直接材料成本和直接人工成本,是指直接用于生产过程的各项费用,这些费用将直接计入成本。间接成本是指生产产品或提供劳务难以直接量化的各项投入成本,主要包括固定资产的折旧成本、管理费用、水电费等。企业为了实现利润,会付出相应的成本,当节约成本经营时,企业会得到相对来说更多的利润。税收也是企业经营过程中的成本,但是税收成本并不能给企业带来经济利益的回报。同时,税收具有强制性,企业不缴纳税款,按照《中华人民共和国税收征收管理法》(以下简称《税收征收管理法》)和《中华人民共和国刑法》(以下简称《刑法》)的规定,属于税收违法或犯罪行为,会受到相应的处罚。

五、税务合规计划的目标

(一) 降低企业涉税风险

税务合规计划是远离风险的。设计税务合规计划方案要领悟税法精神,吃透税法条款。虽然税务合规计划与逃税、避税在概念上相差甚远,但在实际生活中,有时难以划清界限。逃税、避税的涉税风险较大。纳税人在设计税务合规计划方案时,必须有效防范涉税风险,过滤、查定并化解税务隐患,以规避未来可能出现的税务风险。

(二) 挖掘规律性的纳税模式

税务合规计划是针对企业个性特征而提出的一种纳税优化方案。由于企业经营管理和运作是有规律可循的,通过税务合规计划活动,可以挖掘最合适、最有效的纳税模式,并使之逐步制度化于企业内部管理,为企业发展的长期战略目标服务。

虽然不同的企业在经营管理方面有着较大的差异,但在纳税问题上却存在着惊人的相似。一旦通过税务合规计划方案成功解决企业的某一纳税难题,就会开创一种成功的纳税模式,并可规律性地推演到其他企业或相关领域。在税收微观层面,许多优秀的纳税模式是可以被复制、移植和嫁接的,这应归功于税务合规计划。

(三) 维护纳税人的合法权益

税务合规计划以税收负担的低位选择为己任,设计税务合规计划方案的目的在于维护企业的合法权益。对于税务合规计划维护企业合法权益的观点有三层含义:第一,税务合规计划在一定程度上降低了企业的税收负担,实现合法节税。节税效应建立的基础是法律适用的合法性,税务合规计划行为不应有任何法律风险。第二,税务合规计划在一定程度上挖掘了税务管理的最佳模式,探寻最优合规纳税模式。在税务合规计划活动中,纳税人的权利无疑会得到最大程度的保障。第三,税务合规计划承担着维护企业权益的重任,不论对税务机关还是对纳税人而言,严格监控税收活动的细节以保证纳税人的税务合规计划行为的合法性和有效性都是极为关键的。

六、税务合规计划的风险

(一)外部环境的不确定性导致的税务合规计划风险

1. 外部经济条件的不可预知性导致税务合规计划风险

对企业纳税人来说,税务合规计划是企业整体经营战略的一部分。企业的经营活动是在一定的外部经济条件下运行的,影响企业生产经营的外部经济条件包括国家的宏观经济形势、相关产品的市场需求状况以及微观客户群的发展变化情况等。对于企业来说,这些外部经济条件的发展变化是难以准确预知的,会制约企业税务合规计划的总体效果,导致税务合规计划风险的产生。

2. 税收政策的不稳定性导致税务合规计划风险

税收政策是国家宏观经济调控的政策工具,其内容是随着社会经济形势的发展变化而不断进行相应调整的,给纳税人的税务合规计划带来了潜在的政策变动风险。

3. 税收法制管理的非规范性导致税务合规计划风险

税收法制管理包括税收立法管理、税收执法管理、税收司法管理等内容。税收法制管理的非规范性导致的风险主要体现在两个方面:一是由于税收法律的模糊性导致的风险;二是由于税收执法行为的非规范性导致的风险。

(二)内部环境的不确定性导致的税务合规计划风险

内部环境的不确定性给纳税人带来以下风险:一是对税务合规计划的合法性的认识不足导致的合法性界定风险;二是税务合规计划方案设计不当导致的方案风险;三是税务合规计划方案的实施不当导致的操作风险。

(三)风险偏好因素导致的税务合规计划风险

纳税人的风险偏好会对纳税人的税务合规计划行为产生重大影响。一般而言,风险偏好型的纳税人倾向于选择那些收益大、风险也高的税务合规计划方案,会面临较大的税务合规计划风险;风险厌恶型的纳税人倾向于选择收益适中且风险较小的税务合规计划方案,会面临较小的税务合规计划风险。

第三节　税务合规计划的形成机理

一、税务合规计划相关概念辨析

(一)避税

避税的目标是少缴税款、减轻企业税负,但遵循的原则与税务合规计划不同。避税一般强调"非违法性",即只要不违背法律法规的明文规定即可,其着力点在于寻找税法规定的漏洞或者盲点,在某种程度上,其行为结果可能和税收的立法精神相违背。正是这个原因,许多国家的税收部门设有专门的反避税机构,税法中有反避税条款。实际上,避税行为如果超过了适度范围,很可能滑入逃税的深渊。荷兰国际财税文献局在《国际税收辞汇》中将避税定义为：纳税人旨在降低税收负担又不足以构成逃税的行为。这一术语虽然表示可接受行为，如税务合规计划、放弃消费，但在更多情况下是一个贬义词，表示不可接受行为或不合理行为（但不是非法行为）。换言之，避税虽在法律允许之内，但违背法律精神。避税一般含有人为因素，如采用的法律形式可能与法律精神相冲突。

拓展阅读

神奇的证券：可转换公司债券

1993 年，美国高盛公司推出一种证券，该证券成为一些公司不可抵挡的诱惑。人们可以根据需要将这种证券认定为债券或股票，即可转换公司债券。对于纳税人来说，这种证券类似于贷款，其利息收入可以从应税收入中扣除。对于那些被怀疑过度举债经营的公司股东和评级机构来说，这种证券又类似于股票。美国财政部多次试图限制这种证券的使用。1994 年，美国财政部谴责华尔街的公司并要求证券交易委员会进行干预。翌年，美国财政部向国会递交了立法提案，目的是弥补现有法律中的漏洞。1998 年，美国国内税务局试图不承认上述公司的减税。但每一次努力都被投资银行、律师事务所和公司借款人组成的联盟击败，该联盟在这个一损俱损的会计操纵中获取经济利益。

提示

虽然美国国内税务局没能制止这种行为，但这种行为违背了会计执业伦理规范的宗旨，也违反了税收背后的基本立法精神。正因为大多数人遵守立法精神，不愿利用法律漏洞，法律才得以继续发挥其作用。那些利用法律漏洞避税的人是一些占别人便宜的不劳而获者，他们虽然可能遵循了法律条文，但是违背了立法的精神，这显然是不公正的。

（二）逃避缴纳税款

2009 年 2 月 28 日第十一届全国人民代表大会常务委员会第七次会议通过《中华人民共和国刑法修正案（七）》后，以逃避缴纳税款罪取代了原来的偷税罪，并对逃避缴纳税款罪界定如下：纳税人采取欺骗、隐瞒手段进行虚假纳税申报或者不申报，逃避缴纳税款数额较大并且占应纳税额 10% 以上的；扣缴义务人采取欺骗、隐瞒手段，不缴或者少缴已扣、已收税款，数额较大的，即构成逃避缴纳税款罪。

根据《刑法》第 201 条，逃避缴纳税款罪的刑罚适用原则大体包括以下四个方面：

1. 分层次处罚

针对逃避缴纳税款数额的不同，分别规定了两个层次的量刑幅度：第一层次是"纳税人采取欺骗、隐瞒手段进行虚假纳税申报或者不申报，逃避缴纳税款数额较大并且占应纳税额 10% 以上的，处三年以下有期徒刑或者拘役，并处罚金"；第二层次是"数额巨大并且占应纳税额 30% 以上的，处三年以上七年以下有期徒刑，并处罚金"。不同层次的逃避缴纳税款数额只能在本层次量刑幅度内判处，不能任意跨越，否则将造成量刑畸轻或畸重的后果。

2. 对自然人逃避缴纳税款并处罚金

针对逃避缴纳税款犯罪行为的贪利性特征，对自然人犯罪主体在各层次量刑幅度内，除规定判处有期徒刑或者拘役的自由刑外,还做了并处罚金的规定。其立法精神是,主刑和附加刑必须同时判处,不具有选择性,以防止逃避缴纳税款人在经济上占便宜。

3. 对单位犯逃避缴纳税款罪采取双罚制

对单位犯逃避缴纳税款罪采取双罚制,即对单位判处罚金,并同时对单位直接负责的主管人员和其他直接责任人员,依照规定处罚。在司法实践中,对单位判处罚金后,一般对单位的责任人员只判处自由刑,而不再并处罚金。

4. 对多次实施逃避缴纳税款的违法行为累计数额合并处罚

按照刑法理论,行为人在一定时期内多次实施逃避缴纳税款的违法行为未经发现,或虽被发现但未经处罚的,均应视为犯罪行为的连续状态,其犯罪数额应当累计计算,按一罪合并处罚,不适用数罪并罚;反之,如行为人多次或某一次实施逃避缴纳税款的违法行为已受过税务或司法机关的处罚,则不应再将此数额累计计算合并处罚。

【例1-2】 甲公司与某税务师事务所签订长期税务合规计划合同。该公司2024年度发生业务招待费100万元。已知该公司全年销售收入(包括主营业务收入、其他业务收入和视同销售收入)为900万元。

甲公司在申报前将业务招待费中的100万元原始凭证撤出,找到有业务往来的酒店、度假村、会议中心,花5万元购买金额达100万元的会议费发票,并制作会议内容、预算等原始凭证,将100万元并入当期管理费用中,以会议费形式列支。

根据税法规定,业务招待费可以税前扣除的金额为45万元(900×5‰),低于实际发生额的60%(100×60%=60万元),应做纳税调整金额为55万元(100-45)。

企业用会议费替代业务招待费的做法违背了税法规定和会计的真实性原则,捏造的会议费支出100万元不允许税前扣除,发生的5万元费用也不能税前扣除,需要进行纳税调整并补缴企业所得税。

> ### 提示
>
> 从结果来看,这种做法减轻了企业税负,但实际上已经构成逃税行为:企业虚构了会议费,违反了《中华人民共和国发票管理办法》的有关规定,未按规定取得发票;采取欺骗、隐瞒的手段进行账务处理和纳税申报,与《税收征收管理法》规定的偷税的法律要件相符,属于逃税行为。

(三)骗税

骗税是指纳税人采取弄虚作假的方式,用虚构事实或隐瞒真相的方法,将未发生的应税行为虚构成应税行为。例如,将未进行出口货物行为向税务机关申报为已经发生向外出口货物等行为,利用国家税收优惠政策,骗取减免税和出口退税。根据《税收征收管理法》第66条的规定,以假报出口或者其他欺骗手段,骗取国家出口退税款的,由税务机关追缴其骗取的退税款,并处骗取税款一倍以上五倍以下的罚款;构成犯罪的,依法追究刑事责任。

对骗取国家出口退税款的,税务机关可以在规定期间内停止为其办理出口退税。

（四）税务合规计划与避税、逃避缴纳税款、骗税的根本差异

（1）税务合规计划不同于避税。避税尽管也并不违反税法的规定，但是有悖于国家的政策导向，与国家税法的立法意图相违背。因此，对于避税行为，政府是需要严加防范的，许多国家的税收部门设有专门的反避税机构。

（2）税务合规计划不同于逃避缴纳税款、骗税。税务合规计划是合法行为，是在纳税义务发生之前对企业有关的交易和事项进行的谋划和安排；而逃避缴纳税款、骗税是违法行为，通常是在纳税义务发生之后进行的，是对已经发生的、确定的纳税义务的逃避，违背了基本税收法律，减少了国家的预期税收收入，是很多国家明令禁止的行为，应受到严厉的处罚。税务合规计划是顺应国家的政策导向，利用税收法律规定对生产经营活动、财务活动的事先安排和选择，并不减少国家的预期税收收入，可以有效地减轻纳税人的税收负担，实现企业价值最大化目标。

二、税务合规计划的形成机理

自负盈亏的经济主体在激烈竞争的市场环境及其他内外部制度因素的推动驱使下产生了利益最大化需求，强烈的利益需求天然激发了企业的节税动机。从逻辑角度分析，本能的趋利动机使纳税人寻找降低税收负担的各种手段以实现税后收益最大化。

在这种情况下，纳税人和代表政府税收征管的税务部门目标的差异性将引发一场激烈的博弈对局。博弈结果不外乎两种：一是企业选择了非税务合规计划手段而遭到税法的严厉制裁和处罚，随着税收监管力度的加大，企业通过这种方式获得的收益很可能无法弥补由于处罚导致的利益丧失。二是企业选择税务合规计划行为，使企业通过税务合规计划获取的利益能够弥补并超过所耗费的成本。

税务合规计划与税收监管实际上是一对相互促进的矛盾体，税收监管为税务合规计划提供了法律保障，税收制度的变革又指导着税务合规计划的顺利实施；税务合规计划活动为税收制度的变革和完善指明了方向。上述博弈过程导致了税务合规计划的产生。这就是税务合规计划的形成机理，如图 1-1 所示。

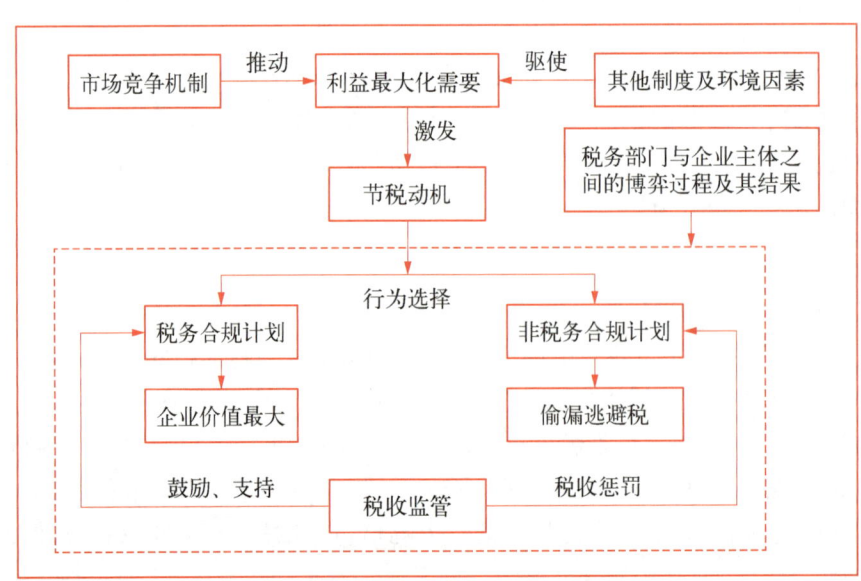

图 1-1　税务合规计划的形成机理

第四节 税务合规计划的检验规则

一、税务合规计划的立场

立场，是一个人或团队所持有的价值观、信仰或利益取向，是人们观察、认识和处理问题的立足点，是一个站位问题。苏东坡的诗句"横看成岭侧成峰，远近高低各不同"就体现了站位不同所看到的庐山的风景也不同。马克思主义的立场和观点是人们观察世界、分析问题的有力思想武器与有效工具。马克思主义的立场从来就不是"少数精英"立场，不为精英阶层服务，也绝不是"价值中立"立场，不是没有立场倾向的中间派，而是旗帜鲜明地站在人民大众的立场上，代表最广大人民群众的根本利益，把"为人民谋福利"作为其至高的价值追求。新时代，坚持为人民谋幸福，坚持以人民为中心，把人民对美好生活的向往作为奋斗目标。

从马克思主义的立场分析，税务合规计划的立场可以概括如下：税务合规计划是在实践中发展起来的，重在强调税务管理活动的科学性与合规性。税务合规计划站在国家和人民的立场上，在法律和税制框架下，强调为国护税、为国理财，旗帜鲜明地维护国家利益、维护人民利益，是提高我国财政分配的公平性、科学性，追求国富民强、共同富裕目标的基石。应该说，税务合规计划是以人民为中心理念的体现与贯彻。

二、从合规管理到税务合规计划

合规管理被认为是与业务管理、财务管理并驾齐驱的企业管理三大支柱之一，党和国家高度重视法制建设与企业合规管理工作。"十四五"规划纲要明确提出"全面推进依法治国"。国资委发布的《中央企业合规管理指引（试行）》（以下简称合规管理指引）提出中央企业必须实施的八个合规管理重点，其中之一即"财务税收"。合规管理指引明确强调重视合规管理的具体操作与标准，要求中央企业"健全完善财务内部控制体系，严格执行财务事项操作和审批流程，严守财经纪律，强化依法纳税意识，严格遵守税收法律政策"。国家自2022年开始对中央企业进行合规管理，中央企业的合规管理在我国经济建设中起到了重要的示范作用。到了2024年，全国各类性质的企业或机构都要求进行合规管理。

近年来，我国智慧税务系统中的数电发票服务平台和全国统一的新电子税务局陆续上线，税务机关开始进行全方位的税务合规监控与检查。税务合规计划在此背景下成为社会各界广泛关注的重点领域，被称为现代企业治理的基本功和必修课，是企业增强税务合规意识、增加抗风险能力的底线要求。随着大数据治税时代的到来，税务机关的税收风险监管方式已经由传统依靠经验判断向大数据分析转变，税务部门充分运用现代信息技术和大数据分析方法，实时取得纳税人全方位的涉税信息并进行系统性异常情况分析与税收风险筛查。

智慧税务系统不仅汇聚和监控涉税业务，而且把非税业务纳入监管范围，实现对企业业务全方位的监控。通过各个部门的数据共享，以大数据集成为基础、支撑，实现每个经营主体全业务、全流程、全国范围内的"数据画像"与纳税信用评价。由此可见，企业面临的税务合规环境正在迅速发生变化，对税务合规计划的客观需求也更加迫切，税务合规计划及风险管理的重要性愈加凸显,构建税务合规管理体系已经成为经营主体合规经营的基本义务,体现出税务合规计划的必然性与迫切性。

三、税务合规计划的检验规则

(一)是否符合"合理商业目的原则"

《中华人民共和国企业所得税法》(以下简称《企业所得税法》)第四十七条所称**不具有合理商业目的,是指以减少、免除或者推迟缴纳税款为主要目的**[1]。对于减少缴纳税款,企业一般通过虚构交易、虚增成本等方式降低税基实现;对于免除缴纳税款,企业一般通过利用税收优惠政策、签订合谋协议等手段,试图完全免除纳税义务;对于推迟缴纳税款,企业一般通过延迟确认收入、提前确认费用等方式,将税款缴纳时间推迟到以后期间。

有下列情形之一的,税务机关有权按照合理方法进行纳税调整:① 个人与其关联方之间的业务往来**不符合独立交易原则**而减少本人或者其关联方应纳税额,且无正当理由;② 居民个人控制的,或者居民个人和居民企业共同控制的设立在实际税负明显偏低的国家(地区)的企业,**无合理经营需要**,对应当归属于居民个人的利润不作分配或者减少分配;③ 个人实施其他**不具有合理商业目的的安排**而获取不当税收利益[2]。

企业与其关联方之间的业务往来,不符合独立交易原则而减少企业或者其关联方应纳税收入或者所得额的,税务机关有权按照合理方法调整[3]。企业实施其他不具有合理商业目的的安排而减少其应纳税收入或者所得额的,税务机关有权按照合理方法调整[4]。

对企业实施的不具有合理商业目的而获取税收利益的避税安排,实施特别纳税调整[5]。税收利益是指减少、免除或者推迟缴纳企业所得税应纳税额。避税安排具有以下特征:**① 以获取税收利益为唯一目的或者主要目的;② 以形式符合税法规定、但与其经济实质不符的方式获取税收利益**[6]。税务机关应当以具有合理商业目的和经济实质的类似安排为基准,**按照实质重于形式的原则实施特别纳税调整**[7]。

税务机关可依据《企业所得税法》第四十七条及《企业所得税法实施条例》第一百二十条的规定对存在以下避税安排的企业,启动一般反避税调查:① 滥用税收优惠;② 滥用税收协定;③ 滥用公司组织形式;④ 利用避税港避税;⑤ 其他不具有合理商业目的的安排。

由以上规定可知,税法中关于合理商业目的原则的规定,一般采取反向条款规定,即列举出不符合商业目的原则的若干情形,并对其进行纳税调整。不具有合理商业目的主要强调以下两个方面:① 业务活动以税收利益作为唯一目的;② 采取不符合经济实质形式的经济业务获取税收利益。判断商业目的原则,关键在于是否能够有充分理由说明一项交易活动的安排或交易价格、成本分摊等细节具有真实性且符合商业规则。这里有两个维度的约束:① 质的要求,交易活动或交易结构安排的本身,具有质的内核的稳定性或形式与本质的一致性;② 量的约束,量的积累或突破可能会导致质的变化,因而合理商业

---

[1] 《中华人民共和国企业所得税法实施条例》第一百二十条。
[2] 《中华人民共和国个人所得税法》第八条。
[3] 《中华人民共和国企业所得税法》第四十七条。
[4] 《中华人民共和国企业所得税法》第四十七条。
[5] 《一般反避税管理办法(试行)》(国家税务总局令 2014 年第 32 号)第二条。
[6] 《一般反避税管理办法(试行)》(国家税务总局令 2014 年第 32 号)第三条。
[7] 《一般反避税管理办法(试行)》(国家税务总局令 2014 年第 32 号)第五条。

目的原则必须有量的规定。同时,判断合理商业目的还要考虑经济行为的结果及企业进行该项交易的具体动机,可以归纳为主观性、获利性和目标性三个方面:首先,一系列主观性的交易或规划,人为设计痕迹明显。当然,纳税人也可能因为对税法理解有误或欠缺经验导致选择了不恰当的交易形式,进而导致非主观因素逃税或避税。这种情况税务机关要区分性质和具体情节而确定如何进行处罚。其次,获取税收利益是交易或筹划的唯一或者主要目的。最后,交易或筹划得到实施,且其结果是行为结果明确,从而构成逃税或避税事实。

合理商业目的原则的核心是决策的合理性,企业的决策应基于市场情况、企业战略及长远发展规划来制定。**合理性是指符合商业运行的逻辑和法律条款的规定**。因此,企业在经营过程中制定税务合规计划时,必须遵循合理商业目的。交易架构的设计和模式是否具备合理商目的和正当理由是非常重要的一个因素,不能单纯只从是否降低税负角度出发考虑方案,而要从商业规则的满足方面去考虑税务合规计划,这才是实现税务合规的正确路径。

(二)是否遵循"实质性运营原则"

实质性运营原则主要规范企业经营行为,重点打击利用税收优惠进行虚假注册、空壳公司经营等税收逃避行为。

开曼群岛于2018年12月颁布了《国际税收合作(经济实质)法案(2018版)》,要求在开曼群岛设立的经济主体开展相关活动并取得"相关收入",必须满足经济实质测试,同时向开曼群岛税务信息局申报相关信息。2020年7月,开曼群岛颁布了《开曼群岛经济实质指引3.0》,是国际反避税领域的重大制度突破,要求在开曼群岛设立经济主体的投资者对核心经济活动及经济实质进行较为详细的披露说明。

我国关于实质性运营的规定可追溯至《关于税收协定中"受益所有人"有关问题的公告》(国家税务总局公告2018年第9号)的具体规定:实质性经营活动包括具有实质性的制造、经销、管理等活动。申请人从事的经营活动是否具有实质性,应根据其实际履行的功能及承担的风险进行判定。申请人从事的具有实质性的投资控股管理活动,可以构成实质性经营活动;申请人从事不构成实质性经营活动的投资控股管理活动,同时从事其他经营活动的,如果其他经营活动不够显著,不构成实质性经营活动。

提示

　在分析申请人是否从事实质性经营活动时,通常还应关注其他重要信息,比如申请人是否拥有与其履行的功能相匹配的资产和人员配置等资源状况,以及申请人拥有权利的同时是否承担相应风险的责任情况等。

2021年海南省发布的《关于海南自由贸易港鼓励类产业企业实质性运营有关问题的公告》(2021年第1号)进一步明确实质性运营的具体条件与相应要求,对注册在海南自由贸易港并实质性运营的鼓励类产业企业,减按15%的税率征收企业所得税。对注册在自贸港的居民企业,要求在自贸港之外未设立分支机构的,且在自贸港具备生产经营、人员、账务、资产等四要素,才属于在自贸港开展实质性运营。

实质性运营的本质强调以下四个内涵：① **真实的经济活动**，不仅要有实际的**业务运营**，比如供产销一条龙，而且要具备必要的**生产要素**；② **持续性与规模匹配性**，要求**不是短期或临时性行为**，业务规模需要与税收优惠条件相匹配，比如实际工作的员工数量比例；③ **商业合理性**，交易活动符合商业逻辑与市场规则，而非人为设计交易架构；④ **实施本地化经营**，必须具有实际管理机构，要求有员工社保缴纳、办公场所租赁、水、电、网等本地化证明。

为了防止经营主体钻法律的空子，海南自贸港实质性运营政策还增加了负面规定条款，即不符合实质性运营的两种情形：① 不具有生产经营职能，即生产经营活动不存在或在海南自贸港以外地区，自贸港企业仅承担对内地业务的财务结算、申报纳税、开具发票等功能；② 注册地址与实际经营地址不一致，且无法联系或者联系后无法提供实际经营地址。

拓展阅读

实质性运营的底层逻辑

税法中的实质性运营，是一种基于公平与监管需求的税制优化设计。实质性运营其实也是一种产权思想，**要求企业经营时具备必要的资产与运营条件**，是企业生存和发展的产权基础。产权是一种社会工具，其重要性在于事实上它们能帮助一个人形成他与其他人进行交易时的合理预期。**实质性运营的底层逻辑之一是税收公平原则**。随着"价值创造地"征税原则的进一步确立，按照"常设机构"方式征税原则已受到动摇。在此背景下，强调企业遵循实质性运营享受税收优惠政策，符合国际税收规则的发展趋势，体现了税收公平原则。**实质性运营的底层逻辑之二是税收有效监管原则**。由于数字经济的网络化经营突破了经营地点的限制，淡化了实质经营问题，出现一些企业和个人向"税收洼地"转移收入，客观上要求税务部门加强对纳税人实质性运营的监管力度，包括税务部门对纳税人运营状态、纳税行为进行评估和预警，制定实质性运营的判断标准，防止税基侵蚀与利润转移，达到形式与实质的相统一、相匹配。当然，也为了防止出现大量"空壳企业"以及虚开发票现象。

第五节　税务合规计划的宏观经济效应

一、税务合规计划的宏观定位

税务合规计划行为的本质是纳税人在税法许可的范围内，通过对经营、投资、财务活动的合理规划和安排，以达到减轻税负、降低风险的行为。

税务合规计划具有两个特点：

（1）税务合规计划是在合法的条件下进行的，纳税人在对政府制定的税法进行精细比较后进行的纳税优化选择，或者是在纳税义务没有现实发生之前采取一定的措施和手段减轻或免除纳税义务的税务规划。

（2）税务合规计划符合政府的政策导向。从宏观调控角度来看，税收是调节纳税人行为的一种有效的经济杠杆，政府可以有意识地通过税收规则、税收政策引导投资和消费行为的价值取向。

从另一角度观察，税务合规计划行为的本质是纳税人对国家税法和政府税收政策的反馈行为。如果政府的税收政策导向正确，税务合规计划行为将会对社会经济发展产生积极的推动作用。正是因为企业具有强烈的节税愿望，政府才可能利用税收杠杆来调整纳税人的行为，从而实现税收的宏观调控职能。

对纳税人而言，要使其主观的节税动机转化为现实的节税行为，使节税收益成为现实，还必须具备一定的客观条件，其中的关键是税法完善程度及税收政策导向的科学性。税法体现着政府推动整个社会经济运行的导向，而在公平税负和税收中性的一般原则下，也渗透着税收优惠条款和各种差异性税收政策。税收优惠条款和各种差异性税收政策无疑为税务合规计划提供了一定的客观条件。如果从单纯的静态意义上讲，税务合规计划的确有可能影响短期财政收入。然而，税务合规计划及其后果与税收法理具有内在的一致性，不会影响或削弱税收的法律地位，也不会影响或削弱税收的各种职能及功能。这种税务合规计划行为完全是基于政府对社会经济规模和结构能动的、有意识的优化调整，正诠释了税务合规计划的实质是对税收立法宗旨的有效贯彻。

二、税务合规计划的博弈局势

征税与纳税是一种永恒的、高智商的动态博弈对局。我们经常用"渔网理论"来刻画征纳双方之间的微妙关系：渔民编织渔网出海打鱼，打鱼时必然会出现一些漏网之鱼。鱼之漏网，归因于网眼过大或渔网破损。鱼从网中拼命挣脱是鱼渴望生存之天性使然。渔民不应该埋怨鱼，而应该想办法修补渔网。税法犹如一张渔网，再完善的税法都有缺陷和漏洞。而税务合规计划犹如检验税法的试金石，使政府意识到修补"税法之网"的迫切性。

税收的存在对企业而言有着直接或间接的约束。一方面，征税会增加税收负担，直接减少税后净利润；另一方面，征税会导致企业现金流出，使现金流量匮乏，影响其偿债能力。征税必然导致企业既得利益的损失，这是一种客观现实。

企业在纳税时必然会考虑这样一些问题：既然纳税源于对社会共同利益的维护与保障，税收是调节市场经济运行的重要杠杆，政府利用税收杠杆能够在很大程度上给企业带来利益增加。如果这种积极作用的确能使纳税人预期收到实效，并有助于提高其经济效益，税收贡献大的企业会因此而强化市场竞争能力，推动后进企业提高纳税意识，增加对税收活动的兴趣。否则，企业以各种形式和手段对抗政府赋税的意识和行为就不可避免。同时，征税还使企业承担着投资扭曲风险、税款支付风险等。在这种环境下企业会对宏观经济环境及其自身的行为取向进行博弈分析，一定会走向合法的税务合规计划。这也是企业在复杂经济环境下的自然选择。

若两种不同资产的税前收益率相同，税后收益率也相同，这就是一种均衡状态。当税制发生变化影响其中一种资产的税收支出时，两种不同资产虽然税前收益率相同，但税后收益率却不同。在这种情况下，投资方会增加对税后收益率高的资产的投资，而减少对税后收益率低的资产的投资,使得税后收益率高的资产价格升高,税前收益率会因此而降低,导致税后收益率逐渐降低;而税后收益率低的资产价格降低,税前收益率会因此而提高,导致税后收益率也逐渐提高。这一投资动态博弈过程直到两种资产的税后收益率相等为止,重新达到新的均衡状态。当税制发生变化时,税后收益率的均衡过程如图1-2所示。

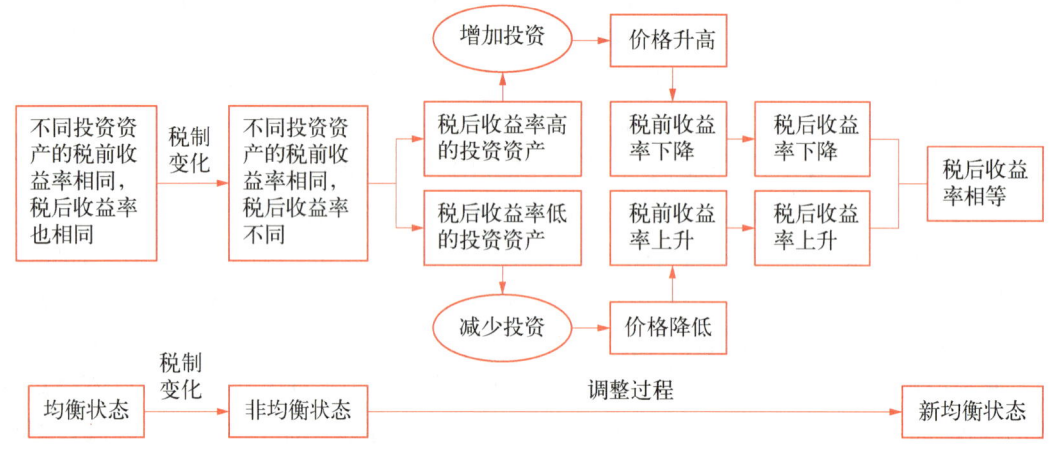

图1-2　税后收益率的均衡过程

三、税务合规计划与公平效率

企业的税务合规计划活动能正确反映和体现国家政策的公平、效率倾向,且是实现财政政策目标的手段之一。政府通过税收立法,调节某一行业或地区的纳税人在税务合规计划过程中所能得到的利益,为纳税人提供弹性的税收空间,即有选择地调节纳税人的节税能力,使纳税人在税收固定性的基础上有一定的节税弹性。这种节税弹性是依靠纳税人的主观能动性和税务合规计划能力能转化为现实收益的。

节税能力的大小在不同纳税人之间的分布,体现出政府对公平、效率的选择,具体表现为以下两个层次。

(1)税收范围内的公平、效率选择。若税收条款对所有纳税人具有普遍约束力,没有针对某些行业或地区的特定条款,纳税人具备相同的税收选择空间、相同的节税弹性,则是趋向公平的政策选择,反之为趋向效率的政策选择。

(2)整个国民经济运行中的公平、效率选择。市场对资源配置发挥主导作用,经济增长与收入分配不公、地区差异过大、行业间发展不均衡同时并存。企业可支配的资源数量不同,决定其市场地位不同,从而决定其抵御风险能力、盈利能力和核心竞争力的不同。税收发挥调节功能,通过税种结构的合理搭配,赋予在市场中处于不利地位的小规模投资者、欠发展地区和低盈利行业纳税人较大的节税弹性,使这部分税收优惠能弥补由于市场不公平带给他们的损失。这表现为税法通过调节企业税收利益从而实现对公平政策的选择;反之,进一步刺激优势部门和地区的发展,则为对效率政策的选择。

四、税务合规计划与宏观调控

税务合规计划与宏观调控存在一种相互依存关系,一国或地区的税收制度处于主控地位,是一种自上而下的控制信息输入,经过纳税人这个处理器,产生两个输出信息参数:一是纳税人上缴给国家的税款;二是纳税人投入宏观经济运行的生产要素。由于税法的约束力,输入的税法信息能够控制税收结构、税额等数据输出。获取税款只是税收杠杆调节系统的辅助目标,促进经济增长是其主要目标。因此,必须设法控制生产要素的输出,这种控制要经过纳税人这一中间环节,关键在于调动纳税人的积极性。系统中输出参数对输入参数的依存关系,取决于纳税人这个中间处理器的运行方式,而纳税人的处理原则之一就是努力减轻税负,实现税后利润最大化,即进行有效的税务合规计划以控制税负。

在既定的税制框架下,纳税人往往面对多种税负不同的纳税方案。因此,纳税人开展税务合规计划设计最优合规纳税方案,是实现国家税收经济调控职能的必要环节。其实,税务合规计划是纳税人对国家税法与宏观调控做出的合理的、良性的反应,政府合理引导企业的税务合规计划行为可以达到涵养税源、调整产业结构的目的,有助于社会经济资源的优化配置。

这种通过纳税人的税务合规计划行为选择来达到优化资源配置的效果,是市场经济条件下政府引导资源配置的主要方式,是国家税收经济调控职能的重要体现,对于维护宏观经济的稳定发展和产业结构的平衡有着非常重要的作用。

复习与思考

1. 简述税务合规计划的概念。

2. 税务合规计划的原则是什么?

3. 税务合规计划具有哪些特点?

4. 什么是逃税? 什么是避税? 什么是税务合规计划? 三者的联系和区别是什么?

5. 简要回顾国内外学者关于税务合规计划的概念论述,谈谈你对税务合规计划的系统性理解。

6. 探讨税务合规计划的原则,并从本质角度分析税务合规计划与避税、逃税、骗税等违法行为的区别。

7. 分析税务合规计划的形成机制与必要性。

8. 我国台湾省关于租税主要强调以下三大功能:① 使政府达成资源配置效率;② 所得重分配;③ 经济稳定与成长。

请用经济学原理解释租税的三大功能及其对社会经济的贡献;并进一步论证税务合规计划活动对租税三大功能的可能贡献。

9. 台湾省为达成租税的三大功能,常借由订立子规则、条例、规则、办法或发布解释函令等方式来顺应商业及税务环境的剧烈变化,但也造成了租税法规日趋复杂化及专业化,导致了纳税人遵循税法的困难。

针对此现实,请论证纳税人应如何面对这种商业环境及税务规则的变化? 税务合规计划遇到这些商业和税务环境的变化,应如何适应这种环境?

小试牛刀

一、自测题

扫码完成自测

二、业务题

某企业有 1 000 万元的闲置资金,打算近期进行投资,面临以下两种选择:① 投资国债,已知国债的年利率为 4%;② 投资金融债券,已知金融债券的年利率为 5%。企业适用的所得税税率为 25%。

从税务合规计划角度分析,该企业应该选择哪种投资方式。

案例阅读

瑞 银 税 案

一、案例背景

2007 年 5 月,美国税务局请求对私人银行家马丁·利奇提进行扣留,由此拉开了调查瑞银税案的大幕。2007 年 12 月,伊戈尔·奥伦尼科夫,美国的一个房地产开发商,向美国税务局承认了他通过海外银行账户隐瞒了超过 2 亿美元的收入。针对此行为,他需要缴纳的罚款、罚金和利息等达到了 5 200 万美元,并且要承担有期徒刑 3 年。在帮这位富翁逃避税收的过程中,布拉德利·比肯费尔德,一位银行家,被认为在其中推波助澜。对此指证,布拉德利·比肯费尔德供认不讳,承认帮助伊戈尔·奥伦尼科夫规避了 720 万美元的税收。他还供出,银行机构内部有多名员工帮助美国的富人逃避纳税义务。2008 年 11 月,拉乌尔·韦尔也被指控帮助富人逃税。拉乌尔·韦尔是 UBS 银行全球资产管理部门的员工,兼任私人业务部门的主管。举证他的证词指出他与其他同事合伙,在 2002 年到 2007 年间,以海外机密账户的形式向美国税务局隐瞒了富人们的超过 200 亿美元的资产,纳税申报表也是伪造的。

2008 年 7 月,美国国内收入署位于南佛罗里达的联邦法院发出通知,要求瑞银集团对提供其掌握的 19 000 个美国居民的海外账户,因为可能会有一些违法活动或者逃避税行为与这些账户有关。之后,联邦法院还对瑞银集团的执行官和整个瑞银集团提起诉讼。2009 年 2 月 18 日，双方达成了延迟起诉的协议，其中瑞银集团承认了协助美国富人逃税的事实，瑞银集团应该为此支付罚金 7.8 亿美元，并就所掌握的信息向美国国税局进行披露。在美国法院的压力下，瑞银集团披露了相关名单。但在达成协议的第二天，美国国税局对瑞银集团提起了诉讼，迫使瑞银集团披露所有的信息。最终，双方在 2009 年 8 月 19 日通过庭外和解的形式解决了相关的诉讼问题，减少了要求提供信息的客户的数量。这起经典的案例牵扯到一个国家的税务机关如何通过合法有效的手段以征税为目的获取纳税人在其他国家的账户信息的问题。美国税务机关需要瑞士银行提供相关纳税人的账户信息，但是在实际执行中却遭遇了重重阻碍，对方声称银行信息应该受到保密义务的保护，只能在特定的情形中例如涉及犯罪才可以被一定程度地公开。

通常情况下只有双方都认为涉及税收欺诈才能放松银行信息的保密原则。2010 年 1 月 22 日，瑞士法院的法官们对瑞银集团客户的上诉请求进行了审查，并做出决定：瑞银集团拥有的客户的代理型文件不应该提交给美国税务局，因为相关问题在瑞士国不被认为是税收欺诈。这是在之前瑞银集团同意披露相关账户信息之后做出的第一个裁决。虽然从表面上来看，该判决只对案件中涉及的客户有影响，但它的实际影响要更为广泛和深远。由于瑞士法院的这项裁决，瑞士政府陷入了两难的局面。一方面要承受对美国税务局的报告义务，另一方面又不能够违背本国法院的判决。最终的局面是瑞士政府通过议会达成了和解协议，认为之前与美国达成的披露义务的协议有效。该协议获得了议会的支持，美国方面也不再提起诉讼，法院也不会受理被披露信息的瑞银集团的客户的诉讼请求。宣布裁决的时候，法院认为美瑞协议具有较强的重要性，瑞士在全球的经济利益以及瑞士在国际社会上的作用和形象也非常地重要，并足以超过在该案例中的个人利益的重要性。这项裁决也会对其他未了案件产生较大的影响。

二、案例分析

美国与瑞士关于瑞银的税收争端，表面上是双边问题，实际上是当前全球反避税行动的重要一环。如何有效地进行银行信息情报的交换是有效控制海外账户税源的关键。美国注重法律制度的客观性和准确性，但是却没有与瑞士达成税收欺诈的一致标准，从而在涉及具体事件时不能很好地得出一致的结论。协调银行情报交换与银行保密义务之间的矛盾的有效途径是构建完善的国内法律体系以及发展国家间有效的银行税收情报交换制度。

2014 年 7 月，经济合作与发展组织（OECD）发布了金融账户涉税信息自动交换标准（以下简称"CRS 标准"），获得当年 G20 布里斯班峰会的核准，为各国加强国际税收合作、打击跨境逃避税提供了强有力的工具。2015 年 12 月，国家税务总局签署了《金融账户涉税信息自动交换多边主管当局间协议》。2018 年 9 月，中国与 57 个国家和地区的 CRS 涉税信息自动交换关系已被激活。截至 2019 年 5 月，已有将近 4 000 个双边交换关系被激活，涉及 100 多个致力于 CRS 信息交换的司法管辖区。目前确定从中国内地交换信息去往的辖区 66 个、交换信息到中国内地的辖区 93 个、从中国香港交换信息去往的辖区 58 个、交换信息到中国香港的辖区 66 个。

CRS 标准规定了金融机构收集和报送外国税收居民个人和企业账户信息的相关要求和程序,包括账户持有人和实际控制人的识别。例如,常见的避税手段——信托业务中,信托的实际受益人将会被穿透识别,CRS 将识别出信托的委托人、受托人、受益人以及其他对信托实施最终控制的个人。如果发现账户持有人不是个人,而是公司,那么金融机构通常需要判断公司是消极的还是积极的。如果是消极的,则需要穿透该公司找出背后的实际控制人,确保信托下的资金情况为税务机关所获取。这将使得离岸信托的透明度大大提升,富人阶层的财富保护纱也将被一一揭开。

根据 CRS 准则,金融机构在识别账户持有人的基础上,对中国税收居民境外持有的存款账户、期货账户、证券账户、托管账户、现金价值保单、年金合同等信息进行交换,尤其是富人阶层境外持有的外汇金融资产的信息,包括账户持有人名称、纳税人识别号、地址、账号、账户余额,以及利息、股息和金融资产交易信息将为税务监管部门所掌握。对于这些富人阶层来说,CRS 准则将其海外资产透明化,此前利用海外账户保密性进行的一系列避税手段将不复存在。

思考:

1. 瑞银税案对国际反避税管理的发展有何影响?

2. 你还知道哪些国际税务合规计划案例?简述其方案。

第二章　税务合规计划的基本方法

学习目标

学 习 内 容	要 求	难 度
1. 税务合规计划的多种操作方法	了解	☆
2. 税负转嫁规划法、递延纳税规划法、会计政策规划法、资产重组规划法、税收优惠规划法	熟悉	☆☆☆
3. 纳税人规划法、税基规划法、税率规划法、规避平台规划法、业务转化法、转让定价法	掌握	☆☆☆

案例导读

税务合规计划需要考虑资金时间价值吗?

陈先生是一位知名撰稿人,年收入预计为 60 万元。在与各家媒体报社的合作上,有以下三种合作方式可供选择:一是调入报社;二是作为兼职专栏作家;三是作为自由撰稿人。对陈先生预计获取的 60 万元收入来说,以上三种合作方式下适用的税目、税率是有所区别的,因而其应纳税款会有较大差异,这为他提供了一定的规划空间。

三种合作方式的税负比较如下(均不考虑专项扣除和专项附加扣除等因素的影响):

第一,调入报社。在这种合作方式下,其收入属于工资、薪金所得,适用 3%~45% 的七级超额累进税率。陈先生的年收入预计为 60 万元,适用税率为 30%,速算扣除数为 52 920。

$$应纳税额 = (600\,000 - 60\,000) \times 30\% - 52\,920 = 109\,080(元)$$

第二,作为兼职专栏作家。在这种合作方式下,其收入属于劳务报酬所得,如果按月平均支付,则实际适用税率为 30%。

$$应纳税额 = [50\,000 \times (1-20\%) \times 30\% - 2\,000] \times 12 = 120\,000(元)$$

第三,作为自由撰稿人。在这种合作方式下,其收入属于稿酬所得,适用税率为 20%,并可享受减征 30% 的税收优惠,实际征收率为 14%。

$$应纳税额 = 600\,000 \times (1-20\%) \times 20\% \times (1-30\%) = 67\,200(元)$$

由上述计算结果可知，如果仅从税负角度考虑，陈先生以自由撰稿人的身份获得收入适用的税率最低，应纳税额最少，税负最轻。我国个人所得税目前采取综合征收与单项征收相结合的征税模式，纳税人最终需要补缴分次缴纳时少缴的差额，但是，可以实现递延纳税。

除上述主、客观因素外，资金时间价值也是影响税务合规计划决策的重要因素。对资金时间价值的考虑主要体现在递延纳税方面。实现递延纳税也是税务合规计划的目标之一。现金流视角下的税务合规计划思路如下：一是提高应计现金流入量的收现速度和有效比重；二是在不违背法律法规和不损害企业信誉的前提下尽可能延缓现金支付时间和速度，控制现金支出的比重。

第一节　纳税人规划法

纳税人规划法聚焦于纳税人身份的合理界定与转化，研究如何使纳税人承担的税负尽量降到最小，或者直接避免成为某一特定税种的纳税人。纳税人规划法根植于管理思维，从管理创新角度探索纳税人的税务管理思路。纳税人规划法可以合理降低纳税人的税负，且方法简单、易于操作。纳税人规划法的关键是准确把握纳税人的内涵和外延，合理确定纳税人的范围。

纳税人是指税法规定的直接负有纳税义务的单位和个人。纳税人可以是法人也可以是自然人，法人又分为行政法人、事业法人、企业法人等。纳税人是税制的一个基本要素，每一种税都有关于纳税人的规定，如果纳税人不履行纳税义务，就需要承担法律责任。

一、不同类型纳税人的选择

从纳税人性质分析，现阶段我国有多种不同类型的纳税人：个体工商户、个人独资企业、合伙企业、民办非企业单位、公司制企业等。不同类型的纳税人适用的税收政策存在很大差异，为税务合规计划提供了操作空间。

个体工商户、个人独资企业和合伙企业的经营所得，以每一纳税年度的收入总额减除成本、费用以及损失后的余额为应纳税所得额，计算缴纳个人所得税，不需要缴纳企业所得税。公司制企业按照税法要求需要就其经营利润缴纳企业所得税，通常适用税率为25%。若公司制企业对其自然人股东进行税后利润分配，还需要再缴纳20%的个人所得税。对公司制企业的这种纳税规定，一般称为"双重征税"，而双重征税的税负率恰好等于个人所得税税率20%的两倍，具体计算如下：

$$双重征税的综合税负率 = 25\% + (1 - 25\%) \times 20\% = 40\%$$

提示

运用纳税人规划法还应充分考虑其他重要影响因素，譬如风险因素。因为当经营者选择不同性质的企业类型或组织机构类型时，所面对的经营风险与财税风险都有所不同：个人独资企业、合伙制企业承担无限责任,经营风险、财税风险较大;民营企业若以有限责任公司或股份有限公司的形式出现,只需以企业资产总额为限对所欠债务承担有限责任,以出资额为限对企业经营承担有限责任,其经营风险与财税风险相对较小。

二、不同类型纳税人之间的转化

税法规定,纳税人分为一般纳税人和小规模纳税人。对这两种类型纳税人征收增值税时,计税方法和征管要求不同。一般将年应税销售额超过小规模纳税人标准的个人、非企业性单位、不经常发生应税行为的企业,视同小规模纳税人。年应税销售额未超过小规模纳税人标准的,从事货物生产或提供劳务的小规模企业和企业性单位,账簿健全、能准确核算并提供销项税额、进项税额,并能按规定报送有关税务资料的,经企业申请,税务部门可将其认定为一般纳税人。一般纳税人实行进项税款抵扣制,而小规模纳税人必须按照适用的简易计税方法计算缴纳增值税,不实行进项税款抵扣制。

一般纳税人采取税款抵扣制,即销项税额减去进项税额后的余额为应纳增值税额。而小规模纳税人不采取税款抵扣制,不允许抵扣进项税额,采用简易计税方法计税,即以销售额乘以征收率计算应纳增值税额。

一般情况下,小规模纳税人的税负略重于一般纳税人,其原因在于选择一般纳税人可以将进项税额抵扣,尤其是**当应税销售额增值率较小时,一般纳税人的税负明显低于小规模纳税人**。但这也不是绝对的,需要通过比较两类纳税人的应税商品的增值率与税负平衡点的关系,合理合法地选择税负较轻的纳税人身份。

纳税人之间的转化一般存在多种情况,比如增值税一般纳税人和小规模纳税人之间的合理转变,可以实现规划节税。

(一) 税负无差别平衡点(不含税销售额)增值率的测算

假定纳税人的不含税增值率为 R,不含税销售额为 S,不含税可抵扣购进金额为 P,一般纳税人适用的增值税率为 T_1,小规模纳税人适用的征收率为 T_2,则:

$$R = (S - P) \div S$$

$$一般纳税人应纳增值税额 = 销项税额 - 进项税额$$
$$= S \times T_1 - P \times T_1$$
$$= S \times T_1 - S \times (1 - R) \times T_1$$
$$= S \times T_1 \times R$$

$$小规模纳税人应纳增值税额 = S \times T_2$$

当一般纳税人和小规模纳税人的税负相等时,其增值率是税负无差别平衡点增值率(不含税销售额),则有:

$$S \times T_1 \times R = S \times T_2$$

则:

$$税负无差别平衡点(不含税销售额)的增值率 R^* = T_2 \div T_1$$

按照上述结论,税负无差别平衡点(不含税销售额)的增值率组合如表2-1所示。

表2-1　税负无差别平衡点(不含税销售额)的增值率

T_1	T_2		R^*	
13%	3%	5%	23.08%	38.46%
9%	3%	5%	33.33%	55.56%
6%	3%	5%	50.00%	83.33%

(二) 税负无差别平衡点(含税销售额)增值率的测算

假定纳税人的增值率为R,含税销售额为S,含税可抵扣购进金额为P,一般纳税人适用的增值税率为T_1,小规模纳税人适用的征收率为T_2,则:

$$R = (S - P) \div S$$

无差别平衡点的增值率(含税销售额)计算推导如下:

$$一般纳税人应纳增值税额 = 销项税额 - 进项税额$$
$$= (S \times T_1)/(1 + T_1) - (P \times T_1)/(1 + T_1)$$
$$= S \times T_1 - S \times (1 - R) \times T_1$$
$$= S \times R \times T_1/(1 + T_1)$$
$$小规模纳税人应纳增值税额 = S \times T_2/(1 + T_2)$$

当一般纳税人和小规模纳税人的税负相等时,其增值率是税负无差别平衡点增值率(含税销售额),则有:

$$S \times R \times T_1/(1 + T_1) = S \times T_2/(1 + T_2)$$

税负无差别平衡点(含税销售额)的增值率计算如下:

$$R^* = [(1 + T_1)T_2] \div [(1 + T_2)T_1]$$

或:
$$R^* = (T_2/T_1)[(1 + T_1)/(1 + T_2)]$$

按照上述结论,税负无差别平衡点(含税销售额)的增值率组合如表2-2所示。

表2-2　税负无差别平衡点(含税销售额)的增值率

T_1	T_2		R^*	
13%	3%	5%	25.32%	41.39%
9%	3%	5%	35.28%	57.67%
6%	3%	5%	51.46%	84.13%

【例2-1】　假设某零售商主要从小规模纳税人处购入服装对外销售,年销售额为900万元(不含增值税),其中可抵扣进项增值税的购入项目金额为600万元,取得的增值税专用发票上记载的增值税额为60万元。

按照一般纳税人认定标准,该零售商(从事货物批发或零售的纳税人)年销售额超过500万元,应被认定为一般纳税人,须缴纳57万元(900×13%-60)的增值税。但由于从事商品销售的税负无差别平衡点增值率(不含税销售额)为23.08%,而该零售商的增值率(不含税销售额)为50%[(900-600)/600×100%],因此,把该零售商拆分为小规模纳税人,其整体税负会下降。

按照这一思路,如果该零售商被认定为小规模纳税人,只需缴纳27万元(900×3%)的增值税。因此,应用纳税人规划法,将该零售商分立为两个零售企业,每个零售企业的年销售额均控制在500万元以下。这样被分立的两个零售企业就会被认定为小规模纳税人,按照3%的征收率计算缴纳增值税。通过企业分立实现一般纳税人转化为小规模纳税人,实现税款节约30万元(57-27)。

三、避免成为某种税的纳税人

纳税人通过合理运作,使其不符合某税种的纳税人条件,从而可以避免成为该税种的纳税人。譬如,通过税务合规计划安排,使纳税人发生的某项业务不属于某一种税的征税范围,该项业务就避免负担该种税的税负。例如,税法规定,房产税的征税范围是城市、县城、建制镇和工矿区的房产,而将房产界定为有屋面和围护结构(有墙或两边有柱),能够遮风挡雨,可供人们在其中生产、学习、娱乐、居住或者储藏物资的场所。如果符合上述房产条件的场所一般需要计算缴纳房产税,而独立于房屋之外的建筑物,如围墙、烟囱、水塔、变电塔、室外游泳池、喷泉,则不属于房产。若企业拥有上述建筑物,则不成为房产税的纳税人,就不需要缴纳房产税。

【例2-2】　信达公司兴建一座工业园区,工业园区除厂房、办公用房外,还包括厂区围墙、水塔、变电塔、停车场、露天凉亭、喷泉设施等建筑物,工程造价为8亿元,除厂房、办公用房外的建筑设施总造价为2亿元。如果把8亿元建筑物都作为房产,则信达公司从工业园区建成后的次月起就应全额缴纳房产税,每年需要缴纳房产税(假设当地政府规定的房产税扣除比例为30%)672万元[80 000×(1-30%)×1.2%]。

除厂房、办公用房以外的建筑物,如停车场、游泳池,都建成露天的,并且把这些独立建筑物的造价同厂房、办公用房的造价分开,在会计账簿中单独核算。按照税法规定,这部分建筑物的造价不计入房产原值,不需要缴纳房产税。这样处理的结果是信达公司每年可以少缴房产税168万元[20 000×(1-30%)×1.2%]。

第二节　税基规划法

税基规划法是指纳税人通过控制或改变计税依据的方式来减轻税负的一种税务规划方法。税基就是计税依据,是计算税款的基本依据。大部分税种都采用税基与适用税率的乘积来计算应纳税额。在税率固定不变的情况下,应纳税额的大小与税基成正比,即税基越小,纳税人负担的纳税义务就越轻。因此,如果能够有效控制税基,就等于控制了应纳税额。

不同税种的税基确认与计算方法不同,税基一般采取历史成本、公允价值等多种计量模式,实务中某些情况下也可能存在税务机关核定税基的情形。一般认为,税基的确认既与会计确认、计量密切相关,也与资产的价值评估密切相关。

一、控制税基实现时间

（一）推迟实现

税基总量不变的条件下,合法推迟税基的实现时间,就等于推迟了纳税时间。税基推迟实现可以实现递延纳税。在通货膨胀环境下,税基推迟实现的效果更为明显,能够降低未来所付出税款的现金流购买力,相当于获取了资金时间价值。

（二）均衡实现

税基总量不变的条件下,均衡税基在各个纳税期间的分布,就可以均衡税基在不同期间的确认金额,在适用累进税率的情况下,可以实现边际税率的最小化,从而有效控制税负。

（三）提前实现

税基总量不变的条件下,将税基合法操作提前实现,就可以提前确认税基。处于税收减免期间,税基提前实现可以享受更多的税收减免优惠。

二、分解税基

分解税基是把税基进行合理分解、分拆,实现税基从税负较重的形式转变为税负较轻的形式。分解税基规划法一般适用于累进税率或存在差别性比例税率的情况。如纳税人存在较高的综合所得、需缴纳土地增值税的房地产收入、适用不同增值税税率的混合销售收入等情形,分解税基是一种有效的税务合规计划技术。

【例 2 - 3】　晨晖中央空调公司主要生产大型中央空调机,每台售价为 100 万元(不含增值税),售价相对较高,原因是售价中包含 5 年的维护保养费,维护保养费占售价的20%。由于维护保养费包含在价格中,按照税法规定,视为销售额计算缴纳增值税。在税务规划前:

$$晨晖中央空调公司应缴增值税 = 100 \times 13\% = 13(万元)$$

针对空调维护保养专门注册成立一家具有独立法人资格的晨晖中央空调维护服务公司,主营业务为中央空调机维护保养服务。这样,每次销售中央空调机时,晨晖中央空调公司负责签订销售合同,只收取中央空调机的销售额 80 万元,款项汇入晨晖中央空调公司的基本账户;晨晖中央空调维护服务公司负责签订维修服务合同,只收取中央空调机的维护服务费 20 万元,款项汇入晨晖中央空调维护服务公司的基本账户。这样一来,每家公司各负其责,共同完成中央空调机的销售与服务业务。税务合规计划后的纳税额计算如下:

晨晖中央空调公司应缴增值税=100×(1-20%)×13%=10.4(万元)

晨晖中央空调维护服务公司应纳增值税=20×6%=1.2(万元)

合计应纳税额=10.4+1.2=11.6(万元)

税务合规计划方案节税额=13-11.6=1.4(万元)

三、缩小税基

缩小税基是指利用税法规定借助税务合规计划操作技术使税基合法缩小,从而减少应纳税额或避免多缴税的税务管理行为。缩小税基技术是企业所得税、增值税、消费税等税种常用的税务合规计划方法。

【例2-4】 信达房地产开发公司实现年销售收入9 000万元,各项代收款项2 500万元,包括水电初装费、燃(煤)气费、维修基金等各种配套设施费,代收手续费收入125万元(按代收款项的5%计算)。对于信达房地产开发公司来说,这些配套设施费属于代收应付款项,不作为房产的销售收入,而应作为其他应付款处理(假设进项税额为0)。

销售额是指纳税人发生应税行为取得的全部价款和价外费用。价外费用是指价外收取的各种性质的收费。

为了降低价外费用的税收负担,信达房地产开发公司成立独立的物业公司,将这部分价外费用转由物业公司收取。这样其代收款项就不属于税法规定的价外费用,也就不再适用9%的税率。

上述两个方案的纳税情况比较如下:

(1)原方案:代收款项作为价外费用。

信达房地产开发公司应纳增值税销项税额=(9 000+2 500+125)×9%=1 046.25(万元)

应纳城市维护建设税及教育费附加=1 046.25×(7%+3%)=104.63(万元)

应纳税费合计=1 046.25+104.63=1150.88(万元)

(2)税务合规计划方案:各项代收款项转为物业公司收取。

信达房地产开发公司应纳增值税销项税额=9 000×9%=810(万元)

应纳城市维护建设税及教育费附加=810×(7%+3%)=81(万元)

物业公司应纳增值税=(2 500+125)×6%=157.5(万元)

物业公司应纳城市维护建设税及教育费附加=157.5×(7%+3%)=15.75(万元)

两家公司应纳税费合计=810+81+157.5+15.75=1 064.25(万元)

税务合规计划方案比原方案节约税费金额=1 150.88-1 064.25=86.63(万元)

【例2-5】 某房地产公司销售房产总面积为80 000平方米,土地增值税其他扣除项目金额为14 000万元,其他成本费用支出为16 000万元(已包含其他扣除项目金额20%),该公司采用简易计税方法计算房地产的增值税。

税务合规计划方案:

方案一:销售毛坯房价格为4 000元/平方米(均为不含增值税价),同时送装修服务

1 000 元/平方米。

方案二：直接销售毛坯房价格 3 000 元/平方米，装修费用自付。

从房地产企业的角度分析：

方案一分析：

应交增值税 = 80 000×0.4×5% = 1 600（万元）

城市维护建设税及教育费附加 = 1 600×(7%+3%+2%) = 192（万元）

印花税 = 80 000×0.4×0.000 5 = 16（万元）

土地增值税扣除项目金额 = 14 000+16 000+192+16 = 30 208（万元）

增值额 = 32 000−30 208 = 1 792（万元）

增值率 = 1 792÷30 208×100% = 5.9%

应交土地增值税 = 1 792×30% = 537.6（万元）

利润额 = 80 000×0.4−16 000−192−16−537.6−8 000 = 7 254.4（万元）

应纳企业所得税 = 7 254.4×25% = 1 813.6（万元）

合计纳税额 = 1 600+192+16+537.6+1 813.6 = 4 159.2（万元）

方案二分析：

应交增值税 = 80 000×0.3×5% = 1 200（万元）

城市维护建设税及教育费附加 = 1 200×(7%+3%+2%) = 144（万元）

印花税 = 80 000×0.3×0.000 5 = 12（万元）

土地增值税扣除项目金额 = 14 000+16 000+144+12 = 30 156（万元）

增值额 = 32 000−30 156 = 1 844（万元）

增值率 = 1 844÷30 156×100% = 6.1%

应交土地增值税 = 1 844×30% = 553.2（万元）

利润额 = 80 000×0.3−16 000−144−12−553.2 = 7 290.8（万元）

应纳企业所得税 = 7 290.8×25% = 1 822.7（万元）

合计纳税额 = 1 200+144+12+553.2+1 822.7 = 3 731.9（万元）

由计算可知，方案一实现的利润额小于方法二，多交一部分土地增值税和企业所得税，由于装修收入与售房一起计入房地产销售收入，从而加大了土地增值税的税基，因此房地产企业销售房屋附赠装修的行为会使得房地产企业多交土地增值税。

综上所述，由于房屋的销售价格会影响土地增值税的收入金额，进而影响土地增值税负担，因此，房地产企业采取买房送装修的做法会使得企业税收负担增加。

> **提示**
>
> 　　税务合规计划要点：① 建议房地产企业从税收角度考虑，尽量避免采取买房送装修的做法，因为此种做法会使土地增值税的计税基数增加；② 房地产企业可以选择在订立售房合同时，分别签订房屋买卖合同和装修合同，从而装修合同部分就不用计入土地增值税的计税基数。当然，相应的装修成本也不能从房地产开发成本中扣除。

第三节　税率规划法

税率规划法是指纳税人通过降低适用税率的方式来减轻税负的一种规划方法。税率是最重要的税制要素之一,也是决定纳税人税负高低的主要因素。在税基一定的情况下,纳税额与税率呈正相关性,即降低税率就等于降低了税负,这就是税率规划法的基本原理。一般情况下,税率越低,应纳税额就越少,税后利润就越多。但是,需要注意的是,纳税人适用的税率低,并不能一定保证其税后利润最大化。

不同的税种适用不同的税率,纳税人可以利用对课税对象的界定不同而适用不同的税率。即使是同一税种,适用税率也会因税基或其他前提条件不同而不同。纳税人可以直接选择适用较低的税率或通过改变税基分布调整适用的税率,从而达到降低税负的目的。

一、比例税率规划法

同一税种对不同征税对象实行不同的比例税率政策,直接影响应纳税额及税后利润的大小。可以通过比例税率规划法寻找满足税后利润最大化的最低税负点或最佳税负点进行税务合规计划。譬如,我国增值税有13%的基本税率,还有9%、6%等多档税率;对小规模纳税人规定的征收率为3%。对上述比例税率进行规划,可以寻找最低税负点或最佳税负点。税法对消费税、企业所得税等税种也规定了多档不同的比例税率,可以进一步规划比例税率,尽量适用较低的比例税率以节约税金。

二、累进税率规划法

各种形式的累进税率都存在一定的税务合规计划空间。**累进税率规划法的关键目标是防止税率爬升。**相比较而言,适用超额累进税率的纳税人对防止税率爬升的欲望较弱,而适用全额累进税率的纳税人对防止税率爬升的欲望较强,适用超率累进税率的纳税人防止税率爬升的欲望与适用超额累进税率的相同。

我国个人所得税中的综合所得(包括工资薪金所得、劳务报酬所得、稿酬所得、特许权使用费所得)适用累进税率,其按年、按月适用税率表如表2-3、表2-4所示。对综合所得来说,采用累进税率规划法可以取得较好的规划效果。

表2-3　综合所得适用税率表(按年)

级次	全年应纳税所得额 (含税级距)	全年应纳税所得额 (不含税级距)	税率/ %	速算扣除数
1	不超过36 000元的部分	不超过34 920元的部分	3	0
2	超过36 000元至144 000元的部分	超过34 920元至132 120元的部分	10	2 520
3	超过144 000元至300 000元的部分	超过132 120元至283 080元的部分	20	16 920

续　表

级次	全年应纳税所得额 （含税级距）	全年应纳税所得额 （不含税级距）	税率/ %	速算扣 除数
4	超过 300 000 元至 420 000 元的部分	超过 283 080 元至 346 920 元的部分	25	31 920
5	超过 420 000 元至 660 000 元的部分	超过 346 920 元至 514 920 元的部分	30	52 920
6	超过 660 000 元至 960 000 元的部分	超过 514 920 元至 709 920 元的部分	35	85 920
7	超过 960 000 元的部分	超过 709 920 元的部分	45	181 920

注：① 本表所称全年应纳税所得额是指依照《中华人民共和国个人所得税法》第六条的规定，从 2019 年 1 月 1 日开始，居民个人取得综合所得以每一纳税年度收入额减除费用 6 万元以及专项扣除、专项附加扣除和依法确定的其他扣除后的余额。② 非居民个人取得工资、薪金所得，劳务报酬所得，稿酬所得和特许权使用费所得，依照本表按月换算后计算应纳税额。

表 2-4　综合所得适用税率表（按月）

级次	全月应纳税所得额 （含税级距）	全月应纳税所得额 （不含税级距）	税率/ %	速算扣 除数
1	不超过 3 000 元的部分	不超过 2 910 元的部分	3	0
2	超过 3 000 元至 12 000 元的部分	超过 2 910 元至 11 010 元的部分	10	210
3	超过 12 000 元至 25 000 元的部分	超过 11 010 元至 21 410 元的部分	20	1 410
4	超过 25 000 元至 35 000 元的部分	超过 21 410 元至 28 910 元的部分	25	2 660
5	超过 35 000 元至 55 000 元的部分	超过 28 910 元至 42 910 元的部分	30	4 410
6	超过 55 000 元至 80 000 元的部分	超过 42 910 元至 59 160 元的部分	35	7 160
7	超过 80 000 元的部分	超过 59 160 元的部分	45	15 160

【例 2-6】　某工程设计人员利用业余时间为某项工程项目设计图纸，同时担任该项工程的总顾问，设计图纸花费 3 个月，获取报酬 120 000 元。

暂不考虑个人综合所得的汇算清缴的影响时，该设计人员要求工程项目单位在其担任工程顾问期间，将其报酬一次性支付或分 3 个月支付，该工程设计人员的税负出现明显的不同。

方案一：一次性支付 120 000 元报酬。

劳务报酬收入按次征税，应纳税所得额在 50 000 元以上的部分，适用 40% 的税率。该设计人员应预缴个人所得税计算如下：

应纳税所得额 = 120 000 × (1 - 20%) = 96 000(元) ≥ 50 000，适用 40% 的个人所得税税率。

$$预缴税额 = 120\,000 \times (1 - 20\%) \times 40\% - 7\,000 = 31\,400(元)$$

方案二：分 3 个月支付报酬。

此时：

$$3 个月共预缴税款 = [(120\,000 \div 3) \times (1 - 20\%) \times 30\% - 2\,000] \times 3 = 22\,800 (元)$$

$$分月支付报酬节税总额 = 31\,400 - 22\,800 = 8\,600 (元)$$

在本案例中，分次支付报酬可以减轻预缴税款的资金压力，即通过延迟支付获得资金时间价值。由于个人所得税法将劳务报酬所得纳入综合所得计税，分次缴纳税款可以减轻纳税人预缴环节的资金压力，但从全年考虑，个人所得税的总税负并未因此而降低。

从税收角度分析，分3个月支付报酬，该设计人员适用的税率为30%；那么如果再进行税基分解使其适用20%的税率，则预缴的税款总额还能再降低。按照税法要求，某项活动带来的收入按照业务内容分项签约的，按照分项收入分别计算税金；某一项收入持续在1个月以上，支付间隔超过1个月的，按每次收入额计入各月计算税金，而间隔时间不超过1个月的，应合并收入额计算税金。因此，劳务报酬所得的规划思路是把120\,000元的总报酬先拆分为不同项目的收入，然后再按不同项目分不同月份发放，就可以既按照项目分拆收入，又进一步按照支付时间分拆收入，最终使收入适用的税率降至最低，从而有效控制税负总额。

第四节　合规适用税收优惠

纳税人可以借助各种外部条件，充分利用税收优惠政策带来的税收利益开展税务合规计划。税收优惠政策属于一种特殊性政策。这种特殊性体现为国家对某些产业或某些领域的税收照顾。合规适用税收优惠可以使纳税人轻松地享受低税负待遇，以及税收减免、税收抵免、税收返还等一系列税收优惠性规定或条款。合规适用税收优惠的关键是寻找合适的税收优惠政策并把它运用于纳税人的税收实践中。在一些特殊情况下，纳税人还可积极创造条件去享受税收优惠政策。

一、税收优惠的主要形式

税收优惠是一定时期国家的税收导向，纳税人可以充分利用这些税收优惠政策获取税收利益，实现节税。税收优惠政策主要有以下形式：

（一）免税

免税是指国家对特定的地区、行业、企业或特定的纳税人、应税项目等给予纳税人免缴税额的照顾或奖励措施。免税属于国家的税收照顾方式，同时也是国家出于政策需要的一种税收奖励方式，是贯彻国家政治、经济和社会政策的重要手段。我国对从事农、林、牧、渔业生产经营的企业给予免税待遇，就属于一种行业性照顾和激励。对于免税优惠政策，纳税人应考虑以下操作技巧：① 在合理、合法的前提下，尽量争取更多的免税待遇。与缴纳的税收相比，免征的税收就是节减的税收，免征的税收越多，节减的税收也越多。② 在合理、合法的情况下，尽量使免税期最长，免税期越长，节税额越多。

（二）减税

减税是指国家对某些纳税人或课税对象给予鼓励或照顾的一种特殊措施。减税与免税类似,实质上相当于一种财政补贴。政府主要给予纳税人两类减税办法:① 出于税收照顾目的的减税。比如,国家对遭受自然灾害地区的企业、残疾人企业等的减税,这类减税是一种税收照顾,是国家对纳税人因各种不可抗力造成的损失进行一定额度的财务补偿。② 出于税收奖励目的的减税。比如,对产品出口企业、高新技术企业、环境保护产业等的减税。这类减税是一种税收奖励,是政府对纳税人贯彻国家政策的税收激励。

(三)免征额

免征额亦称扣除额,是指在征税对象全部数额中免予征税的数额。它是按照一定标准,从征税对象全部数额中预先扣除的数额。免征额部分不征税,只对超过免征额的部分征税。如工资、薪金所得的法定扣除额为每月 5 000 元,每年 60 000 元。

(四)起征点

起征点亦称征税起点,是根据征税对象的数量,规定一个标准,达到这个标准的,就全部征税对象征税,未达到这个标准的就不征税。我国税法对增值税、企业所得税、消费税等税种都有起征点的税收优惠政策。

(五)退税

退税是指可以直接减轻纳税人税收负担的那一部分退还的税款。在国际贸易中,出口退税是鼓励出口的一种有效措施。当对某些商品降低出口退税率时,会导致对该种商品实际征税率的提高。

(六)优惠税率

对符合条件的产业、企业课以较低的税率。优惠税率有利于吸引外部投资、加快该产业或企业的发展。

(七)税收抵免

对纳税人的境内境外全部所得计征所得税时,准予在税法规定的限度内以其国外已纳税款抵减其应纳税款,以避免重复课税。

二、合规适用税收优惠的操作技术

税收优惠政策多表现为行业性、区域性优惠政策或特定行为、特殊时期优惠政策,如福利企业税收优惠政策、软件企业税收优惠政策、环保和节能节水产业税收优惠政策、技术研发费加计扣除的税收优惠政策等。

譬如,国家对小型微利企业给予特别优惠的税收政策。自 2019 年 1 月 1 日至 2027 年 12 月 31 日,对小型微利企业年应纳税所得额不超过 100 万元的部分,减按 25% 计入应纳税所得额,按 20% 的税率缴纳企业所得税;对年应纳税所得额超过 100 万元但不超过 300 万元的部分,减按 50% 计入应纳税所得额,按 20% 的税率缴纳企业所得税。自 2023 年 1 月 1 日至 2027 年 12 月 31 日,对小型微利企业年应纳税所得额不超过 100 万元的部分,减按 25% 计入应纳税所得额,按 20% 的税率缴纳企业所得税。自 2021 年 4 月 1 日至 2027 年 12 月 31 日,对月销售额 15 万元以下(含本数)的增值税小规模纳税人,免征增值税。

享受税收优惠政策的方法主要有以下三类。

（一）直接利用政策

国家为了实现总体经济目标,从宏观上调控经济,引导资源流向,制定了许多税收优惠政策。对于纳税人利用税收优惠政策进行规划,国家是支持与鼓励的,因为纳税人对税收优惠政策利用得越多,越有利于国家特定政策目标的实现。因此,纳税人可以光明正大地利用优惠政策为自己企业的生产经营活动服务。

（二）地点流动适用

纳税人可以根据需要,或者选择在优惠地区注册,或者将现时不太景气的生产转移到优惠地区,以充分享受税收优惠政策,减轻企业的税收负担,提高企业的经济效益。

（三）创造条件适用

纳税人创造条件使自己符合税收优惠规定或者通过挂靠在某些能享受优惠待遇的企业、产业或行业,使自己符合享受税收优惠政策的条件,从而享受税收优惠待遇。

🏵【例2-7】　银河建设集团是一家以建筑施工为主的工程施工企业,自2020年起,从传统的商品房建筑装修逐渐转向从事国家重点扶持的公共基础设施项目的建设施工,主要是港口码头、机场、铁路、公路、水利等项目的工程施工。

按照《中华人民共和国企业所得税法实施条例》,企业从事国家重点扶持的公共基础设施项目的投资经营所得,自项目取得第一笔生产经营收入所属纳税年度起,第1~3年免征企业所得税,第4~6年减半征收企业所得税(该政策自2008年起全面执行)。按照上述税收政策,银河建设集团公司2020年起所从事的公共基础设施的建设施工业务所获得的收入,就可以享受企业所得税"三免三减半"优惠政策,即2020年、2021年、2022年享受企业所得税免征,2023年、2024年、2025年享受减半征收企业所得税的优惠。

🏵【例2-8】　在新经济形势下,房地产开发企业为了避免资金链条断裂,一般有以下税务合规计划思路,即以自己的建筑公司承包整个项目建设及房地产建造,然后再利用地区税收奖返政策进行规划。房地产开发企业一般拥有自己的建设公司,将自己建设公司的材料供应及设备服务分成两个子公司独立计算,将这两个部分的业务外包给子公司,将子公司注册在税收洼地并申请高额的税收奖励返还扶持。材料及设备供应活动产生的增值税、企业所得税等都能得到地方的高额税收奖励返还扶持。然后再把一些采购业务或劳务分包给税收洼地的个体工商户或个人独资企业。

具体规划方案:某建设公司业务范围为建筑工程、建材砂石销售(税率13%)等,业务体量大,但是进项发票不足。具体规划方法是进行业务拆分,即该建设公司在税收优惠地区设立两家有限责任公司,一家做建筑工程服务,一家做建材贸易以及建筑设备的租赁业务。假设两家公司一年需分别缴纳1 000万元增值税,企业所得税需缴纳1 000万元。通过当地政府的奖励政策(增值税奖返率、所得税奖返率均为地方留存部分的90%),将财政返还分别给两家公司。

$$增值税奖返额 = 1\,000 \times 50\% \times 90\% = 450(万元)$$
$$企业所得税奖返额 = 1\,000 \times 40\% \times 90\% = 360(万元)$$
$$奖返额合计 = 450 + 360 = 810(万元)$$

企业纳税 2 000 万元后,获得资金奖返额 810 万元,可大大缓解房地产开发企业的资金紧张问题。

第五节　合理设计会计政策

当企业存在可供选择的会计政策时,择定有利于税后利润最大化的会计政策组合,就是合理设计会计政策,其目标在于将会计政策引入纳税活动,形成会计政策选择与税务合规计划的联合效应。

会计政策是会计核算时遵循的基本原则以及采纳的具体处理方法和程序的总称。会计政策在形式上表现为会计处理的一种技术规范,本质上是一项社会经济政策和政治利益的博弈规则与制度安排。不同的会计政策选择必然形成不同的财务结果,也必然导致不同的税收负担,同时也对利益相关者乃至社会经济环境产生不同程度的影响。

一、分摊规划法

对于一项费用,如果涉及多个分摊对象,分摊依据的不同会造成分摊结果的不同;对于一项拟摊销的支出,所采用的摊销期限和摊销方法不同,摊销结果也不同。分摊规划法影响企业的损益计量和资产计价,进而影响企业的实际税负水平。

分摊规划法涉及的主要会计事项有无形资产摊销、待摊费用摊销、固定资产折旧、存货计价方法选择以及间接费用分配等。以存货计价方法选择为例,存货计价方法会对企业的纳税结果造成影响。在财税实务中,存货计价方法主要有先进先出法、月末一次加权平均法、移动加权平均法、个别计价法等。在不同财税形势下,应根据存货的市场价格变动趋势合理选择存货计价方法。表 2-5 反映了不同情况下选择存货计价方法的基本规律。

表 2-5　不同情况下选择存货计价方法的基本规律

项　目	适用比例税率时			适用累进税率时
价格变动趋势	物价上涨	物价下跌	物价波动	物价波动
存货计价方法	加权平均法	先进先出法	加权平均法	加权平均法
选择理由	多计发出存货成本,少计期末存货成本,减少当期所得税支出	提高本期发出存货成本,减少当期收益,减轻所得税负担	避免各期利润忽高忽低及企业各期应纳所得税上下波动,利于企业资金安排与管理	使计入成本的存货价格比较均衡,进而使各期利润比较均衡,避免适用较高的税率而加重税负

二、会计估计规划法

由于企业的生产经营活动存在诸多不确定因素,一些项目不能精确计量,只能加以合理的估计与测算。在会计核算中,对尚在延续中、其结果尚未确定的交易或事项需要估计入账。这种会计估计会影响计入特定会计期间的收益或费用的金额,进而影响企业的收益水平与税收负担。

会计估计规划法涉及的主要会计事项有坏账估计、存货跌价估计、折旧年限估计、固定资产净残值估计、无形资产受益期限估计等。

【例2-9】 丽江天然矿泉水公司是一家生产销售天然矿泉水的生产商,该公司为鼓励代理商,给予优惠折扣政策如下:① 年销售矿泉水在100万瓶以下的,每瓶享受0.20元的折扣;② 年销售矿泉水在100万~500万瓶的,每瓶享受0.25元的折扣;③ 年销售矿泉水在500万瓶以上的,每瓶享受0.30元的折扣。在代理期间,丽江天然矿泉水公司由于不知道也不可能知道每家代理商到年底究竟能销售多少瓶矿泉水,不能确定每家代理商应享受的折扣率。因此,丽江天然矿泉水公司通常采用下列做法:等到年底或次年年初,一次性结算应给代理商的折扣总额,单独开具红字发票,但这种折扣在计税时不允许冲减销售收入,结果造成每年多缴纳一部分税款。

丽江天然矿泉水公司可以采取预估折扣率的办法来解决折扣问题,进行税务合规计划,具体有两种操作模式。

方案一:每年年初,丽江天然矿泉水公司按最低折扣率或根据上年度每家经销代理商的实际销量初步确定一个折扣率,在每次销售时按照预估的折扣率减除预扣的折扣额来确定销售收入,即在代理期间每一份销售发票上都根据预估折扣率计算预扣的折扣额。这样企业就可以将减除折扣额后的收入确认为主营业务收入,从而降低每期的应纳税额。等到年底或次年年初每家代理商的实际销售数量和销售折扣率确定后,再调整预估折扣额与实际折扣额的差额部分。如果属于调增折扣额,虽不能再冲减销售收入,但绝大部分的折扣额已经在平时的销售中直接冲减了销售收入,已经降低了税款支出,折扣额的差额部分即使正常缴税也未尝不可。

方案二:递延折扣额法。采用递延折扣额法,平时预估折扣率的操作处理与第一种方法相同,不同的是等到年底或次年年初每家代理商的实际销售数量和销售折扣率确定后,将预估折扣额与实际折扣额的差额部分递延到下一年度确认,即将本年度需要返还代理商的折扣额差额部分,作为下一年度的销售收入的折扣额进行处理,从下一年度的销售收入中扣除。

第六节　税负转嫁法

一、税负转嫁法的原理

税负转嫁法是指在市场环境下,受商业利益驱动,纳税人通过种种途径和方式将税负部分或全部转移给他人的操作方法。税负转嫁可以视为市场主体之间的一种税收博弈行为。

税负转嫁是一种纳税技巧,在悄无声息中实现纳税人税负的降低。税负转嫁法的操作平台是价格,其基本操作原理是利用价格浮动、价格分解来转移或规避税负。税负转嫁能否通过价格浮动等方式实现,取决于商品的需求价格弹性的大小,需求价格弹性越小,越容易实现税负转嫁。在经济活动中,实现价格浮动的手段和方法不拘一格,税负转嫁的手段更灵活多样。

采用税负转嫁法应注意以下三个方面：

（1）税负转嫁和商品价格是直接联系的，和价格无关的因素是不能纳入税负转嫁的范畴的。

（2）税负转嫁是一个客观过程，没有税收转移不能算作税负转嫁。

（3）税负转嫁应理解为纳税人的主动行为，与纳税人主动行为无关的价格再分配性质的价值转移不能算税负转嫁。

税负转嫁意味着税负的实际承担者可能不是缴纳税款的直接纳税人本身，而是背后的负税人。税款的直接纳税人通过转嫁税负给他人，自己并不承担纳税义务，仅仅是充当税务机关与实际纳税人之间的中介桥梁。由于税负转嫁没有伤害国家利益，也不违法，税负转嫁法受到纳税人的普遍青睐，同时也得到政府的认可。利用税负转嫁法减轻纳税人的税负，已成为一种普遍的财税规划活动。

二、税负前转法

税负前转是指纳税人将其所负担的税款，通过提高商品或生产要素价格的方式转移给购买者或最终消费者承担。这是最典型、最具普遍意义的税负转嫁形式。比如，在生产环节课征的税收，生产企业就可以通过提高商品出厂价格把税负转嫁给批发商，批发商再以类似的方式转嫁给零售商，零售商最终将税负转嫁给最终消费者。税负前转法即税负顺转法，一般适用于市场紧俏的生产要素或知名品牌商品。

税负前转法的基础是价格平台，如果将税负前转法与转让定价策略及集团运营结合起来，会显示出其更大的威力。税负前转法操作便捷灵巧，有时能起到"四两拨千斤"的奇妙效果。

税负前转法只能将企业的部分税负进行转嫁。从实践情况来看，能够进行税负前转的，主要是那些征税时无法确定其最终负担者的税种，比如增值税、消费税、关税等。例如，一家生产制造公司属于增值税一般纳税人，其增值税负担并不代表其真实税负率，因为其销项税额是由购买方或消费者提供的。再如，对香烟征收消费税，香烟的消费者实际上是香烟消费税的承担者，但由于预先并不能确定每包香烟的消费者，因而只能以香烟为征税对象，以其制造者和贩卖者为纳税人，再由制造者和贩卖者将税负转移给消费者和购买者。这与增值税的税收原理基本一致，其共同点是税款可以加在商品的价格上，通过提高商品售价的方式将税负转移给消费者，最终实现税负转嫁。

【例2－10】 我国南方一些竹木产区生产竹木地板。这种地板的特点是清凉、透气、加工制造简单，但是与革制地板、化纤地毯相比，不够美观漂亮。生产厂商将竹木地板的售价确定为80元/m²。由于竹木地板只适用于南方潮湿地区，北方多数地区无法使用（竹木地板易裂，怕干燥），市场需求量不大，竹木地板生产厂商只能简单维持企业运转。由于80元/平方米的定价已被认为是很高的价格标准，有关增值税负担只能由生产厂商承担。那么，有没有好的税务合规计划方法？

日本人发现了这种竹木地板，经分析测定，这种竹木地板具有很高的养生功效与医用价值，使用竹木地板保持人与纤维的密切接触，对人体循环和代谢平衡起到很大作用。因此，日本及东南亚国家纷纷到我国南方竹木地板厂订货,原来80元/平方米的竹木地板,在国际上的销售价格一跃变成60美元/平方米。这样一来,竹木地板生产厂商大幅提高了利润水平,其承担的增值税负担通过售价提高而顺利实现了税负转嫁。

三、税负后转法

税负后转法与税负前转法的原理大致相同,只是税负转嫁的方向不同。**纳税人通过降低生产要素购进价格、压低工资或其他转嫁方式,将其负担的税收转移给提供生产要素的企业,这就是税负后转。** 在这种情况下,纳税人已纳税款因种种原因不能转嫁给购买者和消费者,而是**转嫁给货物的供给者和生产者。** 比如,一个批发商纳税后,因为商品价格下降,已纳税款难以加在商品价格之上转移给零售商,于是批发商就要求厂家退货或厂家承担全部或部分已纳税款,这时就会发生税负后转。税负后转法一般适用于生产要素或商品积压的买方市场。

在经济生活中,税负转嫁法的运用非常灵活。有些情况下,购买方虽然还没有付款,却要求销售方先开具增值税专用发票,然后再根据资金周转安排情况付款给销售方,这时就会出现税负转嫁现象:购买方在没有付款的情况下,却取得了增值税专用发票,在当期就可以抵扣进项税额;而销售方把增值税专用发票开给购买方后,就必须计提销项税额并缴纳增值税。如果遇上所得税申报期,销售方还要计算应纳税所得额缴纳企业所得税。可见,购买方在取得增值税专用发票而没有支付价款的情况下,会实现税负前转现象,即销售方因此先承担了购买方转嫁来的增值税负担。

【例 2－11】 酒厂生产的白酒是一种特殊的消费品,不仅需要缴纳增值税,而且需要缴纳消费税。白酒厂商为了保持适当的税后利润率,通常的做法是相应提高出厂价,但这样做一方面会影响市场销量,另一方面也会导致从价定率消费税与增值税的攀升。下面分析酒厂利用税负转嫁原理进行税务合规计划的基本操作。

(1)**设立独立的销售公司规避消费税**。许多酒厂都设立独立的销售公司,**利用增加流通环节的办法转嫁税负。** 由于酒类产品的消费税仅在出厂环节征收,即按照白酒的出厂价计征消费税,后续的分销、零售等环节不再征收消费税。在这种情况下,通过引入独立的销售公司,采取"前低后高"的价格转移策略转嫁税负,即先以相对较低的价格将白酒卖给自己的销售公司,再由销售公司以合理的高价进行层层分销,最终到达消费者手中。这样操作的效果是在确保总体销售收入的同时降低消费税负担。

(2)**利用市场营销费、广告费转嫁税负**。酒厂还有一种转嫁税负的手段,即将市场营销费、广告费等合理转嫁给经销商负担,但酒厂要对经销商做出一定的价格让步,以弥补经销商负担的相关市场营销费、广告费等支出。这种费用的转嫁方式,降低了白酒的出厂价,直接转嫁了增值税,降低了消费税。对于经销商来说,在销售及其他因素不变的情况下,白酒进价的降低会导致可以抵扣的进项税额减少,相当于经销商负担了酒厂的一部分增值税,而酒厂的一部分消费税却在转嫁中悄然消失了。经销商多负担的增值税会因经销商增加市场营销费、广告费等支出,从其降低的企业所得税中得到补偿。补偿程度会因市场营销费、广告费等的开支以及白酒价格让利程度的不同而不同。

第七节　递延纳税法

一、递延纳税法的原理

递延纳税法是指纳税人通过合同控制、交易控制、流程控制等手段,利用税收政策合法延缓纳税义务时间,合理安排进项税额抵扣时间和企业所得税预缴与汇算清缴时间,科学推迟纳税时间。

递延纳税旨在推迟纳税时间,相当于获取一笔与所推迟税款相当的无息贷款,获得了资金时间价值,给纳税人带来的好处是不言而喻的。《国际税收辞汇》中对递延纳税条目的注释作了精辟的阐述:递延纳税,有利于资金周转,节省利息支出,以及由于通货膨胀的影响,延期以后缴纳的税款币值下降,降低了实际纳税额。合理控制纳税环节、抵扣税额、税前扣除额、纳税时间、纳税地点等因素是实施递延纳税法的关键。

二、递延纳税法的操作技术

税务合规计划的重点税种是增值税、企业所得税。增值税的计税依据是增值额,企业所得税的计税依据是应纳税所得额,即纳税人的收入总额减去成本、费用、税金、损失后的余额。递延纳税的本质是推迟收入或应纳税所得额的确认时间,所采用的技术主要有两个:① 合理推迟收入;② 尽早确认成本、费用支出。

税法对不同销售行为的纳税义务时间做出了明确的法律规定。纳税人采取不同的收款方式,纳税义务时间存在很大差别。如果纳税人合理利用这些具体规定,就可以签订对自己有利的销售合同。

采取委托代销方式,委托方先将商品交付给受托方,受托方根据合同要求,将商品出售后向委托方开具代销清单。此时,委托方根据代销清单确认销售收入。按照这一原理,如果纳税人的产品销售对象是商业企业,并且以先销售后付款结算的方式完成销售,则可以采用委托代销结算方式,即根据实际收到的货款分期计算销项税额,从而合理、合法地延缓纳税义务时间。

【例 2 - 12】　某造纸厂 7 月向汇文商店销售白板纸 113 万元(含税价),货款结算采用先销售后付款方式,截至 10 月,汇文商店只汇来 33.9 万元货款,导致该造纸厂垫付大量增值税税款。

此笔业务,由于购货方是汇文商店,属于商贸企业,并且货款结算采用先销售后付款的方式,导致 7 月造纸厂发出白板纸后就必须计算缴纳增值税销项税额 13 万元[113÷(1+13%)×13%]。

若考虑选择委托代销模式,则可实现递延纳税。具体税务处理如下:该造纸厂 7 月采用委托代销方式销售白板纸,白板纸发出时不需要计算销项税额;10 月按收到的代销清单确认销售额并计提销项税额 3.9 万元[33.9÷(1+13%)×13%]。对尚未收到代销清单的货物,可暂不申报、缴纳增值税,达到了递延纳税的目的。

第八节 规避平台法

在税务合规计划实务中,税法规定的若干临界点常被称为规避平台。规避平台建立的基础是临界点,因为临界点会因"量"的积累而引起"质"的飞跃,是一个特别重要的关键点。当纳税人突破某些临界点时,由于适用的税率降低或满足享受税收优惠的条件,可以获得一定的税收利益,这便是规避平台法的基本原理。因此,规避平台法着眼于寻找临界点,并巧妙利用临界点控制税负水平。

一、税基临界点规划法

税基临界点规划法主要是寻找税基临界点,并利用税基临界点控制税负。税基临界点主要有起征点、扣除限额、税率跳跃点等。税基相对于临界点的变化会引起税负的巨大变化,即临界点的边际税率出现迅速递增或递减的变化态势。

税基临界点规划法聚焦临界点,即关注临界点,测算临界点,利用临界点。个人所得税的起征点、税率跳跃点,企业所得税的税前扣除限额等,都是典型的税基临界点,对其进行税务合规计划可以降低税负。

公益性捐赠支出、业务招待费、广告费和业务宣传等扣除项目都有税前扣除限额,都属于税基临界点。《企业所得税法》及其实施条例规定,企业发生的公益性捐赠支出,在年度利润总额12%以内的部分,准予在计算应纳税所得额时扣除;企业发生的业务招待费,按照实际发生额的60%扣除,最高不超过营业额(销售额)的5‰;企业发生的广告费和业务宣传费,在不超过营业额(销售额)15%的范围内扣除。

二、优惠临界点规划法

优惠临界点规划法主要着眼于优惠政策适用的前提条件,只有在满足前提条件的基础上才能适用税收优惠政策。一般优惠临界点包括以下三种情况:① 绝对数额临界点;② 相对比例临界点;③ 时间期限临界点。

规避平台利用的是临界点的量变、质变规律。如果实际业务距离优惠临界点太远,如果要突破它,就必须有足够的量变积累,这可能会导致成本损耗与费用支出。

> **提示**
>
> 在利用优惠临界点规划法时应合理规划,测算达到临界点的非税成本大小,避免出现舍本逐利、本末倒置的做法,保证规避平台规划法达到最佳的规划效果。

【例2-13】 李明在天津市拥有一套家庭唯一生活用房,已经居住4年零9个月,这时他在北京找到一份薪水很高的工作,需要出售该住房搬到北京居住。

（1）《财政部 国家税务总局 住房和城乡建设部关于调整房地产交易环节契税 个人所得税优惠政策的通知》（财税〔2010〕94 号）规定，自 2010 年 10 月 1 日起，对个人住房转让所得征收个人所得税原则上实行核定征税，核定征税的比例暂按 1% 确定。对个人转让自用 5 年以上且是家庭唯一生活用房取得的所得免征个人所得税。对出售自有住房并在 1 年内重新购房的纳税人不再减免个人所得税。如果李明马上出售天津的住房，必须缴纳个人所得税。

合乎理性的规划方法是他将住房于 3 个月后再转让而不是马上转让，且在北京购房时间延续到天津住房转让 1 年后，这样就符合上述免税政策规定。当然，李明如果遇到合适的买主，也可以立即出售该住房。采取时间期限临界点规划法，即和买主签订两份合同：一份是远期房产转让合同（3 个月后正式交割房产）；另一份是为期 3 个月的房产租赁合同。只要租金和售价之和等于买主理想中的价位，这种交易就很容易成功。这样买主可以马上住进去，李明就顺利享受了个人所得税的免税待遇。

（2）按照"营改增"最新政策，个人将购买不足 2 年的住房对外销售的，全额征收增值税；个人将购买 2 年以上（含 2 年）的住房对外销售的，免征增值税。2024 年 11 月，财政部、税务总局、住房城乡建设部联合发布的《关于促进房地产市场平稳健康发展有关税收政策的公告》规定：北京市、上海市、广州市和深圳市，凡取消普通住宅和非普通住宅标准的，取消普通住宅和非普通住宅标准后，与全国其他地区适用统一的个人销售住房增值税政策，对该城市个人将购买 2 年以上（含 2 年）的住房对外销售的，免征增值税。李明拥有天津的住房的期限已经超过 2 年，因此免征增值税。

第九节　资产重组法

资产重组法是指纳税人通过合并、分立等手段，实施资源优化配置，为资产重组活动节税。

资产重组的核心是实现资源的合理配置和资本效用的最大化，其实质是以收购、兼并、分立等重组行为实现包括经营业务整合、资产结构优化、财务状况改善、税款节约等目的。资产重组不可避免地影响着产权关系，甚至会打破原来的企业边界，实现资产转移、股权关系的变化。资产重组法的基本原理是资产重组行为改变了产权结构，产权结构的变化影响纳税活动，影响企业实际税负水平。其实，诸如纳税地点、纳税时间、纳税环节、纳税主体等税制要素都会因为资产重组、产权结构变化而发生变化。从一定意义上说，资产重组法旨在打破企业边界的"束缚"，寻找最佳资源配置结构，**寻找税负最小化的产权关系**。

一、合并法

企业合并是实现资源流动与有效配置的重要方式。企业合并不可避免地涉及税务合规计划问题。合并法是指企业利用并购及资产重组手段，改变其组织形式及股权关系，实现控制税负的规划方法。

合并法一般应用于以下五个方面：

（1）企业合并完成后，可以进入新的领域、新的行业，享受新领域、新行业的税收优惠政策。

（2）企业并购有大量亏损的公司，可以实现盈亏抵补、低成本扩张①。

（3）企业合并可以实现关联企业或上下游企业流通环节的减少，合理规避流转税和印花税。

（4）企业合并可能改变纳税主体性质。譬如企业可能因为合并行为而由小规模纳税人转变为一般纳税人。

（5）企业合并符合免税重组政策条件的，可以不确认资产转让所得，不缴纳企业所得税。借助企业合并的特殊性重组政策，可以合法规避资产转让的所得税负担，具体参照《关于企业重组业务企业所得税处理若干问题的通知》（财税〔2009〕59号）的相关规定②。

二、分立法

企业分立，是指一家企业将部分或全部资产分离转让给现存或新设的企业，被分立企业股东换取分立企业的股权或非股权支付，实现企业的依法分立。企业分立有利于企业更好地适应环境和利用税收政策获得税收方面的利益。

1. 分立法的适用

分立法是指利用分拆手段，有效改变企业规模和组织形式、降低企业整体税负的一种税务合规计划方法。 分立法一般应用于以下方面：

（1）企业分立为多个纳税主体，可以形成有关联关系的企业群，实施集团化管理和系统化规划。

（2）企业分立可以将兼营或混合销售中的低税率或零税率业务独立出来，单独计税降低税负。

（3）企业分立使适用累进税率的纳税主体分化成两个或多个适用低税率的纳税主体，税负自然降低。

（4）企业分立可以增加一道流通环节，有利于增值税抵扣及转让定价策略的运用。

2. 企业分立的具体操作

企业分立，被分立企业所有股东按原持股比例取得分立企业的股权，**分立企业和被分立企业均不改变原来的实质经营活动，**且被分立企业股东在该企业分立发生时取得的股权支付金额不低于其交易支付总额的85%，可以选择按以下规定处理：

（1）分立企业接受被分立企业资产和负债的计税基础，以被分立企业的原有计税基础确定。

（2）被分立企业已分立出去资产相应的所得税事项由分立企业承继。

（3）被分立企业未超过法定弥补期限的亏损额可按分立资产占全部资产的比例进行分配，由分立企业继续弥补。

---

① 适用于一般重组的企业合并，被合并企业的亏损不得在合并企业结转弥补；适用特殊性重组的企业合并，合并企业能以限额弥补被合并企业的亏损。

② 符合特殊性重组的条件如下：（1）具有合理的商业目的，且不以减少、免除或者推迟缴纳税款为主要目的。（2）企业重组后的连续12个月内不改变重组资产原来的实质性经营活动。（3）企业重组中取得股权支付的原主要股东，在重组后连续12个月内，不得转让所取得的股权。（4）被收购、合并或分立部分的资产或股权比例超过50%。（5）企业股东在该企业合并发生时取得的股权支付金额不低于其交易支付总额的85%，以及同一控制下且不需要支付对价的企业合并。

（4）被分立企业的股东取得分立企业的股权（以下简称新股），如需部分或全部放弃原持有的被分立企业的股权（以下简称旧股），新股的计税基础应以放弃旧股的计税基础确定。如不需放弃旧股，则取得新股的计税基础可从以下两种方法中选择确定：① 直接将新股的计税基础确定为零；② 以被分立企业分立出去的净资产占被分立企业全部净资产的比例先调减原持有的"旧股"的计税基础，再将调减的计税基础平均分配到新股上。

提示

分立法在实际操作中要注意以下问题：① 采用分立法时必须先进行成本权衡分析，即要求满足企业分立产生的非税成本必须小于节税利益；② 企业分立进行业务拆分时，必须考虑定价的合理性。由于分立企业之间存在一定的关联关系，如果定价不合理，税务机关有权调整作为税基的定价。

【例 2-14】　神力电梯公司主要生产销售电梯并负责电梯的安装、维修及保养。8月，神力电梯公司取得含税销售收入 3 390 万元，其中安装费约占含税销售收入的 30%，维修费约占含税销售收入的 10%。假设 8 月购进的进项税额为 200 万元，请为神力电梯公司设计税务合规计划方案。

混合销售行为和兼营非应税劳务应当缴纳增值税，其销售额分别为货物与非应税劳务的销售额的合计、货物或者应税劳务与非应税劳务的销售额的合计。神力电梯公司既生产销售电梯又负责安装维修电梯的行为属于混合销售行为，按照税法规定：

8 月神力电梯公司应纳增值税 = 3 390÷(1+13%)×13%-200=190(万元)

如果神力电梯公司设立一个独立核算的安装公司，神力电梯公司只负责生产销售电梯，安装公司专门负责电梯的安装维修，神力电梯公司和安装公司分别就销售电梯收入、安装维修收入开具发票。神力电梯公司设立电梯安装公司后，纳税情况会发生变化。对销售电梯并负责安装及维修取得的收入，一并征收 13% 的增值税；对不从事电梯生产销售，只从事电梯安装和维修的专业公司的电梯安装收入征收 9% 的增值税，电梯维修收入征收 6% 的增值税。两公司税负计算如下：

神力电梯公司应纳增值税 = 3 390×(1-40%)÷(1+13%)×13%-200=34(万元)
安装公司应纳增值税 = 3 390×30%×9%÷(1+9%)+3 390×10%×6%÷(1+6%)
　　　　　　　　　 = 103.16(万元)

神力电梯公司分立出安装公司后，节省增值税 52.84 万元(190-34-103.16)。

【例 2-15】　乙公司是制造型企业，为加快产品研发和技术更新，2023 年底成立了技术研发部。2024 年该研发部门全年研发费用为 1 000 万元，技术转让收入为 3 000 万元。乙公司当年税前利润为 4 000 万元，研发费用已全部计入当期损益，且没有其他纳税调整事项。此时：

乙公司应交企业所得税 = (4 000-1 000)×25%=750(万元)

如果乙公司将研发部门独立出来，成立一家全资控股的高新技术企业——B 公司，独立运营、自负盈亏,预计年技术转让收入为3 000万元,成本支出为1 000万元,税前利润为2 000万元。

（1）若B公司处于免税期,无须缴纳企业所得税。将研发部门独立出来后：

$$乙公司的税前利润=4\,000+1\,000-3\,000=2\,000（万元）$$

$$乙公司应纳企业所得税=2\,000×25\%=500（万元）$$

$$两家公司合计应纳企业所得税=500（万元）$$

$$节税额=750-500=250（万元）$$

（2）若B公司适用居民企业技术转让所得优惠政策(一个纳税年度内居民企业技术转让所得不超过500万元的部分免征企业所得税,超过500万元的部分减半征收企业所得税),则：

$$B公司技术转让所得[①]=3\,000-1\,000=2000（万元）$$

$$应交企业所得税=(2\,000-500)×25\%×50\%=187.5（万元）$$

$$乙公司应纳企业所得税=500（万元）$$

$$两家公司合计应纳企业所得税=187.5+500=687.5（万元）$$

$$节税额=750-687.5=62.5（万元）$$

（3）若B公司按优惠所得税税率15%纳税,则

$$应缴纳企业所得税=(3\,000-1\,000-500)×15\%×50\%=112.5（万元）$$

$$乙公司应纳企业所得税=500（万元）$$

$$两家公司合计应交企业所得税=112.5+500=612.5（万元）$$

$$乙公司将研发部门独立出来节税额=750-612.5=137.5（万元）$$

第十节 业务转化法

业务转化法蕴藏着大智慧,是一种在变化中寻找节税空间的税务合规计划方法。业务转化法采用的手段灵活多样,体现出与时俱进的开创思维。穷则变,变则通,通则久,业务转化法强调的是转变,只有变才是世间唯一不变的规则,只有变才能立于不败之地。现实经济活动中的购买、销售、运输、建房等业务可以合理转化为代购、代销、代运、代建房等业务,无形资产转让可以合理转化为技术研发服务或非货币性资产投资业务,甚至还有公司雇员与非雇员之间的相互转化……

不同的业务模式适用不同的税收政策,自然形成不同的税负,存在一定的节税空间。业务转化法主要有以下三种操作技术：业务形式转化、业务口袋转化、业务期间转化。

一、业务形式转化

业务形式转化,即将纳税人的收入从一种形式转化为另一种形式。随着业务形式的转化,涉及的收入性质、税种、应纳税额也会相应发生变化,税负结果自然不同。

---

① 技术转让所得=技术转让收入-技术转让成本-相关税费

【例 2-16】 美国的股份公司经常为职工购买多份保险,保费的资金来源是贷款,可以是银行提供的,也可以是保险公司提供的。按照美国税法,银行贷款利息可以在税前扣除。每年购买保单的资金不必立即缴税,只在保单变现时才予以课税。因此,购买保单就是一项获取税收利益的投资。进一步分析,如果保费是由保险公司提供的融资,则企业要求保险公司通过银行转贷该笔资金给自己,就可以实现贷款利息税前扣除,而保险公司还能从银行拿到利息收入。为职工购买保险的税务合规计划原理如图 2-1 所示。

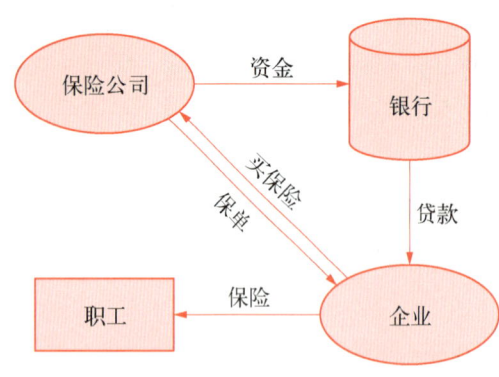

图 2-1 为职工购买保险的税务合规计划原理

【例 2-17】 为了建设"社会主义新农村",响应城乡一体化发展战略,中部地区某村庄推出"新型城镇"计划,具体建设规划如下:在村民集中居住地的南面统一建设 10 栋两单元五层的居住楼,妥善安置村里 600 余村民,待居住楼建设完毕后再统一拆迁原居民院落,变原院落为耕地。当地政府由于资金不足,将此房地产开发项目转给了村中的某房地产企业进行开发。该房地产企业对此项目进行了初步规划:本着自愿签署合同的原则,对每户同意拆迁的村民给予 10 万元的拆迁补偿费,待房屋建设完毕再以每平方米 1 500 元的售价销售给村民。由于此项目的涉税金额较大,税后利润很少,甚至可以忽略不计。此项目对于开发企业而言,构成了销售房地产的业务,涉及的税种较多,税负较大。

此项目的规划核心是变房地产开发业务为代建业务。若符合代建房行为,就可以免征土地增值税、契税等税种。具体实施过程及关键环节如下:

(1) 立项。此次房地产开发项目变企业立项为当地政府立项并报发展改革委员会备案,即开发主体是政府而非房地产企业。

(2) 征地。由政府出面同村民签订征地协议,合同双方分别为政府和同意征地的村民,改变企业与村民签订协议的实质。

(3) 费用。为了解决当地政府资金不足的问题,企业可以将征地款项借给政府,但必须要求地方政府定期偿还。

(4) 合同。和当地政府签订"代建房合同",变企业售房模式为代建房模式,对收取的代建收入按照"建筑安装服务"税目纳税。

【例 2-18】 科研人员张明发明了一种新技术,该技术获得了国家专利,专利权归个人。由于该专利的实用性很强,甲公司开出了 500 万元(不含税价)的购买价。

根据《增值税法》,转让专利权属于转让无形资产,适用税率为 6%,张明应纳增值税额为 30 万元(500×6%)。

转让专利使用权属于特许权使用费收入,张明应缴纳的个人所得税为 80 万元[500×(1-20%)×20%]。

$$张明的税后收益=500-30-80=390(万元)$$

采用业务转化法,张明不采取转让方式,而是将技术专利折合为股份投资于甲公司。按甲公司的经营状况测算,张明每年预计从甲公司获取股息收入 50 万元。若张明愿意采取折股投资方式,其所负担的税收额将大大下降:纳税人提供技术开发和与之相关的技术服务免征增值税;个人取得的技术咨询、技术服务所得,应按照 20% 的比例税率缴纳个人所得税。

$$张明每年应纳个人所得税 = 50 \times 20\% = 10(万元)$$

若采用技术服务形式,张明每年仅需负担 10 万元的税款,且实现了以后期间的递延纳税。如果每年都可获取股息收入 50 万元,只要运营 10 年,张明就可获得 500 万元的收入。

【例 2-19】 远扬电动车厂商拥有多家代理商,销售返利政策如下:代理商每次购买 1 000 辆电动车,当累计达到 3 000 辆时,该电动车厂商给予代理商 3% 的销售返利,并当期支付给代理商。税务机关对此销售返利的看法是:由于在代理商最后购买量达到 3 000 辆时才给予销售返利,不属于折扣销售,不能够在发票上体现折扣额,必须按照销售收入全额确认收入纳税。对此,该电动车厂可以进行如下两个方案的税务合规计划:

方案一:当代理商的销售量达到 3 000 辆时,对最后的 1 000 辆给予 9% 的折扣,并且在发票上注明折扣额。这样一来,就使销售返利转化为了折扣,解决了销售返利的纳税问题。

方案二:当代理商的销售量达到 3 000 辆时,厂商的销售返利不在当期返还,而是作为下一期间的折扣额,在下一期间的销售发票上体现,即采取销售返利后期递延方式处理。

二、业务口袋转化

业务口袋转化,即将一个会计主体的业务收入转化为另一个会计主体的业务收入。最常见的做法就是利用税率差在关联企业之间以转让定价方式实现收入口袋转化,从而达到税务合规计划的节税目的。

【例 2-20】 一家设备生产企业,自行研发了一套智能软件,与设备配置在一起对外销售。这套智能软件使设备的性能大大改善,企业因此提高了设备的销售价格,随之而来的是棘手的高税负问题,即设备售价高,增值税和企业所得税负担都很重。从业务流程角度分析,企业税负高的原因在于设备销售价格高,而设备销售价格高的原因在于智能软件。智能软件属于高附加值产品,设备的增值率因此而上升,带来增值税负担和企业所得税负担的增加。

采用业务口袋转化技术,就可以寻找节税空间。操作方案如下:专门成立软件公司,在向购买方出售设备的同时,由软件公司出售智能软件,即把一项交易拆分为两个纳税主体的两项交易,虽然对于客户没有太大的影响,但设备生产企业的税收状况却发生了显著变化。在设备和智能软件交易中,设备和智能软件分配原来的销售价格,客户采购活动并没有增加支付成本,但新分立出来的软件公司作为独立的纳税主体,可以申办高新技术企业,其软件销售收入享受软件产品税收优惠,实际仅负担 15% 的企业所得税与 3% 的增值税。[①]

①《财政部 国家税务总局关于软件产品增值税政策的通知》(财税〔2011〕100 号)规定,自 2011 年 1 月 1 日起,增值税一般纳税人销售其自行开发生产的软件产品,按 17% 税率征收增值税后,对其增值税实际税负超过 3% 的部分实行即征即退政策。

三、业务期间转化

业务期间转化,即把一个纳税期间的业务转化为另一个纳税期间的业务,实现业务收入、费用(成本)及税金的跨期转移,从而实现节税目的。

最典型的做法是控制收入的实现时间。在经济实践中,企业控制收入的实现时间主要有以下方法:① 合理安排交易时间,控制交易进度和收入实现时间;② 利用交易合同来控制,即通过签订并履行交易合同来控制收入实现时间;③ 通过收入结算方式来控制收入实现时间及归属期间。

 复习与思考

1. 简述税务合规计划的基本方法。
2. 如何合理适用税收优惠?
3. 如何合理设计会计政策?
4. 简述业务转化法的三大技术。

 小试牛刀

一、自测题

扫码完成自测

二、业务题

1. 陈先生是阳光服装公司的销售部经理,由于要和客户进行业务交流,经常在外地出差。某日,陈先生与客户洽谈业务之后,在一家酒店设宴款待客户,但结账付款索要发票时,被酒店收款员婉言拒绝。酒店收款员对陈先生说:"你的消费金额为 1 000元,如果不要发票,可以给你 5% 的价格折扣,或者价值为 50 元的两瓶饮料。"

陈先生应该放弃索要发票而接受价格折扣或者饮料吗?为什么?酒店为何不愿给客户开发票?你在实际生活中遇到过类似的情况吗?你是如何处理的?

2. 某外国企业拟到中国开展技术服务,预计每年获得 1 000 万元收入(暂不考虑相关的成本、费用支出)。该企业面临以下三种操作方案:

（1）在中国境内设立实际管理机构。

（2）在中国境内不设立实际管理机构，但设立营业机构，营业机构适用25%的企业所得税。劳务收入通过境内设立的营业机构取得。

（3）在中国境内既不设立实际管理机构，也不设立营业机构。

请从税务合规计划角度分析三种操作方案的优劣。

3. 某股份有限公司计划筹措1 000万元资金用于某高科技产品生产线的建设，制定了A、B、C三种筹资方案。假设企业适用的所得税税率为25%，三种筹资方案下息税前利润都为300万元。

（1）A方案：全部1 000万元资金都采用权益筹资方式筹措，即向社会公开发行股票。每股计划发行价格为2元，共计发行500万股。

（2）B方案：全部1 000万元资金都采用向商业银行借款的负债筹资方式筹措，借款年利率为10%。

（3）C方案：全部1 000万元资金都采用向其他企业借款的负债筹资方式筹措，借款年利率为12%。

请分析比较三个筹资方案。

4. 某房地产公司推出"买一赠一"促销活动，购买一栋300平方米、市场价为120万元的别墅，赠送一个车库（市场价为30万元）。

该房地产公司应如何确认主营业务收入？应如何缴纳税款？

案例阅读

经营租赁服务与仓储服务的税务合规计划

一、政策分析

（一）增值税——有差别

1. 仓储服务

仓储服务是指利用仓库、货场或者其他场所代客贮放、保管货物的业务活动，属于现代服务中的物流辅助服务，适用增值税税率为6%；一般纳税人发生仓储服务的应税行为可以选择适用简易计税方法计税，适用征收率为3%（小规模纳税人适用征收率为3%或1%）。

2. 经营租赁服务

经营租赁服务是指在约定时间内将有形动产或者不动产转让他人使用且租赁物所有权不变更的业务活动。不动产租赁属于现代服务——租赁服务，适用增值税税率为9%。符合条件可以选择按简易计税方式计税，适用5%的征收率。

（二）房产税——有差别

（1）提供仓储服务按房产余值计税，从价计征房产税。

（2）提供不动产租赁服务的纳税人，从租计征房产税。

房产税依照房产原值一次减除 10% 至 30% 后的余值计算缴纳。具体减除幅度，由省、自治区、直辖市人民政府规定。没有房产原值作为依据的，由房产所在地税务机关参考同类房产核定。房产出租的，以房产租金收入为房产税的计税依据。

（三）印花税——无差别

（1）提供仓储服务属于"仓储保管合同／仓储合同"税目，按仓储保管费用的 1‰ 贴花。

（2）提供不动产租赁属于"财产租赁合同／租赁合同"税目，按租赁金额 1‰ 贴花，税额不足一元的按一元贴花。

（四）企业所得税——可以无差别

（1）提供仓储服务取得的收入依据权责发生制核算，按"提供劳务收入"缴纳企业所得税。

（2）提供不动产租赁取得的收入依据权责发生制和合同约定核算企业提供固定资产、包装物或者其他有形资产的使用权取得的租金收入，应按交易合同或协议规定的承租人应付租金的日期确认收入的实现。其中，如果交易合同或协议中规定租赁期限跨年度，且租金提前一次性支付的，根据《企业所得税法实施条例》规定的收入与费用配比原则，对已确认的收入，在租赁期内，分期均匀计入相关年度收入。

（五）城镇土地使用税——有差别

（1）提供仓储服务有优惠政策。《关于继续实施物流企业大宗商品仓储设施用地城镇土地使用税优惠政策的公告》（财政部税务总局公告 2023 年第 5 号）规定，自 2023 年 1 月 1 日至 2027 年 12 月 31 日，对物流企业自有（包括自用和出租）或承租的大宗商品仓储设施用地，减按所属土地等级适用税额标准的 50% 计征城镇土地使用税。

（2）提供不动产租赁无特殊政策。

二、实务操作

1. 税负测算

测算提供仓储服务和提供不动产租赁整体综合税负，同时与客户谈判，由于企业的选择，产生的增值税进项税额抵扣损失如何通过价格调节。

2. 签署合同

签署合同的要点

（1）是否有保管义务是区别租赁服务和仓储服务的关键区别。

（2）其他非财税部门的配合。

3. 业务实质安排

如果测算按照仓储合同缴纳的税费少，那么不能只签仓储合同，必须同时进行业务实质的安排，即提供保管服务，否则，不能算是仓储服务，还应按照租赁服务对待。

思考：

1. 经营租赁服务与仓储服务的税负有何不同？

2. 经营租赁服务与仓储服务的经济业务实质是什么？

3. 如何利用二者进行税务合规计划？请结合实际案例进行说明。

拓展阅读

经营租赁服务与仓储服务的税务合规计划的法律依据

第三章 增值税的税务合规计划

学习目标

学 习 内 容	学习目标	学习难度
1. 增值税的纳税人、征税范围、税率、应纳税额的计算	熟悉	☆☆
2. 利用增值税纳税人的不同规定实施税务合规计划	掌握	☆☆
3. 运用销售方式的选择实施税务合规计划	掌握	☆☆☆
4. 通过混合销售行为的选择实施税务合规计划	熟悉	☆
5. 利用税收优惠政策实施税务合规计划	熟悉	☆
6. 增值税涉税风险的防控	熟悉	☆☆

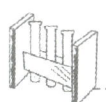

案例导读

业务分离对企业税负的影响

某食品厂为增值税一般纳税人,适用13%的增值税税率。根据市场需求,该食品厂种植猕猴桃,并将其加工成果脯、饮料等(以下简称"加工品")对外销售。2024年,猕猴桃开始产生经济效益。2025年5月,该食品厂共销售猕猴桃加工品100万元(不含增值税价格),产生13万元的销项税额,购买化肥等产生了1万元的进项税额,该食品厂需要就该项业务缴纳12万元的增值税。为了降低增值税负担,其一,该企业在购进可抵扣项目时,应提高取得增值税专用发票的规范性,防止不能抵扣增值税进项税额的情况发生;其二,企业应充分利用国家对农产品的增值税优惠政策,采用企业分立等方法进行增值税规划。

直接从事植物的种植、收割和动物的饲养、捕捞的单位和个人销售的自产农业产品,免征增值税;一般纳税人向农业生产者购买的免税农业产品,或者向小规模纳税人购买的农业产品,准予按照购买价格和9%的扣除率计算进项税额,从当期销项税额中扣除。

针对这种情况,若是食品厂将猕猴桃的种植业务分离出来,形成种植企业和再加工销售企业两个独立的企业,具有独立的法人资格并实行独立核算,一方面使种植企业销售的猕猴桃免税,另一方面再加工销售企业产生向农业生产者直接购买农产品会产生可供抵扣的进项税额。在上述方案中,食品厂分立后的税负变化,体现在以下几个方面:

（1）分立后的食品厂，销项税额不变，仍为 13 万元。

（2）分立后的食品厂增加了进项税额。假设按照市场正常的交易价格，该食品厂 2025 年 5 月用于生产猕猴桃加工品的原料价值 60 万元，分立后的食品厂可以按照 60 万元的买价和 9% 的扣除率计算进项税额，即 5.4 万元。

（3）种植企业享受增值税免税优惠，但同时，有关的增值税进项税额 1 万元不能够再抵扣。分立后，食品厂的这项业务需要缴纳的增值税计算如下：

$$应纳增值税 = 13 - 5.4 = 7.6（万元）$$

与规划前相比，增值税负担降低了 4.4 万元。

第一节　增 值 税 概 述

一、增值税的基本情况及其税务合规计划基本思路

增值税是以商品在流转过程中产生的增值额为征税对象征收的一种流转税。随着市场的发展和法律法规的不断完善，依法纳税成为绝大多数企业的共识，在此基础上，为实现企业整体价值最大化、增强企业竞争力和内源融资能力，企业对税务合规计划的需求越来越强烈。增值税是我国税收收入的主要来源，也是与商品生产、流通联系最紧密的一个税种，采用"上征下抵"的征收机制，可有效避免重复征税，具有良好的税收中性特点。近年来，我国持续改革增值税税制，于 2024 年 12 月 25 日立法通过减税降费，简并优化增值税税率，不断增强增值税的税收中性特征，普遍减轻企业增值税税负。2024 年，《中华人民共和国增值税法》（以下简称《增值税法》）颁布，于 2026 年 1 月 1 日起施行。为鼓励扶持相关产业发展，我国设计了一系列增值税优惠政策，例如农业产品免税政策、自行开发的软件产品增值税税负超过 3% 的部分即征即退政策、债转股免征增值税政策等，为企业开展税务合规计划提供了政策空间。

增值税合规计划的基本思路：

（1）准确把握国家政策导向、充分利用税收优惠政策。

（2）把握税法对增值税的特别规定，准确把握合规发票开具方式、纳税义务发生时间、增值税税额计算方法等内容，避免因概念模糊造成额外税负。

综上所述，企业对增值税进行合规计划，要把握好我国增值税三档税率、两类纳税人和以票控税的特点，实现企业价值最大化。

> **拓展阅读**
>
> ### 小镇创意集市的税收盛宴
>
> 在一个宁静的小镇上，有一群有创意的居民决定通过增值税规划，打造一场独特的创意集市，将小镇变成一个文艺、充满活力的独特创造社区。
>
> 首先，这群居民共同成立了一家合作社，提供各种手工艺品、艺术品和美食。为了在增值税规划中有优势，他们选择了一些在小镇内制作的产品，并确保产品的创意和独特性。

其次,集市的组织者与当地政府协商,成功争取到了小规模纳税人的优惠政策。这使得合作社在销售产品时可以享受较低的增值税税率,减轻了商品的税收负担。

再次,为了进一步提升集市的吸引力,他们设计了一种创新的购物体验。每个购物者在购买商品时都可以参与一个创意活动,获得额外的折扣或小礼品。这种有趣的购物体验不仅吸引了更多的顾客,而且在一定程度上降低了商品的税收成本。

最终,小镇的创意集市成为当地的一大亮点,吸引了游客和投资者。通过增值税税务合规计划,这个小镇不仅蓬勃发展了当地的文化创意产业,而且为居民创造了更多的就业机会。

二、增值税的税率及税额计算

(一)增值税税率

一般纳税人增值税应税行为适用税率和小规模纳税人增值税应税行为适用征收率分别如表 3-1 和表 3-2 所示。

表 3-1　一般纳税人增值税应税行为适用税率

税　率	征　收　范　围
13%	纳税人销售货物、加工修理修配服务、有形动产租赁服务、进口货物,除适用 9%、零税率的外
9%	纳税人销售交通运输服务、邮政服务、基础电信服务、建筑服务、不动产租赁服务,销售不动产,销售土地使用权,销售或进口下列货物: (1)粮食等农产品、食用植物油、食用盐 (2)自来水、暖气、冷气、热水、煤气、石油液化气、沼气、二甲醚、天然气、居民用煤炭制品 (3)图书、报纸、杂志、音像制品、电子出版物 (4)饲料、化肥、农药、农机、农膜
6%	纳税人销售服务(主要包括销售增值电信服务、金融服务、现代服务、生活服务)、无形资产,除适用 13%、9% 和零税率的外
0	纳税人出口货物(但国务院另有规定的除外)、跨境,销售国务院规定范围内服务、无形资产),税率为零

表 3-2　小规模纳税人增值税应税行为适用征收率

征收率	征　收　范　围
5%	(1)小规模纳税人销售自建或者取得的不动产 (2)一般纳税人选择简易计税方法计税的不动产销售 (3)房地产开发企业中的小规模纳税人,销售自行开发的房地产项目 (4)其他个人销售其取得(不含自建)的不动产(不含其购买的住房) (5)一般纳税人选择按简易计税方法计税的不动产经营租赁 (6)小规模纳税人出租(经营租赁)其取得的不动产(不含个人出租住房)

续 表

征收率	征 收 范 围
5%	(7) 其他个人出租(经营租赁)其取得的不动产(不含住房) 提示:个人出租住房,应按照 5% 的征收率减按 1.5% 计算应纳税额 (8) 一般纳税人和小规模纳税人提供劳务派遣服务选择差额纳税的 (9) 一般纳税人 2016 年 4 月 30 日前签订的不动产融资租赁合同,或以 2016 年 4 月 30 日前取得的不动产提供的融资租赁服务,选择适用简易方法计税的 (10) 一般纳税人收取试点前开工的一级公路、二级公路、桥闸通行费,选择适用简易计税方法的 (11) 一般纳税人提供人力资源外包服务,选择使用简易计税方法的 (12) 纳税人转让 2016 年 4 月 30 日前取得的土地使用权,选择适用简易计税方法的
3%	除适用 5% 征收率以外的纳税人选择简易计税方法发生的应税销售行为,其征收率均为 3%
2% (特殊规定)	(1) 一般纳税人销售自己使用过的不得抵扣且未抵扣进项税额的固定资产。 (2) 小规模纳税人销售自己已使用过的固定资产。 (3) 纳税人销售旧货。 提示:适用 3% 征收率的某些一般纳税人和小规模纳税人可以减按 2% 计征增值税

(二) 应纳税额的计算

1. 一般计算办法

计算公式如下:

$$当期应纳增值税税额 = 当期销项税额 - 当期进项税额$$

$$销项税额 = 销售额 × 适用税率$$

其中,进项税额为增值税发票上注明的可抵扣进项税额。

【例 3-1】 腾达外贸公司进口一批农业机械,组成计税价格为 2 000 万元,增值税适用税率为 9%,腾达公司进口环节应纳增值税计算如下:

$$应纳税额 = 2 000 × 9\% = 180(万元)$$

2. 简易计税办法

计算公式如下:

$$当期应纳增值税税额 = 不含增值税当期销售额 × 征收率$$

$$不含增值税当期销售额 = 含增值税销售额 / (1 + 增值税税率或征收率)$$

拓展阅读

不属于应税交易的增值税规定

(1) 员工为受雇单位或者雇主提供取得工资、薪金的服务,不属于应税交易,不需要缴纳增值税。

（2）收取行政事业性收费、政府性基金，不属于应税交易，不需要缴纳增值税。

（3）依照法律规定被征收、征用而取得补偿，不属于应税交易，不缴纳增值税。

（4）取得存款利息收入，不属于应税交易，不缴纳增值税。

（三）出口退税的计算

根据《财政部　税务总局　海关总署关于深化增值税改革有关政策的公告》（财政部 国家税务总局 海关总署公告 2019 年第 39 号）：① 原适用 16% 税率且出口退税率为 16% 的出口货物，出口退税率调整至 13%。原适用 10% 税率且出口退税率为 11% 的出口货物、跨境应税行为，出口退税率调整至 9%。② 适用 13% 税率的境外旅客购物离境退税物品，退税率为 11%；适用 9% 税率的境外旅客购物离境退税物品，退税率为 8%。另外，税法规定，适用不同退税率的货物、劳务以及跨境应税行为，应分开报关、核算并申报退（免）税，**未分开报关、核算或划分不清的，从低适用税率。**

> **提示**
>
> 企业不仅应该合理合法地取得出口货物、劳务的增值税退（免）税依据，避免因为发票凭证不规范造成额外纳税成本，而且要将适用不同退税率的货物和劳务分开核算，否则会造成平均退税率的降低，造成企业税负加重。

1. 生产企业出口退税的计算

生产企业自营或委托外贸企业代理出口自产货物，除另有规定的外，增值税一律实行免、抵、退税管理方法。免税是指免征本环节的增值税额。抵税是指生产企业外购的原材料等应予以退还的增值税额抵内销货物的应纳税额。退税是指资产货物当月内应抵的进项税额大于应纳税额时，对未抵扣完的部分予以退税。根据免抵税的定义我们得到增值税在出口退税环节的计算办法：

（1）当期应纳税额的计算：

当期应纳税额＝当期内销货物的销项税额－（当期进项税额

－当期免抵退税不得免征和抵扣税额）－上期末抵扣完的进项税额

当期不得免征和抵扣税额＝当期出口货物离岸价×外汇人民币折合率

×（出口货物适用税率－出口货物退税率）

－当期不得免征和抵扣税额抵减额

当期不得免征和抵扣税额抵减额＝当期免税购进原材料价格×（出口货物适用退税率

－出口货物退税率）

（2）当期免、抵、退税额的计算：

当期免、抵、退税额＝出口货物离岸价×外汇人民币折合率×出口货物退税率

－当期免、抵、退税额抵减额

当期免、抵、退税额抵减额＝免税购进原材料价格×出口货物退税率

（3）当期应退税额和免抵税额的计算：

当期期末留抵税额≤当期免、抵、退税额时：

当期应退税额＝当期期末留抵税额

当期免抵税额＝当期免、抵、退税额－当期应退税额

当期期末留抵税额>当期免、抵、退税额时：

当期应退税额＝当期免、抵、退税额

当期免抵税额＝0

> **提示**
>
> 　　当期期末留抵税额根据当期"增值税纳税申报表"中"期末留抵税额"确定。

【例3－2】　某企业为生产型出口企业,适用免、抵、退税管理方法中的退税方式。该产品适用的征税率为13%,退税率为13%。2025年2月有关业务资料如下：

（1）进口原材料取得增值税专用发票,其上注明价款1 000 000元,税款130 000元,款项已支付,货物已入库。

（2）内销一批产品,不含税销售额为500 000元,款项已收到。

（3）报关出口一批产品,离岸价为50 000美元(假定汇率为1∶7.3),款项尚未收到。

该企业当月应退税额计算如下：

购进原材料进项税额＝130 000(元)

内销货物销项税额＝500 000×13%＝65 000(元)

出口货物销售额＝50 000×7.3＝365 000(元)

当期免抵退税不得免征和抵扣税额＝0

当期应纳税额＝130 000－65 000＝65 000(元)

当期免、抵、退税额＝365 000×13%＝47 450(元)

当期期末留抵税额65 000元>当期免抵退税额47 450元

应退税额＝当期免抵退税额＝47 450(元)

当期免抵税额＝0(元)

结转下期留抵税额＝65 000－47 450＝17 550(元)

【例3－3】　某自营出口的生产企业为增值税一般纳税人,出口货物适用的征收率为13%,退税率为11%。2025年5月有关经营业务如下：购入原材料一批,取得增值税专用发票,其上注明价款500万元,准予扣除的增值税进项税额为65万元。上期末留抵税额为8万元。本月内销货物不含税销售额为150万元,收款169.5万元存入银行。本月出口货物的销售额折合人民币200万元。该企业当期的免、抵、退税额计算如下：

当期免、抵、退税不得免征和抵扣税额＝200×(13%－11%)＝4(万元)

$$当期应纳税额 = 150×13\% - (65-8) - 8 = -45.5(万元)$$
$$出口货物免、抵、退税额 = 200×11\% = 22(万元)$$

当期期末留抵税额＞当期免、抵、退税额，则：

$$当期应退税额 = 当期免、抵、退税额$$
$$企业当期应退税额 = 22(万元)$$
$$当期免抵税额 = 当期免、抵、退税额 - 当期应退税额 = 0$$
$$期末留抵结转下期继续抵扣税额 = 45.5 - 22 = 23.5(万元)$$

2. 外贸企业出口货物应退税额的计算

有进出口经营权的外贸企业收购货物直接出口或委托其他外贸企业代理出口货物的，应依据购进货物取得的增值税专用发票上列明的进项税额和该货物适用的退税率计算退税。计算公式为：

$$应退税额 = 购进货物的进项税额×退税率$$

对出口货物库存账（库存商品）和销售账（主营业务收入或其他业务收入）均采用加权平均价核算的企业也可以按适用不同退税率的货物，分别计算应退税额。计算公式为：

$$应退税额 = 出口货物数量×加权平均价×退税率$$

3. 特定企业出口货物应退税额的计算

对从事对外承包项目、对外承接修理修配业务等特定企业出口货物，特准退（免）税的计算方法是：按购进货物的增值税专用发票列明的进项税额和规定的退税率计算退税。计算公式为：

$$应退税额 = 购进货物的进项税额×退税率$$

小规模纳税人自营和委托出口的货物，一律免征增值税、消费税，其进项税额不予抵扣或退税。对出口企业从小规模纳税人购进特种退（免）税货物，因小规模纳税人提供的是普通发票，其退税计算公式为：

$$应退税额 = 普通发票所列含税销售额/(1+征收率)×退税率$$

三、增值税三大基本特征

我国现行增值税制充分体现了"**道道课征、税不重复**"的基本特性，反映出公平、个性、透明、普遍、便利的原则，同时对抑制企业偷税、漏税发挥了积极有效的作用。

（一）普遍征收

现行增值税对在中华人民共和国境内销售货物服务、无形资产、不动产（以下称应税交易），以及进口货物的单位和个人就其创造的增值额征税，普遍适用于生产、批发、零售和进口商品及加工、修理修配等领域的各个环节，几乎覆盖所有商品的所有流通环节。

1. 使用增值税专用发票

我国在全国范围内使用统一的增值税专用发票，实行根据发票注明的税金进行税款抵扣的制度。除直接向消费者销售应税交易、销售免税交易等情形外，企业对外销售其他应税货物或应税劳务时，必须向购买方开具增值税专用发票。

2. 多级税率结构

我国增值税税率结构为13%、9%、6%和零税率四级。多级税率不利于维持增值税税收中性的特征，我国增值税改革方向是简化税率结构，减少税率层级，降低税率水平。

（二）价外计税

增值税实行价外计税，以不含增值税税额的价格为计税依据，纳税人能够直接感受到税负。

（三）累退性

累退性是指纳税人的税收负担随着收入的增加而降低，不符合量能纳税原则。增值税采用比例税率，但是个人消费商品和劳务的数量并不是与收入成比例的。在边际消费递减的情况下，增值税具有累退性。

拓展阅读

境内范围的明晰界定

在境内发生的应税交易，主要强调利用境内的社会经济资源完成交易，因此需要在境内纳税。增值税法第四条规定，在境内发生应税交易，是指下列情形：① 销售货物的，货物的起运地或者所在地在境内；② 销售或者租赁不动产、转让自然资源使用权的，不动产、自然资源所在地在境内；③ 销售金融商品的，金融商品在境内发行，或者销售方为境内单位和个人；④ 除上述②、③两项规定外，销售服务、无形资产的，服务、无形资产在境内消费，或者销售方为境内单位和个人。

境外单位或个人向境内单位或个人销售完全在境外发生的服务，不缴纳增值税。

案例1：境外律所提供的仅在境外使用的法律服务，则不需要在境内缴纳增值税。

案例2：在开曼注册公司的股票在境外销售，则不需要在境内缴纳增值税。

案例3：中国境内的企业从境外A国购买货物后直接销售给境外B国，货物的起运地或者所在地均在境外，则这类转口贸易，不需要在境内缴纳增值税。

四、增值税的规划原则

增值税法律制度在不同身份的纳税人、不同的产品、不同的销售方式等方面有不同的规定和倾斜政策，法律执行存在弹性，为企业税务合规计划创造了外部条件。

（一）事先规划原则

企业应**在经营业务活动发生之前进行**合理、合法规划，业务一旦发生，纳税金额也就随之确定，无法变更。另外，税务合规计划方案影响企业生产经营决策，税务人员要**考虑到税务合规计划方案对供应链和其他利益相关者的影响**。

（二）兼顾显性税收与隐性税收原则

显性税收是企业直接付给税务机关的税款，而隐性税收是以具有税收优惠的投资机会的税前收益率降低、投资风险增大和机会成本增加等形式表现出来的类似税收支出的代价。纳税人在设计税务合规计划方案时,必然会在最低税负和最佳生产经营决策之间做权衡,最终目的是使实现企业税后净利润最大化或企业价值最大化。

(三) 考虑整体税负原则

除增值税外,企业还需缴纳企业所得税、印花税、关税等税种。增值税的税务合规计划方案是企业整体税务合规计划方案的一部分,不仅要看增值税税收负担的高低,还要看增值税规划对其他税种负担的影响。

(四) 兼顾短期与长期效应原则

增值税政策处于改革调整时期,未来可能继续进行税率简并优化,因此,企业不仅必须考虑短期规划策略、方法与结果,而且要及时把握最新税制改革动态,预测未来税制变化对税收负担影响的长期效应。

【例3-4】 A服装厂委托B厂加工生产棉线4吨,双方商定如下两种加工方案:

(1) 采用经销加工①方式:B厂生产的棉线每吨售价为12 000元(不含税),B厂的电费等可抵扣的进项税额为500元,直接人工费和制造费用合计5 000元,适用的城市维护建设税税率为7%、城市教育费附加计征比率为3%。A服装厂向B厂供应棉纱(原料)5吨,每吨作价6 000元,提供的增值税专用发票上注明增值税进项税额780元。这5吨棉纱全部用于4吨棉线的生产。税负计算如下:

B厂应纳增值税=12 000×4×13%-780-500=4 960(元)

$$该项目给B厂的主营业务税后\atop 利润带来的增加额=12 000×4-6 000×5-5 000-4 700×(7\%+3\%)-4 700$$

$$=7 830(元)$$

(2) 采用纯粹②加工方式:A服装厂按每吨棉线向B厂支付加工费1 800元(不含税),A服装厂免费供应棉纱(原料)。税负计算如下:

B厂加工费收入=1 800×4=7 200(元)

应纳增值税=7 200×13%-500=436(元)

$$该项目给B厂的主营业务税后\atop 利润带来的增加额=7 200-5 000-436×(7\%+3\%)-436$$

$$=1 720.4(元)$$

显然,B厂采取经销加工方式比采取纯粹加工方式更有利。

可以看出,如果单纯以应交增值税多少来衡量加工方式,那么纯粹加工方式是首选。而如果从主营业务税后利润来看,选择经销加工方式更好。因此,单纯以应交增值税多少来衡量加工方式优劣的做法是不对的。

---

① 经销加工是指A委托B加工货物并销售。
② 纯粹加工是指A仅仅委托B加工并向B支付加工费用。

> **提示**
>
> 　　基于经销加工和纯粹加工的税负差异分析,建议企业按如下步骤进行税务合规计划:
>
> 　　(1)确定经销加工的销售价格等交易事项;确定纯粹加工时的加工费等交易事项。
>
> 　　(2)计算不同加工方式对企业主营业务利润的贡献额。考虑不同加工方式对企业主营业务利润以外的因素的影响。
>
> 　　(3)在有利于企业税后收益最大化的前提下就加工方式做出选择。
>
> 　　该税务合规计划方案符合事先规划,且同时考虑到了纳税负担的显性金额与隐性金额。

第二节　纳税人身份的税务合规计划

　　增值税的纳税主体包括一般纳税人和小规模纳税人。两类纳税人的征收方法和适用税率不同。一方面,企业可以事先衡量不同情况下的税收负担,进而**选择合适的纳税身份**。另一方面,企业可以**选择供应链上下游的纳税人身份**以获取进项税额的抵扣。

一、纳税人身份判定标准

　　小规模纳税人是指**年应税销售额在 500 万元及以下**的个人和企业。此外,年应税销售额超过小规模纳税人标准的个人、非企业性单位,不经常发生应税行为的企业,视同小规模纳税人纳税。年应税销售额未超过标准的,从事货物生产或提供劳务的小规模企业和企业性单位,账簿健全、能准确核算并提供销项税额、进项税额,并能按规定报送有关税务资料的,经企业申请,税务部门可将其认定为一般纳税人。

　　一般纳税人的增值税基本税率为 13%,少数几类货物及服务适用 9%、6% 的低税率,一般纳税人允许进项税额抵扣。小规模纳税人不得抵扣进项税额。

　　🏵**【例 3-5】**　假设 A 公司为增值税一般纳税人,但其会计凭证和财务报表显示以下几个方面的税务风险:① 企业为了逃避税收存在部分销售业务没有开具发票的现象;② 财务人员对部分业务开具增值税普通发票,造成下游企业的进项税额无法抵扣。在企业的进项税额较大的情况下,税务机关将会识别出企业存在的税务风险和漏税现象,企业面临税务处罚。

二、增值率测算与纳税人身份的选择

　　增值税以每一环节的增值额为依据对企业进行征税。以增值率为中间变量,不同纳税人身份与增值税税负的关系测算如下:

$$增值率=(销售价款-购进项目价款)/销售价款 \qquad (1)$$

> **提示**
>
> 这里的销售价款都是不含税价款。

假定增值率为 R，销售价款为 S，购进价款为 C，增值税一般纳税人适用税率 T_1，小规模纳税人适用征收率 T_2，则：

$$R = (S - C)/S \tag{2}$$

$$\text{一般纳税人应纳增值税额} = \text{销项税额} - \text{进项税额}$$

$$= S \times T_1 - C \times T_1$$

$$= R \times S \times T_1 \tag{3}$$

$$\text{小规模纳税人应纳税额} = S \times T_2 \tag{4}$$

当两类纳税人应纳税额相等时，有：

$$R_0 = T_2/T_1。$$

若 $R > R_0$，一般纳税人应纳税额>小规模纳税人应纳税额，企业选择小规模纳税人身份增值税税负较低；若 $R < R_0$，一般纳税人应纳税额<小规模纳税人应纳税额，企业选择小规模纳税人身份增值税税负较低。也就是说，增值率较低时企业作为一般纳税人的税收负担较轻，增值率越高时企业作为小规模纳税人的纳税优势越显著。表 3-3 展示了两类纳税人税负平衡点的增值率，企业可根据自身增值率合理选择纳税人身份。

表 3-3　两类纳税人税负平衡点的增值率

一般纳税人税率	小规模纳税人征收率	不含税平衡点增值率
13%	5%	38.46%
	3%	23.08%
9%	5%	55.56%
	3%	33.33%
6%	5%	83.33%
	3%	50%

🌸**【例 3-6】**　假设某企业的产品 A 适用 13% 的增值税税率，且其购进项目全部可以抵扣进项税。产品 A 的购进价格为 100 元，产品 A 的销售价格为 120 元。当该企业是一般纳税人时，其应缴纳的增值税=销售价格×13%-购进项目价值×13%；当该企业是小规模纳税人时，其应缴纳的增值税=销售价格×3%。

经计算可知，当产品增值率为 23.08% 时，该企业作为一般纳税人与小规模纳税人增值税负担相等；当增值率高于 23.08% 时，该企业作为小规模纳税人增值税负担较低。此案例中,企业的产品增值率为20%,低于23.08%,企业选择作为一般纳税人的增值税税负较低。

三、购销双方对纳税人身份的选择

增值税具有"道道课征、道道抵扣"的特征,基于这一特点,企业要对供应链上下游企业的纳税人身份进行选择,实现增值税税负和生产经营成本整体最小化。

(一)一般纳税人企业为采购方

企业采购货物或服务,上游企业为一般纳税人,采购方可以进行增值税进项税额抵扣;上游企业为小规模纳税人,采购方无法取得增值税专用发票,无法进行增值税进项税额抵扣。假设$P_小$和$P_{一般}$分别为小规模纳税人和一般纳税人的含增值税销售价格,则:

(1)若$P_小 = P_{一般} \times (1 + T_1)/(1 + T_1)$,采购企业在一般纳税人处购进货物时支付的增值税款在未来可以抵扣,抵扣进项税额之后的产品成本与在小规模纳税人处购进货物成本相同,则上游企业的纳税人身份对企业的增值税税后经营成本没有影响。若是考虑到资金时间价值,则在小规模纳税人处购进货物比较合适;一般纳税人企业的规模较大,生产经营能力较为成熟,若是想要保障产品质量,则从一般纳税人处购进货物比较合适。

(2)若$P_小 > P_{一般} \times (1 + T_1)/(1 + T_1)$,采购企业在一般纳税人处采购货物支付的进项税额可以全额抵扣,企业在小规模纳税人处购进货物的成本高于在一般纳税人处抵扣进项税额之后的产品成本,采购企业选择一般纳税人作为供应方。

(3)若$P_小 < P_{一般} \times (1 + T_1)/(1 + T_1)$,即便采购企业将进项税额全额抵扣,也高于在小规模纳税人处的采购成本,显而易见选择小规模纳税人作为供应方比较合适。因此,一般情况下小规模纳税人的销售价格低于一般纳税人的销售价格,以此来提高自己的竞争力。

(4)假设$L_0 = (1 + T_1)/(1 + T_1)$,则当$P_小/P_{一般} = L_0$时,采购企业选择一般纳税人或者小规模纳税人作为供应方的增值税税后生产经营成本没有差别;当$P_小/P_{一般} > L_0$时,采购企业选择一般纳税人为供应方的增值税税后生产经营成本较低;当$P_小/P_{一般} < L_0$时,采购企业选择小规模纳税人为供应方的增值税税后生产经营成本较低。表3-4根据推论得出一般纳税人不同增值税税率下的L_0数值,即两类供应方增值税税后经营成本相同的含税价格比。

表3-4 两类供应方增值税税后经营成本相同的含税价格比

一般纳税人税率	L_0
13%	76.99%
9%	83.49%
6%	88.68%

提示

表3-4展示了两类供应方增值税税后经营成本相同的含税价格比。由表3-4可知,只有在小规模纳税人供应方的含税价格小于一般纳税人供应方含税价格时,采购企

业才有可能选择小规模纳税人作为上游企业,且增值税税率越高,小规模纳税人想要达到与一般纳税人相同的竞争力所需要降低的价格幅度就越大。从另一个角度想,**若是企业想要提高利润率的同时保证企业竞争力,应该努力取得一般纳税人资格认定**。

(二) 小规模纳税人企业为采购方

小规模纳税人为采购方时,增值税进项税额无法进行抵扣,因此小规模纳税人一般对含税价格比较敏感。只有当一般纳税人销售价款和增值税税款的总额小于或者等于小规模纳税人的价款时,小规模纳税人才会选择一般纳税人作为供应方。

【例 3-7】　假设某商业批发企业主要从小规模纳税人处购入服装进行批发,年销售额 600 万元,可抵扣进项税额约 200 万元,由税务机关代开的增值税专用发票上记载的增值税为 12 万元。

按照一般纳税人认定标准,该企业年销售额超过 500 万元,应被认定为一般纳税人,并缴纳 66 万元(600×13%-12)的增值税。但我们知道,如果该企业被认定为小规模纳税人,只需要缴纳 18 万元(600×3%)的增值税。因此,该企业可以将原企业分设为两个批发企业,年销售额均控制在 500 万元以下。这样当税务机关进行年检时,两个企业将分别被重新认定为小规模纳税人,并按照 3% 的征收率计算缴纳增值税。通过企业分立,该商业批发企业少缴税 48 万元(66-18)。

为了减轻税收负担,也为了掌握市场竞争的主动地位,提升企业信誉度,小规模商业企业通常会积极争取一般纳税人的身份。经营规模较大,年销售额超过 500 万元的商业企业,可以通过健全财务核算,规范财务制度积极办理一般纳税人资格认定。而经营规模不大的商业企业(年销售额低于 500 万元),按照规定,"一律不得认定为增值税一般纳税人。"这种情况下,企业可通过联合方式进行操作,即小规模商业企业各自注销自己的企业,然后组成联合体,共同申请认定一般纳税人身份,这样并不会有损各企业的独立性,而且都会得到好处。

第三节　税率的税务合规计划

我国现行增值税制度为一般纳税人设置了三档税率,为小规模纳税人设置两档征收率。当企业同时销售产品和服务或小规模纳税人发生兼营行为时,就会面临适用何种税率的问题。

纳税人发生应税销售行为适用不同税率或者征收率的,应当分别核算适用不同税率或者征收率的销售额,未分别核算销售额的,分不同情况适用税率或者征收率:① 兼有不同税率的应税销售行为,**从高**适用税率;② 兼有不同征收率的应税销售行为,**从高**适用征收率;③ 兼有不同税率和征收率的应税销售行为,**从高**适用税率。

小规模纳税人的会计核算制度不健全,可能会将适用不同征收率的销售货物和服务的业务混为一谈。一般纳税人若在兼营行为中没有分开开具增值税专用发票,则从高适用增值税税率,加重企业增值税税负。

为避免发生从高适用税率的现象,应分开核算适用不同税率或者征收率的销售额,在特殊情况下也可以将业务分拆出去成立单独的企业,例如将产品销售和服务销售分拆成不同的公司,适用不同的增值税税率。

一、分开核算

为了避免兼营行为从高适用税率或征收率而加重税收负担的情况,兼营适用不同税率或征收率的业务,如销售货物,提供服务,销售无形资产、不动产或金融商品的企业,要将各自的销售额分开核算。

二、业务分拆

对于涉及两个以上税率的销售行为按照销售货物缴纳增值税的企业,平均适用税率会被提高,可以考虑将低税率的业务分拆出去单独成立公司,独立核算。

【例3-8】　A公司属于从事货物生产、批发或者零售的单位,该公司按照销售货物缴纳增值税。A公司2025年销售商品5 000万元,在销售货物的同时提供货物运输服务300万元,需要一并按照13%的税率计算缴纳增值税。

A公司将货物运输服务业务分拆,单独成立物流公司B并独立核算,物流公司B所负责业务适用物流运输服务9%增值税税率,达到了降低增值税实际平均税率的目的。在实际操作过程中,B物流公司向A公司有偿提供物流运输服务,并向A公司提供增值税专用发票,A公司获得物流运输进项税额抵扣额。税务合规计划方案的实施,一方面使得物流运输服务按照9%的低税率缴纳进项税额,另一方面增加了A公司可抵扣的进项税额。

【例3-9】　某交通运输企业A为一般纳税人。该公司采用水路运输方式为某钢铁厂运送一批钢材,并为其办理船舶进港手续,共收取价款700万元(含税)。该项业务属于交通运输服务,适用9%增值税税率。

$$该企业需缴纳的增值税销项税额=700×9\%/(1+9\%)=57.8(万元)$$

如果该交通运输企业成立货物运输代理公司B公司,并由B公司代替钢铁厂办理船舶进港手续,钢铁厂向B公司支付200万元,向交通运输企业A支付500万元,则税务合规计划之后:

$$销项税额=200×6\%/(1+6\%)+500×9\%/(1+9\%)=52.6(万元)$$
$$节约增值税销项税额=57.8-52.6=5.2(万元)$$

第四节　利用增值税税收优惠

增值税有起征点、税率优惠、税收减免等一系列税收优惠,企业应准确把握、充分利用税收优惠政策,以实现税收负担的减轻。

一、农产品免税优惠政策的税务合规计划

农业生产者销售自产农产品免缴增值税，一般计税方法纳税人向农业生产者购买的免税农产品或者向按简易计税方法计税的纳税人购买的农产品，准予按照扣除率计算进项税额，从当期销项税额中扣除。自 2019 年 4 月 1 日起，纳税人购进农产品，原适用 10% 扣除率的，扣除率调整为 9%。纳税人购进用于生产或委托加工适用 13% 税率的农产品，按照 10% 的扣除率进行增值税进项税额的扣除。另外，纳税人购进农产品既用于生产销售或委托受托加工 13% 税率货物又用于生产销售其他货物服务的，应当分别核算用于生产销售或委托受托加工 13% 税率货物和其他货物的农产品进项税额；未分别核算的，统一用增值税专用发票或农产品收购发票上注明的农产品买价和 9% 的扣除率计算进项税额。

> **提示**
>
> 税务风险：当一个企业的生产线包括所有的流程，即既包括农业活动又包括工业活动，农业生产活动和工业生产活动所创造的价值比例很难区分，在最后计算增值税时会一并适用工业生产品的税率。在实际运作过程中，要特别注意新单位与企业的关联关系与关联交易价格，应当按照普通市场价格设计，避免为了提高进项税额抵扣额度太高而引发的税务风险。

若企业将农业生产分立出一个新的单位，由新的单位直接进行初级加工，企业再从该单位收购农产品原材料，则不仅可以享受农产品免税的税收优惠，而且可以按照收购价格和 9% 的扣除率抵扣进项税额，实现降低税负的目的。若是企业同时生产销售适用 9% 和 13% 税率的产品，但未分别核算农产品进项税额，则从低适用农产品进项税额抵扣率。因此，企业要注意适用不同税率产品购进农产品的账务处理。

【例 3-10】 A 茶叶生产公司的主要生产流程包括种植茶树、生产茶叶和将茶叶制成精制茶，之后将精制茶销售给各大商业公司或通过电商平台直接销售给居民。公司全年的不含税销售收入为 500 万元，购进的农业生产资料允许抵扣进项税额 12 万元，其他水电费等的进项税额为 8 万元。税负计算如下：

$$应纳增值税 = 500 \times 13\% - (12 + 8) = 45（万元）$$

税务合规计划方案实施后，茶叶生产公司将种植茶树生产部门独立出来，成立一个新单位。新单位销售的茶叶免征增值税，销售给茶叶生产公司的价格与市场价格相同，为 350 万元，则：

$$应纳增值税 = 500 \times 13\% - (350 \times 9\% + 8) = 25.5（万元）$$

企业分立可以合理利用农产品免税优惠政策，形成免税并进行增值税额的进项抵扣，该税务合规计划方案为企业节约增值税 19.5 万元（45-25.5），占企业全年销售收入的 3.9%。分设农业企业的税务合规计划方案取得了良好的效益。

二、增值税起征点和免征额的税务合规计划

小规模纳税人发生增值税应税销售行为,合计月销售额未超过10万元(以1个季度为1个纳税期的,季度销售额未超过30万元)的,免征增值税,超过10万元的,全额计算缴纳增值税。

一般纳税人的月销售额超过10万元,可以将企业分拆,使得分拆后的单位月销售额在10万元以下,各独立企业均无须缴纳增值税。

【例3-11】 强力机械维修店是小规模纳税人,主营业务为维修业务,平均每月销售额为106 000元。税负计算如下:

该维修店每年的应纳增值税=106 000×3%/(1+3%)×12=37 048.54(元)

该维修店每年的增值税税后收入=106 000×12-37 048.54=1 234 951.46(元)

若将每月含税销售额降低至103 000以下(含本数),则:

每月不含税销售额≤103 000/(1+3%)=100 000(元)

该销售额没有达到增值税起征点,不需要缴纳增值税,因此,该维修店每年的增值税税后收入为1 236 000元(103 000×12)。

第五节　特殊销售方式的税务合规计划

一、折扣方式规划

销售折扣和销售折让不同。销售折扣是指销货方为鼓励购货方及时返还货款而给予的激励方式,是一种理财费用,不能从销售额中扣除。销售折让是指销货方因产品质量问题而在价格上给予的减让,可以以折让后的货款为销售额。

纳税人发生应税销售行为并向购买方开具增值税专用发票后,由于购货方所购买商品和服务在一段时期内达到一定数量,或者由于市场价格下降等原因给予购货方的价格优惠或补偿等折扣、折让行为,即销货方进行的折扣方式的销售行为,销货方可根据《增值税专用发票使用规定》的有关规定开具红字增值税专用发票,抵销折扣金额部分的销项税额。

> **提示**
>
> 折扣销售行为需要将价款和折扣额在同一张发票上的"金额"栏分别注明,在"备注"栏注明折扣额的,折扣额不得从销售额中扣除;未在同一张发票上分别注明的,以价款为销售额。企业在进行折扣销售时,要注意开具销货发票的正规性,否则需要多缴纳折扣金额部分的增值税销项税额。

（一）"买一赠一"

"买一赠一"实质上是一种捆绑销售。捆绑销售属于企业的一种折扣销售方式，只要将折扣额与销售额在同一张发票上注明，就可以按折扣后的销售额计算增值税和企业所得税。**买一赠一这种促销方式赠送的商品价值应按照与销售商品的价值的公允价值比例进行分摊，核算销售收入。**

【例 3－12】　某食品销售企业计划在春节期间进行促销，现有两种方案可供选择：方案一，打七折，即按现价折扣 30% 售出，原价 100 元的商品将以 70 元卖出；方案二，赠送购货价值 30% 的礼品，即购买 100 元商品，可获得 30 元礼品。已知商品毛利率为 35%，在只考虑增值税和企业所得税的情况下，应选择哪种促销方案？

方案一净利润分析：

$$应纳增值税 = 70 \times 13\% / (1+13\%) - 65 \times 13\% / (1+13\%) = 0.58（元）$$
$$利润额 = 70 / (1+13\%) - 65 / (1+13\%) = 4.42（元）$$
$$应纳企业所得税额 = 4.42 \times 25\% = 1.11（元）$$
$$税后净利润 = 4.42 - 1.11 = 3.31（元）$$

方案二净利润分析：

$$应纳增值税 = 100 \times 13\% / (1+13\%) - 65 \times 13\% / (1+13\%) - 19.5 \times 13\% / (1+13\%) = 1.78（元）$$
$$利润额 = 100 / (1+13\%) - 65 / (1+13\%) - 19.5 / (1+13\%) = 13.72（元）$$
$$应纳企业所得税额 = 13.72 \times 25\% = 3.43（元）$$
$$税后净利润 = 13.72 - 3.43 = 10.29（元）$$

较之方案一，每销售原价 100 元的商品，方案二的税后净利润增长了 6.97 元，增值税额增长 0.7 元，增加了企业税后净利润。

（二）礼品赠送

将资产、委托加工或者购进的货物无偿赠送给其他单位或者个人视同销售缴纳增值税。

赠品同时赋予商品编码，售价定为零，则月末系统会自动将赠品的成本结转入相应的主营业务成本。值得注意的是，要避免出现无偿赠送的书面证据。

（三）满额送折扣券

满额送折扣券也是折扣销售的一种特殊销售方式，在满 M 元送折扣券 N 元的情况下，先按 M 元开具发票，顾客再次购物的时候可以将折扣券代替现金使用。商家在企业使用折扣券购物的时候，可以直接按减去折扣券 N 元之后的实际支付金额开具发票。

【例 3－13】　某大型商场是增值税一般纳税人，购进货物能取得增值税专用发票。假定该商场销售价格为 200 元的商品，成本为 80 元，进项税额为 10.4 元。若消费者购买 200 元的商品，商场提供了四种促销方案：一是商品五折销售；二是购物满 200 元赠送价值 100 元的商品（成本 50 元，进项税额 6.5 元）；三是购物满 200 元，返还 100 元折扣券。以上金额含13%的增值税。假设消费者对这三种促销方式的满意度没有差别,商场选择哪种促销方案较为合适?

① 打折销售:如果商品五折销售,价值200元的商品售价为100元。

$$应纳增值税额 = 100 \div (1+13\%) \times 13\% - 10.4 = 1.1(元)$$
$$增值税税后经营利润 = 100 - 80 - 1.1 = 18.9(元)$$

② 赠送100元的商品:赠送的商品"视同销售"。

$$销售商品应纳增值税 = 200 \div (1+13\%) \times 13\% - 10.4 = 12.61(元)$$
$$赠送商品应纳增值税 = 100 \div (1+13\%) \times 13\% - 6.5 = 5(元)$$
$$合计应缴增值税额 = 12.61 + 5 = 17.61(元)$$
$$增值税税后经营利润 = 200 - 80 - 50 - 17.61 = 52.39(元)$$

③ 赠送100元折扣券:

$$应纳增值税为 = 200 \div (1+13\%) \times 13\% - 10.4 = 12.61(元)$$
$$增值税税后经营利润 = 200 - 80 - 12.61 = 107.39(元)$$

经上述分析可知:打折销售产生的应纳税增值税额最低,增值税税负最轻。赠送100元折扣券时综合增值税税负之后的单次经营利润最高,与此同时,消费者下次使用折扣券时,商家的现金收入减少100元,因此,不能直接与另两种方案比较。由于赠送100元商品视同销售,产生增值税税负过高,虽然产生的销售收入较高,但增值税税后经营利润仍低于打折销售。综合考虑,商场应选择打折销售作为促销方式。

二、以旧换新规划

采取以旧换新方式销售货物的,应按新货物的同期销售价格确定销售额,不得扣减旧货物的收购价格。

销售货物与收购旧货分属两个不同的业务活动,收购额不能在销售额中扣减,增加企业的增值税负担。企业应将收购旧物和销售行为分开核算,这样收购旧货金额可以作为进项税额抵扣。

三、还本销售①规划

采用还本销售方式销售货物,其销售额就是货物的销售价格,不得从销售额中减除还本支出。

还本销售实质上是一种筹资行为,利用实物交换资金的使用价值,到期还本不付息。若是企业利用还本销售方式进行筹资,相当于利用实物抵销利息支出,将同时增加企业所得税和增值税税负。还本销售方式其一需要按市场价格核算增值税销项税额;其二视同销售增加企业所得税应纳税所得额;其三相对于财务费用的支出,减少了企业所得税的税前费用扣除。总之,企业应谨慎选择利用还本销售方式进行外部筹资。

---

① 还本销售是指将货物销售给购货方之后,在一定期限内由销货方将货款返还给购货方的行为。

四、以物易物规划

以物易物双方都应作购销处理,以各自发生的应税销售行为核算销售额并计算销项税额,以各自收到的货物、劳务、服务等按规定核算购进金额并计算进项税额。

在以物易物活动中,应分别开具合法的票据,不能取得相应的增值税专用发票或其他合法票据的不能抵扣进项税额。实务中,纳税人通常对以物易物有着错误认知,销货方收到购货方用来抵销货款的实物,认为自己不是购货,或者购货方发出用来抵销货款的实物,认为自己不是销货。在对购销活动产生错误认知的基础上,不开具正规合法的增值税专用发票,影响增值税进项税额的抵减,增加企业税负。企业应仔细研读税法和暂行条例,把握税法中对购销活动的准确定义,避免概念模糊造成税负加重。

第六节 特殊核算方式的税务合规计划

一、特殊结算方式的税务合规计划

采取直接收款方式销售货物,不论货物是否发出,纳税义务发生时间均为收到销售款或者取得索取销售款凭据的当天;采取托收承付和委托银行收款方式销售货物,纳税义务发生时间为发出货物并办妥托收手续的当天;采取赊销和分期收款方式销售货物,纳税义务发生时间为书面合同约定的收款日期的当天,无书面合同的或者书面合同没有约定收款日期的,为货物发出的当天;采取预收货款方式销售货物,纳税义务发生时间为货物发出的当天,但生产销售生产工期超过 12 个月的大型机械设备、船舶、飞机等货物,纳税义务发生时间为收到预收款或者书面合同约定的收款日期的当天;委托其他纳税人代销货物,纳税义务发生时间为收到代销单位的代销清单或者收到全部或者部分货款的当天,未收到代销清单及货款的,纳税义务发生时间为发出代销货物满 180 天的当天;销售应税劳务,纳税义务发生时间为提供劳务同时收讫销售款或者取得索取销售款的凭据的当天。

赊销和分期收款方式销售货物和预收货款方式销售货物两种结算方式具有税务合规计划空间,可暂缓缴纳增值税税款,获得资金时间价值。其一,赊销和分期付款在销售货物时确定应收账款,权责发生制下已经取得销售收入,但还未到税法规定的纳税义务发生时间,增值税纳税义务在取得货款时才会发生,税会差异为企业增加利润暂时不增加纳税义务。其二,预收货款方式销售货物结算方式下,会计处理和税法规定下均未取得收入,未产生增值税纳税义务,但企业提起按收到货款增加企业现金流入获得资金时间价值。

🔴【例 3-14】 某大型机械生产企业在设备销售以后,还需要进行安装、调试和验收,因此销售周期长,货款回收慢。该企业如果采取不同的收款方式,对应的纳税义务的发生时间就不同。

若是直接收款,其纳税义务发生时间均为收到销售额或取得索取销售额的凭据,并将提货单交给买方的当天。在这种情况下,不论该企业是否收到货款,只要将提货单交给购货方并开具发票,就必须承担纳税义务。若是采用分期收款方式销售货物,其纳税义务的发生时间则为按合同约定的收款日期的当天。

可见,采取分期收款的方式,企业可以避免"税款义务实现在前,货款回收在后"的情况,从而为企业带来价值。

分期付款结算方式增加了应收账款账面价值,加大企业财务风险,建议按如下步骤进行税务合规计划:

(1) 调查客户信用状况,以降低货款风险。

(2) 综合考虑各因素后确定分期日期、金额和违约责任等与客户签订合同,必要时,请税务专家对合同进行审核。

(3) 在合同约定的收款日期当天确认纳税义务,及时向客户收取到期款项。

二、物流运输结算方式的税务合规计划

销售额为纳税人销售货物或者应税劳务向购买方收取的全部价款和价外费用,但是不包括收取的销项税额。增值税的价外费用不包括同时符合以下条件的代垫运输费用:① 承运部门的运输费用发票开具给购买方的;② 纳税人将该项发票转交给购买方的。

【例 3-15】 甲企业为增值税一般纳税人(适用 13% 增值税税率),2024 年 2 月 21 日购入一批货物,不含税价格为 400 万元,进项税额 52 万元。2020 年 3 月 11 日,该企业和乙公司签订销售协议,协议规定该批货物出厂销售价格为 440 万元(不含税),采取送货制。甲企业雇佣丙运输公司的车辆运送该批货物到乙公司,另外计算运费 10.9 万元,到达目的地的价税及运费总价款为 526.5 万元,货物已发出,货款已收到。假设甲企业期初进项税额为 0,本月无其他进项税。

方案一:由甲企业给乙公司开具运费收据。

甲企业在销售时,以销售价格 440 万元(不含税)开具增值税发票,销项税额 57.2 万元,运费 10.9 万元,由甲企业给乙公司开具收款收据,通过其他应收款收回。

按税法规定,甲企业在计算缴纳增值税时,销售额是指纳税人销售货物或者提供应税劳务向购买方(承受应税劳务也视为购买方)收取的全部价款和价外费用,不包括收取的销项税额。价外费用(实质价外收入)是指向购买方收取的手续费、补贴、基金、返还利润、奖励费、违约金(延期付款利息)、包装物租金、储备费、优质费、运输装卸费、代收款项、代垫款项及其他性质的价外收费。凡随同销售货物或者提供应税劳务向购买方收取的全部价款和价外费用,无论会计制度如何核算,均应并入销售额计算应纳税额。因为根据税法规定,各种性质的价外收费都要并入销售额计算纳税,目的是防止以各种名目的收费减少销售额以逃避纳税的现象。因此,甲企业纳税情况计算如下:

$$增值税销项税额 = 440×13\% + 10.9/1.09×13\% = 58.5(万元)$$

$$增值税进项税额 = 52(万元)$$

$$应纳增值税 = 58.5 - 52 = 6.5(万元)$$

$$税金及附加 = 6.5×(7\% + 3\%) = 0.65(万元)$$

$$增值税税负率 = 6.5 \div (440 + 10.9/1.09) \times 100\% = 1.44\%$$
$$主营业务利润 = 440 - 400 - 0.65 - 10.9/1.09 \times 13\% = 38.05(万元)$$

方案二：由运输公司给销货方开具发票。

甲企业在销售时，将销售价格 440 万元（不含税）和运费 10.9 万元一并开具增值税发票，则：

$$销项税额 = [440 + (10.9/1.09)] \times 13\% = 58.5(万元)$$

运费 10.9 万元由丙运输公司给甲企业开具运费发票。这时，按规定随同运费支付的装卸费、保险费等其他杂费不得计算扣除进项税额。

甲企业应纳税额计算如下：

$$增值税销项税额 = (440 + 10.9/1.09) \times 13\% = 58.5(万元)$$
$$增值税进项税额 = 52 + 10.9 \times 9\% = 52.981(万元)$$
$$应纳增值税 = 58.5 - 52.981 = 5.519(万元)$$
$$税金及附加 = 5.519 \times (7\% + 3\%) = 0.5519(万元)$$
$$增值税税负率 = 5.519 \div (440 + 10.9/1.09) = 1.23\%$$
$$主营业务利润额 = 440 + 10.9/1.09 - 400 - 10.9 - 0.5519 = 38.55(万元)$$

方案三：由运输公司给购货方开具运费发票。

甲企业在销售时，以销售价格 440 万元（不含税）开具增值税发票，销项税额 57.2 万元；运费 11.3 万元，由丙运输公司给乙公司开具运费发票，甲企业把运费发票转交给乙公司。该运费符合代垫运费的条件：① 承运者的运费发票开具给购货方的；② 纳税人将该项发票转交给购货方。甲企业纳税情况计算如下：

$$增值税销项税额 = 440 \times 13\% = 57.2(万元)$$
$$增值税进项税额 = 52(万元)$$
$$应纳增值税 = 57.2 - 52 = 5.2(万元)$$
$$税金及附加 = 5.2 \times (7\% + 3\%) = 0.52(万元)$$
$$增值税税负率 = 5.2 \div 440 = 1.18\%$$
$$主营业务利润额 = 440 - 400 - 0.52 = 39.48(万元)$$

纳税方案效果比较：方案二比方案一的增值税税负更低，少纳税金及附加 0.0981 万元（0.65-0.5519），货物销售利润额增加 0.5 万元（38.55-38.05）。从增值税税负和营业利润两方面来讲，方案二都优于方案一。方案三比方案二的增值税税负高，但货物销售利润额也更高，方案三优于方案二。综上所述，将运输费用直接记为销售货物的价外费用税收负担最高，主营业务利润最低，应按税法的具体规定，由运输企业直接将增值税发票开具给购货方。若是企业自行承担销售货物的运输业务，应分立成立单独的物流公司，由单独的物流公司将发票开具给购货方，以此使得物流运输服务适用 9% 的增值税税率。但不能只看增值税的税负而忽略主营业务利润，应考虑使得企业利润最大化的方案。

三、非正常损失的会计核算与税务合规计划

非正常损失的购进货物的进项税额不得从销项税额中抵扣。非正常损失是指生产、经

营过程中正常损耗外的损失,包括自然灾害损失,因管理不善造成货物被盗窃、发生霉烂变质等损失和其他非正常损失。虽然税法规定,非正常损失货物的进项税金不能抵扣,但是,会计上对此进行不同的处理,可以对增值税额产生影响。

【例3-16】 A公司是增值税一般纳税人,适用13%的增值税税率。公司去年年初购进一批价值20万元(不含税)的原材料,进项税额为2.6万元,由于露天堆放,导致雨淋腐蚀毁坏,清理后作价出售,取得含税销售收入5万元。企业会计处理如下:发生损失进入清理程序时,借记"待处理财产损溢"20万元,贷记"原材料"20万元。

由于企业会计处理时,将全部材料成本金额转入损失,意味着原材料已经全部发生非正常损失,因此,20万元原材料的增值税进项税额2.6万元应全部转出不能抵扣。同时,公司将损失的原材料清理销售取得的5万元收入应按13%的税率计算缴纳增值税,应纳增值税为5 752元$[50\ 000÷(1+13\%)×13\%]$。

因企业事实上在销售原材料时取得了5万元收入,因此,公司发生的损失并不是全部损失。根据税法规定,不得抵扣的应该是发生非正常损失部分的进项税额,应转出这部分损失的进项税额。对于原材料发生部分非正常损失,取得清理收入的部分是否可以抵扣进项税额,税法并没有作出明确规定。因此,只要企业会计上将5万元的残料收入不作为损失处理,就可以全额抵扣销售残料取得金额的销项税额。根据公司实际损失情况,不含税清理收入为:44 248元$[50\ 000÷(1+13\%)]$,可以认定这部分不作为损失,损失部分金额为155 742元(200 000-44 248)。

企业账务处理如下:

借:待处理财产损溢——待处理流动资产损溢　　　　　　　　155 742
　　贷:原材料　　　　　　　　　　　　　　　　　　　　　　　155 742

据此,原材料非正常损失部分应转出的进项税为20 246元(26 000×155 742÷200 000),剩余可以抵扣的进项税额为5 752元(26 000-20 246)。那么,公司50 000元清理收入应缴纳的增值税为0$[50\ 000÷(1+13\%)×13\%-5\ 752]$,公司为此需要负担的增值税全部转出,少缴增值税5 752元。

复习与思考

1. 相较于其他税种,增值税有什么特点?
2. 增值税的税务合规计划应遵循哪些原则?
3. 针对增值税优惠条款的税务合规计划路径有哪些?
4. 在选择供货方纳税人身份时应考虑哪些因素?
5. 一项业务同时涉及两档增值税税率,应如何进行增值税税务合规计划,试举例说明。

小试牛刀

一、自测题

扫码完成自测

二、业务题

1. 某餐馆为增值税小规模纳税人,2024 年 3 月取得含增值税的餐饮收入总额 12.36 万元。

计算该餐馆当期应缴纳的增值税税额。

2. 某国际运输公司为增值税一般纳税人,实行免、抵、退税管理办法。该企业 2024 年 6 月发生如下业务:① 当月承接的国际运输业务取得 60 万元收入。② 纳税申报时的期末留抵税额为 15 万元人民币。

计算该企业当月的应退税额。

3. 甲公司是一家玩具生产企业,是增值税一般纳税人。甲公司销售一批玩具给乙公司,销售价款为 113 000 元(含税价格),由于乙公司提前 10 天付款,甲公司给予乙公司 2% 的现金折扣(现金折扣的计算以含税价格为依据)。

(1)计算该方式下应缴纳的增值税销项税额。

(2)若是给予乙公司 2% 的商业折扣,且将折扣额与销售价格开在同一张发票上,计算该方式下的销项税额。

案例阅读

税务局提醒:如此利用阶段性税收优惠"筹划",风险高!

一、案例基本情况

《财政部 税务总局关于促进服务业领域困难行业纾困发展有关增值税政策的公告》(财政部 税务总局公告 2022 年第 11 号,以下简称 11 号公告)明确,自 2022 年 1 月 1 日至 2022 年 12 月 31 日,对纳税人提供公共交通运输服务取得的收入,免征增值税。根据这一规定,甲企业作了一番"筹划"。

　　甲企业为增值税一般纳税人，按月申报缴纳增值税，主要从事公共交通运输服务。该企业在2022年1月1日至2022年12月31日期间购进经营用汽油，取得增值税专用发票，注明金额386万元（不含增值税），增值税税额50.18万元，并全部在免征期内使用。同时，2022年1月购置车辆三台，专用于公共交通运输服务免税项目，取得机动车销售统一发票，注明金额500万元（不含增值税），增值税税额65万元。购进车辆采用直线法计提折旧，企业预计净残值为0万元，折旧年限为5年。2023年1月1日起，企业提供的公共交通运输服务按照一般计税方法计算缴纳增值税。上述增值税凭证均未在免征期内勾选抵扣。2023年1月，甲企业将2022年取得的上述增值税凭证全部勾选并抵扣了进项税额。

　　主管税务机关认为，在增值税免征期内取得的增值税进项凭证，不应在过期后进行抵扣。甲企业则认为，《国家税务总局关于取消增值税扣税凭证认证确认期限等增值税征管问题的公告》（国家税务总局公告2019年第45号，以下简称45号公告）已明确取消了增值税专用发票认证确认、稽核比对、申报抵扣的期限，不再限定360天内抵扣增值税进项税额的要求，故取得的增值税凭证，可以在任何一个时期勾选抵扣。

二、政策分析

　　根据45号公告规定，增值税一般纳税人取得2017年1月1日及以后开具的增值税专用发票、海关进口增值税专用缴款书、机动车销售统一发票、收费公路通行费增值税电子普通发票，取消认证确认、稽核比对、申报抵扣的期限。纳税人在进行增值税纳税申报时，应当通过本省（自治区、直辖市和计划单列市）增值税发票综合服务平台，对上述扣税凭证信息进行用途确认。可见，45号公告只是取消了抵扣增值税进项税额的期限，但是否能够抵扣，还要根据企业购进货物、劳务、服务、无形资产、不动产的用途及相关政策规定。

　　《财政部　国家税务总局关于全面推开营业税改征增值税试点的通知》（财税〔2016〕36号）明确规定，用于简易计税方法计税项目、免征增值税项目、集体福利或者个人消费的购进货物、加工修理修配劳务、服务、无形资产和不动产的进项税额，不得从销项税额中抵扣。其中涉及的固定资产、无形资产、不动产，仅指专用于上述项目的固定资产、无形资产（不包括其他权益性无形资产）、不动产。

　　因此，在11号公告规定的增值税免征政策实施期间，甲企业购进的汽油用于免征增值税项目，其进项税额不得从销项税额中抵扣。该企业在2023年1月勾选抵扣的2022年取得的购买汽油的进项税额50.18万元，应全额作进项税额转出处理。同时，甲企业购进的车辆属于专用于免征增值税项目购进的固定资产，进项税额也不得从销项税额中抵扣。

　　根据财税〔2016〕36号文件，免征期满后，甲企业提供的公共交通运输服务选择了一般计税方法计算缴纳增值税，属于不得抵扣且未抵扣进项税额的固定资产、无形资产、不动产发生用途改变，用于允许抵扣进项税额的应税项目的情况。基于此，甲企业可在用途改变的次月，计算可以抵扣的进项税额。具体计算公式为：可以抵扣的进项税额＝固定资产、无形资产、不动产净值÷（1＋适用税率）×适用税率。固定资产净值＝固定资产原值-折旧额-残值=565-（565÷5÷12×12）-0=452（万元），可抵扣进项税额=452÷（1+13%）×13%=52（万元）。因此，甲企业2022年购买车辆的65万元进项税额，实际可抵扣的进项税额为52万元，免税期应转出的进项税额=65-52=13（万元）。

三、案例启示

　　企业在明知免征期内发生相关销售行为不得抵扣增值税进项税额的前提下，为了达到少缴税款的目的，故意避开免征期去进行认证抵扣，属于偷税行为。根据《税收征收管理法》第六十三条规定，对纳税人偷税的，由税务机关追缴其不缴或者少缴的税款、滞纳金，并处不缴或者少缴的税款50%以上5倍以下的罚款；构成犯罪的，依法追究刑事责任。

　　因此，企业要正确理解税收优惠政策的实质，做到依法诚信纳税。同时，企业在享受阶段性增值税免征政策时，应准确区分各种购进货物、劳务、服务、无形资产、不动产的用途，如购进的是固定资产和不动产，改变用途专用或者兼用于增值税一般计税项目，其进项税额须在免征期与应税期之间准确划分、谨慎处理，避免产生涉税风险。

　　思考：

　　1.甲企业的"筹划"为何被税务局认定为失败？

　　2.适用促进服务业领域困难行业纾困发展有关增值税政策的要点是什么？

第四章　消费税的税务合规计划

学习目标

学　习　内　容	要　　求	难　　度
1. 消费税的纳税人、征税范围、税目税率、应纳税额的计算	了解	☆☆
2. 纳税人的税务合规计划及涉税风险	掌握	☆☆☆
3. 计税依据的税务合规计划及涉税风险	掌握	☆☆☆
4. 包装物的税务合规计划及涉税风险	掌握	☆☆☆

案例导读

汉斯的钟表艺术：消费税规划与文化传承的完美结合

在德国的一个小镇上，有一位名叫汉斯的钟表匠。他手工制作的钟表精美绝伦，每一款都是艺术品。然而，由于消费税很高，汉斯发现自己的钟表价格居高不下，让很多顾客望而却步。

汉斯决定采取行动，他开始研究消费税的税收政策，并寻找降低税负的方法。他发现，如果他能将钟表销售与文化活动结合起来，例如开设钟表博物馆或组织钟表文化之旅，他就可以享受消费税的减免。

于是，汉斯开始策划一系列的文化活动。他邀请了历史学家和钟表收藏家来分享钟表的历史和文化，还组织了钟表制作工坊供游客参观。这些活动吸引了大量的游客，也提高了他的钟表品牌知名度。

同时，汉斯还与政府相关部门沟通，确保自己的活动符合消费税减免的条件。他甚至还与当地旅游局合作，将自己的钟表销售和文化活动纳入当地的旅游推广计划中。

通过这一系列的规划，汉斯的钟表销售量大幅增长，而且由于消费税的减免，其利润也大幅提高。他的成功故事被广泛传播，成为其他手工艺人学习的榜样。

这个故事告诉我们，消费税税务合规计划需要创新思维和灵活运用政策。通过将产品销售与文化活动结合，不仅可以享受税收优惠，而且能扩大品牌影响力和市场份额。此外，与政府相关部门合作也是非常重要的，能够帮助我们更好地了解和运用税收政策。

第一节　消费税概述

一、纳税人

消费税是在我国境内从事生产、委托加工、进口及特定环节销售应税消费品的单位和个人征收的一种税。确切地说,消费税是对特定消费品和特定消费行为,选择特定环节,对其销售额和销售数量征收的一种税。

在中华人民共和国境内生产、委托加工和进口应税消费品,以及零售金银首饰的单位和个人,为消费税的纳税人。单位是指国有企业、集体企业、私有企业、股份制企业、外商投资企业和外国企业、其他企业和行政单位、事业单位、军事单位、社会团体及其他单位。个人是指个体工商户及其他个人。

消费税的纳税人同时是增值税的纳税人,但是增值税的纳税人并不一定是消费税的纳税人。对于委托加工应税消费品的,委托方为实际纳税人,受托方作为代收代缴义务人,按照规定代扣代缴消费税。

二、征税范围

（一）生产应税消费品

消费税具有单一环节征收的特点,主要在厂商生产出售应税消费品的环节征收,在流通过程中一般不再缴纳消费税。纳税人将自己生产的应税消费品用于换取生产资料、消费资料、投资入股、偿债等,都需要缴纳消费税。

（二）委托加工应税消费品

委托方向受托方提供原材料,受托方只收取加工费和代垫部分辅助材料加工应税消费品。在委托方收回加工好的应税消费品时,由受托方代收代缴消费税(受托方为个体工商户除外)。委托加工的应税消费品收回后,再继续用于生产应税消费品销售的,其加工环节缴纳的消费税款可以扣除。

（三）进口应税消费品

从事进口应税消费品的进口人或其代理人,或者单位和个人进口货物属于消费税征税范围的,在进口环节缴纳消费税。

（四）零售应税消费品

金基、银基合金首饰以及金、银和金基、银基合金的镶嵌首饰,在零售环节征收消费税,其他金银首饰消费税在生产销售环节征收。

根据我国的经济发展状况和消费政策,人民群众的消费水平和消费机构以及公共财政收入的需要,我国现行消费税的征税范围涵盖以下几个方面:

（1）过度消费会对人身健康、社会秩序、生态环境等方面造成危害的特殊消费品,如烟酒、鞭炮、烟火。

（2）非生活必需品,如化妆品、贵重首饰。

（3）高能耗及高档消费品,如小汽车、高档手表、游艇。

（4）不可再生和替代的稀缺资源消费品,如成品油。

（5）税基宽广、消费普遍、征税后不影响居民生活,并具有一定财政意义的消费品,如白酒、黄酒。

拓展阅读

绿色购物乐园

在一个繁华的城市中,有一位商人决定通过巧妙的消费税税务合规计划,打造一座独特的绿色购物乐园。

这位商人创建了一家以可持续和环保商品为主的百货公司,致力于推动绿色消费。他了解到,一些环保商品可以享受较低的消费税率,于是他巧妙地选择了一系列环保产品,并将它们以更吸引人的方式展示在商店中。

为了进一步降低商品的税负,这位商人采用了创意的包装,将商品包装设计成可回收、可重复使用的样子。这不仅降低了商品运输和包装的成本,还得到了一定的消费税减免。

为了提升购物的乐趣,他设计了一个创新的会员计划,鼓励顾客带来自己的可回收袋和容器以享受额外的折扣。这样一来,不仅促进了环保行为,还在一定程度上减少了商品的税收负担。

最终,这个绿色购物乐园吸引了越来越多的顾客,成为城市的一处新地标。通过巧妙的消费税税务合规计划,商人不仅成功地推动了绿色消费,还为自己的企业赢得了更多的经济和品牌优势。

这个有趣的故事告诉我们,通过选择特定类型的商品、采用环保包装、设计吸引人的购物体验,并与顾客共同参与环保行动,可以在消费税税务合规计划中创造出一个有趣而可持续的商业模式。

三、税目、税率

（一）税目

从简化、科学的原则出发,消费税征收范围包括烟、酒及酒精、化妆品、贵重首饰及珠宝玉石、鞭炮、焰火、成品油、汽车轮胎、摩托车、小汽车、高尔夫球及球具、高档手表、游艇、木制一次性筷子、实木地板等 15 个税目。

（二）税率

消费税采用比例税率、定额税率以及复合税率三种税率形式,以适应不同应税消费品的实际情况。对价格差异较大、不便于使用计量单位计算税费的消费品,使用价格联动的比例税率,确保税额随着应税消费品的价格上升而增加,如高档化妆品、贵重首饰、小汽车;而对于一些供求基本平衡、价格差异不大、单位计量简便的消费品,选择简易的定额税率,如黄酒、啤酒、成品油;另外,为了更有效地保全消费税税基,对一些应税消费品如卷烟、白酒,采取了比例税率和定额税率双重征收的复合税率形式。

消费税税目税率(税额)如表4－1所示。

表4－1　消费税税目税率(税额)

税　　目	税率(税额)
一、烟	
1. 卷烟	
(1) 甲类卷烟	45%加 0.003 元/支
(2) 乙类卷烟	30%加 0.003 元/支
2. 雪茄烟	25%
3. 烟丝	30%
二、酒及酒精	
1. 白酒	20%加 0.5 元/500 克(或者 500 毫升)
2. 黄酒	240 元/吨
3. 啤酒	
(1) 甲类啤酒	250 元/吨
(2) 乙类啤酒	220 元/吨
4. 其他酒	10%
5. 酒精	5%
三、化妆品	30%
四、贵重首饰及珠宝玉石	
1. 金银首饰、铂金首饰和钻石及钻石饰品	5%
2. 其他贵重首饰和珠宝玉石	10%
五、鞭炮、焰火	15%
六、成品油	
1. 汽油	
(1) 含铅汽油	0.28 元/升
(2) 无铅汽油	0.20 元/升
2. 柴油	0.10 元/升
3. 航空煤油	0.10 元/升
4. 石脑油	0.20 元/升
5. 溶剂油	0.20 元/升
6. 润滑油	0.20 元/升
7. 燃料油	0.10 元/升
七、汽车轮胎	3%
八、摩托车	
1. 气缸容量(排气量,下同)在 250 毫升(含 250 毫升)以下的	3%
2. 气缸容量在 250 毫升以上的	10%
九、小汽车	
1. 乘用车	
(1) 气缸容量(排气量,下同)在 1.0 升(含 1.0 升)以下的	1%
(2) 气缸容量在 1.0 升以上至 1.5 升(含 1.5 升)的	3%

续 表

税　目	税率（税额）
（3）气缸容量在 1.5 升以上至 2.0 升（含 2.0 升）的 （4）气缸容量在 2.0 升以上至 2.5 升（含 2.5 升）的 （5）气缸容量在 2.5 升以上至 3.0 升（含 3.0 升）的 （6）气缸容量在 3.0 升以上至 4.0 升（含 4.0 升）的 （7）气缸容量在 4.0 升以上的 2. 中轻型商用客车	5% 9% 12% 25% 40% 5%
十、高尔夫球及球具	10%
十一、高档手表	20%
十二、游艇	10%
十三、木制一次性筷子	5%
十四、实木地板	5%

四、应纳税额的计算

（一）从价定率计税方法

1. 计算公式

消费税为价内税,增值税为价外税。从价定率征收的消费品,其消费税税基和增值税税基是一致的,都是以含有消费税而不含增值税的销售额为计税基数。计算公式为:

应纳消费税=含有消费税而不含增值税的销售额×适用税率

2. 销售额的构成与确定

（1）实行从价定率办法征税的应税消费品,计税依据为应税消费品的销售额。销售额为纳税人销售应税消费品向购买方收取的全部价款和价外费用。价外费用,是指价外收取的基金、集资费、返还利润、补贴、违约金（延期付款利息）和手续费、包装费、储蓄费、优质费、运输装卸费、代收款项、代垫款项以及其他各种性质的价外收费。

（2）从价定率征收消费税的消费品带有包装销售的,不论包装物收入是否单独计价,均并入所包装的货物的价格内计税;包装物出租的租金和出借后因逾期未归而扣留的押金,也应并入应税消费品的价格计算缴纳消费税。

（3）纳税人自产自用的应税消费品,用于连续生产应税消费品的,不纳税;但凡用于其他方面的,于移送使用时按照纳税人生产同类消费品的销售价格计算纳税。"用于其他方面"是指,纳税人用于生产非应税消费品和在建工程、管理部门、非生产机构、提供劳务以及用于馈赠、赞助、集资、广告、样品、职工福利、奖励等方面的应税消费品。

① 如果有纳税人生产的同类消费品的销售价格的,按照同类消费品销售单价计算,计算公式为:

应纳税额=同类消费品销售单价×自产自用数量×适用税率

"同类消费品销售单价"是指,纳税人当月销售的同类消费品的销售价格。如果当月同类消费品各期销售价格高低不等,应按销售数量加权平均计算。但是当销售价格明显偏低又无正当理由,或者无销售价格的,不得列入加权平均计算。如果当月无销售或当月未完结,应按同类消费品上月或最近月份的销售价格计算纳税。

② 没有同类消费品销售价格的,按照组成计税价格计算纳税。组成计税价格计算公式为:

$$组成计税价格=(成本+利润)÷(1-消费税税率)$$
$$应纳税额=组成计税价格×适用税率$$

式中,成本是指应税消费品的生产成本,利润是指根据应税消费品的全国平均成本利润率计算的利润。各税目的成本利润率如表4-2所示。

表4-2　各税目的成本利润率

税　目	成本利润率	税　目	成本利润率
甲类卷烟	10%	乙类卷烟	5%
雪茄烟	5%	烟丝	5%
白酒	10%	黄酒	5%
其他酒	5%	高档化妆品	5%
贵重首饰及珠宝玉石	6%	鞭炮、焰火	5%
高档手表	20%	乘用车	8%
中轻型商用客车	5%	木制一次性筷子	5%
高尔夫球及球具	10%	实木板	5%
电池	4%	涂料	7%

③ 委托加工的应税消费品,是指由委托方提供原材料或主要材料,受托方只收取加工费代垫部分辅助材料进行加工的应税消费品。受托方必须严格履行代收代缴义务,在向委托方交货结算时按照受托方同类消费品的销售价格正确计算和按时代缴消费税税款。计算公式为:

$$应纳税额=同类消费品销售单价×委托加工数量×适用税率$$

没有同类消费品销售价格的,按照组成计税价格计算纳税。组成计税价格的计算公式为:

$$组成计税价格=(原材料成本+加工费)÷(1-消费税税率)$$
$$应纳税额=组成计税价格×适用税率$$

【例4-1】　甲卷烟厂(增值税一般纳税人)接受乙卷烟厂(增值税一般纳税人)将烟叶加工成烟丝的业务。已知烟叶的成本为50 000元,加工费为20 000元,烟丝的消费税税率为30%。甲卷烟厂没有同类产品的对外售价。加工完提货环节应纳消费税的计算如下：

$$组成计税价格 = (材料成本 + 加工费) \div (1 - 消费税税率)$$
$$= (50\,000 + 20\,000) \div (1 - 30\%) = 100\,000(元)$$
$$甲卷烟厂应代收代缴乙卷烟厂消费税 = 100\,000 \times 30\% = 30\,000(元)$$

（二）从量定额计税方法

1. 计算公式

从量定额计税方法通常以每单位应税消费品的重量、数量等为计税依据，根据每单位应税消费品规定固定税额（也称定额税率）。采取从量定额计税方法征收消费税的货物，其包装物不征收消费税。计算公式为：

$$应纳税额 = 应税消费品的销售数量 \times 单位税额$$

2. 销售数量的确定

销售数量是指纳税人生产、加工和进口应税消费品的数量，具体规定为：

（1）销售应税消费品的，为应税消费品的销售数量。

（2）自产自用应税消费品的，为应税消费品的移送使用数量。

（3）委托加工应税消费品的，为纳税人收回的应税消费品数量。

（4）进口应税消费品的，为海关核定的应税消费品进口征税数量。

【例4-2】　某酒业股份有限公司2024年12月销售黄酒300吨，该公司当月应纳消费税计算如下：

$$应纳消费税税额 = 应税消费品的销售数量 \times 单位税额 = 300 \times 240 = 72\,000(元)$$

3. 计量单位的换算标准

《中华人民共和国消费税暂行条例》规定，啤酒、黄酒是以吨为税额单位；汽油、柴油等成品油是以升为税额单位。考虑到在实际销售过程中，纳税人容易把吨或升这两个计量单位混用，为了规范不同应税产品的计量单位，以准确计算应纳税额。吨与升两个计量单位换算标准如表4-3所示。

表4-3　吨与升两个计量单位换算标准

序　号	应税消费品	换算标准
1	啤酒	1吨＝988升
2	黄酒	1吨＝962升
3	汽油	1吨＝1388升
4	柴油	1吨＝1176升
5	石脑油	1吨＝1385升

序　号	应税消费品	换算标准
6	溶剂油	1 吨 = 1 282 升
7	润滑油	1 吨 = 1 126 升
8	燃料油	1 吨 = 1 015 升
9	航空煤油	1 吨 = 1 246 升

（三）复合计税方法

复合计税方法是指对某种消费品同时使用从价和从量两种计税标准,在计算应纳税额时结合从价定率和从量定额两种计税方法,计算应纳税额的一种计税方法。现行消费税的征税范围中,只有卷烟、粮食白酒、薯类白酒采用复合计税方法。计算公式为:

$$应纳税额 = 应税销售数量×定额税率+应税销售额×比例税率$$

粮食白酒企业出借包装物收取的押金,不论以后是否退还,均应并入当期应税消费品的销售额计算征收消费税。

【例 4−3】　某酒厂(增值税一般纳税人)以粮食为原料加工生产白酒。2024 年 6 月销售白酒 50 000 瓶,每瓶 500 克,每瓶不含税售价为 100 元,本月应纳消费税税额计算如下:

$$应纳税额 = 100×50 000×25\% + 0.5×50 000 = 1 275 000(元)$$

（四）特殊规定的税额计算方法

1. 委托加工收回的应税消费品应纳税额的计算

委托加工应税消费品是指由委托方提供原料和主要材料,受托方只收取加工费和代垫部分辅助材料加工的应税消费品。对于由受托方提供原材料生产的应税消费品,或者受托方先将原材料卖给委托方,然后再接受加工的应税消费品,以及由受托方以委托方名义购进原材料生产的应税消费品,不论纳税人在财务上是否作销售处理,都不得作为委托加工应税消费品处理,而应当按照销售自制应税消费品缴纳消费税。

委托加工收回的应税消费品直接用于销售的,销售价格不高于受托方代收代缴消费税时的组成计税价格的,不再征收消费税。委托加工收回的应税消费品用于连续生产应税消费品,其已纳税款准予按照规定从连续生产的应税消费品应纳消费税中扣除。

连续生产的应税消费品准予从应纳消费税中按当期生产领用数量计算扣除委托加工收回的应税消费品已纳消费税税款,如以委托加工收回的已税烟丝为原料生产的卷烟,以及以委托加工收回的已税化妆品为原料生产的化妆品,以委托加工收回的已税摩托车连续生产的摩托车。

【例 4−4】　某化妆品厂(增值税一般纳税人)委托某日化厂加工香水、口红,收回后继续加工为成套化妆品对外出售。已知 2024 年 5 月香水、口红的月初库存为 70 000 元,已纳消费税 30 000 元,本月收回委托加工的香水、口红 280 000 元,收回时委托方代收代缴消费税 120 000 元,月末香水、口红库存为 56 000 元。本月销售套装化妆品 10 000 套,每套不含税售价 200 元。本月应纳消费税计算如下:

$$\text{本月准予扣除的委托加工应税消费品已纳税款} = 30\,000 + 120\,000 - 120\,000 \times 56\,000 \div 280\,000$$
$$= 126\,000(\text{元})$$
$$\text{本月应纳消费税税额} = 200 \times 10\,000 \times 30\% - 126\,000 = 474\,000(\text{元})$$

【例 4-5】　甲厂委托乙厂加工一批应税消费品,甲厂提供的原材料成本为 32 000 元,乙厂代垫辅助材料的成本为 2 000 元,收取加工费 8 000 元,该应税消费品的适用税率为 30%。乙厂没有同类消费品的销售价格。受托方代收代缴的消费税计算如下:

$$\text{组成计税价格} = (32\,000 + 2\,000 + 8\,000)/(1 - 30\%) = 60\,000(\text{元})$$
$$\text{应纳消费税额} = 60\,000 \times 30\% = 18\,000(\text{元})$$

2. 外购已税消费品生产应税消费品应纳税额的计算

用外购已缴纳的应税消费品连续生产的应税消费品,在计算征收消费税时,按当期生产领用数量计算准予扣除的外购应税消费品已纳的消费税。

(1) 实行从价定率办法计算应纳税额的,计算公式如下:

$$\text{当期准予扣除的外购应税消费品已纳税款} = \text{当期准予扣除的外购应税消费品买价} \times \text{外购应税消费品适用税率}$$
$$\text{当期准予扣除的外购应税消费品买价} = \text{期初库存的外购应税消费品的买价} + \text{当期外购的应税消费品的买价} - \text{期末库存的外购应税消费品的买价}$$

(2) 实行从量定额办法计算应纳税额的,计算公式如下:

$$\text{当期准予扣除的外购应税消费品已纳税款} = \text{当期准予扣除外购应税消费品数量} \times \text{外购应税消费品单位税额}$$
$$\text{当期准予扣除外购应税消费品数量} = \text{期初库存外购应税消费品数量} + \text{当期购进外购应税消费品数量} - \text{期末库存外购应税消费品数量}$$

【例 4-6】　某卷烟厂外购烟丝生产卷烟,10 月,外购烟丝的期初库存为 100 000 元,本月购进烟丝为 500 000 元,月末库存烟丝为 50 000 元。本月准予扣除的外购烟丝已纳税款计算如下:

$$\text{本月准予扣除的外购烟丝的买价} = 100\,000 + 500\,000 - 50\,000 = 550\,000(\text{元})$$
$$\text{本月准予扣除的外购烟丝已纳消费税税款} = 550\,000 \times 30\% = 165\,000(\text{元})$$

【例 4-7】　某工厂以一批外购已税消费品为原料,继续加工成应税消费品后出售。本月该应税消费品销售收入为 200 万元,适用的消费税税率为 40%。期初库存外购应税消费品买价为 30 万元,当期购进的外购应税消费品买价为 100 万元,期末库存的外购应税消费品买价为 50 万元。以上价格均不含增值税。本月该应税消费品应纳消费税额计算如下:

$$当期准予扣除的外购已税消费品买价=30+100-50=80(万元)$$
$$当期准予扣除外购应税消费品已纳税款=80×40\%=32(万元)$$
$$应纳消费税额=200×40\%-32=48(万元)$$

3. 进口应税消费品应纳税额的计算

进口的应税消费品,于报关进口时缴纳消费税,由海关代征,由进口人或者其代理人向报关地海关申报纳税。纳税人进口应税消费品,应当自海关填发税款缴纳证的次日起 15 日内缴纳税款。

(1) 实行从价定率办法的应税消费品,应纳税额的计算公式为:

$$组成计税价格=(关税完税价格+关税)÷(1-消费税税率)$$
$$应纳消费税额=组成计税价格×消费税税率$$

式中,关税完税价格是指海关核定的关税计税价格。

(2) 实行从量定额办法的应税消费品,应纳税额的计算公式为:

$$应纳税额=应税消费品数量×消费税单位税额$$

【例 4-8】　某进出口公司进口应税消费品一批,海关核定的关税完税价格为人民币 700 000 元,关税税额为 200 000 元,消费税适用税率为 30%。其应纳消费税计算如下:

$$组成计税价格=(700\,000+200\,000)/(1-30\%)=1\,285\,714.29(元)$$
$$应纳消费税额=1\,285\,714.29×30\%=385\,714.29(元)$$

第二节　纳税人身份的税务合规计划

一、纳税人的界定

在中华人民共和国境内生产、委托加工和进口规定的应税消费品的单位和个人,是消费税的纳税人。具体来讲,分为以下几种情况。

(一) 生产应税消费品的纳税人

生产应税消费品的纳税人主要是指从事应税消费品生产的各类企业、单位和个体工商户。生产应税消费品用于销售的,于销售时缴纳消费税。生产应税消费品的纳税人自己使用而没有对外销售的,按其不同用途区别对待:① 将生产的应税消费品用于连续生产应税消费品的,不征收消费税;② 将生产的应税消费品用于生产非应税消费品和在建工程、管理部门、非生产机构、提供劳务,以及用于馈赠、赞助、集资、广告、样品、职工福利、奖励等方面的,于消费品移送时缴纳消费税。

（二）委托加工应税消费品的纳税人

委托加工应税品,以委托方为纳税人,一般由受托方代收代缴消费税。但是,委托个体工商户加工应税消费品的,一律于委托加工的应税消费品收回后,在委托方所在地缴纳消费税。委托加工的消费品在提货时已缴纳消费税的,若委托方对外销售,则不再缴纳消费税;若委托方用于连续生产应税消费品,则所纳税款允许按规定扣除。

（三）进口应税消费品的纳税人

进口应税消费品,由货物进口人或代理人在报关进口时缴纳消费税。

二、基于资产重组的消费税规划方法

由于消费税是针对特定的纳税人征收的,企业可以通过资产重组活动改变纳税人身份,以此获得延缓纳税或者减少应纳税额的节税利益。

企业合并会使原来企业间的购货和销货环节转变为企业内部的原材料转让环节,从而递延部分消费税税款。如果两个合并企业之间存在着原材料供应的关系,则在合并前,这笔原材料的转让关系为购销关系,原材料供应方向求购方销售原材料,应该按照正常的购销价格缴纳增值税和消费税。而在两家合并后,企业之间的原材料供应关系转变为企业内部的原材料转让关系,在原材料转让环节不用缴纳消费税和增值税,而是递延到原材料被加工成产成品,进入商品销售环节再征收相应税款。

如果最后销售环节的消费税税率较前一环节的低,则企业合并的做法可直接减轻企业的消费税税负,因为前一环节应该征收的税款被延迟到后续环节征收;如果后续环节税率较低,则合并前企业间的销售额在合并后会适用较低的税率,而使企业整体税负减轻。

【例4-9】　某地区有两家大型酒厂A和B,它们都是独立核算的法人企业。企业A主要经营粮食类白酒,以当地生产的大米和玉米为原料进行酿造,适用20%的税率。企业B以企业A生产的粮食类白酒为原料,生产系列药酒,适用10%的税率。企业A每年要向企业B提供价值2亿元,共计5 000万千克的粮食类白酒。经营过程中,企业B由于缺乏资金和人才,无法经营下去,准备破产。此时,企业B共欠企业A 5 000万元货款。经评估,企业B的资产恰好也为5 000万元。企业A领导人经过研究,决定对企业B进行收购,其决策的主要依据如下:

（1）这次收购支出费用较小。合并前,企业B的资产和负债均为5 000万元,净资产为零。按照现行税法规定,该收购行为属于以承担被兼并企业全部债务的方式收购全部资产,属于资产收购行为,符合特殊性税务处理的要求,不计算资产转让所得,不缴纳企业所得税。此外,两家企业之间的交易活动属于资产收购,按税法规定,企业将全部或者部分实物资产以及与其相关联的债权、负债和劳动力一并转让给其他单位和个人,不属于增值税的征税范围,其中涉及的货物转让,不动产、土地使用权转让行为,不征收增值税。《国家税务总局关于纳税人资产重组有关增值税问题的公告》(国家税务总局公告2011年第13号)规定,在资产重组过程中,通过合并、分立、出售、置换等方式,将全部或者部分实物资产以及与其相关联的债权、负债和劳动力一并转让给其他单位和个人,其中涉及的不动产、土地使用权转让行为,不征收增值税。

（2）合并可以递延部分税款。合并前,企业A向企业B提供的粮食类白酒,每年应该缴纳的税款计算如下:

应纳消费税 $=20\,000\times20\%+5\,000\times2\times0.5=9\,000$（万元）

应纳增值税 $=20\,000\times13\%=2\,600$（万元）

这笔税款中，一部分税款合并后可以递延到药酒销售环节缴纳（消费税从价计征部分和增值税），获得递延纳税好处；另一部分税款（从量计征的消费税税款）则免于缴纳了。

（3）企业 B 生产的药酒市场前景很好，企业合并后可以将经营的主要方向转向药酒生产，转向后，企业应缴的消费税款将减少。由于粮食类白酒的消费税税率为 20%，而药酒的消费税税率为 10%，如果企业转产为药酒生产企业，税负将会大大减轻。

假定药酒的销售额为 2.5 亿元，销售数量为 5 000 万千克。合并前后应纳消费税计算如下：

A 厂应纳消费税 $=20\,000\times20\%+5\,000\times2\times0.5=9\,000$（万元）

B 厂应纳消费税 $=25\,000\times10\%=2\,500$（万元）

合计应纳税额 $=9\,000+2\,500=11\,500$（万元）

合并后应纳消费 $=25\,000\times10\%=2\,500$（万元）

合并后节约消费税税款 $=11\,500-2\,500=9\,000$（万元）

第三节 计税依据的税务合规计划

一、关联企业转移定价

消费税的纳税行为发生在生产领域而非流通领域或者消费环节的终端（金银首饰除外），因而直接将生产销售环节的价格降低，可直接取得节税利益。因此，可以合理利用关联企业之间的特殊关系，使应税消费品的价格从应税环节向无税环节转移，或者高税率环节向低税率环节转移。

由于消费税的课征只选择单一环节，消费品的流通还涵盖着批发、零售等若干环节，客观上为企业选择一定的方式规划消费税提供了可能。集团企业可以采取分设独立核算的经销部、销售公司的办法，使关联企业中生产（或者委托加工及进口）应税消费品的企业，以低于直接对外销售的价格向他们提供应税消费品，再由独立核算的经销部、销售公司以正常的价格对外销售。如此一来，生产企业降低了产品出厂环节的计税销售额，从而减少了应纳消费税税额。独立核算的销售部门，由于处在销售环节，只缴增值税，不缴消费税，可使集团的整体消费税税负降低，增值税税负保持不变。

> **提示**
>
> 由于独立核算的销售部门与生产企业之间存在关联关系，按照《税收征收管理法》，企业或者外国企业在中国境内设立的从事生产、经营的机构、场所与其关联企业之间的业务往来，应当按照独立企业之间的业务往来收取或者支付价款、费用。不按照独立企业之间的业务往来收取或者支付价款、费用，而减少其应纳税的收入或者所得额的，税务机关有权进行合理调整。因此，**企业销售给下属销售部门的价格应当参照社会的平均销售价格而定**。

【例4-10】　某酒厂主要生产粮食类白酒，产品销往全国各地的批发商。按照以往的经验，本地的一些商业零售户、酒店、消费者每年到工厂直接购买的白酒大约1 000箱（每箱12瓶，每瓶500克）。企业销给批发部的价格为每箱1 200元（不含税），销售给零售户及消费者的价格为每箱1 400元（不含税）。经过规划，企业在本地设立了独立核算的经销部，按销售给批发商的价格销售给经销部，再由经销部销售给零售户、酒店及顾客。已知粮食类白酒的税率为20%。

若直接销售给零售户、酒店、消费者，则：

$$应纳消费税=1 400×1 000×20\%+12×1 000×0.5=286 000（元）$$

若先把白酒销售给经销部，则：

$$应纳消费税=1 200×1 000×20\%+12×1 000×0.5=246 000（元）$$
$$节约消费税=286 000-246 000=40 000（元）$$

【例4-11】　某化妆品厂生产高档化妆品，市场售价为每套1 200元（不含增值税）。该厂以每套1 000元（不含增值税）的价格销售给其独立核算的关联化妆品销售企业500箱。

化妆品厂在转移定价之前：

$$应纳消费税=1 200×500×30\%=180 000（元）$$

化妆品厂在转移定价之后：

$$应纳消费税=1 000×500×30\%=150 000（元）$$
$$节约消费税=180 000-150 000=30 000（元）$$

二、选择合理的加工方式

委托加工的应税消费品与自行加工的应税消费品的计税依据不同。委托加工时，受托方（个体工商户除外）代收代缴税款，计税依据为同类产品销售价格或组成计税价格；自行加工时，计税依据为产品销售价格。通常情况下，委托方收回委托加工的应税消费品后，要以高于成本的价格售出。不论委托加工费大于或小于自行加工成本，只要收回的应税消费品的计税价格低于收回后的直接出售价格，委托加工应税消费品的税负就会低于自行加工的税负。对委托方来说，其产品对外售价高于收回委托加工应税消费品的计税价格部分，实际上并未纳税。

作为价内税的消费税，企业在计算应税所得时，消费税可以作为扣除项目。因此，消费税的多少，会进一步影响企业所得税，进而影响企业的税后利润和所有者权益。而作为价外税的增值税，则不会因增值税税负差异而造成企业税后利润差异。

由于应税消费品加工方式有委托加工和自行加工两种方式，纳税人选择不同的加工方式，会产生不同税负。纳税人可以进行两者间比较合理的加工方式进行税务合规计划。

【例4-12】　A卷烟厂委托B厂将一批价值100万元的烟叶加工成烟丝，协议规定加工费75万元；加工的烟丝运回A卷烟厂后继续加工成甲类卷烟，加工成本、分摊费用共计

95 万元,该批卷烟售出价格(不含税)700 万元,出售数量为 0.4 万大箱。烟丝消费税税率为 30%,卷烟的消费税税率为 36%,增值税不计;卷烟销售环节的定额税对本案例无影响,故不考虑消费税定额税率的因素。

(1) 委托加工的消费品收回后,继续加工成另一种应税消费品。

A 卷烟厂支付加工费同时,向受托方支付其代收代缴消费税 75 万元[(100+75)/(1-30%)×30%];代收代缴城市维护建设税及教育费附加 7.5 万元[75×(7%+3%)];A 卷烟厂销售卷烟后,应缴纳消费税 195 万元(700×30%+150×0.4-75);应纳城市维护建设税及教育费附加 19.5 万元[195×(7%+3%)]。

$$A 卷烟厂税后利润=(700-100-75-75-95-195-19.5-7.5)×(1-25\%)$$
$$=99.75(万元)$$

(2) 委托加工的消费品收回后,委托方不再继续加工,而是直接对外销售。

若 A 卷烟厂委托 B 厂将烟叶加工成甲类卷烟,烟叶成本不变,支付加工费 170 万元;A 卷烟厂收回后直接对外销售,售价仍为 700 万元。税负及税后利润计算如下:

$$A 卷烟厂支付受托方代收代扣消费税金=(100+170)/(1-30\%)×36\%+0.4×150$$
$$=445.71(万元)$$

$$组成计税价格=\frac{100+170}{1-30\%}=385.71<700$$

只要收回后出售价格高于受托方代收代缴消费税时的价格均要征收消费税。故上述安排未能实现节税效应,若此时按此安排少缴消费税,则不合规。

三、应税消费品抵债或入股的规划

纳税人自产的应税消费品用于换取生产资料和消费资料、投资入股或抵偿债务等时,应当以纳税人同类应税消费品的最高销售价格为计税依据。因此,如果企业存在以应税消费品抵债或入股的情况下,最好先做销售,再做抵债或入股的处理,会达到减轻税负的目的。

【例 4-13】 某汽车生产企业,当月对外销售同型号的小汽车有三种价格:以 10.5 万元的单价销售 100 辆,以 11 万元的单价销售 90 辆,以 12 万元的单价销售 80 辆。当月以 50 辆同型号的小汽车与 A 企业换取原材料。双方按当月的加权平均销售价格确定小汽车的价格,小汽车的消费税率为 5%。此时:

$$应纳消费税=12×50×5\%=30(万元)$$

纳税人经过规划,将这 50 辆小汽车按照当月的加权平均价格销售后,再购买原材料,此时:

$$应纳消费税=(10.5×100+11×90+12×80)/(100+90+80)×50×5\%=27.78(万元)$$
$$企业减轻税负=30-27.78=2.22(万元)$$

第四节　包装物的税务合规计划

一、包装物的相关税收政策

根据《中华人民共和国消费税暂行条例实施细则》，实行从价定率办法计算应纳税额的应税消费品连同包装物销售的，要区分不同的情况计算应纳税额：

（1）包装物连同应税消费品作价出售，不论包装物是否单独计价，也不论会计上如何处理，均应并入应税消费品的销售额中，按照其所包装消费品的适用税率缴纳消费税。

（2）将包装物出租，租金收入作为价外费用处理，换算成不含税收入后，并入应税消费品的销售额中，按照所包装消费品的适用税率缴纳消费税。

（3）包装物不作价销售，而是收取押金，该押金收入不并入销售额计税。

（4）对因逾期未收回包装物而不再退还的和已经收取1年以上的押金，应计入应税消费品的销售额中，按照其所包装消费品的适用税率缴纳消费税。

（5）包装物作价销售且收取押金，此押金暂不并入销售额征税，只对作价销售的包装物征收消费税。

（6）对包装物既作价随同应税消费品销售，又另外收取押金并在规定期限内未予以退还的押金，应并入应税消费品的销售额中，按照所包装消费品的适用税率缴纳消费税。

（7）除黄酒、啤酒以外的酒类产品涉及的包装物押金，不论押金是否返还以及会计上如何核算，均需一并计入当期酒类产品的销售额缴纳消费税。

（8）对增值税一般纳税人向购买方收取的价外费用和逾期未归还的包装物押金，应视为含税收入，在计缴消费税时首先应换算成不含税收入，再并入销售额计税。

二、包装物的税务合规计划

（一）避免出厂环节销售带包装的消费品

纳税人如果想在包装物上节约消费税，关键是使包装物不能作价随同消费品一起出售，可以采取在出厂环节避免出售带包装的应税消费品等措施。

【例4-14】 某日用化妆品厂，将生产的化妆品、护肤护发品、小工艺品等组成成套消费品销售。每套消费品由下列产品组成：化妆品包括一瓶香水（30元）、一瓶指甲油（10元）、一支口红（15元）；护肤护发品包括两瓶浴液（40元），一瓶摩丝（8元）；化妆工具及小工艺品（10元）、塑料包装盒（5元）。化妆品消费税税率为15%。上述价格均不含税。按照习惯做法，应将新产品包装后再销售给商家。如果考虑包装方式，有无更节税的方案？

可将上述产品先分别销售给商家，再由商家包装后对外销售，就可实现节税目的。应注意的是，在实际操作中，除了换包装地点，需将产品分别开具发票，财务上分别核算销售收入。规划前后税负计算如下：

规划前应纳消费税=（30+10+15+40+8+10+5）×30%=35.4（元）

规划后应纳消费税=（30+10+15）×30%=16.5（元）

每套化妆品节税额=35.4-16.5=18.9（元）

（二）避免成套销售适用高税率

在出厂环节避免销售成套包装好的消费品，一方面可以减少缴纳包装物的消费税，另一方面可以避免成套消费品同时出售时，从高适用税率而多缴纳消费税。

纳税人如果兼营多种不同税率的应税消费品，应当分别核算不同税率应税消费品的销售金额或销售数量；如果没有分别核算销售金额、销售数量或者将不同税率的应税消费品组成成套消费品销售的，应按最高税率征税。因此，企业应正确地进行必要的合并核算或分开核算，计算销售额和销售数量，以达到节税的目的。

【例4-15】　某酒业有限公司生产各类品种的酒，以适应不同消费者的需求。春节临近，大部分消费者都将酒作为馈赠亲友的礼品。针对这种市场情况，公司于2月初推出了"组合装礼品酒"的促销活动，将白酒、果木酒和饮料各1瓶组成价值50元的成套礼品酒进行销售。这三种商品的出厂价分别为：25元/瓶、15元/瓶、10元/瓶，假设三种酒每瓶均为500毫升装。

以下分别用"先包装后销售"和"先销售后包装"两种方案来分析该公司的税负。

方案一："先包装后销售"方式。

由于白酒适用每500毫升0.5元的定额税率和20%的比例税率；果木酒按销售额适用10%的比例税率；饮料不缴纳消费税。

不同税率的应税消费品组成成套消费品销售的应按最高税率征税。在这种情况下，果木酒和饮料不仅要按20%的高税率从价计税，而且要按0.5元/500毫升的定额税率从量计税。此时：

$$该企业应纳消费税税额=0.5×3+50×20\%=11.5（元）$$

方案二：采用"先销售后包装"方式。

先将上述白酒、果木酒和饮料分品种销售给零售商，在此销售环节，粮食白酒和果木酒分别开具发票，在账务处理环节对不同的产品分别核算销售收入，然后再由零售商包装成套套消费品后对外销售。在这种情况下，果木酒不仅只需要按10%的比例税率从价计税，而且不必按0.5元/500毫升的定额税率从量计税；饮料也不必缴纳消费税。此时：

$$企业应纳消费税=（0.5+25×20\%）+15×10\%=7（元）$$

通过比较可以看出，方案二相较于方案一节税4.5元（11.5-7）。

提示

企业兼营不同税率应税消费品时，在单独核算的基础上，没有必要组成成套消费品销售的，最好单独销售，以尽量降低企业的税收负担。对于有必要组成成套消费品的，可以采用变通的方式，即先销售后包装，来降低应税消费品的总体税负率，从而降低税负。

(三)包装物押金的规划

　　纳税人在销售应税消费品时,想在包装物上节省消费税,关键是包装物不能作价随同产品销售。纳税人可选择对包装物收取押金的方式,因为押金单独记账而不并入销售额计算消费税。但是该项押金必须在规定时间内收回,否则还是要并入销售额中计缴消费税。

【例4-16】 飞力达公司2024年7月销售金银首饰10 000件,每件价值2 000元,另外包装物的价值为200元。上述价格均为不含增值税的价格。金银首饰的消费税税率为5%。

　　方案一:采取连同包装物一并销售轮胎的方式。

　　在这种方案下,由于包装物作价随同产品销售,应并入应税消费品的销售额征收消费税。此时:

$$企业应纳消费税 = 10\,000 \times 2\,000 \times 5\% + 10\,000 \times 200 \times 5\% = 1\,100\,000(元)$$

　　方案二:采取收取包装物押金的方式。

　　在这种方案下,企业对每个轮胎的包装物单独收取押金200元,此项押金不并入应税消费品的销售额中征税。这里分两种情况讨论:

　　① 若包装物押金1年内收回,则:

$$企业应纳消费税 = 10\,000 \times 2\,000 \times 5\% = 1\,000\,000(元)$$
$$该企业节税额 = 1\,100\,000 - 1\,000\,000 = 100\,000(元)$$

　　② 若包装物押金1年内未收回,则:

$$企业销售轮胎时的应纳消费税 = 10\,000 \times 2\,000 \times 5\% = 1\,000\,000(元)$$

　　一年后企业未收回押金,则:

$$需补缴消费税 = 10\,000 \times 200 \div (1 + 13\%) \times 5\% = 88\,495.58(元)$$
$$企业节税额 = 100\,000 - 88\,495.58 = 11\,504.42(元)$$

　　同时,将消费税递延1年缴纳,获取了资金时间价值。

复习与思考

　　1. 采用合并重组方式进行消费税规划的思路是什么?
　　2. 考虑计税依据的消费税规划思路有哪些?
　　3. 包装物涉及消费税的规划思路有哪些?

小试牛刀

一、自测题

扫码完成自测

二、业务题

某珠宝商属于增值税一般纳税人,2024 年某月销售 1 200 条铂金项链,每条铂金项链不含税单价为 2 800 元,其中,每条铂金项链耗用包装物 100 元(不含增值税),铂金项链的消费税率为 5%。

该珠宝商对包装物如何处理,才能最大限度地节约税金?

参考答案

案例阅读

今世缘酒业的消费税税务合规计划

一、今世缘酒业背景

(一)今世缘简介

今世缘作为知名白酒企业,获得过多项国家级别的奖项。公司地处淮安,对于白酒的酿造来说,地理位置十分适宜,并且今世缘对传统酿造技术进行改进,产品具有较好的品质与声誉,受到大众的喜爱,经营状况良好。

(二)今世缘经营状况分析

今世缘 2018 年的营业收入为 3 736 035 833.62 元,比 2017 年的营业收入 2 952 210 040.36 元提高 26.55%,经营状况良好,且保持持续增长态势。与经营活动有关的现金流量也由 2017 年度的 54 564 469.11 元增长为 86 427 020.28 元。每股收益、总资产等也一直呈现上升趋势。2018 年今世缘实现了归属于上市公司股东的净利润 1 150 710 683.02 元,相比于 2017 年的 895 876 928.00 元,上涨幅度达 28.45%。2017 年又比 2016 年上升 18.21%。可以看出,今世缘的发展势头良好,具有持续出色地完成年度经营目标的能力。

（三）税收方面存在的问题

今世缘的利润率持续增加的同时，税负也一直增长。今世缘销售白酒的消费税适用税率为按照销售额的20%从价计征，按照销售数量1元/kg从量计征。2018年，今世缘消费税税额为529 435 449.15元，城市维护建设税税额为47 457 885.45元，教育费附加本期发生额为28 441 055.36元，合计税金及附加本期发生额为632 222 544.85元。消费税占合计税金及附加的百分比高达83.74%。2018年对比2017年消费税税额同比增加了61.74%，可以看出消费税税额增长较大，并且在税金及附加中占比很大。

二、今世缘税务合规计划的策略

（一）产品结构的策略

由于白酒行业的消费税适用的是复合计税方法，因此税率较其他行业重一些。如果想要达到企业价值的最大化，今世缘可向生产多功能酒饮料方向靠拢，这样有利于企业打开市场。

2018年今世缘酒类产品的销售量为26 812千升，白酒类销售收入达到3 698 585 783.04元。白酒消费税比例税率为20%，定额税率为每1元/kg。

方案1：所有的白酒均采用直接销售的方式，此时应缴纳消费税税额为766 529 156.6元（3 698 585 783.04×20%+26 812 000×2×0.5）。

方案2：将白酒中的一半即1 340.6万升加工为酒饮料销售，消费税税率达到10%。销售收入是1 849 292 891.52元，此时应当缴纳消费税税额185 929 289.15元（1 849 292 891.52×10%）；另一半的白酒正常出售，其消费税的税额383 264 578.3元（1 849 292 891.52×20%+13 406 000×2×0.5），二者相加得到总应缴纳消费税税额569 193 867.45元。

以上方案2对比方案1，共减少税负197 335 289.15元（766 529 156.6−569 193 867.45），方案2节税效果明显，应当选择方案2改进今世缘酒类产品的产品结构。

（二）销售环节的策略

酒类产品在生产与加工环节都需要缴纳消费税，在销售环节只需要缴纳增值税。今世缘可以设立一个独立核算的销售部门，把商品低价卖给该部门，销售部门只需要缴纳增值税，从而减少应税消费额，降低消费税税额。假设今世缘产品每销售100吨酒，每吨酒的价格为20 000元。

方案1：直接出售，价格为20 000元/吨，应缴纳消费税400 100元（100×20 000×20%+100×2×0.5）。

方案2：今世缘以8 000元/吨作为最低销售价格，销售给下设独立核算销售部门。销售部门将价格定为10 000元/吨，然后售出。应缴纳消费税280 100元（100×14 000×20%+100×2×0.5）。

比较方案1与方案2，每销售100吨白酒，设立独立核算的销售机构可以减少的消费税税额12 000元（400 100−280 100），因此应该选择方案2。

（三）品种种类的策略

白酒适用的消费税采用复合计税方法，而其他酒类则大部分都是以10%的税率计税。如果同一个企业有不同的酒类产品,且未分别核算的,要从高适用税率,即使其中有免税和减税项目也不能减免税。因此,将不同酒类产品分别核算有助于减轻企业消费税税负。今世缘可以选择兼营的方式,分别核算不同的酒类产品,以求达到减轻消费税税负这一目的。

3. 总结与政策建议

(1) 总结:

税务合规计划作为一项战略活动,企业应当通过不断学习来保持先进的理念,从而减轻企业的税负,增加经济效益。企业倘若能够实施合理的税务合规计划,将会对企业的综合竞争力有较大提高。本文通过研究得出的结论是税务合规计划是一项整体性的活动,企业在减少消费税的同时,也可能增加其他税种的税负,反而会导致企业整体税负增加,这样是不可取的。纳税人员应当在具备完备的税务知识,不触犯国家法律法规的原则上,对税务合规计划进行整体性的分析与安排,以达到真正增强企业竞争力的效果。同时,企业在进行纳税规划时,一定要根据企业的实际状况,全面掌握企业信息,更好地达到节税目的。

(2) 政策建议:

首先,企业在进行消费税的税务合规计划时,要考虑周全,不能只看到消费税,也要注重其他税种。在做出规划方案之后,要对比税负的总额变化,实现企业总体税负的减轻。

其次,企业税务部门的人员应当具备职业资格证,持续学习相关知识,时刻关注国家法律法规的变化,帮助企业节税。

最后,企业的管理人员必须对企业的税务情况保持足够的重视,掌握企业的各个相关信息。企业必须结合企业的财务状况与经营状况,有针对性地提出合理的税务合规计划方案。

思考:

1. 今世缘酒业的税务合规计划是如何设计的?是否存在涉税风险?

2. 今世缘酒业的税务合规计划对其他企业有何借鉴意义?

第五章　企业所得税的税务合规计划

 **学习目标**

学　习　内　容	要　　求	难　　度
1. 企业所得税的基本概念、特征与立法原则	了解	☆
2. 企业所得税规划的基本思路和方法	熟悉	☆☆
3. 纳税主体的税务合规计划	掌握	☆☆☆
4. 收入确认的税务合规计划	掌握	☆☆☆
5. 扣除项目的税务合规计划	掌握	☆☆☆
6. 合并分立与产权重组的税务合规计划	熟悉	☆☆☆
7. 其他企业所得税规划的形式与应用	熟悉	☆☆☆

 **案例导读**

海上车间如何帮助企业降本增效？

日本日清食品公司在中国收购花生，临时派出一个海上车间，在中国大连港口停留28天，将收购的花生加工成花生米，将花生皮压碎后制作成花生皮制板后又返售给中国。日清食品公司既没有在中国设立实际管理机构，也没有设立机构、场所，仅在大连港口停驻海上车间。按照《企业所得税法》，日清食品属于非居民企业，不必按其获得的花生皮制板收入向中国政府缴纳25%的所得税，而只需按照10%的税率缴纳预提所得税。

这是跨国纳税人利用海上作业，就地收购原料、就地加工、就地出售的典型规划节税的案例。日清食品公司采取这样的措施，不仅能够缩短生产周期提高资金的周转率，而且成功避税实现了税后收益最大化，是一项有效的税务合规计划。这是符合国际税收惯例的。

第一节　企业所得税概述

一、企业所得税的概念

为了理顺国家与企业的分配关系和内、外资企业的税负公平,2007年12月6日第十届全国人民代表大会第五次全体会议通过了《中华人民共和国企业所得税法》(以下简称《企业所得税法》),并于2008年1月1日开始正式实施。《企业所得税法》及其实施条例,统一了内外资所得税法律,建立起适用于各类企业的具有现代法人税制的企业所得税制度,不仅为各类企业创造了公平的市场竞争环境,而且促进了中国经济与国际经济融合的速度,有利于中国经济平稳、健康发展。

企业所得税是对我国境内的企业和其他取得收入的组织的生产经营所得和其他所得征收的一种税,是处理国家与企业利益分配的重要形式。

二、企业所得税的计税特征

(一) 区分居民企业和非居民企业

1. 居民企业

居民企业是指依法在中国境内成立,或者依照外国(地区)法律成立但实际管理机构在中国境内的企业。实际管理机构,是指对企业的生产经营实施实质性全面管理和控制的机构。具体是指董事会所在地或者董事会有关经营决策会议的召集地。居民企业负全面纳税义务,对其来源于我国境内、境外的所得都要向中国政府缴纳所得税。

2. 非居民企业

非居民企业是指依照外国(地区)法律成立且实际管理机构不在中国境内,但在中国境内设立机构、场所的,或者在中国境内未设立机构、场所,但有来源于中国境内所得的企业。非居民企业仅对来源于中国境内的所得向中国政府缴纳所得税。

(二) 应纳税所得额计税方法

企业所得税的计税依据是应纳税所得额。应纳税所得额是指纳税人每一纳税年度的收入总额减去各项准予扣除项目金额后的余额,其计算公式为:

应纳税所得额=收入总额-不征税收入-免税收入-各项扣除-以前年度亏损

应纳税所得额既不等于企业实现的会计利润,也不是企业的增值额,更不是销售额或营业额,而是纳税人的真实收入。

(三) 征税以量能负担为原则

企业所得税以纳税人的生产、经营所得和其他所得为计税依据,贯彻了量能负担的原则,税额的多少取决于收益额,而不取决于商品或劳务的流转额。所得多、负担能力强的企业,多纳税;所得少、负担能力弱的企业,少纳税;无所得、没有负担能力的,不纳税。这充分体现了税收的公平原则。

（四）实行按年计征、分期预缴的征收管理办法

企业的经营业绩是通过利润来综合反映的。利润通常是按年度计算、衡量的，而企业的会计核算也是按年进行的，因此，企业所得税以全年的应纳税所得额为计税依据，分月或分季预缴，年终汇算清缴，实现税收征管和会计年度的完美结合。

三、企业所得税的立法原则

（一）税负公平原则

企业所得税是处理政府与企业分配关系的主要税种之一，企业利润分配应充分体现税负公平的原则。宏观层面，既要保证政府财政收入的必要，又要适应政府利用税收调节经济的必要。微观层面，企业与企业之间，行业与行业之间的税负也要实现公平。

（二）符合科学发展观原则

科学发展观关系到人类生存和发展的大计，征收企业所得税不仅要理顺政府与企业之间的分配关系，更要有利于国民经济持续、快速发展。因此，企业所得税法的制定要有利于合理配置资源，有利于生态平衡，有利于环境保护，真正实现经济和社会的可持续发展。

（三）发挥调控作用原则

税收是调节经济的重要杠杆之一，如何利用企业所得税来调节经济，是非常值得研究的问题之一。由于我国地域广阔，经济发展很不均衡，地区间和行业间差距较大，经济结构不合理。这些都依赖企业所得税的调节。

（四）借鉴国际惯例原则

所得税是国际上普遍征收的一个税种。虽然各国对该税种的命名有所不同，但本质上没有太大的差别。随着我国对外开放领域的不断扩大和世界经济一体化进程的快速推进，企业所得税法必然要引入国际惯例，借鉴发达市场经济国家的所得税立法经验。

（五）有利于征管原则

企业所得税是所有税种中计算最为复杂的税种，涉及企业一个纳税年度内的所有收入、成本、费用、流转税金及附加。在征管过程中，稍有不慎就可能发生错误。因此，在企业所得税立法时，要尽量做到税制简单，利于税收缴纳和征管。

第二节　企业所得税税务合规计划的基本思路和方法

一、企业所得税规划的基本思路

任何一个具体的税种都是由纳税人、征税对象、税目、税率、纳税环节、纳税期限、纳税地点、减税免税等税制要素组成的。从某种意义上讲，税制要素、计税依据正是开展税务合规计划的关键点和切入点。

（一）纳税主体身份的选择

纳税主体即纳税人，是指按税法的规定，需要履行纳税义务的法人、自然人及其他组织。

对于所得税而言,纳税主体是重要的税务合规计划着眼点和规划平台。

1. 对纳税主体的所有制性质进行规划

在所得税规划时,首先要考虑纳税主体的所有制性质和投资合作伙伴的选择,这在宏观上决定着纳税人的整体税负。

2. 对纳税主体的经营性质进行规划

纳税人可以根据税收政策,结合纳税人在社会生产链中的位置、客户群体、生产规模等多种因素,对纳税主体的性质进行规划安排,以实现降低其税收负担的目的。

3. 以纳税主体的变化为规划对象

在许多情况下,企业可以通过企业内部的合并、分立、投资等方式实现纳税主体的多元化,利用所得税税率的选择、收入费用确认的差异、投资收益的确认、融资方式、资本投资持有者的变化等多种手段减轻企业的整体税负;还可以运用多个纳税主体的结算方式和关联交易推迟纳税,获取资金时间价值。

(二) 应纳税所得额的规划

1. 扩大投入,增强企业的获利能力减少应纳税所得额

由于所得税是应纳税所得额与适用税率的函数,减少应纳税所得额是降低企业所得税的重要途径。企业管理的目标不仅是实现企业利润最大化,而且是实现企业价值最大化。通过扩大投入减少企业应纳税所得额,增强企业的获利能力,不仅减少了税收支出,而且是企业发展的内在要求。

2. 通过收益转移方式减少应纳税所得额

在存在关联企业且关联企业享受一定的税收优惠的情况下,高税负企业可以通过价格转移、费用转移、业务转移和资产转移等多种手段将利润转移到低税负地区或低税负企业,实现税务合规计划活动的有效节税。

拓展阅读

财富布尔的减税之路

一家名为财富布尔(Fortune Bull)的公司,在一年内盈利了数十亿美元。这家公司的税务合规计划团队决定尽可能地减少所得税的缴纳额,以帮助公司节省资金。

在他们的税务合规计划方案中,他们利用了各种税收抵免和减免的政策。他们将公司利润转移到低税率的国家,以减少所得税的缴纳金额。此外,他们还通过设立多个子公司和跨国合作,将公司收入分散到不同地区,规避高税率地区的征税。

在一次税务审计中,税务机构发现了这家公司的税务合规计划方案。经过长时间的调查和审计,税务机构决定向该公司追缴大量的未缴税款,并对公司下发了处罚决定。但是,这家公司的税务合规计划团队立即对审计结果提出异议,并提出了各种法律证据和解释,最终成功地减少了税收追缴额,并在未来的资金流转中采取了更为谨慎的规划方案。

这则故事表明,企业所得税税务合规计划团队需要非常精通税法和财务管理,并且需要在遵守法律的前提下,尽量减少企业的税收负担。

3. 合法增加准予扣除项目金额

《企业所得税法》及其实施条例详细规定了能够在税前扣除的标准和范围,企业在业务安排和项目选择上必须慎重考虑税法的要求,对税前扣除项目进行事先分析和规划,以实现税前扣除项目最大化,从而达到节税的目的。

(三)适用税率的规划

在可能的情况下,应对企业的税率进行适当的考虑。除考虑照顾性所得税税率外,对税率的考虑应主要放在享受税收优惠政策方面上来。

(四)利用税收优惠政策

降低企业所得税的负担是摆在每个纳税人面前的重要课题。企业可以挖掘税收政策的空间,例如利用加成扣除、投资抵免等方法来降低应纳税额。

拓展阅读

创意咖啡馆的税收优势

在一个充满创意和活力的城市中,有一位年轻的创业者,他决定通过企业所得税的巧妙规划,将他的咖啡馆变成一家有趣的文化中心。

这位创业者设计了一家独特的咖啡馆,不仅提供美味的咖啡和糕点,而且定期举办各种文化活动,如音乐演出、艺术展览和文学分享会。这样的设计不仅吸引了更多的顾客,而且使咖啡馆成为了当地文化生活的一个重要组成部分。

为了进行企业所得税的规划,创业者将咖啡馆注册为文化创意产业企业,这在当地可以获得一定的税收优惠。他与当地的艺术家和文化组织合作,使咖啡馆成为一个支持本地文化创意产业的平台,从而获得了更多的税收减免。

创业者还设立了一个会员计划,鼓励顾客成为咖啡馆的文化支持者。会员们可以享受特殊活动的优先权,同时,他们的会费也被部分纳入了咖啡馆的文化支持基金。这个基金不仅支持了当地艺术家和文化项目,而且为咖啡馆带来了更多的税收减免。

最终,这家咖啡馆成功地成为了城市的文化中心,同时通过了巧妙的企业所得税规划,为自己带来了更多的经济优势。

这个有趣的故事告诉我们,通过将企业注册为特定类型的产业企业,与当地社区合作,设立有吸引力的会员计划,可以在企业所得税规划中实现税收优势,同时为企业带来更多社会和文化价值。

二、企业所得税的规划方法

(一)及时报备享受税收优惠

仔细研究与本企业相关的税收优惠政策,看是否存在该获得而没有获得的税收优惠利益,并及时申请报备。如果本企业已经享受优惠,在跨年度或者有变动时要及时备案,以防错失享受税收优惠的机会。

（二）创造享受优惠政策的条件

充分研究企业目前经营与税收优惠的关系，分析企业每一个业务环节存在税收优惠的可能性，尽量创造条件享受税收优惠。

（三）加强盈余管理

盈余管理是指有目的地干预对外财务报告过程，以获取某些私人利益的披露管理。盈余管理可以帮助企业在会计准则和税法允许的最大范围内获得税收优惠的利益。企业可以通过减少折旧、摊销的额度，尽可能推迟一些费用的发生，能够资本化（包括长期待摊费用）的项目，绝不计入当期费用等方法，进行盈余管理，拓展企业经营的优惠空间。

（四）加强合同管理

加强企业各类合同的管理，认真研究税法和企业战略决策，将税收和战略融合，有效管理，以降低税收成本。

（五）适应财务处理模式

对企业的收入、扣除项目、资产等的处理适当，以利税务机关的认定，减轻所得税负担。

（六）加强税务协调与沟通

建立良好的税企沟通机制，适时适事和税务机关进行协调和沟通，正确把握税收政策，有效开展所得税规划。

第三节　纳税主体的税务合规计划

一、企业所得税纳税主体的分析

纳税主体就是通常所称的纳税人，即法律、行政法规规定负有纳税义务的单位和个人。企业所得税的纳税人就是指在我国境内的企业和其他取得收入的组织。企业所得税的纳税主体，必须是独立的法人单位。在我国，法人单位主要有以下四类：① 行政机关法人；② 事业单位法人；③ 社会团体法人；④ 企业法人。

《国家税务总局关于印发〈跨地区经营汇总纳税企业所得税征收管理暂行办法〉的通知》（国税发〔2008〕28 号）规定：居民企业在中国境内跨地区（指跨省、自治区、直辖市和计划单列市）设立不具有法人资格的营业机构、场所（以下称分支机构）的，该居民企业为汇总纳税企业（以下称企业）。企业实行"统一计算、分级管理、就地预缴、汇总清算、财政调库"的企业所得税征收管理办法。即该政策强调不具有法人资格的分支机构将其所得汇总至总机构纳税，但总机构和分支机构应分别接受机构所在地主管税务机关的管理，分月或分季分别向所在地主管税务机关申报预缴企业所得税。在年度终了后，总机构负责进行企业所得税的年度汇算清缴，统一计算企业的年度应纳所得税，抵减总机构、分支机构当年已就地分期预缴的企业所得税款后，多退少补税款。但以下几类分支机构可以不就地预缴企业所得税：

（1）未纳入中央和地方税收分享范围的中央类企业。铁路运输企业（包括广铁集团和大秦铁路公司）、国有邮政企业、中国工商银行股份有限公司、中国农业银行、中国石油天然气股份有限公司、中国石油化工股份有限公司以及海洋石油天然气企业等缴纳所得税未纳入中央和地方分享范围的企业，其分支机构不需要就地预缴。

（2）三级及下属分支机构不就地预缴企业所得税。

（3）未分开独立核算的分支机构不就地预缴企业所得税。

（4）不具有主体生产经营职能的企业内部辅助性分支机构不就地预缴企业所得税。

（5）上年度认定为小型微利企业的分支机构不就地预缴企业所得税。

（6）新设立的分支机构当年不就地预缴企业所得税。

（7）被撤销的分支机构，撤销当年剩余期限内应分摊的企业所得税款由总机构缴入中央国库。

（8）企业在中国境外设立的不具有法人资格的营业机构，不就地预缴企业所得税。

二、纳税主体组织形式的规划

企业在投资设立时，要考虑到税收因素。不同的企业组织形式，税收因素对企业税后利润的影响是不一样的。企业在不断发展，为了扩大规模，必定不断地进行再投资，成立众多的分支机构，企业在设立和发展过程中往往有多种组织形式可供选择。

（一）个人独资企业、合伙企业与公司制企业的选择

企业分独资企业、合伙企业和公司制企业三类。我国对个人独资企业、合伙企业从2000年1月1日起，比照个体工商户的生产经营所得，征收个人所得税，适用五级超额累进税率。公司制企业要缴纳企业所得税，同时，在向自然人投资者分配股利或红利时，还要代扣其个人所得税（投资个人分回的股利、红利，税法规定适用20%的比例税率）。一般来说，企业设立时对企业组织形式的选择，应考虑以下几点：

（1）合伙制的总体税负一般低于公司制。合伙制企业不存在重复征税问题；而公司制企业要同时缴纳企业和个人所得税。

（2）在比较两种企业组织形式的税负大小时，不能仅看名义上的差别，还要看实际上的差别。

（3）同时比较合伙制、公司制的税基、税率结构和税收优惠待遇等多种因素。综合税负是多种因素起作用的结果，不能只考虑一种因素。

（4）合伙制构成中如果既有本国居民，也有外国居民，就出现了合伙制跨国现象。在这种情况下，合伙人由于居民身份国别的不同，税负将出现差异，特别是在计提所得税方面要充分考虑。

【例5-1】 某人自办企业，年应税所得额为300 000元，该企业如按个人独资企业或合伙企业缴纳个人所得税，依据现行税制：

$$税收实际负担 = 300\,000 \times 35\% - 6\,750 = 98\,250（元）$$

若该企业为公司制企业，其适用的企业所得税税率为25%，企业实现的税后利润全部作为股利分配给投资者，则：

$$该投资者的税收负担 = 300\,000 \times 25\% + 300\,000 \times (1 - 25\%) \times 20\% = 120\,000（元）$$

投资于公司制企业比投资于独资或合伙企业多承担所得税 21 750 元(120 000-98 250)。在进行公司组织形式的选择时,应在综合权衡企业的经营风险、经营规模、管理模式及筹资额等因素的基础上,选择税负较小的组织形式。

(二) 子公司与分公司的规划

企业投资设立分支机构时,不同的组织形式各有利弊。子公司有独立的法人身份,可以享受公司所在地提供的包括免税期在内的税收优惠待遇。但是,设立子公司手续繁杂,并且需要具备一定的条件;在公司成立时须缴纳一笔注册登记费和印花税,开业以后还要接受当地政府管理部门的监督。分公司不具有独立的法人身份,不能享受到当地的税收优惠。但设立分公司手续简单,有关财务资料也不必公开,且分公司的组织形式便于总公司管理控制。

(1) 设立子公司在税务合规计划中具有的优势:

① 可享受所在东道国给其居民公司的优惠待遇。

② 所在东道国适用的税率低于其居住国时,子公司的累积利润可以得到递延纳税的好处。

③ 有时可以享有集团内部转移固定资产取得增益免税的好处。

④ 向母公司支付的诸如特许权、利息、其他间接费等,要比分公司向母公司支付更容易得到税务部门的认可。

⑤ 利润汇回母公司要比分公司灵活得多,等于母公司的投资所得,资本利得可以保留在子公司,或者可以选择税负较轻的时候汇回,得到额外的税收利益。

⑥ 公司转售境外子公司的股票增益通常可享有免税照顾,而出售分公司资产取得的资本增益要被征税。

⑦ 境外分公司资本转让给子公司有时要征税,而子公司之间的转让则不征税。

⑧ 许多国家对子公司向母公司支付的股息,规定减征或免征预提税。

⑨ 某些国家子公司适用的所得税率比分公司低。

(2) 设立分公司在税务合规计划中的优势:

① 总公司拥有分公司的资本,在东道国通常不必缴纳资本税或印花税。

② 分公司交付给总公司的利润通常不必缴纳预提税。

③ 分公司的亏损可以冲抵总公司的利润,减轻税收负担。

④ 分公司与总公司之间的资本转移,因不涉及所有权变动,不必缴纳税款。

⑤ 总公司具有的相关资质在分公司可以利用,分公司不必再办理相关的烦琐事宜。

设立子公司与设立分公司的节税利益孰高孰低并不是绝对的,它受到国家税制、纳税人经营状况及企业内部利润分配政策等多种因素的影响,是投资者在进行企业内部组织结构选择时必须考虑的。在投资初期,生产经营处于起步阶段,发生亏损的可能性是比较大的,宜采用分公司的组织形式,其亏损可并入母公司利润中抵补。当公司经营成熟后,宜采用子公司的组织形式,以便充分享受东道国的各项税收优惠政策等。

【例 5-2】　深圳新营养技术生产企业,为扩大生产经营范围,准备兴建一家芦笋种植加工企业,在选择芦笋加工企业组织形式时,该企业进行如下有关税收方面的分析:

　　芦笋是一种根基植物，在新的种植区域播种，达到初次具有商品价值的收获期大约需要4~5年。企业在开办初期面临着很大的亏损，但亏损会逐年减少。经估计，此芦笋种植加工企业第一年的亏损额为200万元，第二年亏损额为150万元，第三年亏损额为100万元，第四年亏损额为50万元，第五年开始盈利，盈利额为300万元。

　　该新营养技术生产企业总部设在深圳，属于国家重点扶持的高新技术企业，适用的企业所得税税率为15%。该企业除在深圳设有总部外，在其他城市还有一H子公司，适用的税率为25%。经预测，未来五年内，新营养技术生产企业总部的应税所得均为1000万元，H子公司的应税所得分别为300万元、200万元、100万元、0万元、-150万元。

　　经分析，现有三种组织形式的规划方案可供选择：

　　方案一：将芦笋种植加工企业建成具有独立法人资格的M子公司。

　　因子公司具有独立法人资格，属于企业所得税的纳税人。按其应纳税所得额独立计算缴纳企业所得税。

　　在这种情况下，该新营养技术生产企业包括三个独立纳税主体：深圳新营养技术企业、H子公司和M子公司。在这种组织形式下，芦笋种植企业——M子公司是独立法人，不能和深圳新营养技术企业或H子公司合并纳税，因此，其亏损不能抵销深圳新营养技术企业总部的利润，只能在以后年度实现的利润中抵扣。

　　在前四年里，深圳新营养技术生产企业总部及其子公司的纳税总额分别为225万元（1 000×15%+300×25%）、200万元（1 000×15%+200×25%）、175万元（1 000×15%+100×25%）、150万元（1 000×15%），四年间缴纳的企业所得税总额为750万元。

　　方案二：将芦笋种植加工企业建成非独立核算的分公司。

　　因分公司不同于子公司，不具备独立法人资格。按税法规定，分支机构利润与其总部实现的利润合并纳税。深圳新营养技术企业仅有两个独立的纳税主体：深圳新营养技术企业总部和H子公司。

　　在这种组织形式下，因芦笋种植企业为非独立核算的分公司，其亏损可由深圳新营养技术企业用其利润弥补，降低了深圳新营养技术企业第一年至第四年的应纳税所得额，不仅使深圳新营养技术企业的应纳所得税得以延缓。

　　在前五年里，深圳新营养技术生产企业总部、子公司及分公司的纳税总额分别为195万元（1 000×15%-200×15%+300×25%）、177.5万元（1 000×15%-150×15%+200×25%）、160万元（1 000×15%-100×15%+100×25%）、142.5万元（1 000×15%-50×15%）、195万元（1 000×15%+300×15%），五年间缴纳的企业所得税总额为870万元。

　　方案三：将芦笋种植加工企业建成H子公司的分公司。

　　在这种情况下，芦笋种植加工企业和H子公司合并纳税。此时深圳新营养技术企业有两个独立的纳税主体：深圳新营养技术企业总部和H子公司。在这种组织形式下，因芦笋种植加工企业为H子公司的分公司，与H子公司合并纳税，其前四年的亏损可由H子公司当年利润弥补，降低了H子公司第一年至第四年的应纳税所得额，不仅使H子公司的应纳所得税得以延缓，而且使得整体税负下降。

　　在前四年里，深圳新营养技术生产企业总部、子公司及分公司的纳税总额分别为175万元（1 000×15%+300×25%-200×25%）、162.5万元（1 000×15%+200×25%-150×25%）、150万元（1 000×15%+100×25%-100×25%）、150万元（1 000×15%），四年间缴纳的企业所得税

总额为 637.5 万元。

通过对上述三种方案的比较，选择第三种组织形式，将芦笋种植企业建成 H 子公司的分公司，可以使整体税负最低。

【例 5-3】 我国一家电气制造公司，生产一项有专利权登记的电子产品，在市场上独一无二，没有竞争对手。该公司打算向境外开拓业务。

方案一：根据海外市场的销售情况，不设立生产场所和销售机构，只通过境外的代理商推销产品。

方案二：向境外布点电子产品生产线。

方案三：产品制造仍然在国内，境外只设立销售营业部。

方案四：在境外设立从生产到销售一条龙的子公司。

采用方案一，由于境外没有机构，所得税全部集中在国内缴纳；采用方案二和方案三，我国在境外设有常设机构，属于常设机构的利润要在来源地缴纳税款；采用方案四，子公司是一个独立的法人实体，子公司来源于境内外的一切所得，都要在子公司所在国缴纳税款。这样，在境外的税负就出现三种不同情况：方案一在境外不缴所得税；方案二和方案三在境外只缴纳一部分所得税；方案四在境外要缴纳全部所得税。

(三) 民营企业和个体工商户的税负比较

民营企业亦称私有企业，是由私人投资经营的企业，我国现阶段允许劳动者私有企业的存在和发展。民营企业的生产资料和产品为私人所有，经营活动由自己或雇用管理人员管理，资金来源有私人独自集资、债券集资、贷款投资、发行股票等。

个体工商户是个体经济单位。它以劳动者个人及其家庭成员为主体，用自有的劳动工具及生产资料、资金，经向国家有关部门登记，独立地从事生产、经营活动。

按照现行税法规定，我国的民营企业适用于《企业所得税法》，适用税率是 25%。个体工商户的经营所得按照五级超额累进税率计算缴纳个人所得税，适用的所得税税率如表 5-1 所示。

表 5-1 个体工商户适用的所得税税率

级次	含 税 级 距	不 含 税 级 距	税率/%	速算扣除数
1	不超过 5 000 元的部分	不超过 4 750 元的部分	5	0
2	超过 5 000 元至 10 000 元的部分	超过 4 750 元至 9 250 元的部分	10	250
3	超过 10 000 元至 30 000 元的部分	超过 9 250 元至 25 250 元的部分	20	1 250
4	超过 30 000 元至 50 000 元的部分	超过 25 250 元至 39 250 元的部分	30	4 250
5	超过 50 000 元的部分	超过 39 250 元的部分	35	6 750

注：表中所列含税级距与不含税级距，均为按照税法规定减除有关费用后的所得额；含税级距适用于个体工商户的生产经营所得和由纳税人负责税款的承包经营、承租经营所得；不含税级距适用于由他人代付税款的承包经营、承租经营所得。

从表 5-1 可知,个体工商户的应税所得为 3 万元时,适用的边际税率为 20%,因为个体工商户适用的是累进税率,其实际税负率应是 15.8%[(30 000×20%-1 250)÷30 000×100%]。个体工商户的应税所得为 5 万元时,适用的边际税率为 30%,其实际税负率是21.5%[(50 000×30%-4 250)÷50 000×100%]。个体工商户的应税所得为 10 万元时,适用的边际税率为 35%,其实际税负率是 28.25%[(100 000×35%-6 750)÷100 000×100%]。民营企业适用 25%的企业所得税税率。由此可见,在同等利润水平下,个体工商户的税负较轻,似乎能比民营企业获得更多的纳税好处。但是,个体工商户也有其缺点,如生产经营规模小、社会形象差、难以扩展业务。民营企业却具有组织严密,能多方聚集资源扩展经营,在扩大规模的同时降低费用,提高盈利水平等优点。因此,私人投资者在投资前,应通过对自身投资的盈利状况及发展前景进行精准研判,综合考察多种因素做出有效的投资决策。

三、纳税主体投资地区的规划

国家为了适应各地区不同的发展情况,针对不同地区制定了不同的税收政策,为企业进行注册地点选择的税务合规计划提供了空间。企业在设立之初或扩大经营进行投资时,可以选择低税负的地区进行投资,享受税收优惠的好处。

现行税法中规定的享受减免税优惠政策的地区主要包括:国务院批准的"老、少、边、穷"地区、西部地区、东北老工业基地、经济特区、经济技术开发区、沿海开放城市、保税区、旅游度假区等。

由于在客观上存在地区税率差别,对同一企业来说,注册在不同地点会适用不同的税率,注册地点的选择对企业的税费支出及所得税负担会产生很大影响。

【例 5-4】 某投资者 2024 年欲在西部地区投资创办一家新公司,兼营交通业务和其他业务,预计全年交通业务收入为 500 万元,非交通业务收入为 300 万元,利润率均为25%。现有三种方案可供选择:

方案一:投资创办一家交通企业兼营其他业务,因交通业务收入占全部业务收入的比例为 62.5%(500÷800×100%),小于 70%,不能享受免税优惠,也不能享受 15%的税率。税负计算如下:

$$2024 年的应纳所得税额=(500+300)×25\%×25\%=50(万元)$$

方案二:分别投资两个企业,一个从事交通运输业活动,一个从事其他业务活动。从事交通运输业活动的企业收入全部为交通运输收入,超过了主营业务收入总额的 60%,可享受企业所得税优惠税率政策,适用 15%的低税率优惠待遇。税负计算如下:

$$2024 年应缴纳所得税额=300×25\%×25\%=18.75(万元)$$

比较两种方案,前两年,方案二比方案一节税 31.25 万元(50-18.75)。涉足交通运输行业的企业投资创立后的第三年至第五年可享受减半缴纳企业所得税的优惠政策。因此,每年还可以再获得节税收益。

方案三:投资创办一个交通运输企业兼营其他业务。该企业扩大投资规模,扩展交通运输业务,预计 2024 年交通运输业务收入 750 万元,其他条件不变,则这时的交通运输业务占企业全部业务收入的比例为 71.43%[750÷(750+300)×100%]。经企业申请,税务机关审核后认为该企业符合西部大开发的减免税政策,可享受"二免三减半"的优惠政策。因此,该企业在 2024 年至 2025 年可享受免征企业所得税的优惠政策,2026 年至 2028 年可享受减半缴纳企业所得税的优惠政策。

对于已经成立的企业来说,如果具备了其他享受优惠政策的条件,只是由于注册地点不在特定税收优惠地区而不能享受相应的税收优惠政策,那么就应该考虑企业是否需要搬迁的问题。这就需要企业充分考虑企业生产经营的生命周期,享受税收优惠政策的其他条件的保持能力,企业利润规模以及搬迁费用,因迁移注册地而产生的新的成本费用,新注册地与老注册地在信息、技术来源、客户开拓等方面的差异,进行全面分析,对有关的经济技术数据进行测算,然后作出相应决策。

迁移企业注册地本身也存在迁移方式的税务合规计划问题。在迁移决策已定的情况下,如何迁移成为一个新的决策问题。如果情况允许,可以将整个企业从一般地区迁移到有税收减免优惠政策的地区。如果全部搬迁不够理想,可以将企业的主要办事机构迁移到上述地区,采取只变更企业注册地的办法,而把老企业作为分支机构仍留在原地继续生产。如果上述办法不行,则企业可以通过自身的产权重组达到变更注册地的目的。例如,采取企业分离或者分别注册的办法,让符合税收优惠条件的部分在税收优惠地区注册,让不符合税收优惠条件的部分仍留在老地方继续生产。再通过企业间的关联交易,将高税率地区企业的利润转移到享受税收优惠的企业中去,实现整体税负下降。

> **提示**
>
> 通过关联企业的关联交易实现利润的转移,关联交易价格必须在税法允许的范围之内,否则税务机关将会对关联交易价格进行相应的调整。

有时,也可以采取先在合适的地区创办一家新企业,并取得享受税收优惠的资格,然后再将原有的企业与新企业进行合并,将原有的企业变更为享受税收优惠政策企业的一个分支机构,进行合并纳税,达到降低原有企业税负的目的。

四、纳税主体投资方向的规划

《企业所得税法》是以"产业优惠为主、区域优惠为辅"为税收优惠的导向的。无论是初次投资还是增加投资,都可以根据税法规定的优惠政策加以选择,享受相应的税收政策。

(一)选择减免税项目进行投资

(1)投资于农、林、牧、渔业项目的所得,可以免征、减征企业所得税。投资于基础农业,如蔬菜、谷物、薯类、油料、豆类、棉花、麻类、糖料、水果、坚果的种植,牲畜、家禽的饲养,农作物新品种的选育,可以免征企业所得税。投资于高收益的农、林、牧、渔业项目可以减半征收企业所得税。

(2)投资于公共基础设施项目、环境保护、节能节水项目从项目取得第一笔生产经营收入所属纳税年度起实行三免三减半税收优惠。

（3）**投资高新技术产业,享受 15%的低税率。**《企业所得税法》规定：企业投资于拥有核心自主知识产权的、国家重点扶持的高新技术企业,生产的产品（服务）属于《国家重点支持的高新技术领域》规定范围的,可减按 15%的税率征收企业所得税。

（二）巧妙安排企业规模可享受 20%的低税率

《企业所得税法实施条例》规定：符合条件的小型微利企业,是指从事国家非限制和禁止行业,且同时符合年度应纳税所得额不超过 300 万元、从业人数不超过 300 人、资产总额不超过 5 000 万元等三个条件的企业。

【例 5-5】 某投资人准备投资设立一家服装制造公司,计划投资 550 万元,职工总人数共 180 人,预计建成投产后,资产总额将达 5 000 万元以上,年资本利润率约为 10%。

（1）该投资人设立的服装制造公司从建设规模、资产总额、职工人数、利润总额判断,适用 25%所得税税率。如果,年利润总额为 55 万元,应纳企业所得税为 13.75 万元。

（2）服装制造业产品的连续性不是很强,如果投资建成两个公司,每个公司资产总额在 5 000 万元以下,职工人数不足 300 人,年利润在 30 万元以下,可以享受小型微利企业的税收优惠,执行 20%低税率,每个公司应纳税 1.375 万元（27.5×25%×20%）,两家公司共计缴纳企业所得税 2.75 万元。

（三）创造条件适用创投企业对外投资税收优惠政策

创业投资企业从事国家需要重点扶持和鼓励的创业投资,可以按投资额的一定比例抵扣应纳税所得额。创业投资企业采取股权投资方式投资于未上市的中小高新技术企业 2 年以上的,可以按照其投资额的 70%在股权持有满 2 年的当年抵扣该创业投资企业的应纳税所得额;当年不足抵扣的,可以在以后纳税年度结转抵扣。

【例 5-6】 甲创业投资有限责任公司于 2020 年采取股权投资方式投入资本 2 000万元,在某高新技术开发区设立 A 高新技术企业（小型）,职工人数 120 人,A 企业已经通过高新技术企业认定。当年实现利润 200 万元,2024 年实现利润 300 万元,2025 年 1 月甲公司把 A 企业的股权转让,转让价格为 3 200 万元。

（1）甲公司工商登记为“创业投资有限责任公司”,经营范围符合《创业投资企业管理暂行办法》,投资设立的 A 公司已经通过高新技术企业认定,可以享受按投资额的一定比例抵扣应纳税所得额的优惠。

（2）甲公司是 A 企业的投资方,享有 100%的股权。A 企业是高新技术开发区的高新技术企业,根据财税〔2000〕25 号,我国境内新办软件生产企业经认定后,自开始获利年度起,第一年和第二年免征企业所得税,第三年至第五年减半征收企业所得税。A 企业两年免征企业所得税,两年获利 500 万元,全部分配给甲公司,甲公司都可以按投资额的 70%予以抵免,不必交税。

（3）2024 年 1 月,甲公司把 A 企业的股权转让,转让价格为 3 200 万元,股权转让所得为 1 200 万元（3 200-2 000）。甲公司投资抵扣应纳税所得额的限额为 1 400 万元（2 000×70%）。2023 年、2024 年、2025 年累计获利 1 700 万元,则：

$$应缴企业所得税=(1\,700-1\,400)\times25\%=75(万元)$$

（4）按投资额的一定比例抵扣应纳税所得额，实际上是一种加计扣除的方法，由此可以计算分析资本利润率的免税临界点：如创业投资时间为二年，资本利润率≤30.38%时免税；如创业投资时间为三年，资本利润率≤19.35%时免税；如创业投资时间为四年，资本利润率≤14.16%时免税。

（四）纳税主体选择就业人员的规划

现行税法中有一些鼓励就业的减免税税收优惠政策。在企业组建初期，合理规划就业人员、合理选择就业人员类型的比重可以达到规划企业所得税的目的。

这些减免税优惠政策主要包括：民政部门举办的福利生产企业的税收优惠政策，鼓励安置城镇待业人员、自主择业的军队转业干部及随军家属、下岗失业人员的税收优惠政策等等。

【例 5-7】　某市一大型商场共有员工 200 人，2024 年全年实现收入 1 200 万元，实现利润 300 万元（未扣除城市维护建设税和教育费附加等），适用的企业所得税税率为 25%。该企业计划扩大经营规模，加盖两层扩大零售面积和零售种类。该企业预计 2025 年全年收入为 1 800 万元（不含增值税），利润总额为 550 万元（未扣除城市维护建设税和教育费附加等），需招聘员工 100 人。

方案一：

新招聘的 100 人中有 50 人是持再就业优惠证的下岗失业人员，50 人是其他人员。该企业与新招聘的员工签订 2 年的劳动合同并依法缴纳社会保险费。该企业有资格享受减免税优惠政策，上报主管税务机关申请减免税。企业所在省份的定额扣除标准为每人每年 4 500 元，则企业预计 2025 年应缴纳的税费计算如下：

$$应纳增值税=1\,800\times13\%=234(万元)$$
$$应纳城市维护建设税和教育费附加=234\times10\%=23.4(万元)$$
$$应纳企业所得税=(550-23.4)\times25\%=131.65(万元)$$
$$因享受优惠政策准予扣除的税额=0.45\times50=22.5(万元)$$
$$该企业2024年需纳税总额=234+23.4+131.65-22.5=366.55(万元)$$

方案二：

新招聘的 100 人全部为下岗失业人员，其他条件同上。则：

$$因享受优惠政策准予扣除的税额=0.45\times100=45(万元)$$
$$该企业2024年需纳税总额=234+23.4+131.65-45=344.05(万元)$$

由此可见，方案二比方案一节约税款 22.5 万元。这是因为充分享受了税收减免的优惠政策，多扣除了 50 人的定额标准。

当然，企业在安排在职人员时需要考虑的其他因素很多。例如，下岗失业人员是否比其他人员更有利于从事这种工作，安置"四残"人员是否会影响其加入企业后的工作成绩，安置优惠政策中规定的人员是否有地域限制,企业要求的特殊工种能否在下岗待业人员中找到等。对企业所得税的税务合规计划并不是企业考虑的唯一方面,企业应根据自身情况,综合考虑各个方面的因素,以使企业的目标更有利于实现。

第四节 收入确认的税务合规计划

一、收入确认的规划

收入总额是指企业以货币形式和非货币形式从各种来源取得的收入,包括纳税人来源于中国境内、境外的生产经营收入和其他收入。

商品销售收入的金额一般应根据企业与购货方签订的合同或协议金额确定,无合同或协议的,应按购销双方都同意或都能接受的价格确定;提供劳务的总收入,一般按照企业与接受劳务方签订的合同或协议的金额确定,如根据实际情况需要增加或减少交易总金额的,企业应及时调整合同总收入;让渡资产使用权中的金融企业利息收入应根据合同或协议规定的存、贷款利息确定;使用费收入应根据企业与其资产使用者签订的合同或协议确定。

在收入计量中,经常有各种收入抵免,给企业在保证收入总体不受大影响的前提下,提供了税务合规计划的空间。例如,各种商业折扣、销售折让、销售退回、出口商品销售中的外国运费、装卸费、保险费、佣金等,应于实际发生时冲减销售收入;销售中的现金折扣,应于实际发生时作为财务费用处理,相当于抵减了销售收入。这会减少应纳税所得额,也相应地减少了企业所得税。前者还减少了流转税的计税依据。

【例 5 - 8】 某大型商场为增值税一般纳税人,企业所得税实行查账征收方式,适用税率为 25%。假定每销售 100 元商品,平均商品成本为 60 元。年末,商场决定开展促销活动,拟定"满 100 送 20",即每销售 100 元商品,送出 20 元的优惠。具体方案有如下 5 个。

(1) 顾客购物满 100 元,商场送 8 折商业折扣的优惠。

这一方案下,企业销售 100 元商品收取 80 元,只需在销售票据上注明折扣额,销售收入可按折扣后的金额计算,假设商品增值税率为 13%,企业所得税税率为 25%,则:

$$应纳增值税 = (80 \div 1.13) \times 13\% - (60 \div 1.13) \times 13\% = 2.3(元)$$

$$销售毛利润 = 80 \div 1.13 - 60 \div 1.13 = 17.7(元)$$

$$应纳企业所得税 = 17.7 \times 25\% = 4.42(元)$$

$$税后净收益 = 17.7 - 4.42 = 13.28(元)$$

(2) 顾客购物满 100 元,商场赠送折扣券 20 元(不可兑换现金,下次购物可代币结算)。

按此方案,企业销售 100 元商品,收取 100 元,但赠送折扣券 20 元,如果规定折扣券占销售商品总价值不高于 40%(该商场销售毛利率为 40%,规定折扣券占商品总价 40% 以下,可避免收取款项低于商品进价),则顾客相当于获得了下次购物的折扣期权,商场本笔业务应纳税额及获利情况计算如下:

$$应纳增值税 = (100 \div 1.13) \times 13\% - (60 \div 1.13) \times 13\% = 4.6(元)$$
$$销售毛利润 = 100 \div 1.13 - 60 \div 1.13 = 35.4(元)$$
$$应纳企业所得税 = 35.4 \times 25\% = 8.85(元)$$
$$税后净收益 = 35.4 - 8.85 = 26.55(元)$$

但当顾客下次使用折扣券时,商场就会出现按方案一计算的纳税额及获利情况。因此,与方案一相比,方案二仅比方案一多了现金流入增量部分的货币时间价值而已,也可以说是延期折扣。

(3) 顾客购物满100元,商场另行赠送价值20元礼品。

在此方案下,企业赠送礼品的行为应视同销售,应计算销项税额;同时由于属非公益性捐赠,赠送的礼品成本不允许税前列支(假设礼品的进销差价率同商场其他商品)。相关计算如下:

$$应纳增值税 = (100 \div 1.13) \times 13\% - (60 \div 1.13) \times 13\% + (20 \div 1.13) \times 13\%$$
$$- (12 \div 1.13) \times 13\% = 5.52(元)$$
$$销售毛利润 = 100 \div 1.13 - 60 \div 1.13 - (12 \div 1.13 + 20 \div 1.13 \times 13\%) = 22.48(元)$$
$$应纳企业所得税 = [22.48 + (12 \div 1.13 + 20 \div 1.13 \times 13\%)] \times 25\% = 8.85(元)$$
$$税后净收益 = 22.48 - 8.85 = 13.63(元)$$

(4) 顾客购物满100元,商场返还现金"大礼"20元。

商场返还现金的行为也属于商业折扣,与方案一只有定率折扣与定额折扣的区别,相关计算同方案一。

(5) 顾客购物满100元,商场送加量,顾客可再选购价值20元的商品,实行捆绑式销售,总价格不变。

按此方案,商场为购物满100元的商品实行加量不加价的优惠。商场收取的销售收入没有变化,但由于实行捆绑式销售,避免了无偿赠送,因而加量部分成本可以正常列支,相关计算如下:

$$应纳增值税 = (100 \div 1.13) \times 13\% - (60 \div 1.13) \times 13\% - (12 \div 1.13) \times 13\% = 3.22(元)$$
$$销售毛利润 = 100 \div 1.13 - 60 \div 1.13 - 12 \div 1.13 = 24.79(元)$$
$$应纳企业所得税 = 24.79 \times 25\% = 6.2(元)$$
$$税后净收益 = 24.79 - 6.2 = 18.59(元)$$

在以上方案中,方案一与方案五相比,把20元的商品作正常销售,相关计算如下:

$$应纳增值税 = (20 \div 1.13) \times 13\% - (12 \div 1.13) \times 13\% = 0.92(元)$$
$$销售毛利润 = 20 \div 1.13 - 12 \div 1.13 = 7.08(元)$$
$$应纳企业所得税 = 7.08 \times 25\% = 1.77(元)$$
$$税后净收益 = 7.08 - 1.77 = 5.31(元)$$

按上面的计算方法,方案一最终可获税后净利与方案五大致相等。但若仍作折扣销售,则税后净收益还有一定差距,因此,方案五优于方案一。方案一的再销售能否及时实现具有不确定性,因此,还得考虑存货占用资金的资金时间价值。

【例 5 - 9】　甲企业 2024 年 1 月 20 日签订大型设备制造合同,建造时间 2 年,总价值 1 000 万元,预计总成本为 800 万元。其中,2024 年成本支出为 300 万元,2025 年成本支出为 500 万元。该项目的核算有以下三种方案。

方案一:按已完成工作量计算。

该项目 2024 年 12 月底完工 60%,即 2024 年确认收入 600 万元(1 000×60%)。2025 年底确认收入 400 万元。

方案二:按已提供产品占应提供产品总量的比例计算。

该项目 2024 年底已提供产品占应提供产品总量的比例为 50%,则 2024 年确认收入 500 万元(1 000×50%)。2025 年底确认收入 500 万元。

方案三:按实际发生的成本占预计总成本的比例计算。

该项目 2024 年底实际发生的成本占预计总成本的比例为 37.5%,则 2024 年底确认收入 375 万元(1 000×37.5%)。2025 年底确认收入 625 万元。

三种计量方法计算成本的比例如表 5 - 2 所示。

表 5 - 2　三种计量方法计算成本的比例

项　　目	2024 年 12 月 31 日	2025 年 12 月 31 日	合　计
已完成工作量	60%	40%	100%
已提供产品占应提供产品总量的比例	50%	50%	100%
实际发生的成本占预计总成本的比例	37.5%	62.5%	100%

三种计算方法下的成本、利润、应纳所得税比较如表 5 - 23 所示:

表 5 - 3　三种计算方法下的成本、利润、应纳所得税比较

单位:万元

项　目	2024 年底					2025 年底					合　计				
	收入	成本	利润	应纳所得税	实际税后利润	收入	成本	利润	应纳所得税	实际税后利润	收入	成本	利润	应纳所得税	实际税后利润
已完成工作量	600	300	300	75	225	400	500	−100	0	−100	1 000	800	200	75	125
已提供产品占应提供产品总量的比例	500	300	200	50	150	500	500	0	0	0	1 000	800	200	50	150
实际发生成本占预计总成本的比例	375	300	75	18.75	56.25	625	500	125	31.25	93.75	1 000	800	200	50	150

从表中可以看出,

方案一应纳所得税最多,实际税后利润为 125 万元,可支配资金最少,时间价值最小,且

还需专业测量师来完成,要受到其他部门制约。

方案二以产品的连续生产为前提,否则这种计算方法不可靠,不易得到税务部门的认可。

方案三最为合理。应纳所得税额最少,实际税后利润最多,时间价值最大,且财务人员易操作。

二、收入确认时间的规划

推迟应税所得的实现可以延迟纳税,相当于使用国家的一笔无息贷款。通过销售结算方式的选择,控制收入确认的时间,可以合理归属所得年度,达到减税或延缓纳税,从而降低税负。

【例 5-10】　某企业为增值税一般纳税人,当月发生销售业务 5 笔,应收货款共计 2 000 万元。其中,有三笔共计 1 200 万元,10 日内货款两清;一笔 300 万元,两年后一次付清;另一笔 500 万元,一年后付 250 万元,一年半后付 150 万元,余款 100 万元两年后结清,该企业增值税进项税额为 100 万元;毛利率为 15%,所得税税率为 25%,企业对上述销售业务采用分期收款方式。

方案一,企业采取直接收款方式:

$$计提销项税额=2\,000\div(1+13\%)\times13\%=230.09(万元)$$
$$实际缴纳增值税=230.09-100=130.09(万元)$$
$$依据企业毛利计算所得税=2\,000\div(1+13\%)\times15\%\times25\%=66.37(万元)$$

方案二,企业对未收到的应收账款分别在货款结算中采取赊销和分期收款结算方式:

$$当期销项税额=1\,200\div(1+13\%)\times13\%=138.05(万元)$$
$$实际缴纳增值税=138.05-100=38.05(万元)$$
$$依据毛利率计算所得税=1\,200\div(1+13\%)\times15\%\times25\%=39.82(万元)$$

由于收入确认的方法不同,方案二比方案一少垫付增值税 98.23 万元(138.05-39.82),少垫付所得税 26.55 万元(66.37-39.82)。

由此可知,企业在不能及时收到货款的情况下,采用赊销或分期收款结算方式,可以避免垫付税款。

【例 5-11】　B 企业是全国知名的电脑生产企业,2024 年生产某品牌的电脑,全部委托分布在全国 30 多个城市的代理商销售。该企业采取薄利多销的策略,在与各代理商签订销售合同时,明确此品牌的电脑每台不含税销售价格为 6 000 元,代理手续费为每台 100 元。

方案一:收取手续费方式。2024 年该企业发出电脑 15 000 台,到年底结账时,收到代销单位的代销清单合计销售 12 000 台。B 企业应按销售清单确认销售收入并计算增值税的销项税额。受托代销企业要就 120 万元的代销手续费缴纳 6% 的增值税,且代销手续费可以在税前列支。

方案二：采用视同买断方式。B企业与代理商签订代销协议，以销售价格每台6 000元减代销手续费100元，即以每台5 900元的价格作为合同代销价格，代理商仍以每台6 000元的价格销售。2024年销售电脑12 000台，B企业收到代理商转来的代销清单时，确认销售收入的实现并计算增值税，受托代销企业就销售电脑的差额120万元缴纳13%的增值税。

采用买断方式代销这批电脑，对委托方来说，由于将手续费在销售额中扣减，计税依据自然减少，从而节约税金支出；对受托代销企业来说，由于该方式使代理服务变为货物销售，使应缴纳的税种发生了变化，从而税收负担有所增加。但是无论收取手续费还是视同买断，委托方确认收入实现的时间都以收到受托方代销清单为准。这样对委托方而言，相比直接销售方式，其销售收入的确认和纳税义务的发生时间都滞后了，相当于获取了延期纳税利益。

第五节　扣除项目的税务合规计划

一、期间费用的税务合规计划

企业生产经营中的期间费用包括销售费用、管理费用、财务费用。这些费用的大小直接影响企业的应纳税所得额。为了防止纳税人任意增加费用、减小应纳税所得额，《企业所得税法实施条例》对允许税前扣除的项目作了规定。结合会计核算的费用项目划分要求，费用项目可以分为三类：税法有扣除标准的费用项目、税法没有扣除标准的费用项目、税法给予优惠的费用项目。

（1）税法有扣除标准的费用项目包括职工福利费、职工教育经费、工会经费、业务招待费、广告费和业务宣传费、公益性捐赠支出等。这类费用的规划方法如下：① 原则上遵照税法的规定进行抵扣，避免因纳税调整而增加企业税负；② 区分不同费用项目的核算范围，使税法允许扣除的费用标准得以充分抵扣；③ 费用的合理转化，将有扣除标准的费用通过会计处理，转化为没有扣除标准的费用，加大扣除项目总额，降低应纳税所得额。

（2）税法没有扣除标准的费用项目包括劳动保护费、办公费、差旅费、董事会费、咨询费、诉讼费、租赁及物业费、车辆使用费、长期待摊费用摊销、房产税、车船税、城镇土地使用税、印花税等。这样划分是为了充分发挥这类费用的扣除效应。税务合规计划方法如下：① 正确设置费用项目，合理加大费用开支；② 选择合理的费用分摊方法：例如，对低值易耗品摊销、无形资产摊销、长期待摊费用摊销等，在盈利年度，应选择使成本费用尽快得到分摊的方法，使其抵税作用尽早发挥，推迟利润的实现，从而推迟企业所得税的纳税义务实现时间。在亏损年度，应选择使成本费用尽可能晚地摊入亏损，并能在未来期间实现税前弥补，享受亏损抵税效应。在享受税收优惠的年度，应选择能使减免税年度摊销额减小、正常年度摊销额增大的摊销方法。

（3）税法给予优惠的费用项目有研究开发费用等。研究开发费用是指企业在一个纳税年度生产经营中发生的用于研究开发新产品、新技术、新工艺的各种费用。为了提高我国产品的自主知识产权，国家鼓励企业加大对研究开发的资金投入，允许企业按当年实际发生的技术开发费用的200%抵扣当年应纳税所得额，实际发生的技术开发费用当年抵扣不足部分,可在 5 年内结转抵扣。

(一) 把握期间费用的划分及扣除额度

企业应把握好税前列支的各项应扣除项目及不予扣除项目,从经营业务上进行分析,争取扣除限额的最大利用。

【例 5‑12】 某房地产开发企业,在上海一黄金地段开发楼盘,广告费扣除率为 15%,预计本年销售收入为 7 000 万元,计划本年宣传费用开支为 1 200 万元。企业围绕宣传费用开支 12 000 万元,有如下两个税务合规计划方案。

方案一:在当地电视台黄金时间每天播出 4 次,间隔播出 10 个月和当地报刊连续刊登 12 个月。此方案下:

$$因广告费超支需调增所得税=(1\,200-7\,000\times15\%)\times25\%=37.5(万元)$$
$$实际广告实际总支出=1\,200+37.5=1\,237.5(万元)$$

方案二:在当地电视台每天播出 3 次,间隔播出 10 个月和当地报刊做广告,需支出 900 万元;雇佣少量人员只在节假日到各商场和文化活动场所散发宣传材料,需支出 30 万元;建立自己的网页和在有关网站发布售房信息,发布和维护费用需支出 270 万元。

经比较方案二为最佳方案,因网站发布和维护费用可在管理费用列支(税法未限制此项费用)。此时,方案二各项支出共计 1 200 万元均可在各项规定的扣除项目限额内列支,无须进行纳税调整,并且从多个角度对房产进行了宣传,对房产销售起到很好的促进作用。

【例 5‑13】 假设企业 2024 年销售(营业)收入为 X,2024 年业务招待费为 Y,则 2024 年允许税前扣除的业务招待费 $=Y\times60\%\leqslant X\times5‰$,只有在 $Y\times60\%=X\times5‰$ 的情况下,即 $Y=X\times8.3‰$,业务招待费在销售(营业)收入的 8.3‰ 的临界点时,企业才可能充分利用好业务招待费政策。

一般情况下,企业的销售(营业)收入是可以测算的。我们假定 2024 年企业销售(营业)收入 $X=10\,000$ 万元,则允许税前扣除的业务招待费最高不超过 50 万元(10 000×5‰),财务预算全年业务招待费 $Y=50/60\%=83$ 万元,其他销售(营业)收入可以依此类推。

如果企业实际发生业务招待费 100 万元>83 万元,即大于销售(营业)收入的 8.3‰,则业务招待费发生额的 60% 可以扣除,纳税调整增加 40 万元(100-60)。同时,销售(营业)收入的 5‰ 只有 50 万元,要进一步增加纳税调整 10 万元,按照两方面限制孰低的原则,取低值直接进行纳税调整,共调整增加应纳税所得额 50 万元,计算缴纳企业所得税 12.5 万元,即实际消费 100 万元要付出 112.5 万元的代价。

如果企业实际发生业务招待费 40 万元<计划 83 万元,即小于销售(营业)收入的 8.3‰,则业务招待费发生额的 60% 可以全部扣除,纳税调整增加 16 万元(40-24)。同时,销售(营业)收入的 5‰ 为 50 万元,不需要再纳税调整,只需要计算缴纳企业所得税 4 万元,即实际消费 40 万元要付出 44 万元的代价。

当企业的实际业务招待费大于销售(营业)收入的 8.3‰ 时,超过 60% 的部分需要全部做计税处理,超过部分每支付 1 000 元,就会导致 250 元税金流出,等于吃了 1 000 元要自掏 1 250 元的腰包。

当企业的实际业务招待费小于销售(营业)收入的8.3‰时,60%的限额可以充分利用,只需要对40%的部分作计税处理,等于吃1 000元自掏1 100元的腰包。

(二)坏账及减值准备的运用

《企业所得税法》规定,未经核定的准备金支出不得税前扣除。实施条例规定:企业在生产经营活动中发生的固定资产和存货的盘亏、毁损、报废损失,转让财产损失,呆账损失,坏账损失,自然灾害等不可抗力因素造成的损失以及其他损失,减除责任人赔偿和保险赔款后的余额,依照国务院财政、税务主管部门的规定扣除。企业已经作为损失处理的资产,在以后纳税年度又全部收回或者部分收回时,应当计入当期收入。

【例5-14】　A航运公司于2022年末对一艘远洋运输船进行减值测试,该船舶账面原值为16 000万元,已经使用6年,净残值率为5%,船舶净值为6 880万元,预计尚可使用4年,预计未来现金流量的现值为4 200万元,减值损失为2 680万元,年末计提了减值准备。船舶又使用了2年,2024年末,A公司处置该船舶,售价为3 000万元。税法规定不允许计提减值准备。

(1) 2024年A公司计提减值准备,不允许税前扣除,应当调增应纳税所得额2 680万元,登记在纳税调整台账的收方。这时,船舶的账面价值是4 200万元,增加纳税调整台账收方金额2 680万元,计税基础净值仍然是6 880万元。

(2) 计提减值损失后,重新计算年折旧率为23.75%,2024年、2025年按折旧率23.75%计提折旧,每年计提折旧997.5万元,没有按计税基础净值计提折旧,每年少提折旧636.5万元,应当在年末汇算清缴时,补提折旧,调减应纳税所得额636.5万元,登记在《纳税调整台账》的付方。

(3) 2024年末A公司处置该船舶,售价为3 000万元,减去船舶账面净值2 205万元(4 200-997.5×2),固定资产清理账面所得为795万元。但是,纳税调整台账还有余额1 407万元(2 680-636.5×2)。因此,在2024年汇算清缴时,应当调减应纳税所得额1 407万元,否则就会多交企业所得税。实际上该船舶处置没有获利,而是亏损612万元(795-1 407)。

企业应充分运用坏账及减值准备的有关规定,比如:充分运用适当的账务处理增加当期扣除项目,降低当期的应纳税所得额,尽管所得税的税前列支有限额规定,减值有部分是不能列支的,但是,所得税的征管决定了它的账务处理会使纳税人的应纳税款延期缴纳,等于享受了一笔国家发放的无息贷款,增加了企业的流动资金。

(三)固定资产折旧的规划

折旧是固定资产由于损耗而转移到产品成本中去的那一部分价值。折旧是成本费用的重要组成部分,折旧的计算和提取必然关系到成本费用的大小,直接影响企业的利润水平,最终影响企业的税负轻重。

1. 固定资产的清理

提取固定资产折旧金额的大小取决于三大因素:应提折旧、折旧年限和折旧方法。固定资产应提折旧税务合规计划的要点主要有两个方面:

(1) 能够费用化或计入存货的成本费用不要资本化计入固定资产。因为成本费用一旦资本化计入固定资产,不仅不能够获得增值税进项税额的扣除,而且获得税前扣除的期间也会延迟。

（2）对于不能提折旧又不需用的固定资产应加快处理，以尽快实现处理损失的税前扣除。对于企业一些技术陈旧、能耗过高或其他原因不需要使用的固定资产，其价值的损耗不能通过折旧获得税前扣除，税法也不允许将各项资产的减值准备在税前扣除。但税法对固定资产处置损失是可以在税前扣除的，那么，尽快处置不需用的固定资产，让其损失尽快实现，是获得税前扣除的基本途径。

【例 5-15】 某企业有一项不需用的固定资产，其原值为 100 万元，预计使用期为 10 年，即按 10 年计提折旧，没有预计残值。目前已使用 5 年，账面剩余价值为 50 万元，由于能耗过高被停用，如果出售，可以获得 5 万元。

如果该固定资产不作任何处理，账面的 50 万元，既不能提折旧，也不能将计提的跌价准备在税前扣除。

如果处置获得 5 万元收入，则固定资产处置的净损失为 45 万元（50-5），45 万元的损失在当期就可以抵税，企业当期可以少交所得税 11.25 万元（45×25%）。

2. 折旧方法的选择

在固定资产价值既定的情况下，折旧方法和折旧年限的选择不影响计算提取的折旧总额。但是，由于资金时间价值的影响，企业会因为选择的折旧方法不同，而获得不同的收益和承担不同的税负水平。

根据资金时间价值的基本原理，加速折旧法比直线法能更快实现折旧的税前扣除，因此，在正常经营的条件下，企业应尽可能采用加速折旧法。如果企业符合采用加速折旧法的条件，一定要申请获得加速折旧法的资格。在税务合规计划时，如果要比较不同折旧法带来的税收收益，不能采用非贴现的静态方法，而应采用贴现的动态方法，以充分考虑资金时间价值的影响。

【例 5-16】 某企业固定资产原值为 80 000 元，预计净残值为 2 000 元，使用年限为 5 年，适用的企业所得税税率为 25%。企业未扣除折旧前的利润见表 5-4。

表 5-4　企业未扣除折旧前的利润

年　　限	未扣除折旧的利润/元
第一年	50 000
第二年	62 000
第三年	53 000
第四年	50 000
第五年	32 000
合计	247 000

第一种情形：采用非贴现方法。

分别运用直线法、双倍余额递减法，计算每年的应纳税所得额。

直线法：

$$年折旧率 = 1/5 \times 100\% = 20\%$$

$$年折旧额 = (80\,000 - 2\,000) \times 20\% = 15\,600(元)$$

$$累计折旧额 = 15\,600 \times 5 = 78\,000(元)$$

$$累计应纳企业所得税额 = (208\,000 - 78\,000) \times 25\% = 32\,500(元)$$

双倍余额递减法：

$$折旧率 = 2 \times (1/5) \times 100\% = 40\%$$

$$第一年折旧额 = 80\,000 \times 40\% = 32\,000(元)$$

$$第二年折旧额 = (80\,000 - 32\,000) \times 40\% = 19\,200(元)$$

$$第三年折旧额 = (80\,000 - 32\,000 - 19\,200) \times 40\% = 11\,520(元)$$

第四年第五年改用直线法：

$$每年折旧额 = (80\,000 - 32\,000 - 19\,200 - 11\,520 - 2\,000)/2 = 7\,640(元)$$

$$累计折旧额 = 78\,000 元$$

$$应纳企业所得税额 = (208\,000 - 78\,000) \times 25\% = 32\,500(元)$$

在非贴现的情况下，直线法和加速折旧法计算的折旧总额和应纳企业所得税没有差异。

第二种情形：采用贴现方法。

直线法和加速折旧法两种折旧方法下的各年应纳税所得额、应纳所得税及现值如表5-5所示。

表5-5　两种折旧方法下的各年应纳税所得额、应纳所得税及现值

单位：元

年　限	直　线　法			双倍余额递减法		
	应税所得额	应纳税额	应纳税额现值	应税所得额	应纳税额	应纳税额现值
第一年	34 400	8 600	7 817.4	18 000	4 500	4 090.5
第二年	46 400	11 600	9 581.6	42 800	10 700	8 838.2
第三年	37 400	9 350	7 021.85	41 480	10 370	7 787.87
第四年	34 400	8 600	5 873.80	42 360	10 590	7 232.97
第五年	16 400	4 100	2 546.10	24 360	6 090	3 781.89
合计	169 000	42 250	32 840.75	169 000	42 250	31 731.43

注：第1、2、3、4、5年的复利现值系数分别为0.909、0.826、0.751、0.683、0.621。

从表5-5可知，加速折旧法在折旧初期提取的折旧额比较多，相应的税基少，应纳企业所得税也少，折旧期的后期折旧额较小，相应的应纳企业所得税就多。虽然整个折旧摊销期

间,总的应纳税所得额和应纳企业所得税是一样的,但各年应纳的税款不一样。前期缴纳税款少的折旧方法,相当于为企业取得了一笔国家发放的无息贷款。从各年应纳税额的现值总额来看,加速折旧法较直线法节约税金额 1 109.32 元(32 840.75-31 731.43)。

3. 折旧年限的选择

一般来说,企业处于正常生产经营期且未享有税收优惠待遇,缩短固定资产折旧年限,往往可以加速固定资产成本的回收,使企业后期成本费用前移,前期利润后移,从而获得延期纳税的好处。企业须充分考虑各方面因素后(关键是要有利于企业财务目标的实现),对固定资产的折旧年限作出选择。

【例 5-17】　某企业有一台价值 800 000 元的机器设备,残值按原值的 5% 估算,估计使用年限为 12 年,假定按直线法计提折旧。

如果该企业将折旧年限定为 12 年:

$$每年折旧额 = 800\ 000 \times (1-5\%)/12 = 63\ 333.33(元)$$

假定利率为 10%,则 12 年的年金现值系数为 6.815,折旧节约所得税支出折合现值为 107 904.17 元(63 333.33×25%×6.815)。

如果该企业将折旧年限缩短为 10 年(机器设备折旧年限最短为 10 年),则:

$$每年折旧额 = 800\ 000 \times (1-5\%)/10 = 76\ 000(元)$$

利率为 10% 的 10 年的年金现值系数为 6.145,因折旧而减少的所得税的折旧现值为 116 755 元(76 000×25%×6.145)。

4. 固定资产维修费用的选择

固定资产的维修与改良在税务处理上有较大的差异。相比较而言,维修费用能够尽快实现税前扣除,而改良支出需要计入固定资产,通过折旧实现税前扣除。维修工程中发生的料件,还可以获得增值税进项税额的抵扣,而改良支出属于固定资产,其购置的料件不能够获得进项税额的抵扣。

【例 5-18】　甲企业对旧生产设备进行大修,大修所耗材料费、配件费 51 万元,增值税 6.82 万元,支付工人工资 3.21 万元,总花费 61.03 万元,而整台设备原值为 295 万元。

大修的总花费大于设备原值的 20%,因此应做改良支出处理,将 61.03 万元费用计入该生产设备原值,在以后的使用期限内逐年摊销。

资产的 20% 为 59 万元,与现有花费相当,如果进行税务合规计划,企业可进行如下安排:节省大修开支至 59 万元以下,做日常维修处理,那么增值税 6.82 万元可以列入进项税额进行抵扣,即企业可少缴增值税 6.82 万元,少缴城市维护建设税及教育附加费共计 0.682 万元[6.82×(7%+3%)],同时 59 万元计入当期费用在所得税前扣除,获得递延纳税的好处。

5. 租入固定资产租金的选择

企业取得固定资产的方式主要有购置、经营性租入和融资租入等，取得的方式不同，税法涉及的有关规定也不同，给税务合规计划留下了一定的空间。

纳税人以经营租赁方式从出租方取得固定资产，符合独立纳税人交易原则的租金可根据受益时间，均匀扣除。纳税人以融资租赁方式从出租方取得固定资产，其租金支出不得扣除，但可按规定提取折旧费用。

【例 5–19】　A 企业由于扩大生产，急需一台生产设备。此设备可以通过经营性租赁租入，也可以购置。企业所得税率为 25%，贴现率为 10%。

方案一：经营性租赁租入，每年租金 15 万元，假定每年年末支付，共租 5 年。

净现值 $= -15 \times \text{PVIFA}(5,10\%) \times (1-25\%) = -15 \times 3.791 \times (1-25\%) = -42.65$（万元）

方案二：购置，假定买价 60 万元，5 年提完折旧，每年 12 万元，假定没有残值，也没有维修费。

净现值 $= 60 + 12 \times 25\% \times \text{PVIFA}(5,10\%) = 60 + 12 \times 3.791 \times 25\% = 48.63$（万元）

可见，方案一具有明显的税收优势。

【例 5–20】　振邦集团有两家子公司振兴公司与振华公司。振兴公司拟将一闲置生产线转让给振华公司，现有两个方案可供选择：其一是以售价为 500 万元出售，该生产线的年经营利润为 100 万元（扣除折旧）；其二是以年租金 50 万元的租赁形式出租，设两子公司适用的所得税税率均为 25%。下面比较两种方案对振邦集团税负的影响情况：

方案一：出售方式。

振邦集团整体应纳企业所得税 $= 100 \times 25\% + 500 \times 25\% = 150$（万元）

方案二：出租方式。

振邦集团整体应纳企业所得税 $= 100 \times 25\% + 50 \times 25\% = 37.5$（万元）

比较可知，出租可使集团整体减轻税负额 112.5 万元（150–37.5）。

需要说明的是，利用租赁来减轻税负主要指的是经营租赁，承租方租入设备后对资产及未来应付的租金无须作账务处理，仅在租入设备登记簿上予以登记。因此，采用经营租赁的方法既达到了减轻税负的目的，又可以筹集到表外资金，以满足投资或扩大生产能力的需要。

融资租赁，由于其会计处理要求确认租赁资产和租赁负债，是一种表内筹资方式，会给承租人带来不利的影响。由于企业债务金额上升，已获利息倍数、净利润、资产收益率、股本收益率等指标就会下降，资产负债率就会上升。税法对于融资租赁的认定依据实质重于形式原则，考察与租赁资产所有权有关的风险和报酬是否转移。在租赁合同中不要涉及资产所有权的转移和廉价购买权问题，或将租赁期设定为租赁资产有效经济年限的 75% 稍短一些即可，这样可以避免被认定为融资租赁。

（四）无形资产摊销的规划

无形资产价值计算的决定因素有三个,即无形资产的价值、摊销年限以及摊销方法。税法对无形资产的摊销期限赋予了企业一定的选择空间。正常经营的企业应选择较短的摊销期限。这样不仅可以加速相应资产的成本收回,避免企业未来的不确定性风险,而且可以使企业后期成本、费用提前扣除,前期利润后移,从而获得延期纳税的好处。

【例 5-21】 某公司接受外部某集团一项无形资产作为投资。该无形资产价值1 200万元,法律规定的有效期为10年。估计该项投资可以每年给公司增加利润180万元,使公司每年的利润达到650万元,每年需纳税162.5万元(650×25%)。假定企业的必要报酬率为10%。则:

$$缴纳的所得税现值 = 162.5×PVIFA(10,10\%) = 162.5×6.145 = 998.56(万元)$$

从税务合规计划的角度考虑,与投资方协商,以提高对方的利润分配率为代价,议定该无形资产的使用年限为5年。则:

$$前5年每年可增加费用 = 1 200/5 - 1 200/10 = 120(万元)$$

利润减少为530万元,

$$每年需纳税 = 530×25\% = 132.5(万元)$$

后5年的无形资产摊销为0,利润为770万元,每年缴税192.5万元。

$$
\begin{aligned}
缴纳的所得税现值总和 &= 132.5×PVIFA(5,10\%) + 192.5×[PVIFA(10,10\%) - PVIFA(5,10\%)] \\
&= 132.5×3.791 + 192.5×(6.145 - 3.791) = 955.45(万元)
\end{aligned}
$$

$$获得的资金时间价值 = 998.56 - 955.45 = 43.11(万元)$$

（五）企业融资中资金往来方式的选择

企业在经营过程中,为了融资方便,往往会选择关联方借款或贷款。由于关联交易的特殊性,税法对关联方借款有专门的规定,即纳税人从关联方取得的借款金额超过其注册资本50%的,超过部分的利息支出不得在税前扣除。这一规定限制了关联企业间利息费用的扣除,同时也为企业提供了税务合规计划空间。

【例 5-22】 甲、乙公司是关联公司,乙公司是甲公司的全资子公司。乙公司于2024年3月1日向甲公司借款300万元,双方协议规定,借款期限为半年,年利率为10%。2024年8月31日,乙公司到期一次性还本付息315万元。乙公司实收资本总额为500万元。同期同类银行贷款利率为7%,金融服务业增值税税率为6%,甲、乙两公司适用的企业所得税率均为25%。

乙公司2024年财务费用账户列支记录中显示付给甲公司利息15万元,允许税前扣除的利息为8.75万元(500×50%×7%/2),在调整会计利润计算缴纳企业所得税时应调增应纳税所得额6.25万元(15-8.75)。虽然从整个企业利益集团来说,甲、乙公司之间发生借款业务属于内部交易,公司既无收益又无损失,但是甲、乙公司又是独立的企业法人,税法对关联交易的特别规定,使得乙公司为此多支付了企业所得税 1.56 万元(6.25×25%)。同时,甲公司收取的 15 万元利息(不含增值税)还要按照"金融服务业"的税率交纳 6% 的增值税和相应的税金及附加。

假定甲公司适用的城市维护建设税税率为 7%,教育费附加征收率为 3%,则:

甲公司的利息收入应纳增值税及附加税费 = 15×6%×(1+7%+3%) = 0.99(万元)

其中,城市维护建设税和教育费附加需缴纳金额为 0.09 万元,增值税金额为 0.9 万元。

甲公司多缴纳税款 = 0.99×(1−25%) = 0.7425(万元)

对于集团公司:

$$该笔关联交易共计多交税款 = 0.7425(万元)$$

如果对甲、乙公司的关联交易按以下方式加以改变,则可以达到节省税款的目的。

方案一:将借款改为取得预付货款。

如果乙公司借款时,甲公司以预付乙公司账款的形式支付,乙公司等于获得了一笔无息贷款,从而解除了税法对关联借款费用利息扣税的限制。但此方案仅适用于甲、乙公司存在购销关系的前提下。

方案二:将贷款改为赊销。

如果甲、乙公司常年存在购销关系,这种情况下,甲公司可以以赊销销售的方式向乙公司销售产品,乙公司需要支付的应付款项由甲公司作为"应收账款"挂账。这样,乙公司同样等于获得了一笔无息贷款。

采取这种方案,在具体情况下,需要资金的一方最好能在需要资金前的一段时间,向资金提供一方提出需要资金数,使双方按照购销业务金额提前做好规划。

方案三:将甲公司借款给乙公司,改为甲公司向乙公司增加投资。这样,乙公司就无须向甲公司支付利息,因为甲公司适用的所得税税率与乙公司相同,从乙公司分回的利息无须补缴税款。

方案一和方案二均属于商业信用筹资,对于这种筹资方式,只要关联企业双方是按照正常市场售价销售产品的,对"应收账款"和"预付账款"是否支付利息,完全由购销双方自行决定,税法对此并无强制性规定。由于乙公司系甲公司的全资子公司,甲公司收不收取乙公司的利息,对投资者来说是没有影响的。

二、捐赠和资助的税务合规计划

企业为了提高其产品在市场上的竞争力,树立良好的社会形象,承担应尽的社会责任,会发生捐赠或者资助行为。为了鼓励公益性捐赠,国家规定捐赠者可以将一部分收入从应纳税所得额中扣除,抵免一部分税款。捐赠者在符合税法规定的情况下,可以充分利用政策、分析不同的捐赠方式下不同的税收负担,在不同的捐赠方式中作出选择,达到捐赠金额最大的同时降低税收负担的目的。

【例 5−23】　某工业有限公司了解到某地发生 8.0 级地震,伤亡惨重,公司决定通过省红十字会向地震灾区捐赠现金 3 000 万元。企业预计 2024 年的利润总额为 3 000 万元,此次捐赠后的账面利润总额为 0 万元。该企业适用的企业所得税税率为 25%。企业捐赠后，账面年度利润总额为 0 万元。企业捐赠在税前可扣除的金额为 0 万元。在该企业 2024 年只有职工福利费超标调整 380 万元的情况下：

$$捐赠后的企业应纳企业所得税 =（3\,000+380）×25\% = 845（万元）$$

假设该公司有员工 15\,000 人，工资 4 万元/人·年，工资总额为 6 亿元。全年估计实际使用职工福利费 8\,120 万元。公司将上述公司捐赠行为改为员工捐赠行为。捐赠金额不变仍为 3\,000 万元（人均 2\,000 元）。为说明问题，简化计算，以捐赠当月为例：人均工资为 3\,000 元，季度奖金为 5\,000 元。给员工发爱心补贴 2\,000 元。个人扣除基数为 2\,000 元，"三险一金"为 400 元。

根据《中华人民共和国个人所得税法》，个人将其所得对教育事业和其他公益事业捐赠的部分，按照国务院有关规定可以从应纳税所得中扣除，在捐赠符合规定的情况下，捐赠者准予享受在计算缴纳企业所得税和个人所得税时全额扣除，那么：

$$捐赠前个人所得税 = [（3\,000+5\,000）-2\,000-400]×20\%-375 = 745（元）$$

人均 2\,000 元捐赠款通过红十字会的金额可以在个人所得税税前全额扣除。

故单位发放个人爱心补贴后个人再通过江苏省红十字会捐赠个人所得税 = [（3\,000+5\,000+2\,000）-2\,000-2\,000-400]×20\%-375 = 745（元）

对个人而言，先发放爱心补贴后再捐赠的个人所得税不变，当然个人收入也不受影响。但对企业而言，将企业的捐赠先转化为员工的工资后，再由员工捐赠也是一种正当的行为。

【例 5-24】 北方公司为了支持某市的震后重建，现在准备在该地投资 200 万元建成一栋新住宅，于 2024 年底通过政府部门将其捐赠给当地从事公益事业的阳光公司。假定该厂房折旧年限为 20 年，报废时无残值、无清理费用及清理收入。捐赠方每年的会计利润为 1\,000 万元（未扣除捐赠额及有关的支出），受赠方接受该不动产后预计每年的会计利润为 200 万元。双方除了这笔捐赠再无其他纳税调整事项。

阳光公司的税负计算如下：按税法规定，企业接受捐赠的实物资产，计入企业的应纳税所得额。自 2024 年起，阳光公司在会计处理上每年提取折旧额 10 万元（200÷20）。

$$阳光公司每年应纳企业所得税 =（200-10）×25\% = 47.5（万元）$$

北方公司的税负计算如下：单位将不动产无偿赠予他人，视同销售不动产征收增值税。当地税务机关确定的成本利润率为 10%。

$$厂房的计税价格 = 200×（1+10\%）÷（1-5\%） = 231.58（万元）$$

$$应纳增值税、城市维护建设税及教育费附加合计 = 231.58×（9\%+7\%+3\%） = 44（万元）$$

按税法规定，上述捐赠在企业利润 12% 以内的部分，准予扣除。

$$2024 年度北方公司允许抵扣的捐赠额 =（1\,000-44）×12\% = 114.72（万元）$$

$$北方公司应纳企业所得税 =（1\,000-44-114.72）×25\% = 210.32（万元）$$

这笔捐赠业务使双方的税负都有不同程度的增加。

如果北方公司把该资产以投资而不是捐赠的形式转出，并把每年从阳光公司分回的股利再以现金形式捐赠回去。这样既没有改变北方公司捐赠的初衷,又可以使双方都获得节税利益。

按照此方案,假如上述条件不变,将厂房协议作价 200 万元作为对阳光公司的投资,北方公司占对方总股本的 12%,并假设阳光公司每年的税后净利润全部用于分配。阳光公司每年提取的折旧额 10 万元允许税前扣除。

对于北方公司来说,以不动产投资入股,参与被投资方利润分配、共担风险的行为不征增值税。因此,相对于捐赠,北方公司 2024 年不需要缴纳 44 万元的增值税及其附加税费;但因为没有发生允许税前扣除的公益性捐赠限额 120 万元,企业本年度要多支出企业所得税 30 万元(120×25%)。自 2022 年起,北方公司按持股比例每年均可分回股利 17.1 万元[(200-10)×(1-25%)×12%]。

北方公司每年通过政府部门将这笔投资收益捐赠给阳光公司,因其数额不大,每年均未超过按税法计算的扣除标准,故都可以据实税前列支。按 20 年计算,其可以税前列支的捐赠额高达 342 万元。需要说明的是,此时双方已经符合税法规定的存在关联关系的条件,北方公司必须有足够的证据证明这笔现金是用于公益性捐赠。

三、成本项目的税务合规计划

(一)合理规划成本的归属对象和归属期

纳税人必须将经营活动中发生的成本合理划分为直接成本和间接成本。

直接成本是可直接计入有关成本计算对象或劳务的经营成本中的直接材料、直接人工等,可根据有关会计凭证、记录直接计入有关成本计算对象或劳务的经营成本。

间接成本是指多个部门为同一个成本对象提供服务的共同成本,或者同一种投入可以制造、提供两种或两种以上的产品或劳务的联合成本。间接成本必须根据与成本计算对象之间的因果关系、成本计算对象的产量等,以合理的方法分配计入有关成本计算对象中。尤其是在既生产应税产品又生产免税产品的企业,合理确定直接成本和间接成本的归属对象和归属期显得十分重要。

(二)成本结转处理的规划

常用的方法有:在产品不计算成本法、在产品按固定成本计价法、在产品按所耗原材料费用计价法、约当产量法、在产品按完工产品计算法、在产品按定额成本计价法、定额比例法等。税法并没有限制使用哪一种方法,采用不同的成本结转处理方法对完工产品成本的结转影响很大,企业应根据实际情况选择适当的方法。例如,若选择在产品不计算成本,则每期发生的生产费用都可以作为完工产品成本,相应扩大了当期的营业成本,减少了当期应税所得额。当然,成本结转的处理方法一经确定就不能更改,如果需要更改,需要向当地主管税务部门申请下一年的成本结转处理方法。否则,税务机关有权进行纳税调整。

(三)成本费用在存货与资本化对象之间的选择

如果企业的某项成本费用,能够在存货与资本化对象之间进行选择,应该尽可能选择计入存货成本,不仅可以获得增值税的税前扣除,而且可以加快其在所得税的税前扣除速度。

存货在企业内部进行成本费用的分配,还可以在上、中、下游和已售存货之间进行。存货在企业生产经营过程中不断改变形态,其成本也随存货的流转而流转,最终变成销售成本,并与实现的收入配比计算税前利润或应税所得。存货形态的每一次改变,都涉及存货成本的分配,成本费用在不同存货之间的分配,直接关系着企业税前扣除的速度。

成本费用在不同存货之间的分配,应把握的基本原则是:如果成本费用在上游存货与中游存货之间分配,应该尽可能多分配给中游存货;如果成本费用在中游存货与下游存货之间分配,应该尽可能多分配给下游存货;如果成本费用在下游存货与已销存货之间分配,应该尽可能多分配给已销存货,增加销售成本。

企业发生的一项成本费用,如果可以在存货与期间费用之间选择,从所得税的角度,应该计入期间费用为好,因为期间费用可以在当期扣除;但从增值税的角度,关系到进项税额能否扣除,如果不涉及进项税额的扣除,则纳税人应该尽可能选择计入期间费用。但如果影响进项税额的扣除,则纳税人应该尽可能选择计入存货。因为选择计入期间费用只是获得所得税加速扣除的好处,如果以放弃进项税额的抵扣为前提,肯定得不偿失。

第六节　合并分立与股权重组的税务合规计划

一、企业合并的税务合规计划

(一) 企业合并的税务合规计划规律

企业合并是实现资源流动和有效配置的重要方式,在企业合并中不可避免地涉及资产交易的税收负担及规划节税问题。企业合并的税务合规计划是指企业利用合并及资产重组手段,改变其组织形式及股权关系,实现税负降低的规划方法。

企业合并规划一般应用于以下方面:① 并购、重组后的企业能够进入新的领域、新的行业,可以享受新领域、新行业的税收政策;② 并购有大量亏损的企业,可以实现盈亏抵补,进行低成本扩张;③ 企业并购可以实现关联企业或上下游企业流通环节的减少,合理规避流转税和印花税;④ 企业并购可能改变纳税主体的性质,譬如企业可能因为合并而由小规模纳税人变为一般纳税人,或由内资企业变为中外合资企业;⑤ 企业并购因规模扩充能够提高应提取折旧的资产总额,获取折旧抵税利益。

(二) 选择并购目标的税务合规计划

(1) 考虑目标企业的财务状况与税务合规计划。并购企业若有较高的盈利水平,为降低其整体税负,可以选择一家有大量经营亏损的企业作为并购目标,通过合并后盈利与亏损的相互抵补,实现企业所得税的免除或税负降低。如果合并纳税中出现亏损,并购企业的亏损能够递延至以后期间,合理推迟纳税。因此,**目标企业尚未弥补的亏损和尚未享受完的税收优惠应当是决定是否并购的一个重要因素。**

并购亏损企业一般采用吸收合并或控股兼并,不采用新设合并。因为新设合并会因核销被并企业的亏损而无法抵减合并后的企业利润。但此类并购活动必须警惕亏损企业可能给并购后的企业带来的不良影响，特别是利润下降对市场价值的消极影响，以及由于向目标企业过度投资，导致不仅无法获得税收抵免的递延效应，反而将优势企业也拖入亏损境地。

（2）考虑目标企业所在地与税务合规计划。我国对在某些特定区域注册经营的企业实行一系列所得税优惠政策。从税收角度考虑，在其他条件相同的情况下，税负最低的是国家重点扶持的高新技术企业（适用的企业所得税税率为15%）、西部地区符合条件的企业（适用的企业所得税税率为15%）、小型微利企业（适用的企业所得税税率为20%）。从税收战略角度考虑，选择被这些享受到优惠政策的企业收购，若被收购后若仍符合享受相关税收优惠政策的条件，则可以继续享受税收优惠政策。

（三）选择并购出资方式的税务合规计划

并购方式不同，对纳税效应的影响不同。并购按出资方式可分为现金购买资产式并购、现金购买股份式并购、股份换取资产式并购。前两种方式属于货币出资，在并购过程中需要缴纳企业所得税，属于应税重组。第三种并购方式以股份方式出资，对目标企业股东来说，不需要立即确认其因交换而获得的并购企业股份的资本利得，不需要缴纳企业所得税，属于免税重组。

（1）**应税重组**。税法规定，企业因负债而产生的利息费用可以在税前列支，因而负债融资具有节税效应。并购企业进行融资规划时，采用举债融资方式筹集重组所需的资金，可以在总体上降低企业所得税负担。

提示

　　并购方负债水平如果过高，短期内可能难以完成并购后的改造和整合，导致较高的债务风险。

（2）**免税重组**。股份换取资产式并购也称"股权置换式并购"，是一种用股份出资的方式。这种重组交易模式在整个资本运作过程中，没有产生现金流，也没有实现资本利得，因而这一过程是免税的。在我国经济实践中，股权置换式并购分为以下三种类型：① 吸收合并与新设合并。吸收合并方式下，目标企业的股东用其所持有的目标企业的股份换取并购企业的股份，成为并购企业的股东，目标企业不再存在。新设合并方式下，目标企业和并购企业的股东都将其持有的股份换成新成立的企业股份，成为新设企业的股东，原先的两个企业都不再存在。② 相互持股合并，即并购企业与目标企业进行股份置换，并购企业股东与目标企业股东形成交叉持股关系。③ 股份换资产型合并。目标企业股东将资产出售给并购企业以换取并购企业的有表决权的股份，然后目标企业经清算后不复存在，并购企业股东和目标企业股东共同持有并购企业的股份。

在股份换资产型合并方式下，资产评估价值往往高于账面价值，因而并购企业可获得增加的折旧扣税额。在目标企业的资产账面价值大于其市场价值的情况下，并购企业倾向于采用股份交换股份的免税并购方式，使目标企业的资产原封不动地结转给并购企业。免税重组中,目标企业的股东不需要立刻确认形成的资本利得,因而不需缴纳企业所得税[①]。企业通过股权置换式并购,可以在低税收成本前提下实现资产在企业之间的转移。

(四) 选择并购会计处理方法的规划

由于交易方式的差别,三种类型的股权置换式都属于免税并购,在会计处理时有购买法和权益结合法两种方式。两种会计处理方式对重组资产确认、公允价值与账面价值的差额等有着不同的规定,影响重组后企业的整体纳税状况。

在购买法下,并购企业支付给目标企业的购买价格不等于目标企业净资产的账面价值。在购买日将构成净资产价值的各个资产项目,按评估的公允价值入账,公允价值超过净资产账面价值的差额在会计上作为商誉处理。商誉不允许摊销费用,只允许做减值测试;固定资产因公允价值超过账面价值形成的增值会提高折旧费用,会产生节税效应,故在股份换资产型合并宜采用购买法。

权益结合法仅适用于发行普通股票换取被兼并企业的普通股的情况。参与合并的各企业资产、负债都以原账面价值入账,并购企业支付的并购价格等于目标企业净资产的账面价值,不存在商誉和资产增值多提折旧问题,因此不会对并购企业未来收益产生影响。

购买法与权益结合法相比,资产被确认的价值较高,且由于增加折旧引起净利润的减少,会形成节税效果。但购买法会引起企业的现金流出增加或负债增加,从而相对地降低了资产回报率,因此税务合规计划要全面衡量利弊得失。

二、企业分立的税务合规计划

(一) 分立规划规律及适用范围

企业分立是指一个企业依照法律、法规的规定,分立为两个或两个以上的企业的法律行为。企业分立包括存续分立与新设分立。存续分立是指企业将其财产或营业的一部分分离出去设立一个或数个新的企业,原企业继续存在。新设分立是指一个企业将全部资产分割为两个以上部分,新设两个以上企业。企业分立有利于企业更好地适应环境和利用税收政策,获得税收方面的利益。

分立规划利用分拆手段,有效地改变企业规模和组织形式,降低企业整体税负。分立规划一般应用于以下方面:

(1) 企业分立为多个纳税主体,可以形成有关联关系的企业群,实施集团化管理和系统化规划。

(2) 企业分立可以将兼营或混合销售中的低税率或零税率业务独立出来单独计税,会降低税负。

(3) 企业分立使适用累进税率的纳税主体分化成两个或多个适用低税率的纳税主体,税负自然降低。

(4) 企业分立可以增加一道流通环节,有利于流转税抵扣及转让定价策略的运用。

---

① 财税〔2009〕59 号文规定,资产收购,受让企业收购的资产不低于转让企业全部资产的 75%(根据财税〔2014〕109 号调整为 50%),且受让企业在该资产收购发生时的股权支付金额不低于其交易支付总额的 85%,可以选择按以下规定处理:转让企业取得受让企业股权的计税基础,以被转让资产的原有计税基础确定;受让企业取得转让企业资产的计税基础,以被转让资产的原有计税基础确定。

（二）企业分立的企业所得税政策

1. 一般性税务处理

根据《财政部 国家税务总局关于企业重组业务企业所得税处理若干问题的通知》（财税〔2009〕59 号）：

（1）被分立企业对分立出去资产应按公允价值确认资产转让所得或损失。

（2）分立企业应按公允价值确认接受资产的计税基础。

（3）被分立企业继续存在时，其股东取得的对价应视同被分立企业分配进行处理。

（4）被分立企业不再继续存在时，被分立企业及其股东都应按清算进行所得税处理。

（5）企业分立相关企业的亏损不得相互结转弥补。

2. 特殊性税务处理

根据《财政部 国家税务总局关于企业重组业务企业所得税处理若干问题的通知》（财税〔2009〕59 号），企业合并同时符合下列条件的，适用特殊性税务处理：

（1）**具有合理的商业目的，且不以减少、免除或者推迟缴纳税款为主要目的。**

（2）企业分立后的连续 12 个月内不改变重组资产原来的实质性经营活动。

（3）重组交易对价中涉及的股权支付金额符合规定的比例。

（4）企业分立中取得股权支付的原股东，在重组后连续 12 个月内，不得转让所取得的股权。

企业分立，被分立企业所有股东按原持股比例取得分立企业的股权，分立企业和被分立企业均不改变原来的实质经营活动，且被分立企业股东在该企业分立发生时取得的股权支付金额不低于其交易支付总额的 **85%**，可以选择按以下规定处理：

（1）分立企业接受被分立企业资产和负债的计税基础，以被分立企业的原有计税基础确定。

（2）被分立企业已分立出去资产相应的所得税事项由分立企业承继。

（3）被分立企业**未超过法定弥补期限的亏损额可按分立资产占全部资产的比例进行分配，由分立企业继续弥补。**

（4）被分立企业的股东取得分立企业的股权（以下简称新股），如需部分或全部放弃原持有的被分立企业的股权（以下简称旧股），新股的计税基础应以放弃旧股的计税基础确定。如不需放弃旧股，则取得新股的计税基础可从以下两种方法中选择确定：

① 直接将新股的计税基础确定为零。

② 以被分立企业分立出去的净资产占被分立企业全部净资产的比例先调减原持有的旧股的计税基础，再将调减的计税基础平均分配到新股上。

重组交易各方按规定对交易中股权支付暂不确认有关资产的转让所得或损失的，其非股权支付仍应在交易当期确认相应的资产转让所得或损失，并调整相应资产的计税基础。计算公式如下：

$$\text{非股权支付对应的资产转让所得或损失} = （\text{被转让资产的公允价值} - \text{被转让资产的计税基础}）$$

$$\times（\text{非股权支付金额} \div \text{被转让资产的公允价值}）$$

在企业存续分立中，分立后的存续企业性质及适用税收优惠的条件未发生改变的，可以继续享受分立前该企业剩余期限的税收优惠,其优惠金额按该企业分立前一年的应纳税所得额(亏损计为零)乘以分立后存续企业资产占分立前该企业全部资产的比例计算。

> **提示**
>
> 同一重组业务的当事各方应采取一致税务处理原则,即统一采用一般性或特殊性税务处理。

【例5-25】 A企业(被分立企业)注册资本为2 000万元,由M企业(被分立企业股东)持股60%,N企业持股40%。经股东会议决定对A企业进行存续分立,新成立B企业。A企业净资产账面价值为3 000万元,公允价值为4 000万元;其中,资产账面价值与计税基础均为4 000万元,公允价值为6 000万元;负债账面价值与计税基础均为1 000万元,公允价值为2 000万元。

B企业接受的资产账面价值为1 200万元,公允价值为2 000万元;负债账面价值为200万元,公允价值为300万元;净资产账面价值为1 000万元,公允价值为1 700万元。B企业确认注册资本为1 700万元。分立后,M企业与其他企业仍按原持股比例取得B企业股权。该项分立不涉及非股权支付交易。

若选择适用一般性税务处理:

(1) A企业:

$$对分立出去资产按公允价值确认所得=2\,000-1\,200=800(万元)$$

(2) B企业接受的A企业资产、负债的计税基础分别按其公允价值(2 000万元、300万元)确认。

(3) M企业:M企业取得的B企业的股权相当于从A企业收回部分投资后进行再投资,当年应确认视同分配股息红利所得1 020万元(1 700×60%)。若符合居民企业间股息红利的相关优惠条件,可适用免税优惠。

若选择适用特殊性税务处理:

(1) A企业:① 对分离出去的资产不确认资产转让所得或损失,已分离出去资产的相应所得税事项由B企业承继;② A企业未超过法定弥补期限的亏损额可按分离资产占全部资产的比例进行分配,由B企业继续弥补。

(2) B企业:接受的A企业资产、负债的计税基础分别按原计税基础(1 200万元、200万元)确定。

(3) M企业:

① 若需部分放弃原持有的A企业股权,则:

$$旧股计税基础=2\,000×60\%=1\,200(万元)$$

假设A企业分立后股本缩减200万元,则:

$$需放弃的旧股计税基础=200×60\%=120(万元)$$

$$分立后M企业持有A企业股权计税基础=1\,200-120=1\,080(万元)$$

$$新股计税基础=需放弃的旧股计税基础=120(万元)$$

② 若不需放弃"旧股"：

第一种方法：将"新股"计税基础确认为 0，分立后 M 企业持有 A 企业股权计税基础仍为 1 200 万元。

第二种方法：

$$旧股计税基础应调减数 = 1\,200 \times (1\,000 / 3\,000) = 400(万元)$$

$$分立后 M 企业持有 A 企业股权计税基础 = 1\,200 - 400 = 800(万元)$$

$$新股的计税基础 = 调减数 = 400(万元)$$

（三）企业分立的其他税收政策

1. 增值税

根据《国家税务总局关于纳税人资产重组有关增值税问题的公告》（国家税务总局公告 2011 年第 13 号）：纳税人在资产重组过程中，通过合并、分立、出售、置换等方式，将全部或者部分实物资产以及与其相关联的债权、负债和劳动力一并转让给其他单位和个人，不属于增值税的征税范围，其中涉及的货物转让，不征收增值税。

根据《关于纳税人资产重组增值税留抵税额处理有关问题的公告》（国家税务总局公告 2012 年第 55 号）：增值税一般纳税人在资产重组过程中，将全部资产、负债和劳动力一并转让给其他增值税一般纳税人，并按程序办理注销税务登记的，其在办理注销登记前尚未抵扣的进项税额可结转至新纳税人处继续抵扣。因此，无论是同一控制还是非同一控制下的吸收合并，合并方取得的被合并方资产中涉及的货物转让，不需要缴纳增值税。并且合并方将被合并方全部资产、负债、劳动力一并接收的，被合并方未抵扣的增值税进项税额可以结转至合并方继续抵扣。

根据《国家税务总局关于纳税人资产重组有关增值税问题的公告》（国家税务总局公告 2013 年第 66 号）：纳税人在资产重组过程中，通过合并、分立、出售、置换等方式，将全部或者部分实物资产以及与其相关联的债权、负债经多次转让后，最终的受让方与劳动力接收方为同一单位和个人的，仍适用《国家税务总局关于纳税人资产重组有关增值税问题的公告》（国家税务总局公告 2011 年第 13 号）的相关规定，其中货物的多次转让行为均不征收增值税。资产的出让方需将资产重组方案等文件资料报其主管税务机关。

根据《财政部 国家税务总局关于全面推开营业税改征增值税试点的通知》（财税〔2016〕36 号）：在资产重组过程中，通过合并、分立、出售、置换等方式，将全部或者部分实物资产以及与其相关联的债权、负债和劳动力一并转让给其他单位和个人，其中涉及的不动产、土地使用权转让行为，不征收增值税。除上述情况之外，不涉及负债、劳动力的转移的分立，应依法缴纳增值税。

2. 土地增值税

根据《关于继续实施企业改制重组有关土地增值税政策的公告》（财政部 税务总局公告 2023 年第 51 号）：按照法律规定或者合同约定，企业分设为两个或两个以上与原企业投资主体相同的企业，对原企业将房地产转移、变更到分立后的企业，暂不征收土地增值税。

上述改制重组有关土地增值税政策不适用于房地产转移任意一方为房地产开发企业的情形。

3. 契税

根据《关于继续实施企业、事业单位改制重组有关契税政策的公告》(财政部 税务总局公告 2023 年第 49 号)：公司依照法律规定、合同约定分立为两个或两个以上与原公司投资主体相同的公司，对分立后公司承受原公司土地、房屋权属，免征契税。

4. 个人所得税

实务中，存在自然人股东的情形，自然人股东能否适用特殊性税务处理，尚存在争议。各地税务机关口径也不尽相同。

三、资产转让的税务合规计划

(一) 单项资产转让的税务合规计划

单项资产转让中的所得税处理原则是：将其**分解为按公允价值转让有关旧资产，然后再按与旧资产公允价值相当的金额购置新资产(或投资)两项业务**。单项资产转让中实现的资产处置收益，如转让机器设备、房地产实现的所得，视为资本利得。世界上多数国家都对资本利得采用低税率或免税的税收优惠政策来鼓励资本流动，活跃资本市场。按照我国税法规定，企业取得的资产转让收益，应计入应纳税所得额，税收待遇与生产经营所得同税率缴纳企业所得税，没有专门的税收优惠规定；企业转让资产形成的损失，从当期所得额中扣除。

(二) 整体资产转让的税务合规计划

整体资产转让，其实就是企业全部资产投资的业务，对方视为资产收购。资产取得，是指一个企业(以下简称被转让企业)购买另一个企业(以下简称被转让企业)的实质性经营性资产的交易。受让人支付对价的方式包括股权支付、非股权支付或两者结合。企业整体资产转让，因资产所有权转移，增值税按销售处理，企业所得税原则上也按销售处理。根据《财政部 国家税务总局关于企业重组业务中企业所得税处理若干问题的通知》(财税〔2009〕59 号)，企业股权收购和资产收购重组的相关交易，按照下列规定办理：被购买方确认股权转让和资产转让的收益或损失。取得的股权或资产的计税基础以公允价值为基础确定。被收购企业的有关所得税事项原则上不变。上述税收待遇称为一般税收待遇。

整体资产转让，符合一定重组条件的，暂不缴纳企业所得税。根据《财政部 国家税务总局关于企业重组业务企业所得税处理若干问题的通知》(财税〔2009〕59 号)，被转让企业取得的资产不低于被转让企业资产总额的 75%，被转让企业在取得时的股权支付金额不低于交易支付总额的 85%，增值部分不得确认为收入，不缴纳企业所得税，可按以下规定处理：① 被转让企业取得的被转让企业资产的计税基础，以被转让资产的原计税基础确定；② 交易中的股权支付不确认相关资产的转让收益或损失。这一"免税"规定被称为特殊重组税收待遇。

四、股权收购的税务合规计划

(一) 股权收购的概念与特征

1. 股权收购的概念

股权收购是指一个企业(以下称收购企业)购买另一个企业(以下称被收购企业)的股权，以实现对被收购企业控制的交易。《中华人民共和国公司法》规定，有限责任公司的股东之间可以相互转让其全部或者部分股权。股东向股东以外的人转让股权，应当经其他股东半数同意。

2. 股权收购的特征

股权收购的主体和客体分别是收购企业和被收购企业的股东,收购对象是被收购企业的股权。股权收购的目的是获得被收购企业的控制权。

股权收购后,收购企业仅在出资范围内承担责任,被收购企业的原有债务仍然由被收购企业承担。

(二) 股权收购的税务处理

企业发生股权转让时,企业本身作为独立核算的经济实体仍然存在(即使企业的股东已全部更换,或企业名称也已改变),其股权转让不会导致企业的具体不动产、无形资产等资产的所有权发生转移,也就没有发生销售不动产和转让无形资产的行为,因此这种股权转让行为不征收增值税。即**对单项资产产权转移征收增值税,对作为集合资产的企业的产权转移不征收增值税。**

1. 股权收购的增值税处理

股权收购的增值税处理同企业分立的增值税处理。

在股权收购中,涉及的非股权支付额相当于收购企业先向被收购企业转让非货币性资产,再用转让取得的经济利益购买被收购企业的股权。因此,股权收购中如果收购企业的非股权支付涉及存货和固定资产等内容,收购企业应依法计算缴纳增值税。

2. 股权收购的个人所得税处理

股权收购交易中,当被收购的股权所有者为自然人、个人独资企业或合伙企业时,被收购股权对应的股东应确认股权转让收益(或损失)。

《中华人民共和国个人所得税法》及其实施条例规定,个人股东转让股份有限公司、有限责任公司及其他企业的股权所得,按"财产转让所得"项目以差额征收的方式缴纳 20% 的个人所得税。

《财政部 国家税务总局关于个人转让股票所得继续暂免征收个人所得税的通知》(财税〔1998〕61 号)规定,自 1997 年 1 月 1 日起,对个人转让上市公司股票取得的所得暂免征收个人所得税。自 2010 年 1 月 1 日起,对个人转让限售股取得的所得,按照"财产转让所得"项目适用 20% 的税率征收个人所得税。

非货币性资产投资个人所得税以发生非货币性资产投资行为并取得被投资企业股权的个人为纳税人。个人以非货币性资产投资,属于个人转让非货币性资产和投资同时发生。对个人转让非货币性资产的所得,应按照"财产转让所得"项目依法计算缴纳个人所得税。个人以非货币性资产投资,应按评估后的公允价值确认非货币性资产的转让收入。非货币性资产的转让收入减除该资产原值及合理税费后的余额为应纳税所得额。

3. 股权收购的企业所得税处理

《财政部 国家税务总局关于企业重组业务企业所得税处理若干问题的通知》(财税〔2009〕59 号)规定,企业股权收购、资产收购重组交易,相关交易应按以下规定处理:被收购方应确认股权、资产转让所得或损失。收购方取得股权或资产的计税基础应以公允价值为基础确定。被收购企业的相关所得税事项原则上保持不变。

《国家税务总局关于企业股权投资损失所得税处理问题的公告》(国家税务总局公告2010 年第 6 号)规定,企业对外进行权益性投资所发生的损失,在经确认的损失发生年度,作为企业损失在计算企业应纳税所得额时一次性扣除。

当收购企业购买的股权不低于被收购企业全部股权的 50%,且收购企业在该股权收购发生时的股权支付金额不低于其交易支付总额的 85% 时,可以选择按以下规定处理:

(1)被收购企业的股东取得收购企业股权的计税基础,以被收购企业股权的原有计税基础确定;收购企业取得被收购企业股权的计税基础,以被收购企业股权的原有计税基础确定;收购企业、被收购企业的原有各项资产和负债的计税基础和其他相关所得税事项保持不变。

(2)如果收购企业支付的对价中有非股权支付额,按下列公式确认:

$$非股权支付对应的资产转让所得或损失=(被转让资产的公允价值-被转让资产的计税基础)$$
$$×非股权支付额/被转让资产的公允价值$$

(3)被收购企业的股东取得收购企业股权的计税基础,按照下列公式确认:

$$取得股权的计税基础=所转让资产的原有计税基础-收到的非股权支付额$$
$$+收到的非股权支付额对应的资产转让所得(或损失)$$

(4)收购企业取得被收购企业股权的计税基础,按照下列公式确认:

$$取得股权的计税基础=所付出资产的原有计税基础+支付的非股权支付额$$

4. 股权收购的土地增值税处理

按照土地增值税征收范围,股权转让交易并不属于土地增值税的征税范围,不应对被收购企业征收土地增值税。

《国家税务总局关于以转让股权名义转让房地产行为征收土地增值税问题的批复》(国税函〔2000〕687 号)对股权转让是否缴纳土地增值税问题,给出如下答复:鉴于深圳市能源集团有限公司和深圳能源投资股份有限公司一次性共同转让深圳能源(钦州)实业有限公司100%的股权,且这些以股权形式表现的资产主要是土地使用权、地上建筑物及附着物,经研究,对此应按土地增值税的规定征税。

> **提示**
>
> 国家为了防止采用股权转让的形式规避土地增值税,对于土地增值税征收对象的判别采用**实质重于形式的原则**,完全股权收购中如果企业净资产主要是土地使用权和不动产,被收购企业可能会被按照实质重于形式的原则征收土地增值税。

5. 股权收购的契税处理

《财政部 国家税务总局关于继续实施企业、事业单位改制重组有关契税政策的公告》(财政部 税务总局公告 2023 年第 49 号)规定,在股权(股份)转让中,单位、个人承受公司股权(股份),公司土地、房屋权属不发生转移,不征收契税。

6. 股权收购的印花税处理

《财政部 国家税务总局关于企业改制重组及事业单位改制有关印花税政策的公告》(财政部 税务总局公告 2024 年第 14 号)规定,对以企业改制、合并、分立、破产清算以及事业单位改制书立的产权转移书据,免征印花税。

对于以增资扩股方式进行股权收购的收购企业,实收资本和资本公积新增的部分按照0.5‰税率贴花。

【例5－26】　华新股份有限公司2024年6月以12 500万元收购冠华饲料实业有限公司的全部股权。

冠华饲料实业有限公司是某经济开发总公司投资4 600万元创办的全资子公司,该公司2023年12月31日的资产账面净值为6 670万元,经评估确认后的价值为9 789万元。华新股份有限公司的股权支付额为12 000万元(子公司A股权,计税基础为9 000万元),非股权支付额为500万元。

华新股份有限公司收购冠华饲料实业有限公司100%股权,并获得其实际控制权,此项交易符合股权收购条件,构成了股权收购行为。华新股份有限公司收购冠华饲料实业有限公司的股权份额超过50%,且股权支付额占全部对价总额的96%(12 000/12 500×100%),大于85%,符合特殊重组条件,适用特殊性税务处理。

某经济开发总公司(母公司)从华新股份有限公司取得的12 000万元的股权支付额不缴纳企业所得税,500万元的非股权支付额需确认股权转让收益(或损失)。

非股权支付额对应的股权转让所得=(12 500－6 670)×500/12 500=233.2(万元)

某经济开发总公司应确认股权转让应纳税所得额2 332万元。其取得的华新股份有限公司股权的计税基础应按照下列公式确认:

取得股权的计税基础=所转让资产的原有计税基础－收到的非股权支付额
+收到的非股权支付额对应的资产转让所得(或损失)

应确认"长期股权投资——华新股份有限公司"的计税基础=4 600－500+2 332=6 432(万元)

华新股份有限公司收到的冠华饲料实业有限公司股权的计税基础=所转让资产原有的计税基础+支付的非股权支付额(补价)=9 000+500=9 500(万元)

> **提示**
>
> 　　特殊重组的实质是:在进行资产重组时,对于股权支付的部分,暂不确认相关资产的所得或损失,对于资产的计税基础进行相应的调整。

(三)股权收购的规划

1.股权收购支付的对价

收购企业以股权形式支付,符合特殊性税务处理条件的,股权转让方(被收购企业)的资产转让所得暂不征收企业所得税,可获得递延纳税的好处。

2.先分配利润再收购股权的税务合规计划

对于收购股权的行为适用一般性税务处理的,被收购企业要先确认股权转让所得缴纳企业所得税。为避免重复征税,被收购企业应先向股东(法人股东)分配股利,然后进行股权转让。

3. 股权收购中存在自然人交易主体

在股权收购(企业合并、分立交易)中,尽管其他交易主体符合特殊性税务处理的条件,但由于存在自然人一方交易主体,其他法人主体是否可以申请享受特殊性税务处理的税收优惠,政策不明确。建议企业在实施重组交易时,妥善安排税务合规计划,适当拆分交易,争取适用税收优惠政策。

第七节　其他方面的税务合规计划

一、税款抵免方法的应用

企业购置并实际使用《环境保护专用设备企业所得税优惠目录》《节能节水专用设备企业所得税优惠目录》和《安全生产专用设备企业所得税优惠目录》规定的环境保护、节能节水、安全生产等专用设备的,该专用设备的投资额的 10% 可以从企业当年的应纳税额中抵免;当年不足抵免的,可以在以后 5 个纳税年度结转抵免。

所购设备可以是国产设备,也可以是进口设备,这是我国遵守 WTO 规则,对进口设备与国产设备一视同仁的一项政策。

二、税款征收方式的选择

税款征收方式主要有查账征收、定期定额征收等。税务机关根据征纳双方的具体条件确定税款征收方式,对税款征收方式的规划具有局限性,但仍有一定的规划空间。譬如,预计未来企业亏损且持续时间较长,可尽量**选择查账征收方式**。因为查账征收的规则是亏损年度不缴纳企业所得税,且形成的亏损可用 5 年内的税前利润弥补。如果预计经营利润较多,可努力选择定期定额征收方式,这样可以锁定税收支出,实现企业收益最大化。

【例 5-27】　甲公司的主要经营业务是为关联方生产包装箱,2024 年度实现销售收入 800 万元(假设无其他收入)。甲公司 2024 年度被主管税务机关鉴定为能够准确核算收入总额,不能准确核算成本费用支出,因此实行核定应税所得率方式征收企业所得税(当地规定的应税所得率为 10%,假设企业所得税适用税率为 25%,不考虑增值税)。

根据《国家税务总局关于印发〈核定征收企业所得税暂行办法〉的通知》(国税发〔2000〕38 号),实行核定应税所得率征收办法的,应纳所得税额的计算公式如下:

$$应纳所得税额 = 应纳税所得额 × 适用税率$$

$$应纳税所得额 = 收入总额 × 应税所得率$$

或:　　　$$应纳税所得额 = 成本费用支出额 ÷ (1 - 应税所得率) × 应税所得率$$

实行核定应税所得率征收的企业，其应缴企业所得税由企业的收入总额或者成本费用支出总额决定，如果能够同时降低收入总额和成本费用支出总额，就可以达到减轻企业所得税负担的目的。如果本例中甲公司将生产包装箱业务改为给关联方加工包装箱，就可以大幅降低企业的总收入和总成本。

假设本例中甲公司2024年发生的原材料成本为400万元，销售毛利为100万元(500-400)。如果甲公司要求关联方购买生产包装箱需要的400万元材料，然后发给甲公司加工，甲公司向关联方收取加工费100万元，那么甲公司2024年的收入总额就变为100万元。则：

$$应纳企业所得税 = 100 \times 10\% \times 25\% = 2.5(万元)$$

如果按此方案实施，可少缴企业所得税14万元(16.5-2.5)，而关联方购进包装箱的成本和甲公司的毛收益没有发生变化。

三、亏损弥补的税务合规计划

亏损弥补政策是企业所得税中的一项重要优惠措施，此项优惠措施有利于亏损企业在资金上得到及时弥补，保障企业生产经营活动顺利进行。企业要充分利用亏损弥补政策，以获取最大的节税利益。

(一)重视亏损年度后的运营

企业亏损后，必须从资本运营上下功夫，如企业可以降低以后5年内投资的风险性，以相对较安全的投资为主，确保亏损能在规定期限内尽快得到全部弥补。

(二)正确确认"开始获利年度"

正确确认"开始获利年度"非常重要。如果在开业当年就获得盈利，并且在年度中间开业，实际生产经营期不足6个月时，可以选择从下一年度起计算免征、减征所得税期限，但企业当年的应税所得应当依法缴纳所得税。在这种情况下，若企业下一年度发生亏损，也要从此年度计算免征、减征企业所得税的期限，不能因为发生亏损而推迟，即不能再重新计算获利年度。此时"开始获利年度"的确认，直接关系到其今后享受免、减税优惠待遇，进而影响企业的税负。

(三)充分利用企业合并、分立、汇总纳税的亏损弥补规定

按照税法规定，汇总、合并纳税的成员企业发生的亏损，可直接冲抵其他成员企业的所得额或并入母公司的亏损额，不需要用本企业以后年度所得弥补。被兼并企业若不再具有独立纳税人资格，其兼并前尚未弥补的经营亏损，可由兼并企业用以后年度的所得弥补。因此，对于一些长期处于高盈利状态的企业，可以兼并一些亏损企业，以减少其应纳税所得额，达到节税目的。一些大型集团企业，可以采取汇总、合并纳税的方式，用盈利企业所得冲抵亏损企业的亏损额，减少盈利企业的应纳税所得额。

(四)选择亏损弥补期进行税务合规计划

当企业既有所得税的应税项目，又有免税项目(如免税的投资收益)时，如果合理规划免税所得的分回期间，就可以最大限度地弥补亏损、降低企业所得税负担。

🔴【例 5－28】　A 公司于 2023 年成立并开始生产经营,同时投资 B 公司取得 60% 的控股权。A 公司当年经济效益一般,盈亏基本持平。假如 2024 年由于市场原因,A 公司效益进一步下滑,预计亏损 100 万元。但 B 公司效益很好,2024 年可以分配给 A 公司的税后利润为 50 万元。A、B 两公司的企业所得税税率均为 25%。按照税法规定,A 公司从 B 公司分回的 50 万元税后利润属于免税收益,不用补缴企业所得税。由于 A 公司取得 B 公司控股权,可以决定什么时间分配税后利润。

如果 2024 年 B 公司按时分配 50 万元税后利润给 A 公司,则 A 公司应结转以后年度弥补的亏损,应该是冲抵免税项目所得后的余额。A 公司 2024 年度可以结转以后年度弥补的亏损是 50 万元。如果 2024 年 B 公司保留税后利润暂不分配,那么 A 公司 2024 年度可以结转以后年度弥补的亏损是 100 万元。因此,2024 年不分配税后利润比分配税后利润可以多弥补 50 万元。假如 A 公司 2025 年预计实现经营利润 120 万元,则可以弥补 2024 年确认的 100 万元亏损,相对而言,可以节约税收 12.5 万元(50×25%)。因此,B 公司 2024 年度的税后利润可暂不分配,待 2025 年以后再择机分配,就可以享受免税优惠。

（五）汇算清缴中的企业所得税规划

企业所得税汇算清缴是指纳税人在纳税年度终了后 5 个月内,依照税收法律、法规、规章及其他有关企业所得税的规定,自行计算全年应纳税所得额和应纳所得税,根据月度或季度预缴所得税的数额,确定该年度应补或者应退税额,并填写年度企业纳税申报表,向主管税务机关办理年度企业所得税纳税申报、提供税务机关要求提供的有关资料、结清全年企业所得税税款的行为。

企业所得税汇算清缴工作一般是在次年的 1 至 5 月进行。通过企业所得税汇算清缴,企业既可检验上年度的税务管理活动是否有成效,又能发现未来的税务合规计划空间。因此,在做好汇算清缴工作的基础上,要用税务合规计划的眼光审视纳税活动,避免汇算清缴过程中的涉税差错,规避相关税收风险。

企业所得税汇算清缴是企业自身的行为,要搞好企业所得税的汇算清缴工作,总结企业所得税的税务合规计划工作,并检查税务合规计划的外部环境条件,应在做好会计核算的基础上处理好以下方面的工作:

(1) 按期进行企业所得税申报和汇缴并报送有关资料。

(2) 清理资产、债权债务并及时向税务机关备案。

(3) 及时办理所得税减免的报批或备案手续。

(4) 做好账务及纳税事项调整。

(5) 对应计未计扣除项目按规定处理。

上述内容和企业所得税及所得税的税务合规计划息息相关,如果企业忽略了上报主管税务机关审批、审核或确认的程序,将失去本来能享受的优惠,使可以扣除的损失、费用得不到扣除;如果企业在汇算清缴的同时,对企业和已有的税务合规计划方案进行剖析,发现并改进税务管理活动,对未来的税务合规计划具有重要的指导价值。

复习与思考

参考答案

1. 企业所得税规划的基本思路有哪些？
2. 企业所得税纳税主体的规划有哪些方面？
3. 收入确认方面有哪些税务合规计划方法？

小试牛刀

一、自测题

扫码完成自测

二、业务题

1. 甲企业从业人员为200人,资产总额4 000万元,按核定征收方式交纳企业所得税。假定2019年1~11月销售收入为3 600万元,按应税所得率8%核定计算应纳税所得额。预计该企业在12月取得销售收入300万元。

方案1：该企业在12月采取直接收款销售方式确认销售收入300万元。

方案2：该企业将12月的销售业务采取分期收款结算方式,以书面合同的形式约定分两次收回货款,其中,第一笔150万元在2019年12月某一天收取,第二笔150万元在2020年1月某一天收取。

请分析回答：

(1) 目前小型微利企业的认定条件是什么？

(2) 分别计算该企业两种方案下2019年应纳的企业所得税,企业选择哪种方案更合适？

2. 甲企业预计2024年销售(营业)收入为12 000万元,预计广告费为600万元,业务宣传费为400万元,业务招待费为200万元,其他可税前扣除的支出为8 000万元。请对其进行税务合规计划方案设计。

中国石化企业所得税税务合规计划分析

一、中国石化背景

(一) 中国石化简介

中国石化目前是国内最大的石化产品以及成品油的供应商,同时也是国内第二大油气生产商,企业主要从事的是石油产品、石油化工的进、出口以及石油的开采、开发、运输、销售等业务。近年来国际原油的价格持续攀升,再加上国内对成品油价格的宏观调控,中国石化必须发挥自身的优势,通过不断优化经营和加强管理,进行合理的税务合规计划等方式,以取得良好的经营成果。

(二) 财务状况

中国石化在 2019 年实现营业收入 29 661.93 亿元,总资产达到 17 550.71 亿元。产生所得税费用 178.94 亿元,营业税金及附加 2 425.35 亿元,与 2018 年基本保持平衡。由此可见,税收在中国石化的现金流中占有较重的比例,而税务合规计划对企业的生产经营活动起着指导的作用。为了实现企业更好的经济效益,因此必须对企业的税收进行规划。

(三) 纳税情况

中国石化涉税种类繁多,其中主要以增值税、消费税和资源税为主,同时还需缴纳城

市维护建设税、教育费附加税和矿产资源补偿费等。由企业 2019 年财务报告得知,中国石化共缴纳营业税金及附加 2 464.98 亿元,其中消费税 2 026.71 亿元。而原油属于应税资源矿产品,在征收资源税的基础上,还需重复缴纳矿产资源补偿费,更是增加了企业的税负。仅 2018 年,中国石化就缴纳资源税 58.83 亿元。

二、中国石化企业所得税税务合规计划

(一) 利用企业的区域优惠政策

石化企业的一大特征就是,在原油的开采方面受到地理位置的影响,而国家对这些地区一般都享有特殊的税收优惠政策。中国石化的油气资源大部分都位于中国的西部地区,正好可以利用国家的这些优惠政策来对企业进行税务合规计划。

根据国家税务总局颁布的《国家税务总局关于落实西部大开发有关税收政策具体实施意见的通知》,中国石化这类因为地理因素而需在西部地区设立开发的企业,在缴纳企业所得税时可以采用 15% 的区域优惠税率。中国石化可以以此为切入点加大在西部的投资建设,扩大投资的范围。同时,利用转移定价的方式增加在西部地区的所得税缴纳额,在整体上降低自身所需要缴纳的税额,起到减少所得税缴纳的效果。

（二）利用研发费用加计扣除的税收优惠

国家为了促进技术的创新以及推进经济增长方式的转变用来提高企业的经济效应,对于企业在新的技术、产品以及工艺的研究开发计算应纳所得额时,可以在其据实扣除的基础上再加计扣除100%。2023年度,中国石化的税前利润为900.16亿元,研究开发费用为93.95亿元。在加计扣除前企业计算需要缴纳的企业所得税为225.04亿元(900.16×25%)。而利用加计扣除的税收优惠政策后,企业需要缴纳的企业所得税为201.55亿元(900.16−93.95×100%)×25%,仅2023年度就能在研发费用方面节税23.49亿元。

三、结语

随着跨国石油企业不断地进入国内,中国石化这类石化企业面临的压力越来越大,而税收支出是石化企业在成本上一个很重要的组成部分。企业合理有效的税务合规计划有利于企业降低成本,增强在市场上的竞争力。对于中国石化而言,税务合规计划以企业战略发展为主要方向和依据,为了符合企业的根本利益和长远的发展,也必须紧紧围绕着企业发展战略来进行。

思考:

1. 中国石化的税务合规计划是如何设计的? 是否存在涉税风险?

2. 中国石化的税务合规计划对其他企业有怎样的借鉴意义?

第六章 个人所得税的税务合规计划

学习目标

学 习 内 容	学习目标	学习难度
1. 个人所得税的纳税人、征税对象、税率、计税依据	熟悉	☆
2. 利用个人所得税纳税人的身份选择实施税务合规计划	掌握	☆☆
3. 利用个人所得税的税率差异实施税务合规计划	掌握	☆
4. 利用个人所得税的税基实施税务合规计划	掌握	☆☆☆
5. 通过个人所得税优惠政策实施税务合规计划	熟悉	☆☆
6. 个人所得税涉税风险的主要防控节点	熟悉	☆☆☆

案例导读

合理合规的税务规划与财富增长的秘诀

某著名明星,年收入极高,但因不熟悉税收政策,经常面临高额的个人所得税。他意识到如果不能合理地进行税务合规计划,他的财富将会在税款中大量流失。

于是,他聘请了一位专业的税务顾问。这位顾问为他量身定制了一套税务合规计划方案,包括如何合理安排收入、支出和投资,以及如何利用税收优惠政策。

顾问建议他在高收入时期进行一些高回报的投资,如购买艺术品或房地产。同时,他们还探讨了如何将部分收入转移至海外低税率地区,以及如何合理地规划慈善捐赠等。

通过这些规划,明星成功地降低了他的个人所得税税负。这不仅使他能够保留更多的收入,还为他提供了更多的投资机会和财富增值空间。

这个故事告诉我们,个人所得税的税务合规计划同样需要深入了解政策,并根据个人的实际情况进行合理安排。通过合理的规划,我们可以有效地降低税负,提高个人的经济收益和生活质量。

第一节　个人所得税概述

一、个人所得税的概念

个人所得税是以个人(自然人)取得的各项应税所得为征税对象所征收的一种税,是世界各国普遍征收的一种税,是政府利用税收对个人收入进行调节的一种手段。

税法上所称的"所得",通常是指纳税人法定的收入总额扣除法定的扣除项目后的净额。作为征税对象的个人所得,有狭义和广义之分。狭义的个人所得,仅限于每年经常、反复发生的所得。广义的个人所得,是指个人在一定期间内,通过各种来源或方式获得的一切利益,而不论这种利益是偶然的,还是临时的,是货币、有价证券的,还是实物的。

目前,包括我国在内的世界各国实行的个人所得税,大多是以广义的个人所得为计税基础。

拓展阅读

个人所得税的历史

个人所得税肇始于 1799 年的英国。当时,英国正与法国交战,财政吃紧,而作为当时主要税收来源的消费税和关税都无法解决这个问题,于是有人提议向高收入者征收所得税,对国家安全的考量超过了金钱利益的考量,个人所得税就被通过了。

然而战争一结束,所得税侵犯隐私和个人权利的言论就占据了上风,所得税在英国就被停征了。直到 1842 年,英国行政部门才又一次让议会和民众信服所得税的必要性。

随着现代国家的发展、公共财政的建立,国家机构的膨胀,国家担负起越来越多的公共职能,对财政的需求也相应地增加了。个人所得税在 20 世纪已经成为英国税制结构的核心。

已经达成共识的是,个人所得税具有调节收入、缓解贫富悬殊、促进社会稳定、增加财政收入等特性。经过两个世纪的发展,它已经成为世界各国普遍开征的一个税种,甚至成为一些国家最主要的税收来源,在国际社会享有"经济内在调节器"和"社会减压阀"的美誉。

二、个人所得税的税制模式

目前,世界各国实施的个人所得税制度大致划分为以下三种类型。

(一) 分类所得税制

分类所得税制,指对同一个纳税人不同类别的所得,按不同的征税方式、不同的税率分别征税。分类所得税制可以广泛采用源泉扣缴法,从而达到控制税源的目的;但它不能全面、真正地按照纳税人的实际纳税能力纳税,不太符合支付能力原则。

(二) 综合所得税制

综合所得税制,指将纳税人在一定期间内的各种所得综合起来,减去各项法定减免和扣除项目的数额,就其余额按累进税率征收。英国、美国等发达国家的个人所得税采用的就是综合所得税制。综合所得税制能够反映纳税人的综合负担能力,并考虑到个人经济情况和家庭负担等,给予减免税照顾;对总的净所得采取累进税率,可以达到调节纳税人之间所得税负担的目的,并实现一定程度的纵向再分配。但其课征手续繁杂,征收费用较高,要求纳税人具有较高的纳税意识和较健全的财务会计制度,要求税务机关具有较先进的税收征管制度、征管技术并配备较高素质的税务人员。

(三) 混合所得税制

混合所得税制,又称分类综合所得税制或二元所得税制,指把分类所得税与综合所得税综合起来,采用并行征收制,先按纳税人的各项来源的所得分类课征,源泉扣缴,然后再综合纳税人全年各种所得额,如达到一定数额,再课以累进税率的综合所得税或附加税。我国、瑞典、法国、日本等国家现行的个人所得税就属于这种类型。

从世界各国个人所得税的发展历史来看,分类所得税制较早实行,此后在部分国家演进为综合所得税制,在部分国家演进为混合所得税制。目前,采用纯粹的分类所得税制的国家已经不多。个人所得税制的演进过程大体反映了经济发展水平的发展程度。一般说来,经济发展相对滞后、征管制度不够健全、税法遵从意识较低的国家,大多实行分类或分类综合所得税制。反之,经济发达、征管制度健全、税法遵从意识较强的国家,多实行综合所得税制。我国在较长一段时间内采用分类所得税制,直到 2018 年 8 月 31 日,第十三届全国人民代表大会常务委员会第五次会议,对《中华人民共和国个人所得税法》(以下简称《个人所得税法》)进行了第七次修订,此次修订开启了我国个人所得税综合与分类相结合的征税模式。

三、我国个人所得税的特点

(一) 实行综合与分类征税并行

我国现行个人所得税制采用的是综合与分类相结合的混合所得税制,将个人取得的所得划分为 9 类。其中,工资薪金所得、劳务报酬所得、稿酬所得和特许权使用费所得等 4 项实行综合征收,按纳税年度合并计算个人所得税;经营所得,利息、股息、红利所得,财产租赁所得,财产转让所得,偶然所得等 5 项仍然依照原分类征收的模式计税,分别适用不同的费用减除标准、不同的税率和不同的计税方法。

实行综合和分类相结合的混合所得税制,既对纳税人部分不同来源的收入实行综合课征,体现了按支付能力课税的原则,又将列举的特定项目按特定办法和税率课征,体现了对某些不同性质收入区别对待的原则,与我国人口众多、幅员广阔和社会经济发展水平不平衡的现状相适应,也符合加大对高收入者税收调节力度的要求,是我国个人所得税制度优化的必然选择。

(二) 累进税率与比率税率并用

分类所得税制一般采用比例税率,综合所得税制通常采用累进税率。比例税率计算简便,便于实行源泉扣缴;累进税率可以合理调节收入分配,体现公平。我国现行个人所得税根据各类个人所得的不同性质和特点,分别采用了两种不同的税率形式。对综合所得、个体工商户的生产经营所得、企事业单位的承包承租经营所得采用超额累进税率;对利息、股息、红利所得,财产租赁所得,财产转让所得,偶然所得,采用比例税率。

(三)费用扣除额较宽

各国的个人所得税均有费用扣除的规定,只是扣除的方法和额度不尽相同。我国遵循费用扣除从宽、从简的原则,采用定额、定率和会计核算三种扣除方法。2018 年,修订后的《个人所得税法》增加了子女教育、继续教育、大病医疗、住房贷款利息、住房租金、赡养老人等 6 项专项附加扣除,充分体现了公平原则;2023 年,又增加"3 岁以下婴幼儿照护支出"这一专项附加扣除,体现着个人所得税泽及社会、普惠民生的基本原则。

(四)计税简便

我国个人所得税的费用扣除采取总额扣除法,免去了对个人实际生活费用支出逐项计算的麻烦;各种所得项目实行分类计算,各有明确的费用扣除规定;除了大病医疗在限额内据实扣除外,各专项附加扣除项目采用固定的扣除标准。总体而言,费用扣除项目及方法易于掌握,计算较为简单。

(五)采取源泉扣缴和自行申报两种征税方法

《个人所得税法》规定,对纳税人的应纳税额分别采取由扣缴义务人办理扣缴申报和纳税人自行申报两种方法,既便于税收征管,又利于增强纳税人的纳税意识。

四、个人所得税规划的基本原理

(一)价格平台原理

价格平台原理,是指纳税人利用市场经济中经济主体的自由定价权,以价格的上下浮动形成税务合规计划的操作空间,其核心内容是转让定价。

在个人所得税规划的过程中,纳税人与所得支付者之间可以进行商议,通过**转换所得形式**、**调整所得水平**等方式,来降低纳税人的应纳税所得额,从而达到降低税负的目的。当然,在税务合规计划的过程中,不仅要考虑纳税人税负的高低,而且应考虑对所得支付者税负的影响。

(二)优惠平台原理

优惠平台原理,是指凭借国家税法规定的相关优惠政策形成的税务合规计划操作空间。在日常生活中,优惠平台原理被纳税人广泛运用。例如,个人通过中国境内符合条件的国家机关、社会团体向特定的公益事业进行捐赠,取得符合规定的票据,金额未超过纳税人申报的应纳税所得额 30%的部分,可以从其应纳税所得额中扣除。因此,纳税人可以通过合理安排捐赠支出来降低其个人所得税负担。

(三)规避平台原理

规避平台原理,是指凭借税法中的税率分级、优惠分级等临界点,形成税务合规计划的操作空间。规避平台有其存在的合理性,也更具公开性。规避平台中的临界点是政府立法意图的体现,旨在通过设置临界点,平衡税负,提高效率,促进国民经济发展。纳税人可以通过合法的税务合规计划,利用临界点规律,避免税率的爬升,有效降低税负。例如,居民个人综合所得适用 3%~45%的七级超额累进税率,纳税人应尽量避免税率爬升,合理控制税负;公益捐赠税收优惠具有限额规定,应尽量避免超出限额,进行分散捐赠,以充分享受税收优惠。

(四)弹性平台原理

弹性平台原理,是指利用税收政策的弹性幅度,形成税务合规计划的操作空间。基于税收的两大基本原则——公平和效率,税收政策的设置具有一定的弹性,不同的客观情况适用不同的税收政策。税收政策幅度的存在为弹性平台提供了法律依据。实务中,可以分为两种幅度:一是优惠鼓励的幅度,如优惠税率的幅度、减税额的幅度和扣除额的幅度;二是惩罚限制的幅度,如加成比例、处罚款项。例如,通常所说的公益捐赠,一般在应纳税所得额30%内享受捐赠额扣除政策,但是在特殊时期,为了鼓励公众向特定的公益事业捐款,允许全额扣除。因此,纳税人应该选择特定的捐赠项目,享受更多的税收优惠。

第二节 纳税人身份的税务合规计划

一、居民个人和非居民个人的转换

(一)政策依据

根据《个人所得税法》,依据住所和居住时间两个标准,我国个人所得税纳税人可以区分为居民个人和非居民个人,分别承担不同的纳税义务。

1. 居民个人

居民个人,指在中国境内有住所,或者无住所而在中国境内居住累计满 183 天的个人。在中国境内有住所的个人,是指因户籍、家庭、经济利益关系,在中国境内习惯性居住的个人。在境内居住满 183 天,是指在一个纳税年度(即公历 1 月 1 日起至 12 月 31 日止,下同)内,在中国境内居住 183 天。例如,外籍人员甲在中国境内无住所,于 2024 年 3 月 1 日入境,12 月 1 日离境,中途两次临时离境各 20 天,在 2024 年这一纳税年度内,在中国境内居住超过 183 天,属于中国的居民个人。

居民个人负有无限纳税义务,其取得的应纳税所得,无论是来源于中国境内还是中国境外,都要在中国缴纳个人所得税。

但是,针对居住时间较短的居民个人,税法上也有优惠政策。根据《个人所得税法实施条例》,在中国境内无住所的个人,在中国境内居住累计满 183 天的年度连续不满六年的,经向主管税务机关备案,其来源于中国境外且由境外单位或者个人支付的所得,免予缴纳个人所得税;在中国境内居住累计满 183 天的任一年度中有一次离境超过 30 天的,其在中国境内居住累计满 183 天的年度的连续年限重新起算。

2. 非居民个人

非居民个人,是指不符合居民个人判定标准(条件)的纳税人。《个人所得税法》规定,非居民个人指在中国境内无住所又不居住,或无住所且在一个纳税年度内在中国境内居住累计不满 183 天的个人。

非居民个人承担有限纳税义务,即仅就其来源于中国境内的所得,在中国缴纳个人所得税。同时,根据《个人所得税法实施条例》,在中国境内无住所的个人,在一个纳税年度内在中国境内居住累计不超过 90 天的,其来源于中国境内的所得,由境外雇主支付并且不由该雇主在中国境内的机构、场所负担的部分,免予缴纳个人所得税。

在扣缴方法上,非居民个人也区别于居民个人,非居民个人取得工资薪金所得、劳务报酬所得、稿酬所得、特许权使用费所得等四项综合所得时,按月或按次分项征税,适用如表 6-1 所示的七级累进税率。

表 6-1　个人所得税税率表(非居民个人综合所得适用)

级　次	应纳税所得额	税率/%	速算扣除数/元
1	不超过 3 000 元的部分	3	0
2	超过 3 000 元至 12 000 元的部分	10	210
3	超过 12 000 元至 25 000 元的部分	20	1 410
4	超过 25 000 元至 35 000 元的部分	25	2 660
5	超过 35 000 元至 55 000 元的部分	30	4 410
6	超过 55 000 元至 80 000 元的部分	35	7 160
7	超过 80 000 元的部分	45	15 160

(二) 税务合规计划思路

纳税人在中国境内居住的时间长短不同,纳税义务也不同,共分为 4 个层次:① 一个纳税年度在中国境内居住时间不满 90 天;② 一个纳税年度在中国境内居住时间超过 90 天但不满 183 天;③ 一个纳税年度在中国境内居住时间超过 183 天但连续年度不超过 6 年;④ 一个纳税年度在中国境内居住时间超过 183 天且连续年度不超过 6 年。在中国境内居住时长不同的纳税人的纳税义务如表 6-2 所示。

表 6-2　在中国境内居住时长不同的纳税人的纳税义务

单一纳税年度境内居住时间	满 183 天的连续年度	境内所得境内支付	境内所得境外支付	境外所得境内支付	境外所得境外支付
不满 90 天		√	×	×	×
90~183 天		√	√	×	×
满 183 天	≤6 年	√	√	√	×
满 183 天	>6 年	√	√	√	√

注:"√"表示需纳税,"×"表示不需纳税。

外籍人员把握好时间界限,合理控制在中国境内工作和居住时间,避免成为居民个人,可减轻个人所得税的税负。

长期在中国境内居住的外籍人员,应尽量避免在中国境内居住满 183 天的年度连续达到 6 年,在连续 6 年时间内的某一年度安排一次超过 30 天的离境,使其由境外支付的境外所得免于在中国境内纳税。短期来华的外籍人员,应尽量将自己在华工作时间控制在 90 天之内,使其由境外雇主支付的所得免税。

> **提示**
>
> 　　税务合规计划的过程中,还需要考虑在其他所得来源国、支付国的税负问题,综合考虑该国的税收政策以及其与中国之间的税收协定,实现税后利润最大化。

【例 6-1】　上海某合资企业 A 与英国某公司签订了一份技术咨询合同,服务期限为 2024 年 1 月 1 日至 2024 年 5 月 31 日,合同约定咨询费为 200 万元。英国某公司在中国境内没有任何机构、场所。合同签订后,英国公司派遣工程师甲到 A 企业提供技术咨询服务,工作期间由英国公司每月向甲支付工资 10 万元。

根据合同,甲一共在中国境内居住、工作达 152 天,超过了 90 天,其来源于中国境内的所得,由境外支付的部分应该由 A 企业代扣代缴个人所得税,适用 45% 的个人所得税税率。

方法一:英国公司先后派遣两名外籍人员来华工作,甲的服务期限为 2024 年 1 月 1 日至 2024 年 3 月 15 日,共计 75 天;随后甲回国,派遣乙来华工作,服务期限为 2024 年 3 月 16 日至 2024 年 5 月 31 日,共计 77 天。这样的安排下,甲、乙的在中国境内的停留时间均不超过 90 天,其来源于中国境内的所得,由境外雇主支付部分,免予缴纳个人所得税。

方法二:由于在中国境内的居住时长是按照纳税年度计算的,双方签订合同时,可以约定服务期限为 2024 年 10 月 15 日至 2025 年 3 月 15 日,将服务期跨年拆分,使得甲在两个纳税年度内在中国境内的停留时间均不超过 90 天,则甲在华工作期间取得的工资、薪金所得就无须在中国纳税。

二、公司制企业与个体工商户、个人独资企业、合伙企业的选择

(一)政策依据

个体工商户、个人独资企业和合伙制企业是个人参与投资的四种形式。它们在适用税种、适用税率、费用扣除标准等涉税因素方面存在着较大的差异。个人在参与投资前,应根据个人投资需求,充分考虑相关差异,选择合适的投资方式。

个体工商户是指公民在法律允许的范围内,依法经核准登记,从事工商业经营的自然人或家庭。根据《个体工商户个人所得税计税办法》,个体工商户的生产经营所得,以每一纳税年度的收入总额,减除成本、费用、税金、损失、其他支出以及允许弥补的以前年度亏损后的余额,为应纳税所得额,适用 5%~35% 的五级超额累进税率。个体工商户在生产经营活动中,应当分别核算生产经营费用和个人、家庭费用。对于生产经营与个人、家庭生活混用难以分清的费用,其 40% 视为与生产经营有关费用,准予扣除。

个人独资企业是指由个人出资兴办,完全归个人所有和控制的企业组织形式。根据我国《个人独资企业法》,在中国境内设立,由一个自然人投资,财产为投资人个人所有,投资人以其个人财产对企业债务承担无限责任的经营实体为个人独资企业。在法律上,个人独资企业是自然人企业,不具有法人资格。在税收方面,个人独资企业每一纳税年度的收入总额减除成本、费用以及损失后的余额,为投资者个人的生产经营所得,按照"经营所得"项目,适用5%~35%的五级超额累进税率,计算征收个人所得税。费用扣除上,个人独资企业应将投资者及其家庭发生的生活费用和企业生产的经营费用严格划分,否则便不能在个人所得税前扣除。

合伙制企业是由两个或两个以上的自然人通过订立合伙协议,共同出资经营、共负盈亏、共担风险的企业组织形式。我国合伙组织形式仅限于私营企业,一般无法人资格。税收方面及费用扣除标准按照《个人所得税法》关于"经营所得"的相关规定确定。

(二) 税务合规计划思路

公司制企业缴纳企业所得税,对股东分红时需要再次缴纳个人所得税。个体工商户、个人独资企业、合伙制企业按经营所得缴纳个人所得税,适用税率见表6-3。在费用扣除方面,公司制企业的会计核算制度更完善,成本费用等扣除更明晰;而个体工商户、个人独资企业、合伙制企业由个人或者家庭经营,容易出现生活费用与经营费用混杂的情况,要进行严格管理,若无法划分,个体工商户按40%标准扣除,个人独资企业、合伙企业则无法扣除,可能会导致税负提高。

表6-3 个人所得税税率表(经营所得适用)

级 次	应纳税所得额	税率/%	速算扣除数
1	不超过30 000元的部分	5	0
2	超过30 000元至90 000元的部分	10	1 500
3	超过90 000元至300 000元的部分	20	10 500
4	超过300 000元至500 000元的部分	30	40 500
5	超过500 000元的部分	35	65 500

提示

个人在进行投资时,应当综合考虑投资的领域、规模、经营形式等多方面,选择恰当的组织形式,降低税负。

【例6-2】 张某等四人拟经营一家商场,预估每年利润总额为100万元,暂时无纳税调整项目。

从张某等四人的角度来看,在不影响商场正常经营的情况下,将企业的组织形式从公司制企业转化为个人独资企业和合伙制企业,可以规避企业所得税,虽然个人所得税税负相较于交过企业所得税后缴纳的个人所得税增多了,但总体税负会下降。

若选择成立有限责任公司并且税后利润全部分配给股东,所获利润既要缴纳企业所得税又要缴纳个人所得税：

$$应纳企业所得税=1\,000\,000×25\%=250\,000（元）$$

$$四位股东应纳的个人所得税总额=[（1\,000\,000-250\,000）/4×20\%-10\,500]×4$$
$$=108\,000（元）$$

$$缴税总额=250\,000+108\,000=358\,000（元）$$

若选择成立合伙制企业，则四位股东只需要缴纳个人所得税：

$$应纳个人所得税总额=（1\,000\,000/4×20\%-10\,500）×4=158\,000（元）$$

相较于上面成立有限责任公司，四位股东的税负下降额为 200 000 元（358 000-158 000）。

值得注意的是，国家对规模较小、应纳税所得额低的小型微利企业有税收优惠政策。当企业应纳税所得额低于 300 万元，若符合小型微利企业的其他条件，则可减按 25% 计入应纳税所得额，按 20% 税率计算缴纳企业所得税，此时：

$$应纳企业所得税=1\,000\,000×25\%×20\%=50\,000（元）$$

$$四位股东应纳的个人所得税总额=[（1\,000\,000-25\,000）/4×20\%-10\,500]×4$$
$$=153\,000（元）$$

$$纳税总额=50\,000+153\,000=203\,000（元）$$

> **提示**
>
> 虽然公司制企业的纳税总额略高于合伙制企业的税负，但是公司制企业承担有限责任，风险相对较小；同时公司制企业在融资等方面均有较大的优势，且个人所得税在向股东分红时才缴纳，若延迟进行分红，可以起到延迟纳税的效果。

【例6-3】 张某自己开了一家饭馆，预计一年的销售额大概有 50 万元，张某认为自己需要建立会计账簿，采用查账征收方式计算应纳税额。经查实，张某经营发生的可合理扣除的费用为 20 万元，此时：

$$张某应纳个人所得税=（500\,000-200\,000）×20\%-10\,500=49\,500（元）$$

但若张某建立的会计账簿不能如实反映自身经营情况，经税务局批准，采用核定征收方式计算应纳税额，核定附征率为 3%，则张某应纳个人所得税为 15 000 元（500 000×3%），相较查账征收的 49 500 元节省了 34 500 元。

第三节 工资薪金所得的税务合规计划

工资、薪金所得，是指个人因任职或者受雇而取得的工资、薪金、奖金、年终加薪、劳动分红、津贴、补贴以及与任职或者受雇有关的其他所得，是综合所得的一部分，按年计算个人所得税,适用3%~45%的七级超额累进税率,见表6-4。

表6-4 个人所得税税率表(综合所得适用)

级 次	全年应纳税所得额	税率/%
1	不超过36 000元的部分	3
2	超过36 000元至144 000元的部分	10
3	超过144 000元至300 000元的部分	20
4	超过300 000元至420 000元的部分	25
5	超过420 000元至660 000元的部分	30
6	超过660 000元至960 000元的部分	35
7	超过960 000元的部分	45

一、收入福利化

企业可以通过提高员工的福利水平降低其名义工资,减轻员工的税收负担,达到增加实际收入的目的。常用的方法有以下三种:

(1)为员工提供交通设施。员工上下班有一定的交通费支出,企业可以通过提供免费的接送服务,或者将单位的车租给员工使用,满足员工的通勤需求,并相应从员工的工资中扣除部分予以调整。

(2)为员工提供免费工作餐。企业为员工提供免费的工作餐,且规定不可变现,即不可转让,不能兑换现金。

(3)为员工提供培训机会。随着知识更新速度的加快,参加各种培训已经成为个人获取知识的重要途径。企业每年给予员工一定费用额度的培训机会,满足员工的培训要求。当然为员工提供的培训需要与其工作有一定的联系,否则仍需要计入工资、薪金所得进行纳税。

【例6-4】 小明是A会计师事务所员工,为提高自己的专业能力,想参加某培训班组织的注册会计师培训班,学费为2 000元/月,为期一年,小明每月工资为10 000元。

小明每月从事务所领取10 000元的工资,同时自行承担学费,在不考虑其他扣除以及各类保险的情况下:

小明该年度应纳个人所得税=(10 000×12-60 000-3 600)×10%-2 520=3 120(元)

小明与事务所协商,由事务所承担培训学费,同时小明每月的工资降至8 000元。对于事务所而言,注册会计师培训与其经营业务相关,每月的支出可以作为职工教育经费在企业所得税税前扣除。对小明而言,他的实际收入不变,同时:

年度需缴纳的个人所得税=(8 000×12-60 000)×3%=1 080(元)

小明节约的个人所得税=3 120-1 080=2 040(元)

二、变换应税项目

(一)将工资转化为住房公积金

根据《财政部 国家税务总局关于基本养老保险费 基本医疗保险费 失业保险费住房公积金有关个人所得税政策的通知》(财税〔2006〕10号),单位和个人分别在不超过职工本人上一年度月平均工资12%的幅度内,实际缴存的住房公积金允许在个人应纳税所得额中扣除。单位和职工个人缴存住房公积金的月平均工资不得超过职工工作地所在设区城市上一年度职工月平均工资的3倍。单位和个人超过上述规定比例和标准缴付的住房公积金,应将超过部分并入个人当期的工资、薪金收入,计征个人所得税。

因此,企业可以在限额内,提高住房公积金缴存比例,增加税前扣除额,降低税负。

【例6-5】　某公司所在市2024年在岗职工年平均工资为81 034元,折算为在岗职工月平均工资为6 753元,则该公司员工住房公积金缴费基数最高为20 259元(6 753×3),按照最高可扣除比例,全年可以税前扣除金额为29 173元(20 259×12%×12)。

若公司每月为张某交的住房公积金为2 000元,而住房公积金的免税限额标准为2 431元(29 173÷12),则张某可以追加补交431元住房公积金。此431元是不需要缴纳个人所得税的,并且很有可能会降低自己原先薪资适用的个人所得税税率,从而达到良好的减税效果。

(二)将工资转化为企业年金、职业年金

根据《财政部 人力资源社会保障部 国家税务总局关于企业年金职业年金个人所得税有关问题的通知》(财税〔2013〕103号),个人根据国家有关政策规定缴付的年金个人缴费部分,在不超过本人缴费工资计税基数的4%标准内的部分,暂从个人当期的应纳税所得额中扣除;年金基金投资运营收益分配计入个人账户时,个人暂不缴纳个人所得税。

个人达到国家规定的退休年龄,领取的企业年金、职业年金,不并入综合所得,全额单独计算应纳税款。按月领取的,适用月度税率表计算纳税;按季领取的,平均分摊计入各月,按每月领取额适用月度税率表计算纳税;按年领取的,适用综合所得税率表计算纳税。

企业年金、职业年金并不能直接减少应纳税款,但可以达到递延纳税的效果,在年金缴费环节和年金基金投资收益环节暂不征收个人所得税,将纳税义务递延到个人实际领取年金的环节。

【例6-6】　福州市某公司员工林某2024年1月工资为10 000元,则其年金可扣除限额为400元(10 000×4%)。若按2%缴付企业年金200元,可扣除200元;若按4%缴付企业年金400元,可扣除400元;若按5%缴付企业年金500元,仍只允许扣除400元,超出的100元须并入当年综合所得缴税。

在此情况下，只有按照年金免税限额进行缴纳方能达到年金递延纳税效果的最大化。

（三）将工资转化为房租收入、租车收入等

住房是员工生存的必要场所，为住房而支付的费用是必需的开支，可以与公司签署协议，将住房成本转移给公司，相应降低工资、薪金所得，在保证住房的情况下，合理降低税负。具体操作如下：

（1）若员工拥有自有房产，可以与公司签订房屋租赁协议，将房屋租给公司，公司按月向员工支付租金，同时约定每月的水电费、物业管理费等固定费用由公司承担。

（2）若员工现居住的房屋为租赁房屋，可以与公司签订转租协议，由公司承担房屋的租金和水电费、物业管理费等固定费用。

此项规划多应用于适用较高累进税率的高净值人群。个人出租住宅、转租住宅需要按照个人所得税中出租财产项目征收个人所得税，采用20%的比例税率。若综合所得累进税率高于20%，可以考虑适用此种规划方式。

但值得注意的是，若自身没有房产，租住在公司提供的房屋中，会导致纳税人失去《个人所得税法》中的住房租金的专项附加扣除，在实际操作中需要衡量其中的优劣关系。

若员工拥有汽车，也可以进行相同的税务合规计划，即员工与公司签订租车协议，将自家的车租给公司，公司按月向员工支付租金；同时约定因公务发生的相关车辆非固定费用（如汽油费、过桥费、停车费）由公司承担。

【例6-7】　李某为一家非租车公司员工，年底劳动合同到期，准备重新签订劳动合同，之前李某的月薪为31 000元，租车的市场价格为每月3 000元，包含个人自负的各种费用。

若李某仍像以前一样签订劳动合同，则

李某每月应预缴的个人所得税=（31 000-5 000）×25%-2 660=3 840（元）

若李某与公司签订协议，公司租用李某的车，并且租用后把车子分配给李某使用，李某的工资改为28 000元，另外获得每月租车收入3 000元。则李某应该缴纳的个人所得税计算如下：

李某工资薪金应缴纳的个人所得税=（28 000-5 000）×20%-1 410=3 190（元）

李某租车收入应缴纳的个人所得税=（3 000-800）×20%=440（元）

李某总共缴纳个人所得税3 630元，相较于规划之前，每月可少缴纳个人所得税210元。

此方法对于越高收入者，效果越明显，在跨越边际税率的薪水范围内尤为有效。

提示

在税务合规计划中要注意以下几点：

（1）租车的租金必须按照市场价格设定。

（2）员工需要携带租车协议和身份证到税务局代开租车发票,这样公司才能在税前列支该项费用。

（3）汽车的固定费用(如保险费、车船税、折旧货)不能由公司承担。

（4）在公司报销的车辆费用必须取得发票。

三、辞退补偿费规划

根据《关于个人所得税法修改后有关优惠政策衔接问题的通知》(财税〔2018〕164号),个人因与用人单位解除劳动关系而取得的一次性经济补偿收入、退职费、安置费等所得要按照以下方法计算缴纳个人所得税:个人因与用人单位解除劳动关系而取得的一次性补偿收入(包括用人单位发放的经济补偿金、生活补助费和其他补助费用),其收入在当地上年职工平均工资3倍数额以内的部分,免征个人所得税;超过的部分按照《关于个人所得税法修改后有关优惠政策衔接问题的通知》(财税〔2018〕164号)的有关规定,计算征收个人所得税。

一次性取得数月的工资、薪金收入,允许在一定期限内进行平均计税。具体平均办法如下:以个人取得的一次性经济补偿收入,除以个人在本企业的工作年限数,以其商数为个人的月工资、薪金收入,按照《个人所得税法》规定缴纳个人所得税。个人在本企业的工作年限数按实际工作年限数计算,超过12年的按12年计算;个人领取一次性补偿收入时按照国家和地方政府规定的比例实际缴纳的住房公积金、医疗保险费、基本养老保险费、失业保险费,可以在计征其一次性补偿收入的个人所得税时予以扣除。个人在解除劳动合同后又再次任职、受雇的,对个人已缴纳个人所得税的一次性经济补偿收入,不再与再次任职、受雇的工资、薪金所得合并计算补缴个人所得税。

💮【例6-8】 某市2024年在岗职工年平均工资为81 034元,折算为在岗职工月平均工资为6 753元,即个人与用人单位解除劳动合同总赔偿在243 102元(81 034×3)内完全免税。

假设A公司张某2025年税前年薪为124万元,A公司与张某在合同中约定按月平均发放薪金。不考虑社保、住房公积金因素,则:

张某2025年应纳个人所得税=(124-6)×45%-18.192=34.908(万元)

若A公司与张某于年初签订劳动合同时,约定张某当年基本收入为100万元,张某达不到公司的任职条件的,A公司可解除与张某劳动合同关系并补偿其24万元。同时假设张某在A公司的工作年限超过一年但不到两年。解除劳动关系后,A公司再与张某重新签一份合同,实质上不影响工作连续性。

因解除劳动合同的补偿未超过限额标准243 102元,李某收到的24万元为免税收入。

李某全年应纳个人所得税合计=(100-6)×35%-8.592=24.308(万元)

与前一个方案相比,后者节税效果十分显著。纳税人通过此种方式可直接减少缴纳个人所得税10万元以上。

本方案对员工与企业的关系要求较高，各方都需要接受较大的挑战，员工从节税角度要能理解企业的行为，企业也要从员工的角度为员工考虑，只有双方达到高度和谐与默契才可能在签订劳动合同、解除劳动合同、重新签订劳动合同之间无缝衔接。

四、年终奖规划

（一）选择合理的计税方式

根据财政部、国家税务总局联合颁发的《关于个人所得税法修改后有关优惠政策衔接问题的通知》（财税〔2018〕164 号）：居民个人取得全年一次性奖金，符合《国家税务总局关于调整个人取得全年一次性奖金等计算征收个人所得税方法问题的通知》（国税发〔2005〕19 号）规定的，在 2021 年 12 月 31 日前，不并入当年综合所得，以全年一次性奖金收入除以 12 个月得到的数额，按照本通知所附按月换算后的综合所得税率表，确定适用税率和速算扣除数，单独计算纳税。计算公式为：

$$应纳税额＝全年一次性奖金收入×适用税率－速算扣除数$$

居民个人取得全年一次性奖金，也可以选择并入当年综合所得计算纳税。自 2022 年 1 月 1 日起，居民个人取得全年一次性奖金，应并入当年综合所得计算缴纳个人所得税。

因此，居民可以根据自己的收入状况，选择是否将年终奖并入当年综合所得计算缴纳个人所得税。当纳税人的收入水平较低，综合所得低于可扣除项目之和时，可以考虑将年终奖金与综合所得合并计税。

【例 6-9】　某纳税人 2024 年工资、薪金所得为 80 000 元，专项附加扣除合计为 63 000 元，若发年终奖 40 000 元，他有两种选择：

① 年终奖单独计算，$\dfrac{40\ 000}{12}=3\ 333.33$，适用 10% 的税率，则：

$$应纳税款＝40\ 000×10\%－210＝3\ 790（元）$$

② 并入综合所得纳税，则：

$$应纳税所得额＝40\ 000＋80\ 000－123\ 000＝-3\ 000（元），不用纳税。$$

假设该纳税人的年终奖金增长到 100 000 元，其余情况不变，纳税人同样有两种选择：

① 年终奖单独计算，$\dfrac{100\ 000}{12}=8\ 333.33$，仍然适用 10% 的税率，则：

$$应纳税款＝100\ 000×10\%－210＝9\ 790（元）$$

② 并入综合所得纳税，则：

$$应纳税所得额＝100\ 000＋80\ 000－（60\ 000＋63\ 000）＝57\ 000（元）$$

$$应纳税款＝57\ 000×10\%－2\ 520＝3\ 180（元）$$

纳税人可以继续进行税务合规计划，将 100 000 元拆开，21 000 元作为年终奖金单独核算：

$$应纳税款 = 21\,000 \times 3\% = 630（元）$$

79 000 元并入综合所得计税：

$$应纳税所得额 = 80\,000 + 79\,000 - (60\,000 + 63\,000) = 36\,000（元）$$
$$应纳税款 = 36\,000 \times 3\% = 1\,080（元）$$
$$合计纳税 = 1\,080 + 630 = 1\,710（元）$$

这种情况比第一种情况节税 8 080 元，比第二种情况节税 1 470 元。

（二）规避年终奖陷阱

年终奖陷阱，是指虽然年终奖数额增加，但受税率级次攀升等的影响，税后收入反而下降的情况。因此，在发放年终奖时，应该尽量避免年终奖陷阱。

如果一个员工的年终奖为 36 000 元，36 000÷12 = 3 000（元），其个人所得税的适用税率为 3%，应纳个人所得税为 1 080 元，税后收入为 34 920 元；当年终奖变为 36 120 元时，36 120÷12 = 3 010（元），适用税率为 10%，应纳个人所得税为 3 402 元（36 120×10%−210），税后收入为 32 718 元。也就是说，该员工的年终奖增加了 120 元，但税后收入反而减少了 2 202 元。

导致员工奖金增加，而税后收入反而减少的原因是，虽然年终奖先除以总月数 12，再确定适用税率，但它是用年终奖的总额作为应纳税所得额的，只能扣除一个月的速算扣除数，因此在对年终奖征收个人所得税时，相当于实行了全额累进税率。在全额累进税率的形式下，各级距临界点附近的税率和税负跳跃式上升，造成税负的增长速度大于收入的增长速度。

我们可以通过计算得出每一个收入的级距的税收陷阱空间。假设发放 B 元年终奖时个人的税收收入与发放 36 000 元年终奖时个人的税后收入相等，则：B−(B×10%−210) = 34 920，解得：B = 38 567（元）

即当员工的年终奖在 36 000 元至 38 567 元时，员工最后得到的税后净收入反而不如直接发 36 000 元得到的净收入多，这个区间为"年终奖的税收陷阱"。当员工的年终奖位于这个区间时，超过 36 000 元的部分就不应再以全年一次性奖金的形式发放，而应在以前月份并入工资、薪金收入发放。各收入级距年终奖单独计税的税收陷阱如表 6−5 所示。

表 6−5　各收入级距年终奖单独计税的税收陷阱

级次	全年应纳税所得额	税率/%	年终奖的税收陷阱
1	不超过 36 000 元的部分	3	无
2	超过 36 000 元至 144 000 元的部分	10	超过 36 000 元至 38 567 元的部分
3	超过 144 000 元至 300 000 元的部分	20	超过 144 000 元至 160 500 元的部分
4	超过 300 000 元至 420 000 元的部分	25	超过 300 000 元至 318 333 元的部分

级次	全年应纳税所得额	税率/%	年终奖的税收陷阱
5	超过 420 000 元至 660 000 元的部分	30	超过 420 000 元至 447 500 元的部分
6	超过 660 000 元至 960 000 元的部分	35	超过 660 000 元至 706 538 元的部分
7	超过 960 000 元的部分	45	超过 960 000 元的部分至 1 120 000 元的部分

五、专项附加扣除费用

《个人所得税法》规定了子女教育、继续教育、大病医疗、住房贷款利息、住房租金、赡养老人、婴幼儿照护等 7 项专项附加扣除。在扣除方式上，为纳税人提供了多种选择。专项附加扣除具体政策如表 6-6 所示。

表 6-6　专项附加扣除具体政策

扣除项目	每年定额	每月限额/元	备　注
1. 子女教育	12 000 元定额扣除	2 000	父母分别扣除 50%，或者约定一方扣除 100%
2. 继续教育	4 800 元定额扣除	400	技能人员职业资格、专业技术人员资格继续教育，每年 3 600 元定额扣除
3. 大病医疗	80 000 元限额扣除		个人负担超过 15 000 元的医疗费用支出部分
4. 住房贷款利息	12 000 元定额扣除	1 000	必须首套住房贷款
5. 住房租金	18 000 元定额扣除	1 500	承租房位于直辖市、省会城市、计划单列市以及国务院确定的其他城市
	13 200 元定额扣除	1 100	承租房位于其他城市，市辖区户籍人口超过 100 万人的
	9 600 元定额扣除	800	承租房位于其他城市，市辖区户籍人口不超过 100 万人（含）
6. 赡养老人	36 000 元定额扣除	3 000	非独生子女分摊扣除额度，每一纳税人分摊额度不超过总体的 50%
7. 3 岁以下婴幼儿照护	24 000 元定额扣除	2 000	可以选择由其中一方按扣除标准的 100% 扣除，也可以选择由双方分别按扣除标准的 50% 扣除。

根据上述专项附加扣除政策，纳税人可以根据自身家庭状况选择扣除政策及扣除方式，降低家庭整体税负。

【例6-10】 赵先生夫妻育有一个孩子,已上大学,还未毕业。赵先生的妻子每月工资为5 000元,赵先生每月工资为7 000元。赵先生在个税申报中选择夫妻二人平均分摊孩子子女教育的专项附加扣除。赵先生的妻子因收入未超过5 000元,无须纳税,但赵先生扣除基本减除费用5 000元和专项附加扣除1 000元后,仍要对剩下的1 000元缴纳个人所得税。

孩子的子女教育专项附加扣除在申报时可全部由赵先生申报扣除。赵先生的妻子本身工资薪金不超过5 000元,无须再进行专项附加扣除,赵先生可享受专项附加扣除2 000元。这样一来,赵先生扣除基本减除费用之后,再扣除2 000元子女教育支出,其个人所得税应纳税所得额为0,无须缴纳个人所得税。

【例6-11】 张先生是一家公司的财务经理,年薪为25万元。他因为工作表现突出,2024年,公司给予年终奖4万元。因张先生业余时间爱好山水画,在空闲时间通过出售定制精品山水画作赚取劳务报酬,2024年通过出售山水画作共获得劳务报酬共计4万元。张先生已经结婚生子,妻子月薪为4 000元,育有两个孩子,均就读于全日制本科大学。张先生还有一位姐姐,姐弟两人均在工作。张先生父母均健在,已年满70周岁。除此之外,张先生一家无其他相关收入。

(1)年终奖的规划:张先生收到4万元年终奖,根据《个人所得税法》,2024年和2025年这两年,纳税人可以自行选择是否将年终奖并入综合所得征税。此案例中,根据"年终奖陷阱",不应该并入综合所得征税。但是,在年终奖超过3.6万元时税率将从3%攀升到10%。张先生可以与公司协商,将剩下的4 000元递延至明年发放,从而降低年终奖计税适用的税率。

(2)专项附加扣除的规划:张先生的姐姐也在工作,张先生只能和姐姐平均分摊赡养老人的费用。但是在子女教育的专项附加扣除上,因为张先生妻子的工资薪金并未达到5 000元,不需要缴纳个人所得税,所以张先生可选择不分摊专项附加扣除费用,以减少张先生的应纳税所得额。

(3)劳务报酬的规划:

思路一:因为张先生的妻子月薪为4 000元,并未达到我国规定的基本扣除费用的上限,所以,张先生可以在签订劳务合同时,让妻子和他一起领取此项劳务报酬收入,充分利用扣除费用。张先生妻子获得1.2万元劳务报酬收入,剩余仍由张先生获得。一方面,充分利用了妻子的基本扣除,在年度汇算清缴时,妻子不用缴税且可以退还之前预缴的个人所得额。另一方面,张先生扣除掉1.2万元劳务报酬后,综合所得的适用税率将从20%降低至10%。

思路二:变换收入项目,将劳务报酬所得变成经营所得。张先生可以设立一个山水画工作室,将劳务报酬所得转化为经营所得,这样就可避免这部分收入计入综合所得,从而降低综合所得的适用税率。转换为经营所得后,这部分劳务所得适用10%的经营所得税率。

综合这两种思路,在合理合法且符合实际业务需要的前提下,将劳务合同变成由张先生的工作室和张先生的妻子签订,将1.2万元变为妻子的劳务报酬,充分利用基本扣除费用;剩下3万元转化为张先生工作室的收入,适用3%的税率,这样可以最大限度地降低张先生一家的税收负担。

拓展阅读

慈善的艺术家

一位富有创意的艺术家发现,通过将一部分艺术品捐赠给慈善机构,可以在艺术品估值的同时减少个人所得税。于是,他开始将自己的作品捐赠给一些受欢迎的慈善拍卖会。

由于他的作品备受瞩目,每次拍卖都取得了很好的成绩。艺术家不仅成功地为慈善事业做出了贡献,而且通过这种方式,成功地降低了个人所得税税负。

税务局开始关注他的慈善捐赠,但艺术家精心设计了每次捐赠的作品,并确保每次都选择了受欢迎的主题。这样一来,他不仅避免了过高的税收负担,而且成功地提高了自己的知名度。

这个故事告诉我们,慈善活动不仅可以做善事,而且可以成为一个巧妙的税务合规计划工具。

这些故事突显了在合法框架内进行个人所得税税务合规计划的巧妙之处。当然,实际中要注意法律法规的变化,以确保规划行为是合法和可执行的。

第四节　经营所得的税务合规计划

一、分散收入形式

个体工商户通过分散收入,可以适用较低的税率,从而达到合法合规降低税负的目的。常用的方法主要有:

(1)区分收入的性质,不同性质的收入采用不同的税目。

(2)合理变更投资人数,分散收入总额。

【例6-12】 王某是个体工商户,因自家空闲一处商业店铺,便经营了一家服装店。但是由于地点不佳且经营不善,客流量较少,打算缩小经营规模,出租闲置的几处房产。王某以服装店的名义打出出租广告。假如王某的服装店年应纳税所得额为90 000元,房屋出租每年取得的净收益为6 000元。若王某以服装店的名义出租空闲房屋,则:

$$王某应纳个人所得税=(90\,000+6\,000)\times20\%-10\,500=8\,700(元)$$

假如王某以其妻子的身份出租空闲房屋,而不以服装店的身份出租,则出租房屋的收入不算在服装店的收入范围内,则出租房屋和服装店经营分别计算纳税:

$$服装店缴纳的个人所得税=90\,000\times10\%-1\,500=7\,500(元)$$

$$王某妻子缴纳的个人所得税=6\,000\times(1-20\%)\times20\%=960(元)$$

共缴纳个人所得税8 460元(7 500+960),相较于第一种方法合理节税240元(8 700-8 460)。

此方法的重点在于降低应纳税所得额的税率层次,从而降低税负。

二、分期销售

采用查账征收方式缴纳个人所得税的个体工商户,采用的是按月预缴,年终汇算清缴的征管方式。由于个体工商户个人所得税的税率采用的是超额累进税率,如果个体工商户某纳税年度的应纳税所得额过高,就必须按照较高的税率来缴纳个人所得税。

因此,个体工商户可以在法律允许的范围内,通过递延收入的方式实现税务合规计划,其中最常用的方法就是分期销售。

【例 6-13】 假设李某 2024 年在一处街区开了一家家常菜馆。由于这个街区只有李某一家菜馆,生意十分火爆,李某当年取得应纳税所得额 100 000 元,其中包含了年末预订春节酒席收到的支付款 20 000 元。由于周围街坊看李某如此赚钱,2025 年纷纷开设各种饭馆,预估李某 2025 年的应纳税所得额应该在 40 000 元左右,请大家为李某算下何种方式最能帮李某省钱?

若按李某自己的计划,则李某应纳个人所得税计算如下:

$$2024 年缴纳个人所得税 = 100\,000 \times 20\% - 10\,500 = 9\,500(元)$$
$$2025 年缴纳个人所得税 = 40\,000 \times 10\% - 1\,500 = 2\,500(元)$$

个体工商户第二税率层级的限额为 90 000 元,如果我们把当年 20 000 元预订款,放到年后去收,并入后一年应纳税所得额,则可以使 2024 年的应纳税所得额适用的税率降低一个层次,并且让客户较晚交付款项,容易被客户接受。采用此种方法,李某应缴纳的个人所得税计算如下:

$$2024 年缴纳的个人所得税 = 80\,000 \times 10\% - 1\,500 = 6\,500(元)$$
$$2025 年缴纳的个人所得税 = 60\,000 \times 10\% - 1\,500 = 4\,500(元)$$

根据此方法,李某可以少缴纳税款 1 000 元。

三、合理增加费用扣除

合理扩大成本费用类的支出,是个体工商户减少应纳税所得额的常用手段,值得注意的是,要合法合理,依据法律法规进行费用规划。

(一)在法律的允许范围内,将一些家庭支出转换成经营成本、费用

对于很多家庭而言,其生产经营的场所往往就是其居住场所,很多家庭的日常开支与生产经营都分不开,故而可以将譬如电话费、水费、电费等支出计入个体工商户生产经营成本中。如果是自家房产经营,还可以通过对自家房产进行修缮、维修等增加成本费用,实现自家房产的保值、增值。

不过这种方法只限于个体工商户。对于独资企业和合伙制企业,根据规定,家庭开支与生产经营开支难以区分的,不得在税前扣除,即不能增加成本费用;而个体工商户对于不能区分开来的可以按 40% 计入成本费用。

（二）雇用家庭成员或者临时工，以扩大工资等费用支出范围

雇用家庭成员和临时工具有很大的灵活性，既能增加个人家庭收入，又能扩大相关人员的费用支出范围，增加税前列支费用，从而降低应纳税所得额，少缴个人所得税。

第五节　劳务报酬所得的税务合规计划

一、合理分配劳务次数与人数

劳务报酬所得是个人独立从事某种技艺、独立提供某种劳务而取得的所得。根据现行《个人所得税法》，劳务报酬所得，是指个人从事劳务取得的所得，包括从事设计、装潢、安装、制图、化验、测试、医疗、法律、会计、咨询、讲学、翻译、审稿、书画、雕刻、影视、录音、录像、演出、表演、广告、展览、技术服务、介绍服务、经纪服务、代办服务以及其他劳务取得的所得。劳务报酬所得是综合所得的一部分，在每次取得劳务报酬时，按照一定的费用扣除标准，适用对应的预扣税率进行预扣预缴，纳税年度终了时，并入综合所得进行汇算清缴，税款多退少补。根据税法规定，"每次"按照以下方法确定：劳务报酬所得，属于一次性收入的，以取得该项收入为一次；属于同一项目连续性收入的，以一个月内取得的收入为一次。费用扣除标准上，超过4 000元的扣除20%；不超过4 000元的扣除800元。劳务报酬预征预扣税率表如表6-7所示。

表6-7　劳务报酬预征预扣税率表

级　次	每次应纳税所得额（不含税级距）	税　率	速算扣除数
1	不超过20 000元的部分	20%	0
2	超过20 000元至50 000元的部分	30%	2 000
3	超过50 000元的部分	40%	7 000

因此，劳务报酬所得可以通过分次或按人数来分拆应税所得，使其尽量靠近税前扣除额或低档税率，以达到降低税负的目的。

【例6-14】 张先生为某企业设计广告，其妻子在设计期间参与讨论并提出建议，事后企业支付给张先生劳务报酬6 000元。若劳务报酬全部为张先生所得，则：

$$张先生应预缴个人所得税 = 6\,000 \times (1-20\%) \times 20\% = 960（元）$$

若通过事先与企业协商，明确广告设计劳务由张先生与公司两次合作完成，在合同中表明此劳务报酬为张先生两次劳务所得，则：

$$应预缴个人所得税 = (3\,000-800) \times 20\% \times 2 = 880（元）$$

相较于前者，张先生少交了80元个人所得税。此种方法在年终汇算清缴时，张先生无法达到少缴纳个人所得税的结果，但可以通过尽量少预缴个人所得税来获取的资金时间价值。

二、合理增加扣除费用

个人获得劳务报酬只能在一定限额内扣除费用,如果在现有的扣除标准下,多扣除一些费用,就可以减少个人应缴纳的个人所得税。将一些合理的费用支出添加到合同中,从而降低名义劳务报酬,能够产生良好的降低税负效果。

【例 6-15】　王先生利用业余时间经常做些画作。A 公司请王先生为其公司作画,劳务报酬为 5 000 元。王先生为画这幅画耗费大量水彩,花费 1 500 元补充材料。若不进行税务合规计划,则:

$$王先生应预缴个人所得税 = 5\,000 \times (1 - 20\%) \times 20\% = 800(元)$$

若王先生与 A 公司商量好在合同中签订材料费由 A 公司承担,收入设定为 3 500 元,则:

$$王先生应预缴个人所得税 = (3\,500 - 800) \times 20\% = 540(元)$$

此方法为王先生节税 260 元,同时降低了王先生当年综合所得的应纳税总额。可见,在对公司没有造成任何损失的情况下与公司协商,可以为纳税人合法合规降低税负。当然前提是与目标公司充分沟通。

三、变换收入形式

根据《个人所得税法》,劳务报酬并入综合所得合并征税,但财产租赁、财产转让以及经营所得并未合并统一征税,依旧分类征收个人所得税,故可以通过将劳务报酬转化为综合所得以外的收入项目进行税务合规计划,如将劳务报酬转化成经营所得。

> **提示**
>
> 需要注意的是,变换收入形式必须保证变换形式的合理性与合规性。我国税收实践中,一些演艺人士及网络主播因为转换收入形式不合规而遭受税务处罚。

根据《个人所得税法》,综合所得采用七级超额累进税率,最高税率为 45%,而经营所得采用五级超额累进税率,最高税率为 35%,因此针对高劳务报酬人群,可注册个人工作室,对外提供劳务时,以工作室的名义签订合同,合理地将劳务报酬转化为经营所得收入,有效降低适用税率,从而达到合法合规降低税负的目的。

【例 6-16】　刘先生在一家企业工作,一年工资、薪金收入为 20 万元。刘先生因为本科学习的是计算机相关专业,所以在业余时间会接一些修理电脑、组装软件等业务。今年年底刘先生因工作原因,只接了一个组装软件的业务,收取劳务报酬 3 万元。假设刘先生今年未发生其他相关个人所得。

若不进行规划,根据我国《个人所得税法》,劳务报酬在年底汇算清缴时并入综合所得与

工资、薪金一并计税,则刘先生的税负计算如下:

$$应纳个人所得税=(200\,000+30\,000-5\,000×12)×20\%-16\,920=17\,080(元)$$

若刘先生以自己的名义开设一间工作室,以工作室名义对外接业务,则此部分收入应按照经营所得计税,无须与工资、薪金合并计税,这样一来,刘先生应缴纳的个人所得税计算如下:

工资、薪金部分应纳个人所得税=(200 000-5 000×12)×10%-2 520=11 480(元)

经营所得部分应纳个人所得税=30 000×5%=1 500(元)

刘先生总计缴纳个人所得税1 500+11 480=12 980(元)

少缴纳个人所得税=17 080-12 980=4 100(元)

当然,设立工作室,还要充分考虑工作室经营收入是否符合免征增值税及附加税费的规定。

第六节 稿酬所得的税务合规计划

一、政策依据

根据《个人所得税法实施条例》,稿酬所得是指个人因其作品以图书、报刊等形式出版、发表而取得的所得。

作品,是指包括中外文字、图片、乐谱等在内的能以图书、报刊方式出版、发表的作品。个人作品,包括本人的著作、翻译的作品等。

《个人所得税法实施条例》规定,劳务报酬所得、稿酬所得、特许权使用费所得,属于一次性收入的,以取得该项收入为一次;属于同项目连续性收入的,以一个月内取得的收入为一次。每次取得的收入按如下规定确定:

(1)个人每次以图书、报刊方式出版、发表同一作品(文字作品、书画作品、摄影作品以及其他作品),不论出版单位是预付还是分笔支付稿酬,或者加印该作品后再付稿酬,均应合并其稿酬所得按一次计征个人所得税。在两处或两处以上出版、发表或再版(改版)同一作品而取得稿酬所得,可分别各处取得的所得或再版(改版)所得按分次(两处或两处以上)所得计征个人所得税。

(2)个人的同一作品在报刊上连载,应合并其因连载而取得的所有稿酬所得为一次,按税法规定计征个人所得税。在其连载之后又出书取得稿酬所得,或先出书后连载取得稿酬所得的,应视同再版稿酬分次计征个人所得税。

(3)作者去世后,对取得其遗作稿酬的个人,按稿酬所得征收个人所得税。

二、稿酬所得的税务合规计划思路

通过分次甚至是分人数来分拆应税所得,使各笔收入尽量靠近税前扣除额或税率级次较低的范围,以达到降低税负的目的。

【例 6-17】　张先生与其他三位老师共同完成一部作品,稿酬为 8 000 元。对于稿酬收入实行按次征税,其应纳税所得额的计算为:一次收入低于 4 000 元的,减除 800 元;一次收入高于 4 000 元的,减除其收入的 20%。稿酬所得在使用 20% 的比例税率后减征 30%。

若先纳税后拆分:

$$应纳个人所得税 = 8\,000 \times (1-20\%) \times 20\% \times 70\% = 896\,(元)$$

若拆分后分别纳税。每人收入为 2 000 元,则:

$$四人合计应纳税额 = (2\,000-800) \times 20\% \times 70\% \times 4 = 672\,(元)$$

相比较而言,方案二可节税 224 元(896-672)。

第七节　特许权使用费的税务合规计划

一、政策依据

根据《个人所得税法实施条例》,特许权使用费所得,是指个人提供专利权、商标权、著作权、非专利技术以及其他特许权的使用权取得的所得;提供著作权的使用权取得的所得,不包括稿酬所得。

个人转让特许权使用费或者用特许权使用费投资的,属于转让无形资产,既要缴纳增值税,也要缴纳个人所得税,有关规定如下:

若直接转让特许权使用费,则按照个人所得税中按财产转让所得缴纳个人所得税,适用税率为 20%;若以特许权使用费投资,根据财税〔2015〕41 号文就个人非货币性资产投资纳税,有关税收政策如下:

(1) 个人以非货币性资产投资,属于个人转让非货币性资产和投资同时发生。对个人转让非货币性资产的所得,应按照"财产转让所得"项目,依法计算缴纳个人所得税。

(2) 个人以非货币性资产投资,应按评估后的公允价值确认非货币性资产转让收入。货币性资产转让收入减除该资产原值及合理税费后的余额为应纳税所得额。个人以非货币性资产投资,应于非货币性资产转让、取得被投资企业股权时,确认非货币性资产转让收入的实现。

(3) 个人应在发生上述应税行为的次月 15 日内向主管税务机关申报纳税。纳税人一次性纳税有困难的,可合理确定分期缴纳计划并报主管税务机关备案后,自发生上述应税行为之日起不超过 5 个公历年度内(含)分期缴纳个人所得税。

(4) 个人以非货币性资产投资交易过程中取得现金补价的,现金部分应优先用于缴税;现金不足以缴纳的部分,可分期缴纳。

(5) 个人在分期缴税期间转让其持有的相关投资的全部或部分股权,并取得现金收入的,该现金收入应优先用于缴纳尚未缴清的税款。

非货币性资产,是指现金、银行存款等货币性资产以外的资产,包括股权不动产、技术发明成果以及其他形式的非货币性资产。

非货币性资产投资,包括以非货币性资产出资设立新的企业,以及以非货币性资产出资参与企业增资扩股、定向增发股票、股权置换、重组改制等投资行为。

我国财税〔2014〕116号文规定个人以非货币性资产投资5年以上享受税收递延纳税政策。根据《企业所得税法》及其实施条例,非货币性资产投资涉及的企业所得税政策如下:

（1）居民企业（以下简称企业）以非货币性资产对外投资确认的非货币性资产转让所得,可在不超过5年的期限内,分期均匀计入相应年度的应纳税所得额,按规定计算缴纳企业所得税。

（2）企业以非货币性资产对外投资,应对非货币性资产进行评估并按评估后的公允价值扣除计税基础后的余额,计算确认非货币性资产转让所得。企业以非货币性资产对外投资,应于投资协议生效并办理股权登记手续时,确认非货币性资产转让收入的实现。

（3）企业以非货币性资产对外投资而取得被投资企业的股权,应以非货币性资产的原计税成本为计税基础,加上每年确认的非货币性资产转让所得,逐年进行调整。被投资企业取得非货币性资产的计税基础,应按非货币性资产的公允价值确定。

（4）企业在对外投资5年内转让上述股权或投资收回的,应停止执行递延纳税政策,并就递延期内尚未确认的非货币性资产转让所得,在转让股权或投资收回当年的企业所得税年度汇算清缴时,一次性计算缴纳企业所得税;企业在计算股权转让所得时,可按规定将股权的计税基础一次调整到位。

（5）企业在对外投资5年内注销的,应停止执行递延纳税政策,并就递延期内尚未确认的非货币性资产转让所得,在注销当年的企业所得税年度汇算清缴时,一次性计算缴纳企业所得税。

二、税务合规计划思路

纳税人可以根据自身意愿选择将特许权使用费投资入股或直接转让。如果数额较小,则建议直接转让;若数额较大,建议选择投资入股以获得递延纳税的优惠,进而获得资金时间价值。

🔴【例6-18】　某科研人员发明了一种新技术,该技术获得了国家专利,专利权归个人。该科研人员如果单纯将该专利转让,可获取含税收入84.8万元;如果将该专利折合股份投资,获取相同价款的股权,当年可获取股息收入8.48万元。假定不考虑资金时间价值以及股权转让所得,该科研人员应采取哪种方式?

1. 将专利单纯转让

首先,按照增值税法的有关规定,转让专利权属于转让无形资产,应缴纳增值税,适用税率为6%,不含税收入为80万元[84.8/(1+6%)],应纳增值税为4.8万元(80×6%),且个人无可抵扣进项税额。

依增值税应征收城市维护建设税和教育费附加,但因数额小,在此忽略不计。

其次,根据个人所得税法的有关规定,转让专利使用权取得的收入属于特许权使用费收入,应缴纳个人所得税。特许权使用费收入以个人每次取得的收入,定额或定率减除规定费用后的余额为应纳税所得额。因为该科研人员一次性收入已超过4000元,应减除20%的费用,所以:

$$应纳个人所得税=80\times(1-20\%)\times20\%=12.8(万元)$$
$$缴纳个人所得税后实际所得=80-12.8=67.2(万元)$$

将两税合计,该科研人员缴纳了 17.6 万元(4.8+12.8)的税,实际所得为 67.2 万元。

2. 将专利折合成股份

首先,按照增值税法的有关规定,以无形资产投资入股,参与接受投资方的利润分配,共同承担投资风险的行为,不征收增值税。

由于科研人员将专利折合成股份投资,且拥有公司股权,该股权实现的收益是不确定的,存在风险,属于无形资产投资入股,暂免缴纳增值税,因此,该科研人员不用负担 4 万元的增值税。

其次,根据个人所得税法的有关规定,拥有股权所取得的股息、红利,应按 20% 的比例税率缴纳个人所得税。那么:

$$当年应纳个人所得税=8.48\times20\%=1.696(万元)$$
$$税后所得=8.48-1.696=6.784(万元)$$

通过专利投资,当年仅需负担 1.696 万元的税款。如果每年都可获取税后股息收入 6.784 万元,那么经营 10 年,就可以收回按照方案 1 取得的税后收入,且还可得到价值 84.8 万元的股份。

第八节　利息、股息、红利所得的税务合规计划

一、投资相关免税项目

(一)政策依据

根据现行《个人所得税法》,对个人投资于国债、国家发行的金融债券取得的利息免征个人所得税。

《财政部 国家税务总局关于储蓄存款利息所得有关个人所得税政策的通知》(财税〔2008〕132 号)规定:储蓄存款在 2008 年 10 月 9 日后(含 10 月 9 日)孳生的利息所得,暂免征收个人所得税。

(二)税务合规计划思路

对于求稳型自然人纳税人将资金存入银行、购买国债均不用承担个人所得税,并且国债利率高于一般储蓄,甚至和某些投资理财产品收益相当,因此在进行家庭理财规划时,国债不失为一个好选择。

【例 6-19】　小明有一笔闲置资金,共计 1 000 万元整,准备购买债券,以获得稳定的利息。现有两个方案:购买三年期国债,利率为 4.5%;购买一家 A 股上市公司公开发行的 B 债券,利率为 5.6%,也是三年期,到期还本付息,单利计息。

1. 购买国债

$$税后利息所得=1\,000\times4.5\%\times3=135(万元)$$

2. 购买 B 债券

$$税后利息所得 = 1\,000 \times 5.6\% \times 3 \times (1-20\%) = 134.4(万元)$$

可以看出,由于国债收益免税,在国债收益率与其他债权收益率相差不大的情况下,购买国债的税后收益高于购买公司债券的税后收益。

二、利用持有时限优惠

(一)政策依据

《财政部 国家税务总局 证监会关于上市公司股息红利差别化个人所得税政策有关问题的通知》(财税〔2015〕101 号)规定,自 2015 年 9 月 8 日起,个人从公开发行和转让市场取得的上市公司股票,持股期限超过 1 年的,股息、红利所得暂免征收个人所得税。

个人从公开发行和转让市场取得的上市公司股票,持股期限在 1 个月以内(含 1 个月)的,其股息、红利所得全额计入应纳税所得额;持股期限在 1 个月以上至 1 年(含 1 年)的,暂减按 50% 计入应纳税所得额;上述所得统一适用 20% 的税率计征个人所得税。

上市公司派发股息、红利时,对个人持股 1 年以内(含 1 年)的,上市公司暂不扣缴个人所得税;待个人转让股票时,证券登记结算公司根据其持股期限计算应纳税额,由证券公司等股份托管机构从个人资金账户中扣收并划付证券登记结算公司,证券登记结算公司应于次月 5 个工作日内划付上市公司,上市公司在收到税款当月的法定申报期内向主管税务机关申报缴纳。

上市公司派发股息红利,股权登记日在 2015 年 9 月 8 日之后的,按照上述通知规定执行。2015 年 9 月 8 日(含)之前个人投资者证券账户已持有的上市公司股票,其持股时间自取得之日起计算。

(二)税务合规计划思路

国家此项政策旨在减少投机行为,规范股市交易,通过对持股期限超过 1 年的股息、红利所得暂免征收个人所得税,鼓励投资者进行长期投资。因此,投资者应该尽量延长投资时间至 1 年以上,以减少个人所得税额。

第九节　财产租赁的税务合规计划

一、政策依据

《个人所得税法》规定,财产租赁所得适用 20% 的比例税率。财产租赁所得,每次收入不超过 4 000 元的,减除费用 800 元;4 000 元以上的,减除 20% 的费用,余额为应纳税所得额。个人住房租赁所得暂减按 10% 的税率征收个人所得税。

财产租赁所得按月或者按次计算个人所得税。次,是指一个月内取得的收入为一次;对一次取得属于数月、数年的租金收入,也可以根据合同和实际所得所属月份分别计税。有扣缴义务人的,由扣缴义务人按月或者按次代扣代缴税款。在确定财产租赁所得的应纳税所得额时,纳税人在出租财产过程中缴纳的税金和教育费附加等,可持完税(缴款)凭证,从其财产租赁收入中扣除。

二、税务合规计划思路

当一次性获得大额财产租赁收入时,可以考虑修改合同条款,将收入分散,利用费用扣除标准等,达到降低税负的目的。

【例6-20】　小明出租一套两居室给赵红,租期为3年,月租金为2 000元,按年预收,房屋装修由出租人负责。2024年1月,小明一次性收取年租金2.4万元,支付装修费1 500元,缴纳税金及附加6 000元,并将有关凭证交主管税务机关确认。(不考虑增值税及相关税费。)

1. 一次性计算应纳税额

如果以一个月内取得的收入为一次计算纳税,那么:

$$小明应纳个人所得税=(24\,000-6\,000-800)\times(1-20\%)\times10\%=1\,376(元)$$

2. 按月平均计算应纳税额

如果取得的收入确属数月或数年,并能提供合同依据,就可以把一次性取得的租金收入按月平均计算纳税,则:

$$每月租金=24\,000\div12=2\,000(元)$$
$$每月税费=6\,000\div12=500(元)$$
$$1月应纳税额=(2\,000-500-800-800)\times10\%<0(元),不需要纳税$$
$$2月应纳税额=(2\,000-500-700-800)\times10\%=0(元),不需要纳税$$
$$3-12月每月应纳税额=(2\,000-500-800)\times10\%=70(元)$$
$$全年应纳税额=70\times10=700(元)$$

通过税务合规计划,小明可以少缴纳个人所得税676元(1 376-700)。

第十节　股权转让的税务合规计划

一、政策依据

(一)股权转让的具体情形

股权转让是指个人将股权转让给其他个人或法人的行为,包括以下情形:

(1)出售股权。

(2)公司回购股权。

(3)发行人首次公开发行新股时,被投资企业股东将其持有的股份以公开发行方式一并向投资者发售。

(4)股权被司法或行政机关强制过户。

(5)以股权对外投资或进行其他非货币性交易。

（6）以股权抵偿债务。

（7）其他股权转移行为。

（二）股权转让的涉税处理要点

1. 个人转让股权按"财产转让所得"缴纳个税，适用税率为20%

个人转让股权，以股权转让收入减除股权原值和合理费用后的余额为应纳税所得额，按"财产转让所得"缴纳个人所得税。合理费用是指股权转让时按照规定支付的有关税费。

2. 个人股权转让以受让方为扣缴义务人，但纳税地点在被投资企业所在地

个人股权转让所得个人所得税，以股权转让方为纳税人，以受让方为扣缴义务人。扣缴义务人应于股权转让相关协议签订后5个工作日内，将股权转让的有关情况报告主管税务机关。个人股权转让所得个人所得税以被投资企业所在地税务机关为主管税务机关。

3. 股权转让收入包括违约金、补偿金等所有经济利益

股权转让收入是指转让方因股权转让而获得的现金、实物、有价证券和其他形式的经济利益。转让方取得与股权转让相关的各种款项，包括违约金、补偿金以及其他名目的款项、资产、权益等，均应当并入股权转让收入。

纳税人按照合同约定，在满足约定条件后取得的后续收入，应当作为股权转让收入。

4. 申报的股权转让收入一般不宜低于股权对应的净资产份额

符合下列情形之一的，主管税务机关可以核定股权转让收入：

（1）申报的股权转让收入明显偏低且无正当理由的。

（2）未按照规定期限办理纳税申报，经税务机关责令限期申报，逾期仍不申报的。

（3）转让方无法提供或拒不提供股权转让收入的有关资料的。

（4）其他应核定股权转让收入的情形。

（三）股权转让收入的主要核定方法

主管税务机关应依次按照下列方法核定股权转让收入：

1. 净资产核定法

股权转让收入按照每股净资产或股权对应的净资产份额核定。被投资企业的土地使用权、房屋、房地产企业未销售房产、知识产权、探矿权、采矿权、股权等资产占企业总资产比例超过20%的，主管税务机关可参照纳税人提供的具有法定资质的中介机构出具的资产评估报告核定股权转让收入。6个月内再次发生股权转让且被投资企业净资产未发生重大变化的，主管税务机关可参照上一次股权转让时被投资企业的资产评估报告核定此次股权转让收入。

2. 类比法

（1）参照相同或类似条件下同一企业同一股东或其他股东股权转让收入核定。

（2）参照相同或类似条件下同类行业企业股权转让收入核定。

3. 其他合理方法

主管税务机关采用以上方法核定股权转让收入存在困难的，可以采取其他合理方法核定。

二、税务合规计划思路

（一）利用"正当理由"实现低价转让股权

股权转让收入应当按照公平交易原则确定。符合下列条件之一的股权转让收入明显偏

低的,视为有正当理由:

（1）能出具有效文件,证明被投资企业因国家政策调整,生产经营受到重大影响,导致低价转让股权。

（2）继承或将股权转让给其能提供具有法律效力身份关系证明的配偶、父母、子女、祖父母、外祖父母、孙子女、外孙子女、兄弟姐妹以及对转让人承担直接抚养或者赡养义务的抚养人或者赡养人。

（3）相关法律、政府文件或企业章程规定,并有相关资料充分证明转让价格合理且真实的本企业员工持有的不能对外转让股权的内部转让。

（4）股权转让双方能够提供有效证据证明其合理性的其他合理情形。

可见,股权低价转让需要符合法定情形。从本质上讲,这一规定与"公平交易"并不矛盾,是为了让交易价值更符合实际。在实际税收征管中,利用上述政策提供充分的证据材料,可以实现股权的低价转让。比如,目前在国内外大背景下,煤炭等能源企业运营困难,相关转让方可以通过上述第（1）项进行规划;对于家族企业内部股份转让则可以通过第（2）项进行规划;尤其值得关注的是第（3）项,具有很大的规划空间,可以通过修改公司章程、相关协议进行内部低价转让;第（4）项则赋予了税务机关很大的自由裁量权,也为部分企业提供了一定的规划空间。

> **提示**
>
> 　该规划方法的运用依然面临实质课税被纳税调整的风险。

（二）恰当运用核定方法

个人转让股权未提供完整、准确的股权原值凭证,不能正确计算股权原值的,由主管税务机关核定其股权原值。但对于核定方法,相关文件没有给出具体的规定,实际上是把权限给了各地税务机关。从各地实践来看,比如,陕西省税务机关会结合验资报告、银行询证函、银行存款日记账、实收资本（股本）账面记录、公司章程等进行审核对比以核定原值;海南省按申报的股权转让收入的一定比例（15%）核定计税成本。因此,对于部分近年来迅猛发展的行业（如电商行业、房地产业）而言,如果按照上述方式进行核定的成本大于实际成本,可以适用这一方法进行税务合规计划,以降低应纳税所得额。然而,由于核定通常是在会计账册、相关计税凭证不完整的情形下适用的,被转让股权公司将面临较高的规划风险。

第十一节　股票期权的税务合规计划

一、政策依据

股票期权起源于美国,是企业授予高级管理人员的一种权利,持有人可以在规定的时间内以股票期权的"施权价"购买本公司股票,这个过程叫作"行权"。行权之前,股票期权持有人没有任何现金收益;行权之后,个人收入为"施权价"与行权日市价之间的差额。

居民个人取得股票期权、股票增值权、限制性股票、股权奖励等股权激励(以下简称股权激励),符合《财政部 国家税务总局关于个人股票期权所得征收个人所得税问题的通知》(财税〔2005〕35 号)、《财政部 国家税务总局关于股票增值权所得和限制性股票所得征收个人所得税有关问题的通知》(财税〔2009〕5 号)、《财政部 国家税务总局关于将国家自主创新示范区有关税收试点政策推广到全国范围实施的通知》(财税〔2015〕116 号)、《财政部国家税务总局关于完善股权激励和技术入股有关所得税政策的通知》(财税〔2016〕101 号)规定的相关条件的,在 2027 年 12 月 31 日前,不并入当年综合所得,全额单独适用综合所得税率表,计算纳税。计算公式为:

$$应纳税额 = 股权激励收入 \times 适用税率 - 速算扣除数$$

居民个人一个纳税年度内取得两次以上(含两次)股权激励的,应合并按财税〔2016〕101 号文件规定计算纳税。

二、税务合规计划思路

员工接受实施股票期权计划企业授予的股票期权时,除另有规定的外,一般不作为应税所得征税。**员工行权时,其从企业取得股票的实际购买价(行权价)低于购买日公平市场价(指该股票当日的收盘价,下同)的差额,是员工基于在企业中的表现和业绩情况而取得的与任职、受雇有关的所得,应按"工资、薪金所得"计算缴纳个人所得税。**因特殊情况,员工在行权日之前将股票期权转让的,以股票期权的转让净收入为工资、薪金所得征收个人所得税。员工行权日所在期间的工资、薪金所得,应按下列公式计算工资、薪金应纳税所得额:

$$\begin{aligned}股票期权形式的工资薪金应纳税所得额 &= (行权股票的每股市场价 \\ &\quad - 员工取得该股票期权支付的每股行权价) \times 股票数量\end{aligned}$$

对该股票期权形式的工资、薪金所得,可区别于所在月份的其他工资、薪金所得,单独按下列公式计算当月应纳税额:

$$\begin{aligned}应纳税额 &= (股票期权形式的工资、薪金应纳税所得额 \div 规定月数 \\ &\quad \times 适用税率 - 速算扣除数) \times 规定月数\end{aligned}$$

上述公式中的规定月份数,是指员工取得来源于中国境内的股票期权形式工资、薪金所得的境内工作期间月份数,长于 12 个月的,按 12 个月计算;上述公式中的适用税率和速算扣除数,以股票期权形式的工资、薪金应纳税所得额除以规定月数后的商数对照工资、薪金个人所得税七级超额累进税率确定。

员工将行权后的股票再转让时获得的高于购买日公平市场价的差额,是因个人在证券二级市场上转让股票等有价证券的所得,应按照"财产转让所得"适用的征免规定计算缴纳个人所得税,即:

$$此时的财产转让所得 = (每股转让价格 - 行权股票的每股市场价) \times 股票数量$$

这部分所得理应作为"财产转让所得"征税,但是鉴于目前对个人投资者在二级市场上买卖境内上市公司流通股的所得暂不征收个人所得税,因此,如果行权所获得的股权是流通股，则其通过二级市场的转让所得暂免征收个人所得税,但如果是场外交易或者非流通股、境外上市公司股票的交易,就应当作为"财产转让所得"征收个人所得税。

员工因拥有股权而参与企业税后利润分配取得的所得,应按照"利息、股息、红利所得"适用的规定计算缴纳个人所得税。除依照有关规定可以免税或减税的外,应全额按规定税率计算纳税。

综上所述,股票期权的税收政策归纳如下:

(1)股票期权在计提期间(等待期间),不得在企业所得税前扣除相关成本费用,但实际发放时(行权时)可以扣除。

(2)个人行权时,股票期权的收益应按"工资、薪金所得"计算应缴纳的个人所得税。

【例6-21】　王先生为某上市公司的高级职员,假设该公司于2024年9月30日授予王先生18 000股股票期权,授予价为每股6元。股票期权协议书约定,王先生在工作满2年后购买该公司的股票。假设王先生行权日为2026年10月31日,行权日该公司的股票市价为每股20元。

(1)规划前税负分析:

根据财税〔2005〕35号文件的规定,王先生应纳的个人所得税计算如下:

$$应纳税所得额=(20-6)\times18\,000=252\,000(元)$$
$$应纳税额=(252\,000\div12\times25\%-1\,005)\times12=50\,940(元)$$

(2)规划方案:

根据《关于个人股票期权所得缴纳个人所得税有关问题的补充通知》(国税函〔2006〕902号),员工以在一个公历月份中取得的股票期权形式工资、薪金所得为一次。员工在一个纳税年度中多次取得股票期权形式工资、薪金所得的,其在该纳税年度内首次取得股票期权形式的工资、薪金所得应按财税〔2005〕35号文件规定的公式计算应纳税款;本年度内以后每次取得股票期权形式的工资、薪金所得,应按以下公式计算应纳税款:

$$应纳税款=(本纳税年度内取得的股票期权形式工资、薪金所得累计应纳税所得额$$
$$\div规定月数\times适用税率-速算扣除数)\times规定月数$$
$$-本纳税年度内股票期权形式的工资、薪金所得累计已纳税款$$

由于股票期权涉及工资、薪金所得,财产转让所得,股息、红利所得这三类不同类型的所得,因此,如何使这三项应纳个人所得税额的总和最小化就是税务合规计划应关注的关键问题。通常可以不考虑期权行使后的股息、红利所得,因为对于持股比例不高的一般股东而言,很难对企业的利润分配政策和实务施加足够大的影响,因而这方面的规划空间很小。

(3)规划后的税负分析:

如果考虑行权时间的调整,王先生在2026年10月31日和2022年11月23日两次行权,两次行权的股数均为9 000股,且两次行权的股票市价不变。则:

第一次行权时:

$$应纳税所得额=(20-6)\times9\,000=126\,000(元)$$
$$应纳税额=(126\,000\div12\times25\%-1\,005)\times12=19\,440(元)$$

第二次行权时：

$$应纳税额＝\left[（126\,000＋126\,000）÷12×25\%－1\,005\right]×12－19\,440＝31\,500（元）$$

两次行权共纳税 50 940 元。

假设 2027 年 11 月 23 日行权时的股票市价仍是 20 元，王先生将行权日规划为跨年度的两次，即第一次是 2026 年 10 月 31 日，第二次是 2027 年 11 月 23 日。则：

第一次行权时：

$$应纳税所得额＝（20－6）×9\,000＝126\,000（元）$$
$$应纳税额＝（126\,000÷12×25\%－1\,005）×12＝19\,440（元）$$

第二次行权时，应纳税额与第一次相同。

两次行权共纳税 38 880 元，节约税额 12 060 元。

复习与思考

1. 简述居民个人纳税人的判定条件和纳税义务。
2. 简述非居民个人纳税人的判定条件和纳税义务。
3. 简述居民个人综合所得的扣除项目。
4. 简述居民个人全年一次性奖金的计税办法。
5. 简述需要办理汇算清缴的情形。

小试牛刀

一、自测题

扫码完成自测

二、业务题

1. 韩某夫妻共同出资购买商品住宅一套，扣除首付款之后，贷款 250 万元按揭，按照年复利计算，每年需支付利息 18 万元。韩某本人就职于某科技公司，年薪为 30 万元，其妻就职于某国有企业，年薪 10 万元。试回答以下问题并比较由韩某本人单方扣除和夫妻双方分别扣除贷款利息专项附加扣除，哪种情形更划算？

（1）纳税人应当留存哪些凭证备查？

（2）若由韩某本人单方扣除 1 000 元，则本人应纳税额是多少？

（3）若由韩某本人单方扣除 1 000 元，其妻应纳税额是多少？

（4）若由韩某本人单方扣除 1 000 元，则合计应纳税额是多少？

（5）若由韩某夫妻双方分别扣除 500 元，则韩某本人应纳税额是多少？

（6）若由韩某夫妻双方分别扣除 500 元，则其妻应纳税额是多少？

（7）若由韩某夫妻双方分别扣除 500 元，合计应纳税额是多少？

（8）根据以上计算哪种情形更划算？可以节税多少元？

2. 2024 年 6 月，中国公民陈某因持有某上市公司的股票（持有期限 1 个月以内），取得该公司分配的红利 24 000 元。该公司在发放红利前为持股者代扣个人所得税。当月，他通过有关国家机关，向教育慈善项目捐款 10 000 元。试回答以下问题。

（1）依照我国税法的有关规定，捐赠额未超过其应纳税所得额多少比率的部分，可以从其应纳税所得额中扣除？

（2）计算陈某的税前应纳税所得额。

（3）计算税前扣除限额。

（4）不允许在所得税税前扣除的金额。

（5）计算陈某 2024 年 6 月应纳税所得额。

（6）计算陈某 2024 年 6 月应纳所得税税额。

（7）计算上市公司已经为陈某代扣的个人所得税。

（8）计算陈某可获退税额。

参考答案

案例阅读

薇娅偷逃税案："筹划"之后为何仍然被罚？

12 月 20 日，税务部门公布了黄薇（薇娅）偷逃税案的处罚结果。薇娅在 2019 年至 2020 年期间，通过隐匿个人收入、虚构业务转换收入性质虚假申报等方式偷逃税款 6.43 亿元，其他少缴税款 0.6 亿元，依法被追缴税款、加收滞纳金并处罚款共计 13.41 亿元。

薇娅丈夫董海锋随后发布致歉信称，自 2020 年 11 月至今，终止了所谓的税务"筹划"，按照 45% 个人所得税率全额缴纳薇娅相关税款，并主动补缴在此之前的不合规的相关税款。

那么，所谓的税务"筹划"之后，为何还会被罚呢？

一、被罚原因：个人劳务报酬所得转换为企业经营所得

2019 年至 2020 年期间，黄薇通过隐匿其从直播平台取得的佣金收入虚假申报偷逃税款；通过设立上海蔚贺企业管理咨询中心、上海独苏企业管理咨询合伙企业等多家

个人独资企业、合伙企业虚构业务，将其个人从事直播带货取得的佣金、坑位费等劳务报酬所得转换为企业经营所得进行虚假申报偷逃税款；从事其他生产经营活动取得收入，未依法申报纳税。

杭州市税务局稽查局表示，税务部门一直重视并持续规范网络直播行业税收秩序，分析发现部分网络主播存在一定涉税风险，及时开展了风险核查，提示辅导相关网络主播依法纳税。经税收大数据分析评估发现，黄薇存在涉嫌重大偷逃税问题，且经税务机关多次提醒督促仍整改不彻底，遂依法依规对其进行立案并开展了全面深入的税务检查。

二、律师：不应当对"不当税务合规计划"继续抱有侥幸心理

六和律师事务所合伙人、税务合规研究中心主任王敏志律师表示，直播从业人员查税风暴并非"突如其来"。

早在 2011 年 4 月，《国家税务总局关于切实加强高收入者个人所得税征管的通知》（国税发〔2011〕50 号）第二条第（三）款第 3 目对"个人独资企业、合伙企业和个体工商户的资金用于投资者本人、家庭成员及其相关人员消费性支出和财产性支出"，要求"严格按照相关规定计征个人所得税"；第三条第（四）款第 2 目即对"个人从事影视表演、广告拍摄及形象代言等获取所得"和"相关人员通过设立艺人工作室、劳务公司及其他形式的企业或组织取得演出收入的所得税"强化源泉管控和征管。

直播行业已然经历了从面向不特定群体到"点对点服务"的网络营销阶段、"个性化服务"第三方平台推送阶段到以"消费者为中心"的互联网优选阶段的演变，业务模式也从低层次的"产品推介"向"展销一体化"以及更高层次的"服务反哺制造业升级"等各阶段演进。实践中，动不动就以"亿元"为 GMV（全称 Gross Merchandise Volume，即商品交易总额）计量单位的网络营销员队伍，也从传统产品营销附庸的"打工角色"，升级到"流量经济"下的专业化分工。细化到涉税服务性质，出现了"经销团队网络化""外包服务集成化"以及"代运营团队规模化"的产业发展特点。可以说，在尚未泾渭分明的不同历史时期，劳动所得、劳务所得、自营情况下的生产经营所得几乎同时不同程度的并存。

与此同时，直播从业人员的收入兼具日薪周薪结算、普通营销劳务、流量商誉赋能、IP 价值打造、商品价差提成、平台股权激励等多重性质；其成本也因外化为无法准确计量的"形象支出""展业成本""团队运营成本"或其他无票支出等而最终未实际入账；项目实施中，还普遍存在"直播从业人员自营收入垫资""内部承包或代运营包税制""平台转售或寄卖"等多层次核算体系。严格意义上说，受囿于财务、法务团队的谨慎性（或滞后性），尚不能应对这一类新型经济形态的营收特点：

（1）不同平台运营收入往往是项目制结算，尚不能对共享成本等合理分摊。

（2）直播从业人员的演艺性具有高度人身属性，尚不能绝对化采取单体物化下的工作室的财产性收入予以完全替代。

（3）行业内卷导致"刷单""零坑位费""肖像权不可撤销授权""个人注册公众号并委托代运营"等行为层出不穷。

（4）地方招商引资催生直播群体规模化、集群化繁衍，但核定征收初始鉴定又进一

步趋紧,入账凭证"短缺"矛盾无法解决,部分减税降费政策无法统一适用于这类群体。

(5)本不应开放个人所得税代扣代缴事项的"委托代征"等原绝对物理化存在的开票模式在互联网化后部分偏离了真实性、合法性原则,部分劳务外包、劳务派遣机构不加区分地混淆二者业务实质并存于市,节税最为迫切的这类群体对此趋之若鹜,集体铤而走险。

上述直播行业的核算特点进一步导致直播从业人员的合规意愿来不及更新迭代。

从现有信息披露来看,直播从业人员收入多元化且很多并不透明,已成为行业通病,利用注册平台等组织架构、税收政策漏洞等方式"隐匿""转化"个人收入类型也成为行业惯例,部分平台改变直接聘用模式,通过经纪合约间接签约直播从业人员,并以拆分合同、权益性收入等"隐瞒"真实收入、"改变"收入性质等。《个人所得税法》生产经营所得税目下"个人从事其他生产、经营活动取得的所得"条款容易和劳务报酬所得相关条款的法律适用相混淆。在税法尚不具有确定性的前提下,直播从业人员直接注册工作室或个人独资企业,以期被认定为生产经营所得报税。但如果注册的工作室或个人独资企业是"空壳"且更多是消费性支出而不是商业用途的支出的,缺乏合理商业目的,纯粹只是为了"套现"劳务收入,那就要另当别论了。可见,这是内因和外因共同作用的结果。

税务部门已经注意到此类问题,并三令五申要求改正。而在交易数据尚未共享的情况下,部分地区税务部门并不能完全有效予以监管,特别是在网红经济兴起之后,坑位费、销售返佣、平台奖励、粉丝打赏等直播带货收入远远超出了此前税务部门限于"工资薪金所得""劳务所得""特许权使用费所得""生产经营所得"等界限较为模糊的固有分类。

很多直播从业人员通过设立工作室,以个人独资企业、合伙企业、个体工商户等方式将工资薪金、劳务报酬所得转变为经营所得:

(1)工资薪金、劳务报酬所得等综合所得的税率为3%~45%,而生产经营所得的税率为5%~35%,后者名义税率较低。

(2)生产经营所得税目项下的收入通常可以申请核定征收,而工资薪金、劳务报酬所得无法核定或实践中被认定为"生产经营所得"难度较大,二者实际税负率差距更大。

(3)通过各地招商引资给予特定比例的地方留成返还等"政策"还可间接达到降低实际税负率的目的。

(4)个人独资企业、合伙企业需就经营所得缴纳个人所得税,不需要缴纳企业所得税,相比股东分红少缴一道所得税,且其后分配至个人的方案中无须再次缴纳个人所得税。

事实上,直播行业的其他筹划方案也应一并予以合规考量及明确:

(1)直播从业人员按照肖像权等IP价值对应可计提的特许权使用费收入问题。

(2)文娱代言明星的"带货"行纪收入等是否计入申报销售额等问题。

(3)直播从事合伙、参股激励、业绩对赌等符合"财产转让所得""股息、红利所得"的税目等问题。

三、国家税务总局：新经济新业态在规范中发展

坚决支持杭州市税务部门依法严肃处理黄薇偷逃税案件。同时，要求各级税务机关对各种偷逃税行为，坚持依法严查严处，坚决维护国家税法权威，促进社会公平正义；要求认真落实好各项税费优惠政策，持续优化税费服务，促进新经济新业态在发展中规范，在规范中发展。

财税、法律界专家学者认为，税务部门作出的处理处罚决定体现了税法权威和公平公正，再次警示网络主播从业人员，网络直播非"法外之地"，要自觉依法纳税，承担与其收入和地位相匹配的社会责任。

国家税务总局专门印发通知，明确网络主播2021年底前能够主动报告并及时纠正涉税问题的，可以依法从轻、减轻或免予处罚。据了解，已有上千人主动自查补缴税款。税务总局同时明确，对自查整改不彻底、拒不配合或情节严重的依法严肃查处。

思考：

1. 薇娅被认定为偷逃税的关键点是什么？

2. 当前主流的直播行业"筹划"方案有哪些合规风险？

第七章　土地增值税、房产税、契税的税务合规计划

学习目标

学 习 内 容	学习目标	学习难度
1. 土地增值税的纳税人、征税对象、税率、计税依据	熟悉	☆
2. 房产税的纳税人、征税对象、税率、计税依据	熟悉	☆
3. 契税的纳税人、征税对象、税率、计税依据	熟悉	☆
4. 土地增值税、房产税、契税的税务合规计划要点	掌握	☆☆☆
5. 土地增值税、房产税、契税的主要涉税风险防控节点	熟悉	☆☆☆

案例导读

乡村变革的税收奇迹

从前,有一个名叫小明的年轻农夫,他住在一个宁静的乡村里。这个乡村的土地价值一直都不高,村里的人们都过着朴素的生活。

有一天,小明听说政府打算引进土地增值税,他顿时感到有些紧张。于是,他决定和村里的居民一起思考办法,以缓解这一压力。

他们集体决定进行一场别开生面的土地增值税税务合规计划活动。首先,他们在村子周围画上了一圈虚拟的黄金边界线,宣布这是"黄金村庄"。这一消息迅速传开,引起了外界的广泛关注。

随着传言的传播,人们纷纷涌入这个"黄金村庄"寻找机会。小明和村里的居民聪明地将一些农田改建成观光农庄,设立了土地观光导览点,让游客可以了解乡村生活和农业生产的方方面面。

由于"黄金村庄"的独特性和吸引力,游客纷纷涌入,土地价值也水涨船高。小明和村民们巧妙地利用了土地增值税法规中的一些优惠政策,成功地将一部分土地转为观光用途,享受了一定的减税优惠。

这个小村庄变成了一个引人注目的旅游胜地,村里的收入也因此大幅度增加。小明和

村里的居民通过巧妙的土地增值税税务合规计划,成功地改变了乡村的经济状况,为村庄注入了新的活力。

这个有趣的故事告诉我们,有时候在看似严肃的财政制度中,也能发现一些创新和幽默的元素,通过巧妙的策略解决问题,为乡村注入新的生机。

第一节 土地增值税概述

一、征税范围

(一)基本征税范围

1. 转让国有土地使用权

转让国有土地使用权,是指土地使用者通过出让方式,向政府缴纳土地出让金有偿受让土地使用权后,仅进行土地开发而不进行房产开发,然后直接出售空地的行为。该行为属于土地增值税的征税范围。

2. 地上建筑物及其附着物连同土地使用权一并转让

一般房地产开发企业涉及该项业务,因此房地产企业对土地增值税的税务合规计划愿望较为强烈。卖房行为也涉及土地使用权的转让,即发生了产权转让且取得了收入,应纳入土地增值税的征税范围。

3. 存量房地产买卖

存量房产的买卖是指销售已经建成并投入使用的房地产,比如个人买卖原有住房。

(二)特殊征税范围

1. 房地产的赠与

房地产的赠与是指房产和土地使用权的所有人将产权转让给他人的行为。这里的赠与对象包括:① 直接亲属或承担直接赡养义务的人;② 通过中国境内非营利的社会团体、国家机关将房产和土地使用权赠与教育、民政、其他社会福利和事业的。

> **提示**
>
> 房地产的赠与需要符合两个条件:① 无偿;② 税法规定范围内的赠与对象。

2. 房地产的出租

房地产的出租人取得了收入,但产权并未发生变更,不属于土地增值税的征税范围。

3. 房地产的抵押

在抵押期间并未发生产权变更,房地产的所有人依旧可以对房产实行占有、使用和收益等权利。

4. 房地产的交换

一般情况下,房地产的交换属于土地增值税的征税范围,但经税务机关核实属于个人房产交换,且应税价格相等未有增值额的免征土地增值税。

二、税率及计税依据

(一)税率

土地增值税税率如表7-1所示。

表7-1 土地增值税税率

级 次	增值额与项目扣除金额的比率	税率/%	速算扣除数/%
1	不超过50%的部分	30	0
2	超过50%~100%的部分	40	5
3	超过100%~200%的部分	50	15
4	超过200%的部分	60	35

(二)计税依据

1. 应税收入

土地增值税的应税收入是指纳税人销售房地产过程中取得的货币收入、实物收入和其他收入。

2. 扣除项目

土地增值税的扣除项目包括取得土地使用权所支付的金额、房地产开发成本和房地产开发费用。

三、应纳税额的计算

(一)增值额的确定

土地增值税纳税人转让房地产取得的收入减除规定的扣除项目金额后的余额,为增值额。

(二)计算公式

土地增值税应纳税额的计算公式如下:

$$应纳税额 = \sum(每级距的土地增值额 \times 适用税率)$$

各级距土地增值税应纳税额的计算公式如表7-2所示。

表7-2 土地增值税应纳税额的计算公式

增 值 率	计 算 公 式
不超过50%的部分	增值额×30%
超过50%~100%的部分	增值额×40%-扣除项目金额×5%

续　表

增　值　率	计　算　公　式
超过 100%~200% 的部分	增值额×50%−扣除项目金额×15%
超过 200% 的部分	增值额×60%−扣除项目金额×35%

其中，

增值率＝增值额/扣除项目金额

四、土地增值税的基本特征

（一）超率累进

土地增值税以增值率为依据实行四级超率累进税率，分级计税。土地增值税的增值额是转让土地使用权的收入减去各种扣除项目的金额，与增值税制度中的增值额不同，增值率是指增值额与税前扣除项目金额的比率。

（二）征税面广

除税法规定免税的情况外，凡在我国境内转让房产并取得收入的企业和个人，均应按照土地增值税征收条例缴纳土地增值税。

（三）按次征收

土地增值税发生在房地产转让的环节，按次征收，每发生一次转让行为，就应根据每次取得的增值额征一次税。

第二节　房地产企业土地增值税的税务合规计划

一、利用临界点进行税务合规计划

（一）将增值率控制在 20% 以内

纳税人建造普通标准住宅，增值额**未超过扣除项目金额 20% 的，免征土地增值税**。对于纳税人既建造普通标准住宅，又从事其他房地产开发的，应分别核算增值额，**不分别核算或不能准确核算增值额的，其建造的普通标准住宅不能适用这一免税政策**。

这里的 20% 就是"税收临界点"，纳税人应根据该临界点进行税务合规计划。国家给予房地产开发企业一定条件下的免税优惠，旨在鼓励房地产行业少赚取利润，多为社会做贡献。房地产企业应在自身拥有普通标准住宅业务情况下分开核算，充分利用税收优惠政策，减轻其税收负担。若是由于核算不清造成企业税负加重，则会影响该房地产企业的市场竞争力。

【例 7−1】　某房地产公司从事普通标准住宅开发，2024 年 11 月 15 日，出售一栋普通住宅楼，总面积为 12 000 m²，销售收入总额为 2 300 万元，该项业务可抵扣的进项税额为 80 万元，支付的土地出让金为 324 万元，房屋开发成本为 1 100 万元，利息支出为 100 万元，但不能提供金融机构借款费用证明,适用的城市维护建设税税率为7%,教育费附加征收率为3%,印花税税率为0.5‰,当地政府规定房地产开发费用①的扣除比例为10%。

为抑制炒房的投机行为,保护正常房地产开发投资者的积极性,对于从事房地产开发的纳税人,以取得土地使用权所支付的金额与房地产开发成本之和的20%加计扣除。计算如下:

取得土地使用权支付的金额=324(万元)

房地产开发成本=1 100(万元)

房地产开发费用=(324+1 100)×10%=142.4(万元)

加计20%扣除数=(324+1 100)×20%=284.8(万元)

允许扣除的税金(包括城市维护建设税、教育费附加)=(2 300×9%-80)×(7%+3%)

$$=12.7(万元)$$

扣除项目金额合计=324+1 100+142.4+284.8+12.7=1 863.9(万元)

增值额=2 300-1 863.9=436.1(万元)

增值率=436.1÷1 863.9×100%=23.39%

应纳土地增值税=436.1×30%-0=130.83(万元)

获利额=收入-成本-费用-税金=2 300-324-1 100-142.4-12.7-130.3=590.6(万元)

该公司建造的普通标准住宅增值率超过了20%,因此,要缴纳土地增值税。下面改变一些条件进行免税分析:假设该房地产公司把总销售价格调低至2 200万元,其他条件不变,则纳税情况如下:

转让房地产扣除项目金额=324+1 100+142.4+284.8+(2 200×9%-80)×(7%+3%)=1 863(万元)

增值额=2 200-1 863=337(万元)

增值率=337÷1 863×100%=18.09%

该公司开发普通标准住宅出售,增值额未超过扣除项目金额的20%,依据税法规定免征土地增值税。

$$获利额=2 200-324-1 100-142.4-12.7=620.9(万元)$$

普通住宅降价之后,虽然销售收入减少了100万元,但是,由于享受免征土地增值税待遇,该房地产开发公司免缴130.3万元的土地增值税,降价幅度低于税负减轻的金额,获利金额增加了30.3万元。

提示

通过以上计算可知,获得土地增值税免税条件的关键在于控制增值率,即通过降低售价或提高扣除项目金额来控制增值率,从而获得净收益的增加。

---

① 房地产开发费用是指与房地产开发项目有关的销售费用、管理费用和财务费用。

　　取得土地使用权支付的金额和房地产开发成本构成了房地产开发的总成本,一般称为"建造成本"。进一步分析,允许扣除的房地产开发费用是建造成本的10%,财政部规定的其他扣除项目是建造成本的20%。与转让房地产有关的税金只包括城市维护建设税和教育费附加。

　　《土地增值税暂行条例》规定,增值额未超过扣除项目金额50%的部分,税率为30%,因此,只要使提价带来的收益大于30%就能获利。另外,由于土地增值税采用超率累进税率,增值率的提升会导致土地增值税实际税负的提高,因此要通过测算将增值率控制在适当范围内,以此来确保企业净收益最大化。

　　【例7-2】　长城房地产开发公司于2024年2月取得近郊的一块土地,根据土地规划部门要求,这块土地须用于开发经济适用房。该经济适用房于2025年4月建成,扣除项目金额为4 300万元(包括加计扣除的20%),增值税可抵扣进项税额为260万元,拟于2025年12月完成对外销售,整个楼盘预计销售总价款为5 400万元。规划前应纳税额及税后利润计算如下:

$$增值额=5\ 400-4\ 300=1\ 100(万元)$$
$$增值率=1\ 100÷4\ 300×100\%=25.58\%>20\%$$
$$应纳土地增值税=1\ 100×30\%=330(万元)$$
$$应纳企业所得税=(5\ 400-4\ 300-330)×25\%=192.5(万元)$$
$$税后利润=(5\ 400-4\ 300-330-192.5)=577.5(万元)$$

　　该房地产开发商改变销售价格策略,将整个楼盘对外销售价格总额调整为5 100万元,其他情况不变。此时,该开发商整个纳税情况如下:

$$增值额=5\ 100-4\ 300=800(万元)$$
$$增值率=800÷4\ 300×100\%=18.6\%<20\%,免于征收土地增值税$$
$$应纳企业所得税=(5\ 100-4\ 300)×25\%=200(万元)$$
$$税后获利=(5\ 100-4\ 300-200)=600(万元)$$

　　比较税务合规计划前后的纳税情况可知,表面上看,开发商售价降低了300万元,但由于利用了土地增值税的免税优惠,免征330万元土地增值税,增加7.5万元企业所得税,税后利润不降反增,增加了22.5万元(600-577.5)。

(二) 分散收入

　　在累进税制下,增值额的增长会使纳税人税负急剧上升,因而分散收入有着很强的现实意义。如何实现合理合法地分散收入,是规划方法的关键。**一般采用的方法是将可以分开单独处理的部分从整个房产项目中分离出来,以降低房产部分的价格和增值额**,比如房屋装修以及屋内设施就可以从房产项目中剥离出来,单独进行房屋装修或设施安装。

> **提示**
>
> 　　这里必须注意税务合规计划的合法性，尤其是相关业务活动和合同条款、资金结算、账务处理、发票开具等必须符合国家相关政策要求且保证与实际业务活动的一致性。

【例 7-3】　某企业准备出售其拥有的一幢房屋以及一块土地的土地使用权。因为房屋已经使用过一段时间，里面的各种设施均已安装齐全。估计市场价格是 800 万元，其中，设备的价格约为 100 万元。

如果该企业和购买者签订房地产转让合同时，采取分散收入的规划方法，可能会节约税款。具体做法是在合同上仅注明 700 万元的房地产转让价格，同时签订一份附属办公设备购销合同。这样分散收入进行税务合规计划，不仅使增值额变小，而且可能使增值率变小，从而节约土地增值税。

分散收入有很多种方法。房地产公司**成立独立的房产销售公司**，将一部分销售收入分散至房产销售公司，也能起到分散收入的税收规划效果。

在经济实践中，还有一种逆向分散收入的税收规划方法，即**增加收入的同时增加扣除项目，以调节增值率**，从而实现土地增值税的税务规划效果。

【例 7-4】　某房地产企业开发一栋普通标准住宅，房屋售价为 900 万元，按照税法规定可以扣除的费用为 700 万元。该房地产企业应纳土地增值税的计算如下：

$$增值率 = (900-700)/700 \times 100\% = 28.57\%$$

$$应纳土地增值税 = 200 \times 30\% = 60（万元）$$

若该房地产公司对房屋进行精装修，装修费用为 300 万元，将出售价格和扣除费用同时增加 300 万元，则增值率变为 20% [(1 200-1 000)/1 000×100%]，无须缴纳土地增值税，土地增值税税收负担降低 60 万元。

二、建房方式的税务合规计划

（一）合作建房

对于一方出地，一方出资金，双方合作建房，建成后按比例分房自用的，暂免征收土地增值税。

比如某房地产开发企业购得一块土地的使用权准备修建住宅，则该企业可以预收购房者的购房款作为合作建房的资金。这样，从形式上就符合了一方出土地，一方出资金的条件。一般而言，一幢住房中土地支付价所占比例应该比较小，这样房地产开发企业分得的房屋就较少，大部分由出资金的用户分得自用。在该房地产开发企业售出剩余部分住房前，各方都不用缴纳土地增值税，只有在房地产开发企业建成后转让属于自己的那部分住房时，就这一部分缴纳土地增值税。

（二）代建房

代建房是指房地产开发公司代客户进行房地产的开发，开发完成后向客户收取代建收入的行为。所有权一直属于客户没有发生转移,不属于土地增值税的征税范围。

如果房地产开发公司在开发之初便能确定最终用户,就完全可以采用代建房方式进行开发,而不采用税负较重的开发后销售方式。这种方式可以是由房地产开发公司以用户名义取得土地使用权和购买各种材料设备,也可以协商由客户自己取得和购买,只要从最终形式上看房地产权没有发生转移就可以了。为了使该项规划更加顺利,房地产开发公司可以降低代建房劳务性质的收入,房地产企业与客户共同享受节税利益。

三、进行适当捐赠

利用房地产的增与进行税务合规计划时,当事人应当注意捐赠方式,以免捐赠之后反而要承担大笔税款。比如某房地产所有人欲将其拥有的房地产捐赠给希望工程,就一定要符合法定的程序,即通过在中国境内非营利性的社会团体、国家机关,如希望工程基金会进行捐赠,而不能自行捐赠。

四、各类费用的规划

(一)房地产开发费用

房地产开发费用是指与房地产开发项目有关的销售费用、管理费用和财务费用。财务费用中的利息支出,凡能够按转让房地产项目计算分摊并提供金融机构证明的,允许据实扣除,但最高不能超过按商业银行同类同期贷款利率计算的金额。其他房地产开发费用,按取得土地使用权的成本、开发土地和新建房及配套设施金额之和的5%以内计算扣除。凡不能按转让房地产项目计算分摊利息支出或不能提供金融机构证明的,房地产开发费用按取得土地使用权的成本、开发土地和新建房及配套设施金额之和的10%以内计算扣除。

房地产企业贷款利息扣除的限额分为两种情况:① 在商业银行同类同期贷款利率的限度内据实扣除;② 与其他费用一起按税法规定的房地产开发成本的10%以内扣除。利息扣除方面的税法弹性提供了税务合规计划空间,企业可以根据两种计算方法所能扣除的费用的不同决定具体采用哪种扣除方式。

🏵【例7-5】　某房地产开发企业开发一处房地产项目,为取得土地使用权支付1 300万元,为开发土地和新建房及配套设施花费800万元,财务费用中可以按转让房地产项目计算分摊利息的利息支出为200万元,不超过商业银行同类同期贷款利率。

如果不提供金融机构证明,该企业所能扣除的房地产开发费用的最高限额为210万元[(1 300+800)×10%];如果提供金融机构证明,则该企业能扣除的房地产开发费用最高限额为305万元[200+(1 300+800)×5%]。综上所述,在这种情况下,房地产企业选择提供金融机构证明并据实扣除财务费用是最佳选择。

(二)代收费用

对于县级及县级以上人民政府要求房地产开发企业在售房时代收的各项费用,如果代收费用是计入房价中向购买方一并收取的,可作为转让房地产取得的收入计税;如果代收费用未计入房价中,而是在房价之外单独收取的,可以不作为转让房地产的收入。**对于代收费用作为转让收入计税的,在计算扣除项目金额时,可予以扣除,但不允许作为加计20%扣除的基数;对**

于代收费用未作为转让房地产的收入计税的,在计算增值额时不允许扣除代收费用。

企业可以自行选择代收费用是否计入收入。通过比较两种方法下土地增值税负的改变,选择税负更低的方案。

【例 7 - 6】 某房地产开发企业开发一套房地产,取得土地使用权,支付费用 300 万元,土地开发成本为 800 万元,允许扣除的房地产开发费用为 100 万元,转让房地产税费为 140 万元,房地产出售价格为 2 500 万元,为当地县级人民政府代收各种费用 100 万元。

若单独收取代收费用,则:

$$扣除项目金额 = 300 + 800 + 100 + (300 + 800) \times 20\% + 140 = 1\ 560(万元)$$
$$增值额 = 2\ 500 - 1\ 560 = 940(万元)$$
$$增值率 = 940 / 1\ 560 \times 100\% = 60.25\%$$
$$应纳土地增值税 = 940 \times 40\% - 1\ 560 \times 5\% = 298(万元)$$

若是合并计入房价收取代收费用,则:

$$扣除项目金额 = 300 + 800 + 100 + (300 + 800) \times 20\% + 140 + 100 = 1\ 660(万元)$$
$$增值额 = 2\ 500 + 100 - 1\ 660 = 940(万元)$$
$$增值率 = 940 / 1\ 660 \times 100\% = 56.63\%$$
$$应纳土地增值税 = 940 \times 40\% - 1\ 660 \times 5\% = 293(万元)$$

合并计入房价收取代收费用,可以降低增值率,从而有效降低土地增值税税负。

五、利用税收优惠进行税务合规计划

如果纳税人既建造保障性住房、普通标准住宅,又从事其他房地产开发,则应当分别核算增值额;未分别核算增值额或者不能准确核算增值额的,其建造的普通标准住宅不能享受免税优惠。

纳税人应在确保能够分开核算相关增值税的情况下,将保障性住房、普通标准住宅的增值额控制在扣除项目金额的 20% 以内,从而免缴土地增值税,获得税收利益。

【例 7 - 7】 某房地产开发企业开发的商品房销售收入为 15 000 万元(不含税)。其中,保障性住房的销售额为 10 000 万元,豪华住宅的销售额为 5 000 万元。税法规定的可扣除项目金额为 11 500 万元,其中,保障性住房的可扣除项目金额为 8 500 万元,豪华住宅的可扣除项目金额为 3 000 万元。

情况一:不分开核算。

$$增值率 = (15\ 000 - 11\ 500) / 11\ 500 \times 100\% = 30.43\%,适用 30\% 的税率$$
$$应纳土地增值税 = (15\ 000 - 11\ 500) \times 30\% = 1\ 050(万元)$$

情况二:分开核算。

$$保障性住房增值率 = (10\ 000 - 8\ 500) / 8\ 500 \times 100\% = 17.65\%$$
$$根据税法规定不需缴纳土地增值税$$
$$豪华住宅增值率 = (5\ 000 - 3\ 000) / 3\ 000 \times 100\% = 67\%$$
$$应纳土地增值税 = (5\ 000 - 3\ 000) \times 40\% - 3\ 000 \times 5\% = 650(万元)$$

在分开核算的情况下,共缴纳土地增值税 650 万元,因此分开核算比不分开核算节约土地增值税 400 万元。

六、利用国有土地、房屋投资及合并分立进行税务合规计划

(一) 国有土地、房屋投资

单位、个人在改制重组时以国有土地、房屋进行投资,对其将国有土地、房屋权属转移、变更到被投资的企业,暂不征收土地增值税。

流动资金不足的企业利用房产进行对外投资,不用担心房地产的产权转移导致土地增值税税负加重。

(二) 合并分立

企业分设为两个或两个以上与原企业投资主体相同的企业,对原企业将国有土地、房屋权属转移、变更到分立后的企业,暂不征收土地增值税。两个或两个以上的企业合并为一个企业,且原企业投资主体存续的,对原企业将国有土地、房屋权属转移、变更到分立后的企业,暂不征收土地增值税。上述改制重组有关土地增值税的政策不适用于房地产转移任意一方为房地产开发企业的情形。

企业利用合并方式转移产权,享受土地增值税免税待遇。特别强调企业合并后,原投资主体是否存续是关键。若企业合并后成立一个新的企业,原来两个企业均不存在,则面临缴纳土地增值税的风险。

第三节　房产税的税务合规计划

一、房产税法的基本构成要素

房产税是以房屋为征税对象,以房产的计税余值或租金收入为计税依据,向房屋产权所有人征收的一种税。

(一) 纳税人

房产税纳税人是指在我国城市、县城、建制镇和工矿区内拥有房屋产权的单位和个人,具体包括产权所有人、经营管理单位、承典人、房产代管人或者使用人。

(1) 产权属于国家所有的,其经营管理单位为纳税人;产权属于集体和个人所有的,集体单位和个人为纳税人。

(2) 产权出典①的,由承典人缴纳。

(3) 产权所有人、承典人不在房产所在地的,或者产权未确定及租典纠纷未解决的,由房产代管人或者使用人缴纳。

(4) 无租使用其他单位房产的应税单位和个人,依照房产余值缴纳房产税。

---

① 产权出典,是指产权所有人为了某种需要,将自己的房屋等的产权,在一定的期限内转让(典当)给他人使用而取得出典价款的一种融资行为。

（二）计税方法

房产税的计税方法分为从价计征和从租计征两种。从价计征是指按照房产原值一次性减除 10%~30% 后的余值计算缴纳，税率为适用 1.2%。从租计征是指以房产租金收入为计税依据计算缴纳房产税，税率为适用 12%。

（三）税收优惠

（1）国家机关、人民团体、军队自用的房产，免征房产税。

（2）由国家财政部门拨付事业经费的单位自用的房产，免征房产税。

（3）宗教寺庙、公园、名胜古迹自用的房产，免征房产税。

（4）个人所有非营业用的房产，免征房产税。

（5）经财政部批准免税的其他房产，如房屋大修连续停用半年以上的，在大修期间可免征房产税。

（6）对行使国家行政管理职能的中国人民银行总行（含国家外汇管理局）所属分支机构自用的房产，免征房产税。

二、房产税的规划方法

（一）利用税收优惠进行规划

房产税作为地方税种，税法规定了许多政策性减免优惠。比如对损坏不堪使用的房屋和危险房屋，经有关部门鉴定，在停止使用后，可免征房产税。纳税人因房屋大修导致连续停用半年以上的，在房屋大修期间免征房产税。纳税人应充分掌握这些优惠政策，争取最大限度地获得税收优惠，减少房产税的支出。

（二）出租房产的税务合规计划

现行税法规定，纳税人出租房屋要按照租金收入的 12% 缴纳房产税，在实际经济活动中，企业往往在出租房屋的同时将房屋内部或者外部的机器设备、生产线、办公用品等附属设施一同出租给承租方。这些附属设施并不属于房产税的征税范围。但是，如果企业与承租方在签订租赁合同时把这些设施与房屋的租金不加区分地同时写在一份合同中，那么出租附属设施的那一部分租金也要缴纳房产税。因此，当纳税人既出租房屋，又出租房屋中的附属设施时，如果分别签订房屋租赁合同和机器设备租赁合同，就可以只对出租房屋取得的租金收入缴纳房产税，对出租附属设施取得的租金收入无须缴纳房产税，从而降低企业税负。

🏆【例 7-8】 A 公司是一家大型汽车零部件生产企业，打算将麾下的一家工厂出租给 B 公司，双方协商决定 A 公司将厂房连同机器设备一同出租给 B 公司，B 公司每年支付厂房和机器设备租金 300 万元（不含税），并据此签订了一份租赁合同。

如果 A 公司将厂房连同机器设备一起出租给 B 公司并与其签订一份租赁合同，未明确划分厂房和机器设备的租金，那么 A 公司应缴纳房产税为 36 万元（300×12%），即机器设备租金收入也缴纳了 12% 的房产税。

如果明确划分厂房和机器设备的租金，并分别与 B 公司签订厂房租赁合同和机器设备租赁合同，即 A 公司以每年 180 万元的租金出租厂房并与 B 公司签订厂房租赁合同，同时 A 公司以每年 120 万元的租金出租机器设备并与 B 公司签订机器设备租赁合同。在这种情况下,虽然两项租金合计仍为 300 万元,但由于机器设备出租不需要按照 12%的税率缴纳房产税,A 公司只需要就出租厂房收取的租金 180 万元缴纳房产税 21.6 万元(180×12%),与原来相比少缴纳 14.4 万元(36-21.6)房产税。

(三) 合理划分房产原值的税务合规计划

房产原值指房屋的造价,包括与房屋不可分割的各种附属设备或一般不单独计算价值的配套设施。由于房产原值是计算房产税的税基,**合理减少房产原值**成为房产税规划的关键。

国际会计准则规定:当一项固定资产的某些组成部分在使用效能上与该项资产相对独立,并且有不同的使用年限时,应将该组成部分单独确认为固定资产。据此分析,作为房产的有关附属设备按照会计规定有可能单独划分为非房屋类固定资产处理,因而也就可能不计入房产原值。比如,某一超市的冰冻制冷设备虽然在物理上建在超市之中,直观上是房屋不可分割的附属设备,但因其特殊的功能,且其使用年限与房屋不同,具有相对的独立性,因此可以将其划分为机器设备类固定资产单独计提折旧,而不划分为房屋,不用缴纳房产税。

【例 7-9】 某企业有一块占地面积为 20 000 平方米的土地,每平方米平均地价为 2 万元,土地上的厂房、仓库和办公楼建筑总面积为 12 000 平方米,房屋价值总计 60 000 万元。

由于该块土地的宗地容积率[①]为 0.6(12 000÷20 000),该企业应将这块土地的价值全额计入房产原值。当地房产税原值减除比例为 20%,则:

该企业每年应缴纳的房产税=(60 000+20 000×2)×(1-20%)×1.2%=960(万元)

假如该企业对仓库进行适当改建,使厂房、仓库和办公楼的建筑总面积减少至 9 800 平方米,那么这块土地的宗地容积率降低为 0.49(9 800÷20 000),低于 0.5。按照税法规定,该企业须按房产建筑面积的 2 倍计算土地面积并据此计入房产原值。在这种情况下:

该企业每年应缴纳的房产税=(60 000+9 800×2×2)×(1-20%)×1.2%=952.32(万元)

与原来相比,每年可以少缴 7.68 万元(960-952.32)房产税。

【例 7-10】 南方某企业欲兴建一座花园式工厂,除厂房、办公用房外,还包括厂区围墙、水塔、变电塔、室内停车场、露天凉亭、室内游泳池、喷泉设施等建筑物,总计造价为 1 亿元。如果 1 亿元都作为房产原值,该企业自工厂建成的次月起就应缴纳房产税,每年应纳房产税(扣除比例为 30%)为 84 万元[10 000×(1-30%)×1.2%]。这 84 万元的税负只要该工厂存在,就不可避免。如果以 10 年计算,房产税总额为 840 万元。

按税法有关规定,房产是以房屋形态表现的财产。房屋是指有屋面结构,可供人们在其中生产、工作、居住或储藏物资的场所,不包括独立于房屋的建筑物,如围墙、水塔、变电塔、露天停车场、露天凉亭、露天游泳池、喷泉设施。因此,对该企业厂房、办公用房外的建筑物,如果把停车场、游泳池都建成露天的,并且把这些独立建筑物的造价同厂房、办公用房的造价分开,在会计账簿中单独记载,则这部分建筑物的造价不计入房产原值,不缴纳房产税。

---

① 宗地容积率是地块上的建筑物总面积与地面面积的比。对于宗地容积率低于 0.5 的房产,按房产建筑面积的 2 倍计算土地面积并据此计入房产原值。对于宗地容积率高于 0.5 的房产,按地价全额计入房产原值计征房产税。

该企业经过估算,除厂房、办公用房外的建筑物的造价为 1 200 万元左右,独立出来后,每年可少缴房产税 10.08 万元[1 200×(1−30%)×1.2%],以 10 年计算,就节约了 100.8 万元的房产税。

拓展阅读

智慧的房地产大亨

在一个富庶的城市中,有一位聪明的房地产大亨,他巧妙地运用房产税税务合规计划,实现了自己的财富最大化。

这位大亨拥有多处房产,但他并不简单地持有这些房产,而是通过合理的规划,将其中一些房产用于租赁,另一些用于商业用途。他精心选择了一些房产,将其改造成独特的商业空间,吸引了许多受欢迎的商家入驻。

由于商业用地的房产税相对较低,而且商业租金带来了更稳定的收入,这位大亨成功地降低了总体的房产税负担。同时,他还巧妙地将一部分收入用于房产的维护和改进,合理地降低了房产评估价值,从而减少了应缴纳的房产税。

这位大亨的战略不仅让他成功地节税,而且为城市带来了更多的商业活力和就业机会。城市因他的房产税规划而繁荣发展,成为一个受欢迎的投资和生活地点。

这个有趣的房产投资开发小故事告诉我们,通过巧妙地选择房产用途、进行合理的维护和改进,以及利用不同类型的房产税率差异,可以有效降低房产税负担,实现财富最大化。

(四) 房产投资联营的税务合规计划

对于投资联营的房产,由于投资方式不同,房产税的计征方式和适用税率也不同,从而为纳税人提供了税务合规计划空间。对于以房产投资联营,投资者参与投资利润分红、共担风险的,被投资方要以房产余值为计税依据计征房产税,税率为 1.2%;对于以房产投资联营、取得固定收入、不承担联营风险的,实际上是以联营名义取得房产租金,应由投资方按租金收入计算、缴纳房产税,税率为 12%。纳税人可以比较这两种方式下房产税的缴纳情况,最终决定如何选择投资方式来减轻税负。

【例 7−11】 甲公司和乙公司为同一集团公司的子公司,均为一般纳税人,采用一般计税方法。甲公司将其自有的房产采用投资联营方式提供给乙公司使用,该房产原账面价值为 1 000 万元。现有两种投资方案可供选择。已知当地房产原值减除比例为 30%。

方案一:甲公司向乙公司收取固定收入,不承担风险,当年取得的固定收入共计 100 万元(不含税)。

在该方案中,甲公司实际上是以联营名义取得房产租金,应由甲公司(投资方)按租金收入计缴房产税,税率为 12%。

$$应缴纳的房产税 = 100×12\% = 12(万元)$$

方案二:甲公司参与投资利润分红,与乙公司共担风险,当年取得的分红为 100 万元。

在该方案中,应由乙公司(被投资方)以房产余值为计税依据计征房产税,税率为1.2%。

$$应缴纳的房产税 = 1\,000 \times (1-30\%) \times 1.2\% = 8.4(万元)$$

由此可见,方案二比方案一少缴房产税3.6万元(12-8.4)。

第四节　契税的税务合规计划

一、契税法的基本构成要素

契税是以在中华人民共和国境内转移土地、房屋权属为征税对象,向产权承受人征收的一种财产税。

(一)纳税人和征税对象

契税的纳税人是在中华人民共和国境内转移土地、房屋权属,承受产权的单位和个人。契税的征税对象是指在境内转移的土地、房屋权属,具体包括国有土地使用权的出让、土地使用权的转让、房屋买卖、房屋赠与、房屋交换。其中,土地使用权转让不包括土地承包经营权和土地经营权的转移。

(二)税率和计税依据

契税实行3%~5%的幅度税率,计税依据是不动产的价格。实行幅度税率是考虑到中国经济发展的不平衡,各地经济差别较大的实际情况。因此,各省、自治区、直辖市人民政府可以在3%~5%的幅度税率范围内,按照该地区的实际情况决定适用税率。

二、等价交换的税务合规计划

土地使用权交换、房屋交换,以所交换土地使用权、房屋价格的差额为计税依据。这就是说,当双方当事人进行交换的价格相等时,任何一方都不用缴纳契税,因为差价为零。

土地使用权交换、房屋交换,交换价格不相等的,由多交付货币、实物、无形资产或者其他经济利益的一方缴纳税款。土地使用权与房屋所有权之间相互交换,按照上述规则缴纳契税。

当纳税人交换土地使用权或房屋所有权时,如果能想办法保持双方的价格差额较小甚至没有,这时以差额为计税依据计算的应纳契税就会较少甚至没有。这种税务合规计划的核心便是尽量缩小两者的价差。

【例7-12】　甲、乙两位当事人交换各自房屋所有权,甲的房屋市场价格大约为100万元,乙的房屋市场价格大约是50万元,如果不进行税务合规计划,乙应该缴纳一定数额的契税,计算如下:

$$应纳税额 = (100-50) \times 4\% = 2(万元)$$

由于甲、乙两位当事人进行房屋所有权交换总是会用于某一特定目的,双方当事人交换房屋所有权之后再进行改造与双方当事人在交换之前便进行改造,实际效果是一样的,都可以将房屋改造得适合于某项用途。这就给纳税人进行税务合规计划创造了一定条件。

税务合规计划方案如下：由乙将自己的房屋按照甲的要求进行改造，以满足甲的特定目的，该项改造应控制在一定的限度内，即不要使乙拥有的该房屋价格高于甲的房屋价格。假定通过这次改造，乙拥有的房屋市场价格可以升为 90 万元或更高一点（当然能控制在 100 万元是最理想的），这时可以采用乙装修、装潢其房屋或是将甲的房屋单独出售的部分从整体中分开，尽量实现交换的部分基本等价。

需要注意的是，双方在交换土地使用权或房屋所有权时，也可采用自由定价，使两者价格差额较小甚至没有，但这种税务合规计划须控制在一定限度里，因为税务机关具有一定的价格的调整权。税法规定，成交价格明显低于市场价格且无正当理由的，或者所交换土地使用权、房屋的价格差额明显不合理并且无正当理由的，由征收机关参照市场价格核定。

> **提示**
>
> 　　这种税务合规计划方案的另一种操作引申，是将本来不属于交换的行为，通过合法途径转化为交换行为，以减少税款。

【例 7-13】　有甲、乙、丙三位经济当事人，甲和丙都拥有一套价值 500 万元的房产，乙想购买甲的房产，甲想购买丙的房产后出售其房产。如果不进行税务合规计划，甲购买丙的住房，应缴纳的契税计算如下（假定税率为 5%）：

$$应纳税额 = 500 \times 5\% = 25（万元）$$

同样的，甲向乙出售其住所，乙也应缴纳契税 25 万元。

如果三方进行一下调整，先由甲和丙交换房产，再由丙将房产出售给乙，同样可以达到上述买卖的结果，但应纳税款却迥然不同。因为甲和丙交换房产所有权为等价交换，没有价格差额，不用缴纳契税。整个经济交易活动中，只在丙将房产出售给乙时，应由乙缴纳契税，计算如下：

$$应纳税额 = 500 \times 5\% = 25（万元）$$

较上一种交易可以节省税款 25 万元。

三、分签合同的税务合规计划

根据《财政部 国家税务总局关于房屋附属设施有关契税政策的批复》（财税〔2004〕126 号）：

（1）对于承受与房屋相关的附属设施（包括停车位、汽车库、自行车库、顶层阁楼以及储藏室）所有权或土地使用权的行为，按照契税法律、法规的规定征收契税；对于不涉及土地使用权和房屋所有权转移变动的，不征收契税。

（2）采取分期付款方式购买房屋附属设施土地使用权、房屋所有权的，应按合同规定的总价款计征契税。

（3）承受的房屋附属设施权属单独计价的，按照当地确定的适用税率征收契税；与房屋统一计价的，使用与房屋相同的契税税率。

企业可以通过分签合同的方法，清晰区分土地使用权和房屋所有权发生转移的部分，以达到节税的目的。

【例7-14】 甲公司有一石油化工车间拟出售给乙公司，该石油化工车间有一栋生产厂房及其他生产厂房附属物。附属物主要为围墙、烟囱、水塔、变电塔、油气罐、蓄水池等，石油化工车间总占地面积为$6\,000\,m^2$，整体评估价为$1\,200$万元。其中，生产厂房评估价为320万元，$6\,000\,m^2$土地的评估价为480万元，其他生产厂房附属物的评估价为400万元。乙公司按整体评估价$1\,200$万元（不含税）购买，假定当地契税税率为3%，则：

$$乙公司应缴纳的契税 = 1\,200 \times 3\% = 36（万元）$$

税法规定，对于承受与房屋相关的附属设施（包括停车位汽车库、自行车库、顶层阁楼以及储藏室）所有权或土地使用权的行为，按照契税法律法规的规定征收契税；对于不涉及土地使用权和房屋所有权转移变动的，不征收契税。如果甲公司与乙公司签订两份销售合同：第一份合同为销售生产厂房及$6\,000\,m^2$土地使用权的合同，合同价款为800万元（不含税）；第二份合同为销售独立于房屋之外的建筑物、构筑物以及地面附着物（主要包括围墙、烟囱、水塔、变电塔、油气罐、蓄水池等），合同价款为400万元。第二份合同涉及的生产厂房附属物属于契税的征税范围，不征收契税。经过上述税务合规计划，乙公司只就第一份销售合同缴纳契税，即：

$$应纳契税 = 800 \times 3\% = 24（万元）$$

分签合同后乙公司节约契税12万元（36-24）。

拓展阅读

契税的巧妙游戏

在一个小镇上，有一对年轻的夫妇计划购买他们梦想中的房子。了解到购房会涉及契税，他们决定巧妙地进行契税规划。

这对夫妇发现，如果将房屋的购买合同分为两个阶段完成，可以有效地减少契税的支付金额。于是，他们首先签署了一个"购买意向书"，支付了其中一部分房款的定金，但并未正式完成交易。

在接下来的几个月里，夫妇们通过巧妙地安排支付进度，将剩余的购房款分阶段支付，每一次支付都伴随着一部分的房屋权益的转移。这样，他们成功地将整个购房过程划分为多个阶段，每个阶段都支付了一部分房款，从而有效递延了契税的纳税义务时间。

当他们最终完成房屋交易时，最终缴纳该房屋需要缴纳的契税。这种巧妙的契税规划让年轻的夫妇成功地为自己节省了一笔费用。

这个有趣的小故事告诉我们，在合法的范围内，通过巧妙地安排购房进程和支付进度，可以有效地获取财务利益。

复习与思考

1. 与其他税种相比，土地增值税有哪些特征？
2. 基于土地增值税的超率累进税率特点，可以考虑从哪些方面设计税务合规计划方案？
3. 土地增值税有哪些税务合规计划方法？
4. 房产税的征税范围是什么？列举房产税的税务合规计划方法。
5. 契税的征税范围有哪些？如何进行契税的税务合规计划？

小试牛刀

一、自测题

扫码完成自测

二、业务题

1. 北京某房地产开发企业开发一批普通标准住宅，共支付地价款2 000万元，开发成本4 000万元，财务费用中的利息支出为200万元（不超出按商业银行同类同期贷款理论计算的金额）。该房地产企业应如何进行税务合规计划？

2. 某房地产开发公司开发的小区已于2024年8月完工，但尚未对房屋进行装修，可扣除项目的总金额为6 300万元（不含税，包括加计扣除的20%）。该公司不能按转让房地产项目计算分摊利息支出，也不能提供金融机构证明。当地政府规定的房地产开发费用的计算扣除比例为10%。房屋不进行装修，销售价格为9 700万元；若房屋进行装修，装修费用预计为1 100万元，房屋销售价格为11 000万元。请分析，该房地产开发公司应如何进行税务合规计划？

参考答案

案例阅读

房产税：税种虽然小，风险莫忽视

相较于企业所得税、增值税，房产税是一个小税种，计算方式简单、税额小，一些企业容易忽视相关税务风险。一些企业未将地价计入房产原值,错误运用从价计征方式,免租期内未申报缴纳税款,出现了不同程度的税务风险,面临补缴税款和滞纳金等风险。

一、地价未计入房产原值

甲公司拥有一栋自建的办公大楼。由于房屋建筑和相应的土地使用权能够明确区分,甲公司财务人员在会计上分别确认了固定资产和无形资产,其中房屋建筑入账价值为1 000万元,土地使用权的入账价值为1亿元,宗地容积率大于0.5。甲公司在申报房产税时,没有将土地使用权金额并入房产税计税依据,少缴房产税约150万元。

根据《财政部 国家税务总局关于房产税城镇土地使用税有关问题的通知》(财税〔2008〕152号)第一条,对依照房产原值计税的房产,不论是否记载在会计账簿固定资产科目中,均应按照房屋原价计算缴纳房产税。房屋原价应根据国家有关会计制度规定进行核算。对纳税人未按国家会计制度规定核算并记载的,应按规定予以调整或重新评估。

同时,《财政部 国家税务总局关于安置残疾人就业单位城镇土地使用税等政策的通知》(财税〔2010〕121号)明确,对按照房产原值计税的房产,无论会计上如何核算,房产原值均应包含地价,包括为取得土地使用权支付的价款、开发土地发生的成本费用等。因此,虽然甲公司在会计处理上对自建办公大楼的房屋建筑和土地使用权进行分别核算,但其应当将土地使用权价值并入房产原值,以此为计税基础缴纳房产税。最终,甲公司自行更正申报,补缴了房产税、滞纳金165万元。

企业如果在会计处理时对房产的房屋建筑和土地使用权进行分别核算,房产税计税原值应包含房屋建筑和土地使用权的价值,当房屋建筑和土地使用权账目价值发生增减变动时,企业应当相应调整房产税从价计征的计税依据。

二、错误运用从价计征方式

乙公司是一家高新技术企业。乙公司在北京市拥有一处房产,房产原值为687 289 233.39元,房产总面积为82 466.83平方米,房产税原值扣除比例为30%。乙公司按照从价计征的方式,申报缴纳2024年上半年房产税2 886 614.78元[687 289 233.39×(1-30%)×1.2%×6÷12]。值得注意的是,乙公司将其房产中的135平方米租赁给另一公司,自2024年2月1日将房屋交付给承租方使用,但直到2024年6月,双方才补签了合同,合同约定,乙公司将其房产中的135平方米租赁给该公司,期限为2024年2月1日至2026年1月31日,月租金为5 589元,年租金为67 068元。

根据《房产税暂行条例》,房产出租的,以房产租金收入为房产税的计税依据,税率为12%。乙公司合同签订日期为2024年6月,但实际租赁开始时间为2024年2月,应按照租金收入计算缴纳房产税。因此,乙公司2024年上半年租金收入为27 945元(5 589×5),应缴纳房产税3 353.4元(27 945×12%)。其出租部分房产已按从价计征的房产税,可申请退税3 937.88元[687 289 233.39×(1-30%)×135÷82 466.83×1.2%×5÷12]。

三、免租期未申报缴纳税款

丙公司是一家房地产开发公司,为增值税一般纳税人。丙公司拥有一栋售楼处,房产原值为2 000万元,房产税原值扣除比例为30%。丙公司将部分房产租赁给其他公司,合同约定,租赁期为2022年6月至2023年12月,月租金为5万元(不含增值税),并约定2022年6月至8月为免租期,总租金80万元于2022年9月一次性支付。丙公司认为,免租期未获得收入,未缴纳2022年6月至8月的房产税。

财税〔2010〕121号文件明确,对出租房产,租赁双方签订的租赁合同约定有免收租金期限的,免收租金期间由产权所有人按照房产原值缴纳房产税。因此,丙公司应按照房产原值缴纳房产税,2022年6月至8月需缴纳的房产税为4.2万元[2 000×(1-30%)÷12×3×1.2%];2022年9月至12月需缴纳房产税为2.4万元[(5×4)×12%];2023年需缴纳房产税7.2万元[(5×12)×12%]。

企业出租房产,约定免租期的,纳税人也应该按有关规定缴纳房产税。此外,实务中,企业还可能面临产权不清晰、房屋配套设施未记入房产原值及具备房屋功能的地下建筑未按规定缴纳房产税等问题,对于这些问题的税务处理,相关税收法律法规有明确规定。

思考:

1. 上述案例中,"筹划"企业被认定为漏税的关键点是什么?

2. 房产税筹划可能涉及的合规风险有哪些?

第八章 城镇土地使用税、资源税、环境保护税的税务合规计划

学习目标

学 习 内 容	学习目标	学习难度
1. 城镇土地使用税的纳税人、征税对象、税率、计税依据	熟悉	☆
2. 资源税的纳税人、征税对象、税率、计税依据	熟悉	☆
3. 环境保护税的纳税人、征税对象、税率、计税依据	熟悉	☆
4. 城镇土地使用税、资源税、环境保护税的税务合规计划要点	掌握	☆☆☆
5. 城镇土地使用税、资源税、环境保护税主要涉税风险防控节点	熟悉	☆☆☆

案例导读

税务合规计划要放眼生产经营全局

某农产品加工厂由县城的粮食局改制而来。李勇担任董事长。他当年是县粮食局的老职工。该农产品加工厂占地面积为 1 万平方米,位于县城的老城区。由于城市发展重心转移到开发区,政府对老城区的道路等基础设施投入较少,导致厂区交通越来越不便利,大货车进出困难。而且由于农产品加工厂位于县城,每年都需要缴纳城镇土地使用税 18 万元,税收负担较重。

李勇进行农产品加工厂改造,引入生态有机蔬菜的培育技术,想将农产品加工厂继续办下去,为社会提供生态有机蔬菜。农产品加工厂的生产基地选址及搬迁问题就摆在面前。一家税务师事务所的刘总为李勇董事长提出如下建议:把农产品加工厂搬到县城西部的乡村,政府可以给一笔厂区搬迁费用。

之所以选择城西的乡村作为加工厂的生产基地,有三方面考虑:一是城西乡村与县城仅一河之隔,比邻大河,灌溉方便,自然环境优于县城,未来可以开发蔬菜文化节和乡村旅游;二是城西乡村处于农产品加工业供销的中间地带,运输成本划算;三是城西乡村不属于县城、工厂、建制镇,厂区使用的土地免征城镇土地使用税,每年将节省城镇土地使用税 18

万元,这也是一笔不小的开支,这样规划有效降低了加工厂的税收负担。

第一节　城镇土地使用税的税务合规计划

一、城镇土地使用税法的基本构成要素

城镇土地使用税是以城市、县城、建制镇和工矿区内的国有土地或集体土地为征税对象,对拥有土地使用权的单位和个人征收的一种税。

(一)纳税人

城镇土地使用税的纳税人是指在城市、县城、建制镇、工矿区范围内使用土地的单位和个人,根据用地者的不同情况分别确定如下:

(1)拥有土地使用权的单位和个人。

(2)拥有土地使用权的纳税人不在土地所在地的,由代管人或实际使用人缴纳。

(3)土地使用权未确定或权属纠纷未解决的,由实际使用人纳税。

(4)土地使用权共有的,由共有各方共同纳税。

(二)计税依据

城镇土地使用税实行从量定额征收,以纳税人实际占用的土地面积为计税依据,采用有幅度差别的定额税率,见表8-1。

表8-1　城镇土地使用税税率

级　　别	定额税率/(元/平方米)
大城市	1.5~30
中等城市	1.2~24
小城市	0.9~18
县城、建制镇、工矿区	0.6~12

(三)税收优惠

(1)国家机关、人民团体、军队自用的土地,免缴城镇土地使用税。

(2)由国家财政部门拨付事业经费的单位自用的土地,免缴城镇土地使用税。

(3)宗教寺庙、公园、名胜古迹自用的土地,免缴城镇土地使用税。

(4)市政街道、广场、绿化带等公共用地,免缴城镇土地使用税。

(5)直接用于农、林、牧、渔的生产用地,免缴城镇土地使用税。

(6)经批准开山填海整治的土地和改造的废弃土地,从使用的月份起免缴城镇土地使用税5~10年。

(7)由财政部另行规定免税的能源、交通、水利设施用地和其他用地。

二、城镇土地使用税的税务合规计划方法

（一）利用税收优惠进行税务合规计划

税务合规计划的关键是用好用足税收优惠政策，与房地产开发企业有关的城镇土地使用税的优惠政策有：

（1）房地产开发公司建造商品房的用地，原则上应按规定计征城镇土地使用税。但经批准开发建设经济适用房的用地，经各省、自治区、直辖市地方税务局批准，可以免征城镇土地使用税。

（2）经批准开山填海整治的土地和改造的废弃土地，从使用的月份起免缴城镇土地使用税5年至10年。具体免税期限由各省、自治区、直辖市税务机关在《城镇土地使用税暂行条例》规定的期限内自行确定。

（3）建材行业的石灰厂、水泥厂、大理石厂、砂石厂等企业的采石场、排土场地，炸药库的安全区用地以及采区运岩公路，可以免征城镇土地使用税。

（二）企业选址的税务合规计划

由于城镇土地使用税的纳税人为在城市、县城、建制镇、工矿区内使用土地的单位和个人，在大中小城市适用的定额税率不同，在同一座城市的不同地段土地等级也不同。因此，企业在选择设立地址时就应该考虑城镇土地使用税的有无与高低问题。如果建在城市、县城、建制镇、工矿区以外的地区就可以不缴纳城镇土地使用税。同时，如果把企业设在乡、村所在地，也无须缴纳房产税，城市维护建设税也按照最低档税率1%来征收。因此，把企业建在乡村，可以享受很多乡村振兴的政策，可谓一举多得。

（三）利用土地级别不同进行税务合规计划

城镇土地使用税实行幅度税额，大城市、中等城市、小城市、县城、建制镇、工矿区的税额各不相同。即使在同一地区，由于不同地段的市政建设情况和经济繁荣程度有较大区别，城镇土地使用税的定额税率也不相同，差距最大的相差20倍。纳税人在投资设厂时就可以进行税务合规计划。

🔴 **【例8-1】**　某食品制造公司想要扩大生产基地。由于公司总部在上海，初步方案是将生产基地建在上海郊区，面积为10 000平方米，选用的土地为四级土地（每平方米土地每年需要缴纳城镇土地使用税12元）。若选择在上海郊区建设生产基地，每年需要缴纳城镇土地使用税12万元。

经过多方考虑，该公司最终决定将生产基地建在江苏沿海城市——南通市，不仅方便出口贸易，而且每年可少交城镇土地使用税。由于该地区的城镇土地使用税按照每年4元/平方米征收，该公司每年只需要缴纳城镇土地使用税4万元，节省了8万元。

> **拓展阅读**
>
> ### 城市农趣园的税收创意
>
> 在一个城市中，有一位年轻的农业爱好者，他梦想将城市一隅变成一片绿洲。这位

年轻人决定在城市郊区租下一片废弃的土地,创建了一座城市农趣园。为了巧妙地进行城镇土地使用税的规划,他将农趣园规划成一个由民政部门牵头的社会福利机构,设有开放日,邀请城市居民亲自参与农业活动,了解农耕作业与农耕文化,具有社会福利机构性质。同时,农趣园也是一个教育和社区互动的文化场所,不仅能为市民提供新鲜的有机生态蔬菜瓜果,而且利用免征城镇土地使用税的规划措施为城市带来更多的发展机会。

通过这样的税务合规计划安排,这片土地不被视为纯粹的商业用地,而是变成了一个社区文化交流的社会福利场所,只按一部分土地面积缴纳城镇土地使用税。这让他成功地免去了一部分城镇土地使用税负担。此外,他还将农趣园变成了一个教育活动中心,吸引了当地学校的合作,进一步降低了城镇土地使用税负担。

随着城市农趣园的知名度不断提升,市民开始认识到这不仅是一个生产有机生态农产品的地方,而且是一个可持续发展和社区互动的文化交流平台与教育平台。这大大带动了农趣园的发展,提升了农趣园的商业价值。

这个有趣的故事告诉我们,通过创造多功能的土地使用方式,结合文化教育功能和社区福利运营,可以在城镇土地使用税的规划中找到创意和乐趣。这样的创意不仅为投资者减轻了税收负担,创造了商业价值,还为城市带来了更多的社会价值。

第二节 资源税的税务合规计划

一、资源税法的基本构成要素

资源税是对在我国境内从事应税矿产品开采和生产盐的单位和个人课征的一种税,属于对自然资源占用课税的范畴。

(一)纳税人

资源税的纳税人是指在我国领域及我国管辖的其他海域开发应税资源的单位和个人。单位是指国有企业、集体企业、私营企业、股份制企业、其他企业和行政单位、事业单位、军事单位、社会团体及其他单位;个人是指个体经营者和其他个人;其他单位和其他个人包括外商投资企业、外国企业及外籍人员。

自2024年12月1日起,《水资源税改革试点实施办法》在我国全面实施,由征收水资源费改为征收水资源税。除规定情形外,水资源税的纳税人为直接取用地表水、地下水的单位和个人,包括直接从江、河、湖泊(含水库)和地下取用水资源的单位和个人。

(二)征税对象

资源税的征税对象包括原矿、精矿(或原矿加工品)、金锭、氯化钠初级产品,具体按照《资源税税目税率表》执行。对未列举名称的其他矿产品,省级人民政府可对本地区主要矿产品按矿种设定税目,对其余矿产品按类别设定税目,并按其销售的主要形态(如原矿、精矿)确定征税对象。

(三)税率

资源税采取从价定率或者从量定额的办法计征,分别以应税产品的销售额乘以纳税人具体适用的比例税率或者以应税产品的销售数量乘以纳税人具体适用的定额税率计算,实施级差调节的原则。资源税税目税率如表8-2所示。

表8-2　资源税税目税率

序号	税　目		征税对象	税率幅度
1	原油			6%~10%
2	天然气			6%~10%
3	煤炭			2%~10%
4	金属矿	铁矿	精矿	1%~6%
5		金矿	金锭	1%~4%
6		铜矿	精矿	2%~8%
7		铝土矿	原矿	3%~9%
8		铅锌矿	精矿	2%~6%
9		镍矿	精矿	2%~6%
10		锡矿	精矿	2%~6%
11		未列举名称的其他金属矿产品	原矿或精矿	税率不超过20%
12	非金属矿	石墨	精矿	3%~10%
13		硅藻土	精矿	1%~6%
14		高岭土	原矿	1%~6%
15		萤石	精矿	1%~6%
16		石灰石	原矿	1%~6%
17		硫铁矿	精矿	1%~6%
18		磷矿	原矿	3%~8%
19		氯化钾	精矿	3%~8%
20		硫酸钾	精矿	6%~12%
21		井矿盐	氯化钠初级产品	1%~6%

续　表

序号	税　目		征税对象	税率幅度
22	非金属矿	湖盐	氯化钠初级产品	1%~6%
23		提取地下卤水晒制的盐	氯化钠初级产品	3%~15%
24		煤层（成）气	原矿	1%~2%
25		粘土、砂石	原矿	每吨或每米³0.1元~5元
26		未列举名称的其他非金属矿产品	原矿或精矿	从量税率每吨或每米³不超过30元；从价税率不超过20%
27		海盐	氯化钠初级产品	1%~5%

资源税的具体适用税率,由省级人民政府在规定的税率幅度内提出税率建议,报财政部、国家税务总局备案。对未列举名称的其他金属和非金属矿产品,由省级人民政府根据实际情况确定具体税目和适用税率,报财政部、国家税务总局备案。

> **提示**
>
> 纳税人开采或者生产同一税目下适用不同税率应税产品的,应当**分别核算**不同税率应税产品的销售额或者销售数量;未分别核算或者不能准确提供不同税率应税产品的销售额或者销售数量的,**从高**适用税率。

（四）计税依据与应纳税额的计算

资源税的计税依据为应税产品的销售额或销售量。资源税按照《资源税税目税率表》实行从价计征或者从量计征。《资源税税目税率表》中规定可以选择实行从价计征或者从量计征的,具体计征方式由省、自治区、直辖市人民政府提出,报同级人民代表大会常务委员会决定,并报全国人民代表大会常务委员会和国务院备案。实行从价计征的,应纳税额按照应税资源产品(以下称应税产品)的销售额乘以具体适用税率计算。实行从量计征的,应纳税额按照应税产品的销售数量乘以具体适用税率计算。应税产品为矿产品的,包括原矿和选矿产品。

1. 销售额的认定

（1）销售额的一般规定:

《财政部 税务总局关于资源税有关问题执行口径的公告》(财政部 税务总局公告2020年第34号)规定:资源税应税产品的销售额,按照纳税人销售应税产品向购买方收取的全部价款确定,不包括增值税税款。计入销售额中的相关运杂费用,凡取得增值税发票或者其他合法有效凭证的,准予从销售额中扣除。

资源税纳税人自用应税产品,包括纳税人以应税产品用于非货币性资产交换、捐赠、偿债、赞助、集资、投资、广告、样品、职工福利、利润分配或者连续生产非应税产品等,应当缴纳资源税。

（2）销售额偏低时的核定：

纳税人申报的应税产品销售额明显偏低且无正当理由的，或者有自用应税产品行为而无销售额的，主管税务机关可以按下列方法和顺序确定其应税产品销售额：

① 按纳税人最近时期同类产品的平均销售价格确定。

② 按其他纳税人最近时期同类产品的平均销售价格确定。

③ 按后续加工非应税产品销售价格，减去后续加工环节的成本利润后确定。

④ 按应税产品组成计税价格确定。组成计税价格计算公式如下：

$$组成计税价格 = 成本 \times (1 + 成本利润率) \div (1 - 资源税税率)$$

上述公式中的成本利润率由省、自治区、直辖市税务机关确定。

2. 应纳税额的计算

（1）从价定率计征的资源税应纳税额的计算。

计算公式为：

$$应纳税额 = 销售额 \times 适用税率$$

（2）从量定额计征的资源税应纳税额的计算。

计算公式为：

$$应纳税额 = 销售数量 \times 定额税率$$

$$代扣代缴资源税 = 收购未税矿产品的数量 \times 适用的定额税率$$

拓展阅读

智慧的资源小镇

在一个富含矿产资源的小镇上，居住着一位聪明的市长。他发现通过巧妙的资源税规划，可以实现小镇的可持续发展。

这位市长制定了一项独特的资源税政策。他决定对资源公司实行差别化的税率，对那些采取环保技术、注重社会责任的公司给予更优惠的资源税税率。与此同时，对那些不重视环保和社会责任的公司，征收更高税负的资源税。

这样一来，环保公司在税收上得到了激励，更愿意采用更清洁和可持续的采矿技术。同时，社会责任感强的公司也受益于较低的资源税，积极参与社区发展和公益活动。小镇开始以环保、社会责任为卖点，吸引了更多的投资和游客。由于资源公司在小镇的资源开发中承担了更多社会责任，市长成功地实现了小镇的可持续发展，同时树立了一个资源税规划典范。

这个有趣的资源税小故事告诉我们，通过差别化的资源税率，可以激励企业采用更环保和更有担当的方式开发自然资源，实现资源的可持续利用，并为地方经济带来更多的好处。

二、资源税的税务合规计划方法

（一）精准核算

纳税人的减税、免税项目,应当**单独核算**课税数量;**未单独核算或者不能准确提供减、免税产品课税数量的,不予减税或者免税**。《中华人民共和国资源税法》(以下简称《资源税法》)规定:纳税人开采或生产不同税目应税产品的,应当**分别核算**不同税目应税产品的课税数量;**未分别核算或者不能准确提供不同税目应税产品的课税数量的,从高适用税率**。因此,纳税人可以通过准确核算各税目的课税数量,清楚区分哪些是应税项目,哪些是免税项目,应税项目适用于何种税率,以便充分地享受税收优惠,达到节省资源税的目的。

【例 8-2】　山西省某煤矿厂 2024 年 6 月生产销售煤炭 1 000 吨,生产天然气 20 万吨/立方米。已知该煤炭适用的定额税率为 1.2 元/吨,煤矿附近的某石油管理局天然气适用的定额税率为 4 元/千立方米。煤炭和天然气很容易分开核算,且根据税法,煤炭开采时产生的天然气免税,则当月应纳资源税计算如下:

$$应纳税额 = 1\,000 \times 1.2 = 1\,200(元)$$
$$分别核算可节省税款 = 200 \times 4 = 800(元)$$

【例 8-3】　华北某矿产开采企业销售原油 10 000 吨,生产销售原煤 5 000 吨,开采使用天然气 10 万立方米(其中,5 万立方米为开采煤炭时伴生,该企业未分开核算,当地规定纳税人开采共伴生矿免税)。已知原油售价为 3 300 元/吨,原煤售价为 700 元/吨,天然气售价为 2.35 元/立方米,适用的资源税税率分别为 6%、2.5%、6%。

$$该企业应缴纳的资源税 = 10\,000 \times 3\,300 \times 6\% + 5\,000 \times 700 \times 2.5\% + 100\,000 \times 2.35 \times 6\%$$
$$= 2\,081\,600(元)$$

由于在煤炭开采时伴生的天然气免税,如果该企业将采煤时伴生的天然气分开核算,则可以享受免税优惠,可节省资源税 7 050 元($50\,000 \times 2.35 \times 6\%$)。

（二）利用折算比例规划

纳税人不能准确提供应税产品销售数量的,以应税产品的产量或者主管税务机关确定的折算比换算成的数量为计征资源税的销售数量。这一规定为资源税的税务合规计划创造了一定的条件。

> **提示**
>
> 　　如果企业的加工技术相对先进,使得本企业产品的加工生产综合回收率相对同行业较高,便应该准确进行核算,给税务机关提供准确的应税产品销售数量或移送数量。企业可努力提高自身加工技术的精进来减少应税数量。这有利于企业生产力的提升。

（三）利用相关产品规划

实务中，一个矿床不可能仅有一种矿产品。一般而言，一个矿床除一种主要矿产品外，还有一些其他矿产品，即伴生矿；相应地，矿产品加工企业在生产过程中，一般也不会只生产一种矿产品。

1. 伴生矿规划

在同一矿床内，除主要矿产品以外，还含有多种可供工业利用的成分，这些成分即伴生矿。考虑到一般性开采是以主产品的元素成分开采为目的的，因此，在确定资源税税额时，一般将主产品作为定额的主要依据，同时考虑作为副产品的元素成分及其他相关因素。如果企业在开采之初仅注重个别元素，这种元素的矿产品适用税率相对较低，使得整个矿床的矿产品适用较低税率，那么规划的结果便不言而喻了。

2. 伴采矿规划

伴采矿，是指开采单位在同一矿区内开采主产品时，伴采出来的非主产品元素的矿石。根据税法，对伴采矿量大的，由省、自治区、直辖市人民政府根据规定，对其核定资源税定额税率（单位税额）标准；对伴采矿量小的，在销售时，按照国家对收购单位规定的相应品目的定额税率（单位税额）标准缴纳资源税。如果伴采矿的定额税率（单位税额）较主产品高，则利用这项政策进行合理节税的关键在于让税务机关认定伴采矿量小。伴采矿量的大小由企业自身生产经营决定，如果企业在开采之初采取一定的策略，如：少采甚至不采伴生矿，税务机关在进行认定时，通常会认为企业的伴采矿量小。等到税务机关确定好定额税率（单位税额）标准后，再扩大企业的伴采矿量便可以实现预期目的。如果伴采矿的税额相对较低，则企业应进行相反的操作。

3. 伴选矿规划

伴选矿，是指在对矿石原矿中所含主产品进行精选的加工过程中，以精矿形式伴生出来的副产品。由于**国家对以精矿形式伴选出来的副产品不征收资源税**，对纳税人而言，最好的规划方式就是**尽量完善工艺，引进技术，使以非精矿形式伴生出来的副产品以精矿形式出现**，从而达到一定税务合规计划效果。

（四）充分利用税收优惠政策

资源税法规定了减征资源税的一些特殊情形，并规定了每一情形的具体含义。纳税人应充分利用税法优惠政策，尽量符合优惠政策的适用条件，从而享受资源税的减征优惠。例如，纳税人从深水油气田开采的原油、天然气，减征 30% 资源税。深水油气田是指水深超过 300 米的油气田。

【例 8−4】 某纳税人现有两个深水油气田项目可供投资，A 项目水深为 280 米，B 项目水深为 360 米。

该纳税人在进行项目选择时应充分考虑资源税的税收优惠政策，具体方案如下：由于两个项目的水深不同，两个项目的开采成本会产生差异，因此在税务合规计划时除了考虑资源税外还要考虑两者开采成本的差异，综合比较两个项目的净收益。若两个项目的产值相同，B 项目减征的资源税为销售额的 1.8%（6%×30%），B 项目增加的开采成本占销售额的比重小于 1.8% 时，则选择 B 项目有利。

第三节 环境保护税的税务合规计划

一、环境保护税法的基本构成要素

环境保护税是对在我国领域以及管辖的其他海域直接向环境排放应税污染物的企业事业单位和其他生产经营者征收的一种税。

（一）纳税人

在中华人民共和国领域和中华人民共和国管辖的其他海域,直接向环境排放应税污染物的企事业单位和其他生产经营者为环境保护税的纳税人。

（二）征税对象

环境保护税的征税对象是应税污染物,包括大气污染物、水污染物、固体废物和噪声四类。

（1）大气污染物,包括颗粒物、硫氧化物、碳氧化物、氮氧化物、碳氢化合物等。

（2）水污染物,包括第一类水污染物,第二类水污染物,pH 值、色度、大肠菌群数、余氯量污染,禽畜养殖业、小型企业和第三产业污染。

（3）固体废物,包括煤矸石、尾矿、危险废物、冶炼渣、粉煤灰、炉渣、其他固体废物(含半固态、液态废物)。

（4）噪声,仅指工业噪声。

有下列情形之一的,不属于直接向环境排放污染物,不缴纳相应污染物的环境保护税:

（1）企事业单位和其他生产经营者向依法设立的污水集中处理、生活垃圾集中处理场所排放应税污染物的。

（2）企事业单位和其他生产经营者在符合国家和地方环境保护标准的设施、场所贮存或者处置固体废物的。

（3）达到省级人民政府确定的规模标准并且有污染物排放口的畜禽养殖场,应当依法缴纳环境保护税;但依法对畜禽养殖废弃物进行综合利用和无害化处理的,不属于直接向环境排放污染物,不缴纳环境保护税。

（三）税目税率

我国环境保护税实行定额税率。环境保护税税目税额表见表8-3。

表8-3 环境保护税税目税额表

税 目	计税单位	税 额	备 注
大气污染物	每污染当量	1.2~12 元	
水污染物	每污染当量	1.4~14 元	

税　目		计税单位	税　额	备　注
固体废物	煤矸石	每吨	5 元	
	尾矿	每吨	15 元	
	危险废物	每吨	1 000 元	
	冶炼渣、粉煤灰、炉渣、其他固体废物（含半固态、液态废物）	每吨	25 元	
噪声	工业噪声	超标 1~3 分贝	每月 350 元	1. 一个单位边界上有多处噪声超标，根据最高一处超标声级计算应纳税额；当沿边界长度超过 100 米有两处以上噪声超标，按照两个单位计算应纳税额。 2. 一个单位有不同地点作业场所的，应当分别计算应纳税额，合并计征。 3. 昼、夜均超标的环境噪声，昼、夜分别计算应纳税额，累计计征。 4. 声源一个月内超标不足 15 天的，减半计算应纳税额。 5. 夜间频繁突发和夜间偶然突发厂界超标噪声，按等效声级和峰值噪声两种指标中超标分贝值高的一项计算应纳税额。
		超标 4~6 分贝	每月 700 元	
		超标 7~9 分贝	每月 1 400 元	
		超标 10~12 分贝	每月 2 800 元	
		超标 13~15 分贝	每月 5 600 元	
		超标 16 分贝以上	每月 11 200 元	

（四）计税依据

1. 应税污染物计税依据的确定

（1）应税大气污染物的计税依据。

应税大气污染物按照污染物排放量折合的污染当量数确定。

每一排放口或者没有排放口的应税大气污染物，按照污染当量数从大到小排序，对前三项污染物征收环境保护税。

（2）水污染物的计税依据。

应税水污染物按照污染物排放量折合的污染当量数确定。

每一排放口的应税水污染物，按照《应税污染物和当量值表》，区分第一类水污染物和其他类水污染物，按照污染当量数从大到小排序，对第一类水污染物按照前五项征收环境保护税，对其他类水污染物按照前三项征收环境保护税。

按照《环境保护税法实施条例》，从两个以上排放口排放应税污染物的，对每一排放口排放的应税污染物分别计算征收环境保护税；纳税人持有排污许可证的，其污染物排放口按照排污许可证载明的污染物排放口确定。

（3）应税固体废物的计税依据。

应税固体废物按照固体废物的排放量确定。固体废物的排放量为当期应税固体废物的产生量减去当期应税固体废物的贮存量、处置量、综合利用量的余额。其中：固体废物的贮存量、处置量,是指在符合国家和地方环境保护标准的设施、场所贮存或者处置的固体废物数量;固体废物的综合利用量,是指按照国务院发展改革、工业和信息化主管部门关于资源综合利用要求以及国家和地方环境保护标准进行综合利用的固体废物数量。

（4）应税噪声的计税依据。

应税噪声按照超过国家规定标准的分贝数确定。

2. 应纳税额的计算

计算公式如下：

应税大气污染物的应纳税额＝污染当量数×具体适用税额

应税水污染物的应纳税额＝污染当量数×具体适用税额

应税固体废物的应纳税额＝固体废物排放量×具体适用税额

应税噪声的应纳税额＝超过国家规定标准的分贝数对应的具体适用税额

（五）优惠政策

1. 暂免征税项目

（1）农业生产(不包括规模化养殖)排放应税污染物的。

（2）机动车、铁路机车、非道路移动机械、船舶和航空器等流动污染源排放应税污染物的。

（3）依法设立的生活垃圾焚烧发电厂、生活垃圾填埋场、生活垃圾堆肥厂,属于生活垃圾集中处理场所,其排放应税污染物不超过国家和地方规定的排放标准的。

（4）纳税人综合利用的固体废物,符合国家和地方环境保护标准的。

（5）国务院批准免税的其他情形,由国务院报全国人民代表大会常务委员会备案。

2. 减征税额项目

（1）纳税人排放应税大气污染物或者水污染物的浓度值**低于**国家和地方规定的污染物**排放标准 30%的**,**减按 75%**征收环境保护税。

（2）纳税人排放应税大气污染物或者水污染物的浓度值**低于**国家和地方规定的污染物**排放标准 50%的**,**减按 50%**征收环境保护税。

拓展阅读

绿色创业者的税收大作战

在一个充满创意和绿色理念的小镇上,有一位年轻的创业者,他决心通过环境保护税规划来推动绿色产业的发展。

这位创业者创建了一家专注于生产可降解产品的公司,从食品包装到生活用品,都致力于减少对环境的影响。了解到环境保护税的存在,他决定巧妙地利用这个机会。

首先,他深入研究了环境保护税的具体规定,发现采用环保技术和可持续生产方式的企业,可以享受一些税收减免和优惠政策。于是,他积极采用最先进的环保技术,确保公司的整体运作符合环保标准。

其次,他巧妙地设计了一些环保项目,如植树造林、环保教育活动,通过参与这些项目,公司不仅为社会做出了贡献,而且获得了额外的税收减免。

最后,他运用市场营销手段,将公司的环保理念与产品巧妙地结合起来,吸引了更多的消费者。这使得公司的销售额和市值都大幅度增长,为公司创造了更多的价值,同时为环境保护税规划增加了更多的可能性。

这个有趣的故事告诉我们,通过深入理解税收政策,巧妙地运用环保创新和社会责任项目,企业和政府可以在环境保护税规划中实现双赢,既推动了企业的可持续发展,又为环境保护做出了积极的贡献。

二、环境保护税的规划方法

(一)大气污染物的税务合规计划

可以通过控制企业大气污染物的排放浓度达到节税的目的。

【例 8−5】 某小型火力发电厂工业企业为一般纳税人,位于广东省内,大气污染物的应纳税额为每污染当量 1.8 元。经检测,该企业排气管排放浓度最高的三种气体分别是二氧化硫($90\ mg/m^3$)、氮氧化物($180\ g/m^3$)、烟尘($28\ mg/m^3$),该企业每月总排放气体为 $5\ 000\ m^3$。

方案一:直接计算应纳税额。

$$二氧化硫应纳税额 = 5\ 000 \div 0.95 \times 1.8 = 9\ 473.68(元)$$
$$氮氧化物应纳税额 = 5\ 000 \div 0.95 \times 1.8 = 9\ 473.68(元)$$
$$烟尘应纳税额 = 5\ 000 \div 2.18 \times 1.8 = 4\ 128.44(元)$$
$$应纳环境保护税总额 = 23\ 075.8(元)$$

方案二:引进环保设备,在排放口安装超低排放环保设备,预计把各气体浓度降低 30%,则各气体浓度降为二氧化硫 $63\ mg/m^3$、氮氧化物 $126\ g/m^3$、烟尘 $19.6\ mg/m^3$。火电厂大气污染物排放标准为:二氧化硫 $100\ mg/m^3$、氮氧化物 $200\ g/m^3$、烟尘 $30\ mg/m^3$。使用设备后,三种气体的排放浓度均低于排放标准的 30%,达到了税收减免政策要求,减按 75% 征收环境保护税。

$$环境保护税应纳税额 = 23\ 075.8 \times 75\% = 17\ 306.85(元)$$

显而易见,方案二的气体浓度明显低于方案一,能有效减少污染,并且能为企业降低税负。因此,为企业做税务合规计划不仅能减少企业的环境保护税,而且能响应国家绿色环保的号召,为保护环境做贡献。

(二)水污染物的税务合规计划

在水污染中,工业企业废水是最主要的污染源,主要来源于食品制造企业、加工厂、火力发电厂、屠宰厂、原子能发电厂、热电厂以及废水排放同性质的工业企业。建造污水处理厂,可以减少污水的排放,从而实现税务合规计划。

【例8-6】 杭州某淀粉有限公司为一般纳税人食品制造加工企业,适用的增值税税率为13%,现废水主要排入外部环境,预计每月排污 X 吨。

现在有两种方案可供选择:一是直接排入外部环境,淀粉工业污水的 pH 值一般为4.3,假设每污染当量税额为1.4元,依检测数据计算应纳环境保护税。二是自行建造一座中型污水处理厂,该中型污水处理厂投资额为5亿元,年运行成本大概为6 000万元,按照20年计提折旧。

$$0.52 \times 1.4 \times 12x = 500\,000\,000 \div 20 + 60\,000\,000$$

$$x = 9\,729\,853.48\ 吨$$

$$每月的排污量 = 972 \div 12 = 81\ 万吨 / 月$$

当企业每月的排污量为81万吨时,企业两种方案均可选择。

当每月排污量超过81万吨时,企业应选择自建污水处理厂。但要注意的是,所建的污水处理厂产生的水污染排放物应该符合国家排放标准,否则还需要缴纳环境保护税。

当每月排污量低于81万吨时,企业缴纳环境保护税比自建污染水处理厂更节约成本。

(三) 固体废物的税务合规计划

应税固体废弃物按固体废弃物排放量确定,工业企业产生的废弃物可以根据实际需要进行收集、分类、提取利用等进行回收使用。国家为鼓励企业提高自身环保水平,对于固体废物的排放有相应的优惠政策。企业事业单位和其他生产经营者在符合国家和地方环境保护标准的设施、场所贮存或者处置固体废物的,以及纳税人综合利用的固体废弃物,符合国家和地方环境保护标准的暂不缴纳环境保护税。因此,企业可以通过引进相应环保设备或建设环保设施来规避部分环境保护税,既达到了国家倡导生态文明建设的政策要求,又提高了企业的税后收益。

【例8-7】 甲企业为冶金工业企业,是一般纳税人适用增值税税率为13%,安装使用符合国家规定和监测规范的污染物自动监测设备,标准排放 pH 值在6~9之间,每吨适用税额为25元,预计全年排放高炉渣30万吨。现有两种方案:一是引进200万元设备综合利用10万吨高炉渣,发生费用20万元,在符合国家和地方环境保护标准的设施、场所贮存或者处置固体废物5万吨,剩余固体废弃物直接排放;二是在符合国家和地方环境保护标准的设施、场所贮存或者处置固体废物5万吨,直接排放25万吨。

方案一:

$$固体废物的排放量 = 30-10-5 = 15(万吨)$$

$$固体废物应纳税额 = 15 \times 25 = 375(万元)$$

$$引进设备的成本费用 = 200+20 = 220(万元)$$

$$总成本 = 375+220 = 595(万元)$$

方案二:

$$固体废物的排放量 = 30-5 = 25(万吨)$$

$$固体废物应纳税额 = 25 \times 25 = 625(万元)$$

方案一引进设备综合利用固体废弃物负担的环境保护税比方案二小,相应的环境保护税税负轻,应选择方案一。

（四）噪声的税务合规计划

我国对于一些重点排污企业强制要求安装污染物自动检测设备,如果工业企业未安装国家规定的检测范围的污染物自动检测设备,则可以找当地的检测机构或者委托专业的检测机构依法检测,支付委托检测费。噪声污染的应纳税额,既受噪声分贝的影响,又与噪声排放的持续时间有关。从这一角度出发,可以通过对排污企业工作时间的灵活安排达到节税的目的。

纳税人安装使用符合国家规定和监测规范的污染物自动监测设备的,污染物的排放量按照污染物自动监测数据计算。昼、夜均超标的环境噪声,昼、夜分别计算应纳税额,累计计征。声源一个月内超标不足 15 天的,减半计算应纳税额。

【例 8−8】　假设 M 企业为一般工业企业,安装国家规定的检测范围的污染物自动检测设备,有 A、B 两个作业场所。假设 2024 年 11 月,A 作业场所存在噪声超标,昼夜均超标 8 分贝。该企业每月机器工作产生噪声时长为 160 小时,白天黑夜的工作时长都为 8 小时。现一个月内白天超标 16 天,夜晚超标 4 天。M 企业 2024 年 11 月噪声污染应纳环境保护税计算如下:

$$A 作业场白天应纳税额 = 1\ 400 \times 2 = 2\ 800(元)$$
$$A 作业场夜晚应纳税额 = 1\ 400 \div 2 = 700(元)$$
$$11 月应纳税额 = 2\ 800 + 700 = 3\ 500(元)$$

若该企业调整工作时间段,则有两个方案:一是全部在白天或夜晚工作,超标天数为 20 天;二是白天和夜晚工作超标天数均不超过 15 天。

方案一:

$$A 作业场白天或夜晚应纳税额 = 1\ 400(元)$$

方案二:

$$A 作业场白天应纳税额 = 1\ 400 \div 2 = 700(元)$$
$$A 作业场夜晚应纳税额 = 1\ 400 \div 2 = 700(元)$$
$$11 月应纳税额 = 700 + 700 = 1\ 400(元)$$
$$调整后的方案比原方案节约纳税支出:3\ 500 - 1\ 400 = 2\ 100(元)$$

复习与思考

1. 城镇土地使用税的税务规划空间有哪些?

2. 资源税的计征方法是什么?有哪些税务规划方法?

3. 环境保护税的征税对象有哪些?作为我国第一个较为完善的绿色税种,应如何进行环境保护税规划?

 小试牛刀

一、自测题

扫码完成自测

二、业务题

1. 某人民团体共拥有两栋办公楼,一栋办公楼占地 2 500 平方米,另一栋办公楼占地 1 300 平方米。2024 年 3 月底该人民团体将占地 1 300 平方米的办公楼出租。已知当地城镇土地使用税的税率为每平方米 15 元,请计算该人民团体 2024 年应缴纳的城镇土地使用税。

2. 某肉制品加工企业共占地 75 000 平方米,其中办公楼占地 4 000 平方米,生猪养殖基地占地 35 000 平方米,肉制品加工车间占地 23 000 平方米,企业内部道路及绿化占地 9 000 平方米,职工宿舍占地 4 000 平方米。已知该企业所在地的城镇土地使用税税率为每平方米 0.8 元。请计算该企业 2024 年应缴纳的城镇土地使用税。

3. 某公司与政府机关共同使用一栋共有土地使用权的办公楼。办公楼占用土地面积 5 000 平方米,办公楼面积 13 000 平方米,且公司与机关的占用比例为 3:2。已知该公司所在市城镇土地使用税单位税额为每平方米 5 元。请计算该公司与政府机关分别应缴纳的城镇土地使用税。

4. 某低丰度油气田原油不含税价格为 5 000 元/吨,天然气不含税价格为 5 元/立方米。2024 年 3 月,该油气田开采原油 50 万吨,当月销售 40 万吨,加热用 4 万吨,将 6 万吨原油赠送给协作单位;开采天然气 1 400 万立方米,当月销售 1 200 万立方米,待售 200 万立方米。已知原油、天然气的资源税税率均为 6%,请计算该油气田当月应缴纳的资源税。

5. 某石化企业为增值税一般纳税人,2024 年 4 月发生以下业务:

(1) 开采原油 3 000 吨,本月销售 1 000 吨,取得含增值税销售额 367.25 万元。

(2) 将自行开采的原油 300 吨移送加工汽油 210 吨。

已知原油资源税税率为 6%,请计算该石化企业 2024 年 4 月应缴纳的资源税税额。

参考答案

 案例阅读

对于环境保护税,企业要算"大账"、算"长远账"

良好的税收营商环境和税费优惠政策支持,为企业提供发展"沃土"。建设美丽中

国,企业是市场经营主体,也是生态环境保护的主体。对于企业而言,贯彻绿色发展理念,在生产经营过程中始终守护绿水青山,需要落实在每一项具体的行动上,包括合规缴纳环境保护税。

投资环保改造项目,什么时候能回本?2018年,某公司副总经理坚持启动环保技术改造项目时,不断被管理层提问。如今,他的坚持已有了回报,这个问题也有了答案。

2018年,在环境保护税政策的约束下,这家公司决定启动环保系统改造项目。起初有人认为,环保改造周期长,会对公司正常生产造成影响;也有人觉得,环保技术改造资金投入太大,短期内难以收回成本。

实践证明,环保投入的回本速度,远比预想要快。2021年,这家公司获得生态环境部门给予的一次性污染防治资金近千万元。2023年,得益于环保、技术等方面原因,公司被认定为先进制造业,开始享受先进制造业增值税加计抵减政策。"每年800多万元的加计抵减优惠,不仅缩短了回本速度,而且为公司带来不小的收益。"该公司副总经理说。

截至目前,该公司累计投资环保技术改进资金超9 000余万元。经过技术改进,其排放废水已经达到了国家城镇污水一级A类标准,全年颗粒物和二氧化硫排放量分别同比下降37.7%、44.6%,水污染物化学需氧量(COD)、氨氮浓度分别同比下降24.6%、76.3%,污染物整体排放浓度均低于国家标准50%以上。

当然,这绝非个例。绿色发展是大势所趋。近年来,越来越多的企业在环境保护税优惠政策的激励下,学会了算大账、算长远账,持续加强环保技术改造,赢得了更多市场空间和机遇,实现了环保效益和经济效益的"双丰收"。

环境保护问题,企业不能只算小账、眼前账,要算大账、长远账。从短期来看,征收环境保护税后,许多排污较多的企业需要缴纳大额环境保护税,会增加企业运营成本。同时,企业为了降低税负,需要改进生产技术,采取更环保的生产方式,引进绿色清洁的生产设备,提高企业的生产经营成本。但是从长期来看,进行产业转型的企业更有可能在未来的市场竞争中占据优势。

2018年环境保护税实施初期,企业普遍担忧税负增加会影响竞争力。然而,随着政策的深入实施和政府的解读,企业从最初的担忧和观望逐步转为积极应对。诸多企业通过引进环保技术和优化生产流程,减少污染物排放,降低税负。一些企业甚至看到了环保带来的机遇,积极进行产业升级和技术创新。

思考:

对于环境保护税,企业如何算"大账"、算"长远账"?

第九章 其他税种的税务合规计划

学习目标

学 习 内 容	学习目标	学习难度
1. 印花税的纳税人、征税对象、税率、计税依据	熟悉	☆
2. 车船税的纳税人、征税对象、税率、计税依据	熟悉	☆
3. 车辆购置税的纳税人、征税对象、税率、计税依据	熟悉	☆
4. 城市维护建设税的纳税人、征税对象、税率、计税依据	熟悉	☆
5. 关税的纳税人、征税对象、税率、计税依据	熟悉	☆
6. 印花税、车船税、车辆购置税、城市维护建设税、关税的税务合规计划要点	掌握	☆☆☆
7. 印花税、车船税、车辆购置税、城市维护建设税、关税主要涉税风险防控节点	熟悉	☆☆☆

案例导读

奇妙的关税游戏

曾经有一个小国,它的国王非常聪明,意识到通过巧妙的关税税务合规计划,可以在不伤害国内产业的情况下增加国家的财政收入。

国王设计了一个奇妙的关税游戏,他将关税设置得非常有趣。他在进口奢侈品和高端商品上征收较高的关税,而对于一些日常必需品,如食品和基本生活用品,却几乎没有关税。

这样一来,国内产业得以受到保护,人们也能够负担得起必需品。同时,富有的人愿意为奢侈品支付更高的价格,从而为国家贡献了更多的税收。

有趣的是,国王还设置了一些特别的减免规定,鼓励企业在国内生产高端商品。这样一来,国内产业逐渐发展壮大,国家的财政状况也变得更加健康。

这个关税政策的小故事告诉我们,通过巧妙设置关税政策,可以实现保护国内产业、鼓励生产和增加税收的多赢局面。当然,在国际贸易实践中,关税政策的制定需要考虑多方因素,包括国际贸易规则和税收政策的平衡性。

第一节　印花税的税务合规计划

一、印花税法的基本构成要素

印花税是以经济活动和经济交往中书立、领受应税凭证的行为以及证券交易行为为征税对象征收的一种税,是一种兼有行为税性质的凭证税。印花税具有征收面广、税负轻、由纳税人自行购买并粘贴印花税票完成纳税义务等特点。

(一) 纳税人

印花税的纳税人是指在中华人民共和国境内书立应税凭证、进行证券交易的单位和个人。单位和个人包括各类企业、事业、机关、团体、部队以及中外合资企业、合作企业、外资企业、外国公司和其他经济组织及其在华机构等。上述单位和个人,按照书立、使用、领受应税凭证的不同,可以分别确定为立合同人、立据人、立账簿人、领受人、使用人和各类电子应税凭证的签订人。

(二) 税目和税率

印花税有合同、产权转移书据,权利、许可证照,营业账簿以及证券交易五个税目。印花税税目税率表见表9-1。

表9-1　印花税税目税率表

	税　目	范　围	税　率	说　明
1.合同	① 买卖合同	包括供应、预购、采购、购销结合及协作、调剂、补偿、易货等合同	支付价款的0.3‰	指动产买卖合同
	② 承揽合同	包括加工、定做、修缮、修理、印刷广告、测绘、测试等合同	支付报酬的0.3‰	
	③ 建设工程合同	包括建筑、安装工程、勘察、设计合同	支付价款的0.3‰	
	④ 租赁合同	包括租赁房屋、船舶、飞机、机动车辆、机械、器具、设备等合同	租金的1‰	
	⑤ 融资租赁合同		租金的0.05‰	
	⑥ 运输合同	包括民用航空运输、铁路运输、海上运输、内河运输、公路运输和联运合同	运输费用的0.3‰	不包括管道运输合同
	⑦ 仓储合同		仓储费用的1‰	

税 目		范 围	税 率	说 明
1.合同	⑧ 保管合同		保管费用的 1‰	
	⑨ 借款合同	银行业金融机构和借款人(不包括银行同业拆借)订立的借款合同	按借款金额的 0.05‰	
	⑩ 财产保险合同	包括财产、责任、保证、信用等保险合同	保险费的 1‰	不包括再保险合同
	⑪ 技术合同	包括技术开发、转让、咨询、服务等合同	支付价款、报酬或者使用费的 0.3‰	
2. 产权转移书据		土地使用权出让和转让书据；房屋等建筑物、构筑物所有权、股权(不包括应缴纳证券交易印花税的)转让书据。	按支付价款的 0.5‰	转让包括买卖(出售)、继承、赠与、互换、分割
		商标专用权、著作权、专利权、专有技术使用权转让书据	按支付价款的 0.3‰	
3. 营业账簿		生产、经营用账册	按实收资本(股本)、资本公积合计金额的 0.25‰	
4. 证券交易			成交金额的 1‰	对证券交易的出让方征收,不对证券交易的受让方征收。

提示

按照 0.25‰ 的税率计税贴花的资金账簿不是指记载货币资金的账簿,而是指记载实收资本和资本公积资本金数额增减变化的账簿。

【例 9-1】 A、B 两家公司因业务需要签订咨询服务合同,由 B 公司向 A 公司提供咨询服务。项目完成后,A 公司的经办人员王刚将咨询费用支付给 B 公司,现场索取发票时看到 B 公司持有的合同已做了贴花,便认为已缴清了印花税,回到 A 公司后没有提起缴纳印花税的事。

事后不久,税务机关上门进行日常税务检查,在查阅账簿、合同、发票等资料时,发现了该咨询服务合同尚未贴花,即未依法缴纳印花税,于是对 A 公司做出了补税和罚款的处罚。A 公司的经办人员王刚非常困惑。销售方不是交过印花税了? 为啥还要收取印花税? 他认为这是重复缴税。

其实,印花税比较特殊,需要交易双方分别缴纳。根据《中华人民共和国印花税法》,同一应税凭证由两方或者两方以上当事人订立的,应当按照各自涉及的价款或者报酬分别计算应纳税额。也就是说,对合同有直接权利义务关系的双方当事人均有纳税义务,均应按照各自合同涉及的金额贴足印花。

二、印花税的税务合规计划方法

(一) 利用不确定金额和保守金额规划

在签订时无法确定计税金额的合同,可在签订时先按定额 5 元贴花,以后结算时再按实际金额计税,补贴印花。该项规定提供了利用不确定金额规划的可能性。

纳税人在签订金额较大的合同时,应充分考虑以后经济活动中可能会遇到的种种情况,确定比较合理、保守的金额,防止所载金额大于履约合同的实际结算金额。

【例 9-2】　假定某设备租赁公司拟与某生产企业签订一份租赁合同,由于租赁设备较多,而且设备本身比较昂贵,因而每年租金为 200 万元。如果在签订合同时明确规定年租金 200 万元,则两企业均应缴纳印花税,计算如下:

$$各自应纳税额 = 2\,000\,000 \times 0.1\% = 2\,000 (元)$$

如果两企业在签订合同时仅规定每天的租金数,而不具体确定租赁合同的执行时限,则两企业只需各自先缴纳 5 元钱的印花税,余下部分等到最终结算时才缴纳。当然这笔钱在以后还是要缴纳的,但现在不用缴纳便获得了资金时间价值。

(二) 利用不同借款方式规划

银行及其他金融机构与借款人签订的合同,以及只填开借据并作为合同使用的,取得银行借款的借据应按照借款合同税目缴纳印花税。企业之间的借款合同不需要贴花。

(三) 最少转包次数规划

建筑安装工程承包合同的计税依据为合同上记载的承包金额,适用税率为 0.03%。施工单位将自己承包的建设项目分包或者转包给其他施工单位所签订的分包合同或者转包合同,应按照新的分包合同或者转包合同上记载的金额再次计算应纳税额。由于印花税是一种行为税,只要有应税行为发生,就应按税法规定纳税。因此,尽管总承包合同已依法计税贴花,新的分包或转包合同仍为新的应税凭证,也需要纳税。

【例 9-3】　假定某城建公司与某商城签订了一份建筑合同,总金额为 1 亿元。该城建公司因业务需要又分别与建筑公司 A 和 B 分别签订分包合同,合同记载金额分别为 4 200 万元和 3 600 万元,B 和 C 又分别将 2 000 万元转包给 D 和 E。则应纳印花税金额计算如下:

(1) 城建公司与商场签订合同:

$$双方各应缴纳印花税金额 = 10\,000 \times 0.03\% = 3 (万元)$$

(2) 城建公司与 A、B 签订合同:

$$各方应缴纳的印花税金额 = (4\,200 + 3\,600) \times 0.03\% = 2.34 (万元)$$
$$A 应缴纳的印花税 = 4\,200 \times 0.03\% = 1.26 (万元)$$
$$B 应缴纳的印花税 = 3\,600 \times 0.03\% = 1.08 (万元)$$

（3）A、B与D、E签订合同：

各方应纳税额＝2 000×0.03%＝0.6（万元）

城建公司与这四家建筑公司共缴纳印花税＝（3+2.34+1.26+1.08+0.6×4）＝10.08（万元）

如果这些机构进行合理规划，城建公司与A、B、C、D、E四家建筑公司分别签订2 200万元、1 600万元、2 000万元、2 000万元的承包合同，则：

这五家机构共缴纳印花税＝（2 200+1 600+2 000+2 000）×0.03%×2＝4.68（万元）

这样可以节省6.4万元税款。这种税务合规计划操作的核心就是**尽量减少签订承包合同的环节**，以最少的可能书立应税凭证，以达到节约税款的目的。

（四）分项核算规划

同一凭证，因载有两个或两个以上经济事项而适用不同税目税率，分别记载金额的，应分别计算应纳税额，相加后按合计税额贴花；未分别记载金额的，按税率高的计税贴花。

【例9-4】　某煤矿2024年7月与某运输公司签订运输合同，所载运输费及保管费共计3 600万元，由于该合同涉及货物运输合同和仓储保管合同，两者税目不同，适用税率也不同，前者为0.3‰，后者为1‰。

若合同条款未分别记载金额，按税率高的计税贴花，即按1‰税率计算应贴印花，计算如下：

$$应纳税额＝3 600×1‰＝3.6（万元）$$

交易双方若进行税务合规计划，便可以节省不少税款。假定这份运输保管合同包含货物运输费2 700万元，仓储保管费900万元，如果纳税人能在合同上详细注明各项费用名目及具体金额，则可分别适用税率，计算如下：

$$应纳税额＝2 700×0.3‰+900×0.01%＝1.71（万元）$$

订立合同的双方均可节省1.89万元（3.6-1.71）税款。

【例9-5】　甲公司和乙公司是常年有业务合作的单位。2024年2月，甲公司租用乙公司的仓库一年，用于保管货物，约定仓储保管费为120万元；另约定甲公司购买乙公司的包装箱1 000个，每个0.1万元，合计100万元。在签订合同时，甲公司和乙公司签署了一份保管合同，其中约定了上述保管和购买包装箱的事项，但未分别记载相应金额，仅规定甲公司向乙公司支付款项22万元。

由于上述两项交易并没有分别记载金额，应当按照较高的税率合并缴纳印花税。购销合同适用的印花税税率为0.3‰，仓储保管合同适用的印花税税率为1‰。甲公司和乙公司应当分别按照1‰的税率缴纳印花税，分别缴纳印花税0.22万元（220×1‰），合计缴纳印花税0.44万元（0.22×2）。

根据税法规定，如果上述两项交易分别记载金额或者签订两份合同，则可以分别适用各自税率计算印花税。两个公司分别缴纳印花税 0.15 万元（120×1‰＋100×0.3‰），合计缴纳印花税 0.3 万元（0.15×2）。减轻税收负担 0.14 万元（0.44-0.3）。

拓展阅读

印花税的艺术巧思

在一个充满艺术氛围的小镇上，有一位年轻的艺术家，他通过印花税规划，展现了独特的艺术巧思。

这位艺术家经营着一家小画廊，展示并销售各种艺术品。了解到印花税的存在，他决定将税务合规计划融入他的艺术品经营中。

首先，他设计了一系列独特的艺术品，其中的每一件作品都附带一份特殊的证书。在这份证书上，他以艺术品的名义印上了相应的印花税。这样一来，购买者在购得艺术品的同时，相当于支付了相应的印花税。

其次，这位艺术家还巧妙地设计了一个艺术品购买计划，鼓励艺术品的持有者定期参与一些艺术活动，如画廊展览、艺术家工作坊。通过这些活动，购买者能够感受到更深层次的艺术体验，每次参与活动都附带一些小额的印花税减免。

这位艺术家通过这种创意的印花税规划方式，成功地为自己的画廊带来了更多的收入，也为购买者提供了更丰富的艺术体验。整个小镇也因为这个独特的印花税艺术计划而变得更加有活力。

这个有趣的故事告诉我们，通过将税务合规计划巧妙地融入艺术创作和商业运营中，可以为企业带来更多的创收机会，也可以为客户提供独特的价值体验。

第二节 车船税的税务合规计划

一、车船税法的基本构成要素

车船税是对在我国境内而拥有车船所有权或管理权的单位和个人，按其所有或管理车船的种类或吨位征收的一种税。

（一）纳税人

车船税的纳税人是指在中华人民共和国境内，拥有《中华人民共和国车船税法》（以下简称《车船税法》）所附《车船税税目税额表》所列车船所有权或管理权的单位和个人。

（二）税率和计税依据

乘用车、商用客车和摩托车，以每辆为计税依据；商用货车、专用作业车和轮式专用机械车，按整备质量每吨为计税依据；机动船舶、非机动驳船、拖船，按净吨位每吨为计税依据；游艇按艇身长度每米为计税依据。

二、车船税的税务合规计划方法

（一）利用车船税标准的临界值进行规划

由于车船税中商用货车、专用作业车和轮式专用机械车,按整备质量每吨为计税依据,机动船舶、非机动驳船、拖船,按净吨位每吨为计税依据,这就产生了应税车船税税额相对吨位数变化的临界点。在临界点上下,虽然吨位数可能相差 1 吨,但税率将出现断崖式变化,从而导致税额有很大变化,这就为税务合规计划提供了操作空间。

（二）清楚划分规划法

税法规定,如果一批课税对象适用不同税率,或有的征税有的免税,纳税人不能准确划分的,从高适用税率。因此,对纳税人来说,最好的规划方法就是将适用不同税目税率及免税项目的课税对象清楚地区分开,以便最大限度地节税。

企业办学校、医院、托儿所、幼儿园自用的车船,如果能够准确核算,明确划分清楚是完全自用的,可以享受免税待遇;划分不清的,应照章纳税。

【例 9-6】　假定某企业自己创办一所学校,该企业共有八辆载货汽车,四辆乘人汽车(每车可载 25 人),其中,有两辆载货汽车经常在学校使用,三辆乘人汽车主要由学校师生使用。当地政府规定上述规格的载货汽车定额税率为每净吨位 60 元,乘人汽车定额税率为每辆 320 元。如果不能清楚划分,则:

$$该企业应纳车船税=8×3×60+4×320=2\ 720(元)$$

如果能够准确划分,则:

$$该企业每年应纳车船税=6×3×60+1×320=1\ 400(元)$$

可以节省税款 1 320 元(2 720-1 400)。

拓展阅读

环保汽车的税收创意

在一个注重环保的城市中,有一位汽车设计师决定通过车船税规划,推动绿色出行,并为车主带来更多福利。

这位设计师创造了一款独特的环保汽车,采用了可再生能源和高效的电动技术。了解到车船税税负与车辆类型和排放水平有关,他决定巧妙地运用这一原则。

首先,他将这款环保汽车的售价定得相对较低,使更多人能够负担得起。其次,他与当地政府合作,争取享受更大的税收减免。政府看到了这款汽车的环保性能和社会效益,同意给予更多的税收优惠。

为了进一步刺激绿色出行,设计师还创建了一个有创意的车主社区,鼓励车主之间共享充电设备和换电经验。通过参与社区活动,车主们可以获得额外的车船税减免和其他福利,形成了一个有趣、互动的绿色出行社群。

这位设计师的创意不仅推动了环保汽车的销售,而且在车船税规划中为车主们创造了更多的实际优惠。整个城市因为这个环保出行社区而变得更加清新宜居。

　　这个有趣的故事告诉我们,通过推动环保出行、与政府合作争取税收减免,并创建社区激励机制,可以在车船税税务合规计划中实现双赢,既推动了环保产业的发展,又为市民提供了更多的便利。

第三节　车辆购置税的税务合规计划

一、车辆购置税法的基本构成要素

车辆购置税是对在我国境内购置汽车、有轨电车、汽车挂车、排气量超过 150 毫升的摩托车(以下统称应税车辆)的单位和个人,就其购置应税车辆支付的价款征收的一种税。

(一)纳税人

车辆购置税的纳税人,是指在中华人民共和国境内购置应税车辆的单位和个人。车辆购置税的纳税人的确定,需要符合三个条件:

(1)发生应税行为,即发生购置车辆的行为。

(2)征税区域符合规定,即该行为发生在中华人民共和国境内。

(3)所购车辆属于应税车辆。

(二)应税行为

车辆购置税的应税行为中的"购置"是指以购买、进口、自产、受赠、获奖或者其他方式取得并自用应税车辆的行为。其行为标志是"使用"。车辆购置税的具体应税行为如表 9-2 所示。

表 9-2　车辆购置税的具体应税行为

应税行为	具体解释
购买使用	包括购买使用国产应税车辆和购买使用进口应税车辆。当纳税人购置应税车辆自用时,就发生了应税行为,就要依法纳税
进口使用	直接从境外进口或委托代理进口使用应税车辆的行为
受赠使用	接受他人馈赠并使用应税车辆的行为,作为受赠人在接受使用(包括接受免税车辆)后,就发生了应税行为
自产自用	纳税人将自己生产的应税车辆作为最终消费品用于自己消费使用
获奖使用	包括从各种奖励形式中取得并使用应税车辆的行为
其他使用行为	除上述方式以外的其他方式取得并使用应税车辆的行为,如以拍卖、抵债、走私、罚没等方式取得并使用应税车辆的行为

(三)税率

车辆购置税实行从价定率征收,税率为10%。车辆购置税只确定一个统一比例税率征收,具有税率不随课税对象数额变动的特点,计征简便、负担稳定,有利于依法治税。

二、车辆购置税的税务合规计划方法

(一)区别对待代收款项

使用代收单位(受托方)票据收取的款项,应视作代收单位价外收费,购买者支付的价费款,应并入计税价格一并征税;使用委托方票据收取,受托方只履行代收义务,收取代收手续费的款项,不应并入计税价格中征收车辆购置税。

(二)准确划分车款与其他费用

车辆购置者在购买车辆的同时支付的工具件和零部件价款应该并入购车价款中一同征收车辆购置税,但如果工具件和零部件与车辆的销售方式或销售时间不同,则不能并入计税价格中。同样的,随购车价款一同支付的车辆装饰费作为价外费用,应该并入计税价格中计税,但如果二者收款时间或收款单位不同,则不能并入计税价格中。因此,企业可以通过不同的时间和不同的销售方式,使其他费用与购车价款相分离,实现车辆购置税的税务合规计划。

【例9-7】　张女士在广州购买了一辆轿车自己使用,支付车款的总价为480 000元(含增值税价格)。另外,她支付的其他费用包括:车辆牌照费400元,各种工具件6 000元,销售方代办保险等向购买方收取的保险费10 000元,车辆装饰费20 000元。各款项均由汽车4S店开具发票。若不做任何规划,则:

$$应纳车辆购置税=\frac{480\,000+400+6\,000+10\,000+20\,000}{1+13\%}\times10\%=45\,699.12(元)$$

如果这家4S店在向购买方收取车辆牌照费和保险费时使用并开具相应单位的票据,且各种工具件由张女士购置奔驰轿车后另行购买,该车辆也在购置后另行装饰,则车辆牌照费、向购买方收取的保险费、各种工具件、车辆装饰费均无须计入计税价格,计税价格就变为480 000元。此时,应缴纳的车辆购置税计算如下:

$$应纳车辆购置税=\frac{480\,000}{1+13\%}\times10\%=42\,477.88(元)$$

节约的车辆购置税为3 221.24元(45 699.12-42 477.88)。

拓展阅读

绿色车队的税收智慧

在一个拥有高度环保意识的城市,有一家物流公司的老板决定将公司的车队变成一支绿色、环保的车队,同时实现税务合规计划。

这位老板计划逐步淘汰老旧的燃油车辆,转而购买新型的电动和混合动力货车。他了解到,车辆购置税与车型和排放水平有关,于是他巧妙地选择购买了一些符合环保标准的车型，以减轻车辆购置税的负担。

同时，为了提高公司的环保形象，他计划在货车上精心设计独特的环保标识，并在每辆新车购置时进行一场小型的环保宣传活动。这不仅提高了公司的品牌形象，而且为购置新车带来了更多的媒体曝光，为公司赢得了额外的公众支持。

另外，老板与当地政府进行了合作，争取到了一些购置电动和混合动力车辆的政府补贴。这使得公司在购置新车时能够获得更大的经济优势。

通过这一系列的税务合规计划和环保举措，这家物流公司逐渐打造了一支高效、环保的车队，不仅在运输领域取得了更多市场份额，而且为公司带来了更多的税收减免和公众认可。

这个有趣的故事告诉我们，巧妙选择车型、进行品牌宣传、与政府合作争取补贴，可以在车辆购置税规划中实现多方面的益处，同时推动绿色出行和环保产业的发展。

第四节　城市维护建设税的税务合规计划

一、城市维护建设税的税制要素

城市维护建设税是国家对缴纳增值税、消费税的单位和个人以其实际缴纳的增值税和消费税税额为计税依据而征收的一种税。

（一）纳税人

城市维护建设税的纳税人是在征税范围内从事工商经营，缴纳"二税"（即增值税、消费税）的单位和个人。任何单位或个人，只要缴纳"二税"中的一种，就必须同时缴纳城市维护建设税、教育费附加和地方教育附加。

（二）计税依据

城市维护建设税以纳税人实际缴纳的增值税、消费税税额为计税依据，不包括对纳税人加收的滞纳金、罚款等非税收款项。但是，纳税人被税务机关查补"两税"和被处以罚款时，应同时对其逃避缴纳的城市维护建设税教育附加及地方教育附加进行补税和罚款。

城市维护建设税采取地区差别比例税率：纳税人所在地为市区的，税率为7%；纳税人所在地为县城、镇的，税率为5%；纳税人所在地不在市区、县城或者镇的，税率为1%。

城市维护建设税原则上不单独减免，而是随增值税和消费税的减免而减免，对个别缴纳城市维护建设税确有困难的企业和个人，由县（市）级人民政府审批，酌情给予减免税优惠。

拓展阅读

创意公园的税收策略

在一个拥有丰富文化底蕴的城市中，一位富有创意的企业家决定通过城市维护建设税的税务规划，为城市增添一道独特的风景。

这位企业家购买了一片城市郊区的废弃工业用地，在此兴建了一个创意公园。这个公园不仅有美丽的花园和雕塑，还有一些由废弃工业设备改造而成的艺术装置。公园中还设有咖啡馆、小型剧院和文化活动场地，成为城市居民休闲娱乐的好去处。

为了进行城市维护建设税的规划，这位企业家采用了一种独特的模式。他将公园设计成一个非营利性的文化艺术基金会的附属项目，并将公园的日常经营交由基金会来负责。这样一来，公园免除了一部分的城市维护建设税纳税义务。

同时，企业家巧妙地将公园开放给城市的学校和社区组织，允许他们在公园中举办各种文化和教育活动。通过这种方式，他成功地为公园创造了更多的社会价值，同时在税务合规计划中获得了更多的优惠。

最终，这个创意公园成为城市的一张文化名片，不仅丰富了城市的文化生活，而且为企业家带来了一定的税收减免。

这个有趣的故事告诉我们，通过将项目设计成具有社会价值的非营利性机构，并结合城市的文化和教育需求，可以在城市维护建设税的规划中创造出令人满意的结果。

二、城市维护建设税的税务合规计划方法

（一）利用委托加工进行税务合规计划

税法规定，由受托方代征代扣增值税和消费税的单位和个人，其代征代扣的城市维护建设税按受托方所在地适用税率。因此，纳税人在进行委托时可以选择城市维护建设税税率低的非市区、县城或者镇的受托单位。

（二）利用计税依据进行税务合规计划

由于城市维护建设税的计税依据是两大主要货物和劳务税——增值税和消费税，纳税人理应进行增值税和消费税规划，相当于同时进行了城市维护建设税的规划。

（三）利用货物进口进行税务合规计划

由于海关对进口产品代征的增值税、消费税不征收城市维护建设税，纳税人在购买货物时，可以权衡各项成本，考虑通过进口方式取得货物。

（四）纳税人经济性质的税务合规计划

由于城市维护建设税的纳税人，是指负有缴纳增值税、消费税义务的单位和个人。但目前对外商投资企业和外国企业缴纳的"二税"不征收城市维护建设税。而且，我国对外商投资企业和外国企业在税收上还有一系列的优惠政策，因此，企业创建选择经济性质时可适当考虑这一因素。

（五）企业选址的税务合规计划

由于城市维护建设税按企业所在地区实行差别税率，分为三个档次。纳税人所在城镇以下地区还可以免交城镇土地使用税，从税务合规计划出发，纳税人选址时，应考虑选在城市、县城、建制镇以外的地区。

【例 9 - 8】　宝洁公司拟委托加工一批总价值为 400 万元的化妆品,受托加工单位位于市区,由受托加工单位代扣代缴消费税 200 万元,也就是说,加工单位必须同时代征代扣城市维护建设税 14 万元(200×7%)。

如果进行税务合规计划,宝洁公司委托某县城的加工企业加工化妆品,则只需缴纳城市维护建设税 10 万元(200×5%);若是委托某乡的乡镇企业加工,缴纳的城市维护建设税仅为 2 万元(200×1%)。

第五节　关税的税务合规计划

关税是以进出关境的货物或物品为计税依据征收的一种商品税。关税和自由流通中的商品的流转相关,和商品税中的消费税类似。不同的是,关税不仅仅为满足公共财政的需要提供资金,而且作为保护国内市场或经济共同体市场的经济政策工具而使用。

关税有广义和狭义之分。狭义的关税仅指一国海关根据其进出口税则对进出境货物和物品征收的税;广义的关税除包括狭义的关税外,还包括由海关征收的船舶吨税和在进出口环节代征的国内税,如我国海关对进出口环节代征的增值税、消费税。本节所称关税为狭义关税。

一、关税的税制要素

(一)关税的征税对象与纳税人

关税是海关依法对进出境货物、物品征收的一种税。"境"指关境,又称海关境域或关税领域。国境是一个国家以边界为界限,全面行使主权的境域,包括领土、领海、领空。关境是指海关征收关税的领域,一般情况下国境和关境是一致的。中国的关境小于国境,而欧洲联盟的关境大于国境。

关税的征税对象是准许进出境的货物和物品。货物是指贸易性商品;物品包括入境旅客随身携带的行李物品、个人邮递物品、各种运转工具上的服务人员携带进口的自用物品、馈赠物品以及其他方式进境的个人物品。

关税的纳税人包括货物的纳税人和物品的纳税人。货物的纳税人包括经营进口货物的收货人、出口货物的发货人。物品的纳税人包括入境旅客随身携带的行李、物品的持有人,各种运输工具上服务人员入境时携带自用物品的持有人,馈赠物品及以其他方式入境个人物品的所有人,进口个人邮件的收件人。

(二)关税的税则与税目

关税税则又称海关税则,是一国对进出口商品计征关税的规章和对进出口的应税与免税商品加以系统分类的一览表。海关据此征收关税,是关税政策的具体体现。

关税税则一般包括两个部分:① 海关课征关税的规章条例及说明;② 关税税目税率表。《中华人民共和国海关进出口税则》是我国海关征收关税的法律依据,也是我国关税政策的具体体现。我国现行税则包括《中华人民共和国关税法》《税率适用说明》《中华人民共和国海关进口税则》《中华人民共和国海关出口税则》及《进口商品从量税、复合税、滑准税部目税率表》《进口商品关税配额税目税率表》《进口商品税则暂定税率表》《出口商品税则暂定税率表》等附录。

税则归类一般按以下步骤进行：

（1）了解需要归类的具体进出口商品的构成、材料属性、成分组成、特性、用途和功能。

（2）查找有关商品在税则中的类、章及税号。对于原材料性质的货品，应首先考虑按其属性归类；对于制成品，应首先考虑按其用途归类。

（3）比较考虑采用的有关类、章及税号，筛选出最为合适的税号。

（4）通过以上方法难以确定的税则归类商品，可运用归类总规则的有关条款来确定其税号。进口地海关无法解决的税则归类问题，应报海关总署明确。

二、关税税率及其应用

（一）进口关税税率

我国进口税则设有最惠国税率、协定税率、特惠税率、普通税率四栏税率。

最惠国税率适用原产于与我国共同适用最惠国待遇条款的世界贸易组织（WTO）成员或地区的进口货物，或原产于与我国签订有相互给予最惠国待遇条款的双边贸易协定的国家或地区进口的货物，以及原产于我国境内的进口货物。

协定税率适用原产于我国参加的含有关税优惠条款的区域性贸易协定有关缔约方的进口货物，目前对原产于亚太、东南亚、新西兰、澳大利亚等地的部分进口商品实行协定税率。

特惠税率适用原产于与我国签订有特殊优惠关税协定的国家或地区的进口货物，目前对原产于孟加拉国的 18 个税目进口商品实行特惠税率（即曼谷协定特惠税率）。

普通税率适用于原产于除适用最惠国税率、协定税率、特惠税率国家或地区以外的国家或者地区的进口货物，以及原产地不明的进口货物。

（二）出口关税税率

我国出口税则为一栏税率，即出口税率。国家仅对少数资源性产品及易于竞相杀价、盲目进口、需要规范出口秩序的半制成品征收出口关税。

（三）特别关税

除了进口关税和出口关税以外，我国也采用特别关税政策。特别关税包括报复性关税、反倾销税、反补贴税、保障性关税。征收特别关税的货物适用国别、税率、期限和征收办法，由国务院关税税则委员会决定，海关总署负责实施。

（1）报复性关税。任何国家或者地区对其进口的原产于我国的货物征收歧视性关税或者给予其他歧视性待遇的，我国对原产于该国家或者地区的进口货物征收报复性关税。

（2）反倾销税与反补贴税。按照《中华人民共和国反倾销条例》和《中华人民共和国反补贴条例》，经初裁确定，由此对国内产业造成损害的，可以采取临时反倾销或反补贴措施，实施期限为自决定公告规定实施之日起，不超过 4 个月。

（3）保障性关税。当某类商品进口量剧增，对我国相关产业带来巨大威胁或损害时，按照 WTO 有关规则，可以启动一般保障措施。

（四）关税税率的应用

进出口货物，应当依照税则规定的归类原则归入合适的税号，并按照适用的税率征税。

（1）进出口货物，应当按照纳税人申报进口或者出口之日实施的税率征税。

（2）进出口货物到达前，经海关核准先行申报的，应当按照装载此货物的运输工具申报进境之日实施的税率征税。

（3）进出口货物的补税和退税，适用该进出口货物原申报进口或者出口之日所实施的税率，但下列情况除外：

① 按照特定减免税办法批准予以减免税的进口货物，后续情况改变经海关批准转让或出售或移作他用需补税的，应当适用海关接受申报办理纳税手续之日实施的税率征税。

② 加工贸易进口料、件等属于保税性质的进口货物，如经批准转为内销，应按向海关申报转为内销之日实施的税率征税；如未经批准擅自转为内销的，按海关查获日期施行的税率征税。

③ 暂时进口货物转为正式进口需补税时，应按其申报正式进口之日实施的税率征税。

④ 分期支付租金的租赁进口货物，分期付税时，应按该项货物原进口之日实施的税率征税。

⑤ 溢卸、误卸货物事后确定需征税时，应按其原运输工具申报进口日期实施的税率征税。如原进口日期无法查明的，可按确定补税当天实施的税率征税。

⑥ 对由于税则归类的改变、完税价格的审定或其他工作差错而需补税的，应按原征税日期实施的税率征税。

⑦ 对经批准缓税进口的货物以后交税时，不论是分期或一次交清税款，都应按货物原进口之日实施的税率征税。

⑧ 查获的走私进口货物需予征税时，应按查获日期实施的税率征税。

三、关税的原产地规定

原产地规则是确定进出口货物原产国的标准和方法，是确定货物适用关税税率的重要依据。我国原产地规定基本上采用全部产地生产标准和实质性加工标准两种国际上通用的原产地标准。

（一）全部产地标准

全部产地生产标准主要涉及矿产品和动物。这项标准适用于完全在受惠国生产的产品，而含有外国原材料、零部件的货物，不适用这一标准。完全在一国生产的货物主要有 10 类：① 从一国的土地、领域内或从其海底采集的矿物。② 在一国收获或采用的植物产品。③ 在一国出生或饲养的活动物。④ 从一国的活动物所取得的产品。⑤ 在一国狩猎或捕捞所得的产品。⑥ 从事海洋渔业所得的产品以及由某国船只在海上取得的其他产品。⑦ 由一国的加工船利用上项所列各产品加工所得的产品。⑧ 如某国对海底及其底土拥有单独开采的权力，该国从领海以外的海底或底土中采得的产品。⑨ 在一国收集并只适于回收其原料用的废旧物品和在加工制造过程中所产生的废碎料。⑩ 由一国仅利用上述第①至⑨项所列的各种本国产物所生产的产品。

（二）实质性加工标准

实质性加工标准是指进口原料或部件在受惠国经过实质性改变而成为另一种不同性质的商品，受惠国才能作为该商品的原产国。该标准适用于确定有两个或两个以上国家参与生产的产品的原产国的标准，以最后一个对货物进口经济上可以视为实质性加工的国家为有关货物的原产国。采用实质性加工标准来确定货物原产地，主要通过以下三种方法进行：

（1）改变税号法，即货物经某国生产后其税则归类发生了变化，改变了税号，应以该国为货物的原产地。

（2）列出加工程度表法，即产品在某国生产时必须达到加工程度表所列要求，才能视该国为货物的原产地。

（3）从价百分比法，即产品在某国进行加工生产所增加的价值相当于或超过规定的百分比率（现为30%）时，该国视为货物的原产地。

（三）我国进口货物原产地规则的主要内容

（1）进口货物的原产地由海关确定，必要时，海关可以通知进口申报人交验有关外国发证机关发放的原产地证书。

（2）完全在一个国家内生产或制造的进口货物，生产或制造国为该货物的原产地。

（3）经过两个或两个以上的国家加工制造的进口货物，以最后一个对货物进行经济上可被视为实质性加工的国家为有关货物的原产地。实质性加工，是指产品经过加工后，已不能按税则中原有的税目税率征税，或者加工增值部分所占新产品总值的比例已超过30%及其以上者。

（4）石油产品以购自国为原产地。

（5）机器、仪器、器材或车辆所用零件、部件、配件、备件及工具，如与主件同时进口，而且数量合理，其原产地按主件的原产地予以确定；如分别进口，则应按其各自的原产地确定。

四、关税应纳税额的计算

（一）从价税下的关税计算

从价税以进出口货物的价格为计税依据计征关税。这里的价格不是指成交价格，而是指进出口商品的完税价格。因此，按从价税计算关税，首先要确定货物的完税价格。从价税额的计算公式如下：

$$应纳税额=应税进出口货物数量×单位完税价格×适用税率$$

【例9-9】　某家具制造企业，需要从国外进口1万立方米木材，可供选择的进货渠道有两个国家：一个是澳大利亚，另一个是加拿大。加拿大北部森林的木材质量较好，价格为500美元/立方米，运费为60万美元；澳大利亚的木材质量一般，价格为400美元/立方米，但运杂项费用高达180万美元，暂不考虑其他条件，则：

$$加拿大木材完税价格=500+60=560（万美元）$$
$$澳大利亚木材完税价格=400+180=580（万美元）$$

经计算可知，应该选择从加拿大进口木材。如果按10%税率征收进口关税，至少可以节约20万美元关税。

提示

　　出口货物的离岸价格，应以该项货物运离国境前的最后一个口岸的离岸价格为实际离岸价格。如果该项货物从内地起运，则从内地口岸至国境口岸支付的国内段运输费用应予扣除。如果在成交价格外，还支付了国外的与此项业务有关的佣金，则应该在纳税申报表上单独列明，则该项佣金在计算完税价格时就允许扣除。

（二）从量税下的关税计算

从量税是以商品的数量、重量、容量、长度和面积等为标准来征收关税的。它的特点是不因商品价格的涨落而改变税额，计算比较简单。从量税额的计算公式如下：

$$应纳税额＝应税进口货物数量×关税单位税额。$$

（三）复合税下的关税计算

复合税也称混合税。它是对进口商品既征从量税又征从价税的一种办法。一般以从量为主，加征从价税。混合税额的计算公式如下：

$$应纳税额＝应税进口货物数量×关税单位税额＋应税进口货物数量$$
$$×单位完税价格×适用税率$$

（四）滑准税下的关税计算

滑准税是指关税的税率随着进口商品价格的变动反方向变动的一种税率形式，关税税率随进口商品价格由高到低而由低至高设置，即进口商品价格越高，其进口关税税率越低，进口商品的价格越低，其进口关税税率越高。实行滑准税率，进口商品应纳关税的计算方法，与从价税的计算方法相同。

（五）特别关税的计算

特别关税的计算公式如下：

$$特别关税＝关税完税价格×特别关税税率$$
$$进口环节消费税＝进口环节消费税组成计税价格×进口环节消费税税率$$
$$进口环节消费税组成计税价格＝（关税组成计税价格＋关税＋特别关税）/$$
$$（1－进口环节消费税税率）$$
$$进口环节增值税＝进口环节增值税组成计税价格×进口环节增值税税$$
$$进口环节增值税组成计税价格＝关税组成计税价格＋关税＋特别关税$$
$$＋进口环节消费税。$$

五、关税减免

关税减免主要可分法定减免、特定减免和临时减免三种类型。

（一）法定减免

法定减免是依照关税基本法律、法规的规定，对列举的课税对象给予的减免。纳税人无须提出申请，海关可按照规定直接予以执行。

1. 免税的货物

下列货物，经海关审查无误，可以免税：① 关税税额在人民币 50 元以下的货物；② 无商业价值的广告品和货样；③ 外国政府、国际组织无偿赠送的物资；④ 进出境运输工具装载的途中必需的燃料、物料和饮食用品；⑤ 在海关放行前损失的货物；⑥ 为境外厂商加工、装配成品和为制造外销产品而进口的原材料、辅料、零件、部件、配套件和包装材料，海关按照实际加工出口的成品数量免征进口关税；或者对进口原料、部件先征进口关税，再按照实际加工出口的成品数量予以退税。

2. 酌情减免税的货物

有下列情形之一的进口货物,海关可以酌情减免关税:① 在境外运输途中或者起卸时,遭受损坏或者损失的;② 起卸后海关放行前,因不可抗力遭受损坏或者损失的;③ 海关查验时已经破漏、损坏或者腐烂,经证明不是保管不善造成的,可以按照海关认定的受损程度减征关税。

3. 其他减免税的货物

(1)我国缔结或者参加的国际条约规定减征、免征关税的货物、物品。

(2)经海关核准暂时进境或者暂时出境并在 6 个月内复运出境或者复运进境的货样、展览品、施工机械、工程车辆、工程船舶、供安装设备时使用的仪器和工具、电视或者电影摄制器械、盛装货物的容器以及剧团服装道具,在货物收发货人向海关缴纳相当于税款的保证金或者提供担保后,准予暂时免纳关税。

(二)特定减免

特定减免是指在法定减免以外,由国务院或国务院授权的机关颁布法规、规章、特别规定的关税减免,具体包括对特定地区、特定行业、特定企业和特定用途的货物的减税、免税等。例如,《中华人民共和国海关法》和《中华人民共和国货物进出口管理条例》明确规定:对直接用于科学研究或者教学的进口科技教育用品和国内不能生产的残疾人专用物品,扶贫、慈善性捐赠物资,外国驻华使领馆和有关国际机构及其人员所需物品减免关税等。

(三)临时减免

临时减免是指在上面两项减税、免税以外,由于特殊原因,对某些纳税人,临时给予的关税减免措施。临时减免一般必须在货物进、出口之前,由纳税人向所在地海关提出书面申请,经所在地海关审核后,转报海关总署或海关总署会同国家税务总局、财政部批准。为了统一税法、公平税负、平等竞争,我国目前已基本上取消了临时减免税。

六、普通关税的税务合规计划

(一)关税完税价格的税务合规计划

1. 完税价格的确定

关税完税价格,就是进出口货物应当缴纳关税的价值,或者说是海关计征关税所依据的价格,也可理解为应税价格。

(1)一般进口货物的完税价格。

① 以成交价格为基础的完税价格。

进口货物的计税价格以成交价格以及该货物运抵中华人民共和国境内输入地点起卸前的运输及相关费用、保险费为基础确定。进口货物的成交价格,是指卖方向中华人民共和国境内销售该货物时买方为进口该货物向卖方实付、应付的,并按照《中华人民共和国关税法》第二十五条、第二十六条规定调整后的价款总额,包括直接支付的价款和间接支付的价款。货物的成交价格通常有到岸价格(cost insurance and freight,CIF)、成本加运费价格(cost and freight,CFR)以及离岸价格(free on board,FOB)三种。以到岸价格成交的,该成交价就是进口货物的完税价格。若是以成本加运费价格成交的,则应以成交价加上保险费为完税价格;

若以离岸价格成交的,则应以成交价加上运费和保险费为完税价格。

值得注意的是,在货物的成交过程中,如有由买方负担的除购货佣金以外的佣金和经纪费、由买方负担的与该货物视为一体的容器费用、由买方负担的包装材料和包装劳务费用等应列入完税价格内;对于卖方付给我方的正常回扣,应从完税价格内扣除。对于卖方违反合同规定延期交货而产生的罚款,如果卖方在货价中冲减,则这项罚款不应从完税价格中相应扣除。进口货物以国外口岸价格成交,应加上该项货物从国外发货或交货口岸运到我国口岸以前所实际支付的运费和保险费。实际支付的运费和保险费无法确定的,按相应的费率计算。

② 进口货物海关估价方法。

进口货物的价格不符合成交价格条件或者成交价格不能确定的,海关经了解有关情况,并与纳税人进行价格磋商后,依次以下列价格估定该货物的计税价格:

与该货物同时或者大约同时向中华人民共和国境内销售的相同货物的成交价格。

与该货物同时或者大约同时向中华人民共和国境内销售的类似货物的成交价格。

与该货物进口的同时或者大约同时,将该进口货物、相同或者类似进口货物在中华人民共和国境内第一级销售环节销售给无特殊关系买方最大销售总量的单位价格,但应当扣除《中华人民共和国关税法》第二十八条规定的项目。

按照下列各项总和计算的价格:生产该货物所使用的料件成本和加工费用,向中华人民共和国境内销售同等级或者同种类货物通常的利润和一般费用,该货物运抵中华人民共和国境内输入地点起卸前的运输及相关费用、保险费。

以合理的方法估定的价格。

相同或类似货物成交价格方法是指以与被估的进口货物同时或大约同时(在海关接受申报进口之日的前后各 45 天以内)进口的相同或类似货物的成交价格为基础,估定完税价格。

倒扣价格方法以被估的进口货物相同或类似的进口货物在境内销售的价格为基础估定完税价格。

计算价格方法按照下列各项的总和计算出的价格估定完税价格:生产该货物所使用的原材料价值和进行装配或其他加工的费用,与向境内出口销售等级或同种类货物的利润、一般费用相符的利润和一般费用,货物运抵境内输入地点起卸前的运输及相关费用、保险费。

(2) 特殊进口货物的完税价格。

① 加工贸易进口料件及其制成品的完税价格。加工贸易进口料件或者其制成品应当征税的,应该按照以下规定确定完税价格:进口时应当征税的进料加工进口料件,以该料件申报进口时的成交价格为基础确定完税价格;进料加工进口料件或者其制成品(包括残次品)内销时,以料件原进口成交价格为基础确定完税价格。料件原进口成交价格不能确定的,以接受内销申报的同时或者大约同时进口的与料件相同或者类似的货物的进口成交价格为基础确定完税价格;来料加工进口料件或者其制成品(包括残次品)内销时,以接受内销申报的同时或者大约同时进口的与料件相同或者类似的货物的进口成交价格为基础确定完税价格;加工企业内销加工过程中产生的边角料或者副产品,应以海关审查确定的内销价格为完税价格。加工贸易内销货物的完税价格按照前款规定仍然不能确定的,由海关按照合理的方法审查确定。

② 保税区、出口加工区货物的完税价格。从保税区或出口加工区销往区外、从保税仓库出库内销的进口货物,以海关审定的价格估定完税价格。对经审核销售价格不能确定的,海关应当按照一般进口货物估价办法的规定,估定完税价格。

③ 运往境外加工货物的完税价格。运往境外加工的货物,出境时应向海关报明,并在规定期限内复运进境的,应当以境外加工费和料件费以及该货物复运进境的运输及其相关费用、保险费为基础确定完税价格。出境加工货物复运进境超过海关规定期限的,应按照相同货物成交价格方法、类似货物成交价格方法、倒扣价格方法、计算价格方法及其他合理方法确定完税价格。

④ 运往境外修理的机械器具、运输工具等货物的完税价格。对于运往境外修理,出境时已向海关报明并在海关规定期限内复运进境的机械器具、运输工具或其他货物,应当以海关审定的修理费和料件费为完税价格。

⑤ 租赁货物的完税价格。对于以租赁和租借方式进境的货物,以海关审定的租金为完税价格,利息应当予以计入。留购的租赁货物以海关审查确定的留购价格为完税价格。纳税人申请一次性缴纳税款的,可以选择申请按照相同货物成交价格方法、类似货物成交价格方法、倒扣价格方法、计算价格方法及其他合理方法确定完税价格,或者按照海关审查确定的租金总额作为完税价格。

⑥ 暂时进境货物的完税价格。经批准的暂时进境货物,应当缴纳税款的,应按照相同货物成交价格方法、类似货物成交价格方法、倒扣价格方法、计算价格方法及其他合理方法确定完税价格。经批准留购的暂时进境货物,要以海关审查确定的留购价格为完税价格。

⑦ 留购的进口货样、广告品的完税价格,以海关审查确定的留购价格为完税价格。

⑧ 需补税的特定减免税货物的完税价格。经海关核准的特定减免税进口货物,因转让或出售需予补税时,应当以海关审查确定的该货物原进口时的价格,扣除折旧部分价值为完税价格。

⑨ 其他方式确定的完税价格。易货贸易、寄售、捐赠、赠送等不存在成交价格的进口货物,海关与纳税人进行价格磋商后,按照相同货物成交价格方法、类似货物成交价格方法、倒扣价格方法、计算价格方法及其他合理方法确定完税价格。

(3)出口货物的完税价格。

出口货物的完税价格,由海关以该货物向境外销售的成交价格为基础审查确定,包括货物运至我国境内输出地点装载前的运输及相关费用、保险费,但其中包含的出口关税税额,应当扣除。出口货物的成交价格,是指该货物出口销售到我国境外时买方向卖方实付或应付的价格。出口货物的成交价格中含有支付给境外的佣金的,如果单独列明,应当扣除。

由于世界各国对出口一般都不征税,只对资源性产品等征税,因而对出口货物的估价方法都很简单。当出口货物的成交价格不能确定时,完税价格由海关依次使用下列方法估定:同时或大约同时向同一国家或地区出口的相同货物的成交价格;同时或大约同时向同一国家或地区出口的类似货物的成交价格;根据境内生产的相同或类似货物的成本、利润和一般费用、境内发生的运输及其相关费用、保险费计算所得的价格;按照合理方法估定的价格。

2. 进口货物完税价格的税务合规计划

(1)**审定成交价格法**。进口商向海关申报的进口货物价格,如果经海关审定认为符合

"成交价格"的要求和有关规定,就可以此为计算完税价格的依据,然后经海关对货价和运、保、杂等费用进行必要的调整后,确定其完税价格。这种审定成交价格法是我国以及其他各国海关在实际工作中最基本、最常用的估价方法。我国进口货物一般按此方法确定完税价格。在审定成交价格法下,如何缩小进口货物中的申报价格且能为海关审定认可为正常成交价格成为税务合规计划的关键。因此,在选择同类产品时纵向比较、选择成交价格、运费、保险费以及杂费总费用成本较低的进货渠道,这是合理降低完税价格所需要的,也是企业压缩财务成本所需要的。

（2）**海关估价法**。按审定成交价格法经海关审查未能确定的,海关主要按照下列方法估定完税价格：相同货物成交价格法、类似货物成交价格法、国际市场价格法、国内市场价格倒扣法。对于一般进口货物,国内国外市场具有参考价格,其税务合规计划的空间不大,但对于目前市场上还没有或很少出现的产品,如高新技术、特种资源、新产品,由于没有确定的市场价格,且其预期市场价格不能以通常市场类似产品的价格估定,为其进口完税价格的申报留下了较大的税务合规计划空间。

3. 出口货物完税价格的税务合规计划

《中华人民共和国海关审定进出口货物完税价格办法》规定,出口货物的完税价格由海关以该货物的成交价格为基础审查确定,并且应当包括货物运至中华人民共和国境内输出地点装载前的运输及其相关运费、保险费。出口货物的成交价格,是指该货物出口销售时,卖方为出口该货物应当向买方直接收取和间接收取的价款总额。简而言之,就是扣除关税的离岸价格。合理确定成交价格可以说是本环节税务合规计划的核心。

首先,出口货物的离岸价格,应以该项货物运离国境前的最后一个口岸的离岸价格为实际离岸价格。如果出口货物的成交价格为货价加运费价格,或为国外口岸的到岸价格,则应先扣除运费再扣除保险费后,按规定公式计算完税价格。对出口货物完税价格规划,主要是**对运费成本的规划**,尤其是运费在价格中所占比重较大时,这一点就显得更为重要。其次,如果在商品成交价格以外,还存在**支付给国外的与此项业务有关的佣金**,那么在申报表上应该**单独列明**,加以确认说明。该项佣金应予扣除,但如果没单独列明的,可不予以扣除。

提示

不能把合法的关税规划片面地理解为一味降低申报价格。如果为了少缴关税而一味降低申报价格的话,其行为将不再是税务合规计划,而是违法的逃税行为。海关对此区别情况做出相应的处理：

（1）申报价格低于海关审定价格的,应由出口商品的发货人或其代理人缴纳相当于申报价格与海关审定价格的差额保证金后,由海关放行货物,并通知有关进出口商会和国家外汇管理部门进行调查。经调查,对有确凿证据属低报价格逃、套外汇的,由外汇管理部门依据相关规定处理,并由海关处以货物等值以下的罚款或罚金。

（2）申报价格明显低于海关审定价格,经海关调查构成隐瞒价格行为的,海关可将货物予以扣留,不准出口,并处货物等值以下的罚款;同时通知有关进出口商会和国家外汇管理部门。

（二）利用税收优惠政策进行税务合规计划

具体规划步骤：

（1）调查获取有关该商品的主要出口国和市场价格以及运费。

（2）系统考虑各国是否适用进口关税优惠税率、市场价格、运费成本等因素。

（3）综合比较分析，做出购买商品原产地的决策。

（三）利用保税制度进行税务合规计划

保税制度是指经海关批准的境内企业进口的货物，在海关监管下在境内指定的场所储存、加工、装配，并暂缓缴纳各种进口税费的一种海关监管业务制度，是关税制度的一个重要组成部分。这种制度可以简化手续，便利通关，有利于促进对外加工、装配贸易等外向型经济的发展。

保税货物是指经过海关批准，未办理纳税手续，在境内储存、加工、装配后复运出境的货物。保税货物属于海关监管货物，未经海关许可并补缴税款，不能擅自出售；未经海关许可，也不能擅自开拆、提取、支付、发运、调换、改装、抵押、转让或者更换标记。目前我国的保税制度包括保税仓库、保税工厂和保税区等。

在国际贸易中，经常会出现货物已进入国境，却不一定在国内市场销售的情况。对这种情况必须视该货物是进口还是复运出口，来确定是否对该货物征收关税。如果货物复运出口，那么实行保税，将该货物置于海关监管之下暂且不缴纳关税，不仅对进口商有利，也还能促进国家的转口贸易和出口贸易。保税制度实际上是将进口货物应纳的税款置后缴纳，企业相当于从海关获得一笔无息贷款。如果企业将其进口货物向海关申请为保税货物，就能从批准日起暂免征收进口关税，而后视货物经储存、加工、装配后是否复运出境，再决定需不需要补征税。显然，进口方的企业，不论其进口货物最终销向何方，都能在批准日到补缴税款这段时间内占有该笔税款的资金时间价值，从而节省该笔税款的资金成本。

我国自 1997 年 6 月 10 日正式实施了《保税区海关监管办法》，规定保税区内仅设置保税区行政管理机构和企业。除安全保卫人员外，其他人员不得在保税区内居住。国家禁止进出口的货物、物品，不得进出保税区。从保税区进入非保税区的货物，按照进口货物办理手续；从非保税区进入保税区的货物，按照出口货物办理手续，出口退税按照国家有关规定办理。海关对保税区与非保税区之间进出的货物，按照国家有关进出口管理的规定实施监管。

从上述规定可以看出，保税制度是一个包含众多环节的过程。先假设进口货物最终将复运出境，则其基本环节就是进口和出口，税务合规计划的入手处就是这两个环节。在这两个环节，既是进口公司又是出口公司的外向型公司必须向海关报关，在该公司填写的报关表中有单耗计量单位一栏，税务合规计划的突破口就是这一个栏目。单耗计量单位，即生产一个单位成品耗用几个单位原料，通常有以下几种形式：一种是度量衡单位/度量衡单位，如米/套、吨/立方米；一种是度量衡单位/自然单位，如吨/块，还有一种是自然单位/自然单位，如件/套、匹/件。度量衡单位容易测量，而自然单位要具体测量则很困难，可利用第三种形式进行税务合规计划。

七、特别关税的税务合规计划

（一）征收特别关税的条件

特别关税包括报复性关税、反倾销税与反补贴税和保障性关税。缴纳特别关税的货物、适用国别、税率、期限和缴纳办法,由国务院关税税则委员会决定,海关总署负责实施。

1. 征收反倾销税的条件

征收反倾销税必须符合下列要求:① 倾销[①]存在;② 倾销对国内工业造成严重损害或威胁;③ 严重损害是倾销所致。在征收反倾销税之前,应对倾销的进口产品对国内市场的同类产品和对国内同类产品的生产者的影响进行客观审查,并应考虑此种产品的进口数量是否显著增加等因素,进口国要证明倾销品的进口与对国内产业的损害之间有因果关系。为了防止滥用反倾销税,根据《1994 年关税与贸易总协定》,在确认某一成员方的出口是否为倾销时,应对每一具体事例的销售条件的差异、赋税的差异以及影响价格可比性的其他差异,予以适当考虑。

2. 能够使用反补贴措施的实体性条件

(1)进口产品存在补贴。补贴应当具备主体、形式和效果三个要件,即:① 补贴是由政府或公共机构提供;② 政府提供了财政资助以及任何形式的收入或者价格支持;③ 补贴使得行业或者企业获得了利益。

(2)补贴必须具有专向性。补贴的专向性是指政府将补贴只授予其管辖范围内的企业或产业或一组企业或产业,即有选择、有差别地对某些企业提供补贴。

(3)受补贴的进口产品对已经建立的国内产业造成实质损害或者产生实质损害威胁,或者对建立国内产业造成实质阻碍。根据《补贴与反补贴措施协议》,国内产业是指中华人民共和国国内同类产品的全部生产者,或者其产量占国内同类产品总产量的主要部分的生产者;但是国内生产者与出口经营者或者进口经营者有关联的,或者其本身为补贴产品或者同类产品的进口经营者的,应当除外。

(4)补贴产品和产业损害之间存在着因果关系。不得将造成损害的非补贴因素归因于补贴。

《1994 年关税与贸易总协定》一方面要求各成员方应力求避免对初级产品的输出实施补贴,另一方面,允许一成员方直接或间接给予某种补贴以求增加从它的领土输出某种初级产品。但又规定,可以给予补贴的初级产品,是指天然形态的农业、林业、渔业或矿业产品,或为要在国际贸易中能大量销售进行过按习惯需要加工的这种产品。给予补贴的成员方在实施补贴时不应使它自己在这一产品的世界出口贸易中占有不合理的份额,应适当注意前一有代表性的时期各成员方在这种产品的贸易中所占的份额及已经影响或正在影响这种产品的贸易的特殊因素。

提示

除上述规定外,WTO 各成员不得以其他原因征收反倾销税或反补贴税。根据《1994 年关税与贸易总协定》,一成员方领土的产品输入到另一成员方领土,不得因其免纳相同产品在原产国或输出国用于消费时所需缴纳的税捐或因这种税捐已经退税,即对这种产品征收反倾销税或反补贴税。同时,不得对同一进口产品同时征收反倾销税和反补贴税。

---

① 倾销是指一成员方将本国产品以低于正常价值的方法挤入另一国境内,并因此对该成员方领土内已建立的某种工业造成重大损害或产生重大威胁,或者对该国国内工业的新建产生严重阻碍。

一成员方的产品输入到另一成员方领土，不得因抵销倾销或出口补贴，同时对其既征收反倾销税又征收反补贴税。在确认一成员方出口价格是否为倾销价格或补贴价格时，应采取客观、审慎的态度。

为稳定国内价格或为稳定某一初级产品生产者的收入而建立的制度，即令有时会使出口商品的售价低于相同产品在国内市场销售时的可比价格，也不应认为造成了重大损害。

如果与有关商品有实质利害关系的各成员方协商后确认存在以下情况，就不应该对该成员方的有关出口征收反倾销税或反补贴税：① 这一制度也曾使商品的出口售价高于相同产品在国内市场销售时的可比价格；② 这一制度的实施，由于对生产的有效管制或其他原因，不至于不适当地刺激出口，或在其他方面严重损害其他成员方的利益。

3. 征收保障性关税的条件

发生如下情况，成员才可以实施保障措施：

（1）某种产品的进口激增。激增是指产品进口数量的急剧增长，包括绝对增长和相对增长。

（2）进口激增是由于不可预见的情况和成员方履行 WTO 义务的结果。

（3）进口激增对国内生产同类产品或直接竞争产品的产业，造成了严重损害或严重损害威胁，且进口激增和严重损害或者严重损害威胁间存在明显的因果关系。

《中华人民共和国保障措施条例》（2004 年 3 月 31 日修订）规定，有明确证据表明进口产品数量增加，在不采取临时保障措施将对国内产业造成难以补救的损害的紧急情况下，可以作出初裁决定，并采取临时保障措施。保障措施启动的程序，按照 WTO 的规定，可以采取依申请人申请立案和主动立案两种方式。实施保障措施的形式包括提高关税、纯粹的数量限制和关税配额等。

（二）尽量减少被控诉的可能

1. 提高产品附加值，改变单一的低价策略

我国出口产品基本属于资源密集型和劳动密集型产品，初级产品所占比重较高，产品档次相对较低，附加值较少，出口企业之间甚至存在相互竞价、压价的情况。从长远看来，我国企业应加大自主创新的力度，迅速从生产初低级产品的形象中走出来，提高产品附加值，采取高定价策略，促使出口产品结构多元化。

2. 成立出口企业商会

组建出口企业商会，加强内部协调和管理，避免和克服企业间相互竞价、压价的情况。积极掌握和了解出口国使用贸易救济手段的苗头，做好事前沟通和磋商工作，塑造我方整体战略集团形象。

3. 分散出口市场，降低受控风险

出口市场集中，必然对进口国带来巨大的商业冲击，进口国国内产业的抗风险能力将大大减弱。为避免出口国国内产业使用贸易救济手段，应分散出口市场，减少不必要的贸易摩擦。

（三）应对反倾销调查的措施

1. 及时上调价格

欧美商业裁决机构于每征满一年反倾销税时可能会重新申报调查该倾销商是否仍有倾销行为，这时及时上调价格，就有可能被认为不具有倾销行为，从而出口产品被征的反倾销税也将可能被取消。

2. 改进会计核算

调整产品利润预测，改进企业成本核算，以符合国际规范和商业惯例；同时还要密切注意国际外汇市场的浮动状况。

3. 寻求客户协助

将国外进口商或消费者组织起来，推动反贸易保护活动，因为一旦我方产品被征收反倾销税，受损失的也会有外国进口商或消费者。我们可通过加强与当地工商组织或消费者协会的交流，以实际的商业利益为砝码促使其向政府施加压力。

4. 与外方投诉厂商进行谈判

与外方投诉厂商谈判，是彻底解决反倾销的重要措施。企业一定要抓住时机与投诉厂商进行谈判，做到有理、有利、有节。

（四）避免出口行为被裁定为损害进口国产业

1. 关注进口商的营销行为

做好出口预警工作，尽量避免进口商采取降价促销的营销手段。如果出现进口国厂商降价促销的苗头，则适当调整该行业我国商品的出口数量和价格。

2. 全面搜集有关资料信息情报

有效地获取进口国市场的商情动态，查证申诉方并未受到损失，以便在应诉中获得主动。

3. 采取境外设厂经营模式

在出口地设厂，筹建跨国公司。采取"走出去"策略，使我方产品免受进口配额等歧视性贸易条款的限制。

4. 占领市场

借便利的销售条件、优质的产品、高水平的服务和良好的运输条件占领市场，提高单位产品的价格（效用），降低其替代率，从而增强外方消费市场对我方产品的依赖性，获取出口商和消费者的支持。

 复习与思考

1. 合同类型不同，其印花税税负高低也不同。如果一个合同涉及若干经纪业务，应如何进行税务合规计划？

2. 举例说明如何有效降低纳税人的车船税税负。

3. 车辆购置税的征税原理简单，税率固定，如何能够有效降低纳税人的税负水平，达到税务合规计划的目的？

4. 普通关税的税务合规计划方法有哪些？

5. 特别关税是什么？应如何进行税务合规计划？

小试牛刀

一、自测题

扫码完成自测

二、业务题

1. 某机械制造厂 2024 年拥有货车 3 辆，每辆货车的整备质量均为 1.499 吨；挂车 1 辆，其整备质量为 1.2 吨；小汽车 2 辆。已知货车车船税税率为整备质量每吨年基准税额 16 元，小汽车车船税税率为每辆年基准税额 360 元。请计算该厂 2024 年度应缴纳的车船税。

2. 某企业 2024 年 1 月开业，当年发生以下有关业务事项：领受房屋产权证、工商营业执照、土地使用证各 1 件；与其他企业订立转移专用技术使用权书据 1 份，所载金额为 150 万元；订立产品购销合同 1 份，所载金额为 100 万元；订立借款合同 1 份，所载金额为 100 万元；企业记载资金的账簿，"实收资本""资本公积"为 500 万元；其他营业账簿 15 本。请计算该企业当年应缴纳的印花税税额是多少？

3. 某铝合金门窗厂与某建筑安装企业签订了一份加工承揽合同。合同中规定：铝合金门窗厂受建筑安装公司委托，负责加工总价值 1 000 万元的铝合金门窗，加工所需原材料由铝合金门窗厂提供，铝合金门窗厂共收取加工费及原材料费共计 100 万元；同时，由铝合金门窗厂提供价值 20 万元的零配件。该份合同由铝合金门窗厂交印花税 600 元 $[(100+20)×0.5‰]$。请对该厂缴纳印花税情况进行分析，并给出税务合规计划方案。

参考答案

案例阅读

国家税务总局衡阳市税务局第二稽查局税务处理决定书
（湖南柴山州建筑劳务有限公司）

湖南柴山州建筑劳务有限公司（纳税人识别号：91430424MA4R95WW70）：

我局于 2024 年 8 月 15 日至 2025 年 3 月 20 日对你公司（地址：湖南省衡阳市衡东

县三樟镇柴山洲村六组)2021 年 1 月 1 日至 2023 年 12 月 31 日的涉税情况进行了检查,违法事实及处理决定如下:

一、违法事实

（一）增值税

你公司 2021 年接受金翔公司虚开的 2 份增值税专用发票(发票金额 1 267 522.12 元、税额 164 777.88 元、价税合计 1 432 300 元),已抵扣增值税进项税额 164 777.88 元,应转出进项税额 164 777.88 元,应补缴增值税 164 777.88 元。

证据材料:① 国家税务总局舟山市税务局稽查局协查资料;② 有关公司与人员的银行流水;③ 彭铁华询问笔录;④ 衡东县市场监督管理局有关公司登记信息;⑤ 柴山州公司 2021 年至 2023 年取得的运输发票;⑥ 已入账的金翔公司发票;⑦ 记账凭证、增值税申报表。

（二）城市维护建设税

2021 年应补城市维护建设税 8 238.89 元(164 777.88×5%)。

（三）教育费附加及地方教育附加

2021 年应补教育费附加 4 943.33 元(164 777.88×3%);应补地方教育附加 3 295.56 元(164 777.88×2%)。

（四）印花税

(1) 2021 年:① 购销合同:收入(4 907 172.25)+库存商品(4 583 841.19)× 0.03% = 2 847.3 元;②运输合同:79 409.36×0.05% = 39.7 元。已缴 1 469.5 元,本次检查应补缴 1 417.5 元。

(2) 2022 年:购销合同:收入(597 424.7)+库存商品(493 433.64)×0.03%×50% = 163.63 元;已缴 89.61 元,本次检查应补缴 74.02 元。

(3) 2023 年:① 购销合同:100 000×3%×50% = 15 元;② 租赁合同:86 742.1× 0.1%×50% = 43.37 元。已缴 0 元,应补缴 58.37 元。

你公司合计应补缴 2021 年至 2023 年印花税 1 549.89 元。

证据材料:主营业务收入明细账、库存商品明细账、增值税申报表、企业所得税申报表。

（五）企业所得税

2021 年:

(1) 你公司 2021 年自行申报应纳税所得额−252 359.65 元。

(2) 你公司取得的金翔公司发票已计入主营业务成本 1 267 522.12 元,调增应纳税所得额 1 267 522.12 元。

(3) 调减应纳税所得额 1 410 757.81 元:① 应调减补缴税费 17 895.29 元,其中:城市维护建设税及附加税费 16 477.79 元,印花税 1 417.5 元;② 调减你公司向华盈公司的虚开发票收入 1 392 862.52 元(不含税),因你公司的业务性质,成本费用无法与收入一对一匹配,未发现上述虚开发票收入有产生相应的成本费用,暂未对上述虚开发票收入相对应的成本费用进行调整。

（4）调整后应纳税所得额为-395 595.34元。

2022年：

（1）你公司2022年自行申报应纳税所得额-309 913.97元。

（2）调减本次检查补缴印花税74.02元。

（3）调整后应纳税所得额为-309 987.99元。

2023年：

（1）你公司2023年自行申报应纳税所得额0元。

（2）你公司2023年取得收入174 839.08元，已开具发票并已入账，调增应纳税所得额174 839.08元。

（3）调减印花税58.37元。

（4）调整后应纳税所得额为174 780.71元，可弥补以前年度亏损。

证据材料：① 有关公司与人员的银行流水；② 彭铁华、武永国询问笔录；③ 库存商品明细账；④ 2021年已入账的运输发票；⑤ 彭铁华与熊新年之间的借款借据；⑥ 企业所得税汇算清缴申报表、增值税申报表、记账凭证。

以上合计应补缴税费182 805.55元，其中增值税164 777.88元，城市维护建设税8 238.89元，教育费附加4 943.33元，地方教育附加3 295.56元，印花税1 549.89元。

二、处理决定及依据

（一）处理依据

（1）根据《中华人民共和国增值税暂行条例》（中华人民共和国国务院令第691号）第九条"纳税人购进货物、劳务、服务、无形资产、不动产，取得的增值税扣税凭证不符合法律、行政法规或者国务院税务主管部门有关规定的，其进项税额不得从销项税额中抵扣。"及《国家税务总局关于纳税人虚开增值税专用发票征补税款问题的公告》（国家税务总局公告2012年第33号）中"……纳税人取得虚开的增值税专用发票，不得作为增值税合法有效的扣税凭证抵扣其进项税额。……"之规定，你公司应补缴增值税164 777.88元。

（2）根据《中华人民共和国城市维护建设税暂行条例》（国发〔1985〕19号）第二条"凡缴纳消费税、增值税、营业税的单位和个人，都是城市维护建设税的纳税人（以下简称纳税人），都应当依照本条例之规定缴纳城市维护建设税。"、第三条"城市维护建设税，以纳税人实际缴纳的消费税、增值税税额为计税依据，分别与消费税、增值税同时缴纳。"、第四条"城市维护建设税税率如下：……；纳税人所在地在县城、镇的，税率为5%"之规定，你公司应补缴城市维护建设税8 238.89元。

（3）根据《湖南省教育费附加和地方教育附加征收管理办法》（湖南省人民政府令第218号）第二条"在本省行政区域内缴纳增值税、消费税的单位和个人，应当按照实际缴纳'三税'税额的3%缴纳教育费附加"；《湖南省财政厅 国家税务总局湖南省税务局关于明确地方教育附加费征收标准的通知》（湘财综〔2018〕35号）"一、在我省境内发生增值税、消费税纳税义务的单位和个人（包括外商投资企业、外国企业及外籍个人），按其实际缴纳增值税、消费税税额2%征收地方教育附加"之规定，你公司应补缴教育费附加4 943.33元、地方教育附加3 295.56元。

(4) 根据《中华人民共和国印花税暂行条例》(中华人民共和国国务院令第11号)第一条"在中华人民共和国境内书立、领受本条例所列举凭证的单位和个人,都是印花税的纳税人(以下简称纳税人),应当按照本条例规定缴纳印花税。"第二条"下列凭证为应纳税凭证:① 购销、加工承揽、建设工程承包、财产租赁、货物运输、仓储保管、借款、财产保险、技术合同或者具有合同性质的凭证;② 产权转移书据;③ 营业账簿;④ 权利、许可证照;⑤ 经财政部确定征税的其他凭证。"第三条"纳税人根据应纳税凭证的性质,分别按比例税率或者按件定额计算应纳税额。具体税率、税额的确定,依照本条例所附《印花税税目税率表》执行。应纳税额不足一角的,免纳印花税。应纳税额在一角以上的,其税额尾数不满五分的不计,满五分的按一角计算缴纳。";《中华人民共和国印花税法》(中华人民共和国主席令第八十九号)第一条"在中华人民共和国境内书立应税凭证、进行证券交易的单位和个人,为印花税的纳税人,应当依照本法规定缴纳印花税。"、第二条"本法所称应税凭证,是指本法所附《印花税税目税率表》列明的合同、产权转移书据和营业账簿。"、第四条"印花税的税目、税率,依照本法所附《印花税税目税率表》执行。"之规定,你公司应补缴印花税1 549.89元。

(5) 根据《中华人民共和国企业所得税法》(中华人民共和国主席令第六十三号)第一条"在中华人民共和国境内,……,依照本法的规定缴纳企业所得税。"、第六条"企业以货币形式和非货币形式从各种来源取得的收入,为收入总额。"、第八条"企业实际发生的与取得收入有关的、合理的支出,……,准予在计算应纳税所得额时扣除。"、《中华人民共和国企业所得税法实施条例》(国务院令第512号)第二十七条"企业所得税法第八条所称有关的支出,……,应当计入当期损益或者有关资产成本的必要和正常的支出。"、第三十三条"企业所得税法第八条所称其他支出,……,企业在生产经营活动中发生的与生产经营活动有关的、合理的支出。"及《企业所得税税前扣除凭证管理办法》(国家税务总局公告2018年第28号)第五条"企业发生支出,应取得税前扣除凭证,作为计算企业所得税应纳税所得额时扣除相关支出的依据"、第十二条"企业取得私自印制、伪造、变造、作废、开票方非法取得、虚开、填写不规范等不符合规定的发票(以下简称"不合规发票"),……,不得作为税前扣除凭证"之规定,对你公司2021年应纳税所得额调整为-395 595.34元,2022年应纳税所得额调整为-309 987.99元,2023年应纳税所得额调整为174 780.71元,可弥补以前年度亏损。

(6) 根据《中华人民共和国税收征收管理法》(中华人民共和国主席令第四十九号)第三十二条"纳税人未按照规定期限缴纳税款的,税务机关除责令限期缴纳外,从滞纳税款之日起,按日加收滞纳税款万分之五的滞纳金。"、《中华人民共和国税收征收管理法实施细则》(国务院令第362号)第七十五条"税收征管法第三十二条规定的加收滞纳金的起止时间,为法律、行政法规规定或者税务机关依照法律、行政法规的规定确定的税款缴纳期限届满次日起至纳税人、扣缴义务人实际缴纳或者解缴税款之日止。"之规定,对你公司应补缴的税款从滞纳税款之日起加收滞纳金。

(二) 处理意见

查补税费共计182 805.55元。

（1）查补增值税 164 777.88 元；

（2）查补城市维护建设税 8 238.89 元；

（3）查补教育费附加 4 943.33 元、地方教育附加 3 295.56 元；

（4）查补印花税 1 549.89 元；

（5）你公司 2021 年应纳税所得额调整为 -395 595.34 元，2022 年应纳税所得额调整为 -309 987.99 元，2023 年应纳税所得额调整为 174 780.71 元，可弥补以前年度亏损。

（6）从滞纳税款之日起，按日加收滞纳税款万分之五的滞纳金。

限你公司自收到本决定书之日起 15 日内到国家税务总局衡东县税务局将上述税款及滞纳金缴纳入库，并按照规定进行相关账务调整。逾期未缴清的，将依照《中华人民共和国税收征收管理法》第四十条规定强制执行。

你公司若同我局在纳税上有争议，必须先依照本决定的期限缴纳税款及滞纳金或者提供相应的担保，然后可自上述款项缴清或者提供相应担保被税务机关确认之日起六十日内依法向国家税务总局湖南省税务局申请行政复议。

国家税务总局衡阳市税务局第二稽查局

二〇二五年三月二十四日

思考：

1. 湖南柴山建筑劳务有限公司的"筹划"存在哪些违法行为？

2. 湖南柴山建筑劳务有限公司的案例对其他企业有何启示？

第十章 国际税务合规计划

学习目标

知 识 点	学习目标	学习难度
1. 跨国纳税人主体身份的税务合规计划	掌握	☆☆☆
2. 所得来源地及预提所得税的税务合规计划	掌握	☆☆☆
3. 跨国组织形式选择的税务合规计划	掌握	☆☆☆
4. 跨国投融资活动的税务合规计划	熟悉	☆☆☆
5. 跨国业务活动的税务合规计划	掌握	☆☆☆

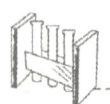

案例导读

如何在复杂的国际贸易环境中维护自己的经济利益?

某跨国公司总部设在 A 国,并在 B 国、C 国、D 国分设甲、乙、丙三家子公司。甲公司为在 C 国的乙公司提供布料。假设有 1 000 匹布料,按甲公司所在国的正常市价,成本为每匹 2 600 元。这布料应以每匹 3 000 元的价格出售给乙公司,再由乙公司加工成服装后转售给 D 国的丙公司,乙公司的利润率为 20%。各国的利率水平分别为:B 国 50%,C 国 60%,D 国 30%。该跨国公司为节约税款,采取了先由甲公司以每匹 2 800 元的价格卖给 D 国的丙公司,再由丙公司以每匹 3 400 元的价格转售给 C 国的乙公司,最后由 C 国的乙公司按总价格 3 600 000 元在该国市场出售。

简单分析上述方案对该跨国公司各国税负的影响:

1. 在正常交易情况下的税负:

$$甲公司应纳所得税 = (3\,000 - 2\,600) \times 1\,000 \times 50\% = 200\,000(元)$$

$$乙公司应纳所得税 = 3\,000 \times 20\% \times 1\,000 \times 60\% = 360\,000(元)$$

$$该跨国公司应纳所得税合计 = 200\,000 + 360\,000 = 560\,000(元)$$

2. 在非正常交易情况下的税负:

甲公司应纳所得税=(2 800-2 600)×1 000×50%=100 000(元)

乙公司应纳所得税=(3 600 000-3 400 000)×60%=120 000(元)

丙公司应纳所得税=(3 400-2 800)×1 000×30%=180 000(元)

该跨国公司应纳所得税合计=100 000+120 000+180 000=400 000(元)

比正常交易节约税款=560 000-400 000=160 000(元)

上述税务合规计划行为的发生,主要得益于B、C、D三国税负差异的存在,通过合理设定关联企业之间的销售价格,将利润从高税国转向低税国,达到节税目的。其实,转让定价规划只是国际税务合规计划方法的其中之一,面对复杂的国际贸易环境,纳税人有多种方法维护自己的经济利益。

第一节　国际税务合规计划的基本原理

一、国际税务合规计划概述

国际税务合规计划是纳税人在跨国经营活动中可以实施的一种税务合规计划方法,是税务合规计划行为在国际范围内的延伸和发展。国际税务合规计划和国内税务合规计划在性质上是相同的,但也有其独特性。可以说,国际税务合规计划是一门跨国交易设计的艺术,其行为不仅跨越了税境,而且涉及两个及两个以上国家的税收政策,因此,对纳税人来说,国际税务合规计划的空间更大,其手段也更为复杂。

国际税务合规计划是指从事跨国经营的企业利用不同国家之间的税法差异及各国税法、国际税收协定(tax treaty)中的相关规定,通过合法的生产经营活动安排,规避或减轻其整体税负的税务规划活动。 国际税务合规计划突破了国家的界限,因此,在原理、方法等方面与国内税务合规计划存在较大差异。

提示

国际税务合规计划是以公开的合法手段减轻国际税负的行为,与纳税人采取种种隐蔽的非法手段进行国际逃税、国际避税行为存在本质的不同。

二、国际税务合规计划的特征

(一)国际税务合规计划需要考虑多国税法

与国内税务合规计划不同,国际税务合规计划不仅需要跨国企业遵循本国的税法,而且要遵循开展生产经营活动的所在东道国的税法。现实中,大部分国家同时实行居民管辖权和地域管辖权。这意味着大部分国家对于境外企业在境内从事生产经营活动取得的所得都要征收所得税,同时对本国居民在境内外从事经营活动取得的全部所得征收所得税。因此,当一国企业到另一国开展生产经营活动并取得收入时,往往需要按照东道国税法的规定缴纳企业所得税,同时要按照本国税法规定缴纳企业所得税。

需要说明的是,各国行使税收管辖权的方式和规定体现了其对企业跨国所得的税收利益之争。为了避免国家间的利益争夺对企业的跨国经营活动造成影响,许多国家都签订了国际税收协定,并据此完善了本国税法。因此,如果一家企业的某项跨国所得被不同国家同时征税,根据税收协定和各国税法,可以采取相应的方法消除重复征税。

(二)国际税务合规计划的目标是减轻整体税负

跨国经营活动使得企业可以在不同国家获得收入,要按照不同国家的税法缴纳税款。在这种情况下,跨国税务合规计划的目的不是减轻企业在某一国的税负,而是降低其在各国的总体税负。因此,从全球获利、在多个国家纳税的跨国企业,其跨国税务合规计划活动需要综合考虑各国税制的特点及差异,并以此为基础,对组织结构、交易形式、成本费用和收入等进行合理安排,以降低其在全球的整体税负。

(三)国际税务合规计划空间更大,风险也更大

由于企业的跨国税务合规计划活动涉及多个国家,与国内税务合规计划活动相比,需要采取更复杂的税务合规计划方法,且往往拥有更大的规划空间。产生这种不同的结果的原因是跨国税务合规计划活动不仅可以利用各国的税收优惠、税法空白等手段减轻税负,而且可以利用各国税法差异实现节税目标。这相当于给了企业更多的税务合规计划手段,也允许企业以更多、更复杂的方法进行税务合规计划,因此,跨国税务合规计划的空间有了极大的拓展。

由于世界各国税法差异巨大,一部分国家(或地区)会采取非常优惠的税收政策(甚至免税)。这就不可避免地形成了各国之间的"税收洼地",例如英属维尔京群岛、开曼群岛等"避税天堂"就是典型的"税收洼地"。"税收洼地"的存在,使得企业跨国经营时可以利用这些"税收洼地"开展税务合规计划活动。

正是因为上述特点,许多企业跨国经营的税务合规计划活动取得了非常好的效果,但是,与之相伴的是,跨国税务合规计划呈现出高风险的特征。例如,近年来 OECD(经济合作与发展组织)发布的税基侵蚀与利润转移(benefit erosion and profit shifting, BEPS)行动计划对跨国税务合规计划造成了巨大的限制。在这一计划的指导下,许多国家都强化了对企业在跨国经营中税收安排的反避税管理。开曼群岛也开始制定并执行一系列有关"经济实质"的税收监管法案,更新了一系列有关经济实质现行监管法律法规,主要包括 2018 年 12 月 27 日陆续更新的《国际税收合作(经济实质)法案(2018 版)》《2019 年 1 月 1 日生效)及后续相关修正案、2019 年 4 月 30 日更新的《开曼群岛经济实质指引 2.0》及 2019 年 9 月 17 日更新《开曼群岛经济实质指引 3.0》。上述法律法规要求在开曼群岛开展相关活动并取得相关收入的相关主体必须满足**经济实质测试**,并向开曼群岛税务信息局申报相关信息。

在这些国际税收监管环境变化的条件下,跨国税务合规计划的手段和方法一旦运用不当,很容易滑入"税收陷阱",遭遇国际反避税调查并最终导致税务风险损失。

三、国际税务合规计划产生的基础

(一)税收管辖权的差别

对各国税收管辖权的分析是进行国际税务合规计划的起点。税收管辖权是指主权国家

根据其法律拥有和行使的征税权力,有权按照各自政治、经济和社会制度,选择最适合本国权益的原则确定和行使其税收管辖权,规定纳税人、课税对象及应征税额,外国无权干涉。一国采用何种税收管辖权,由该国根据其国家权益、国情、政策和在国际所处的经济地位等因素决定。由于国与国之间的差异,在国际税收管辖权的衔接上,有可能存在漏洞和重叠。从事国际贸易的跨国公司,可以利用这些差别,进行税务合规计划以降低自身税负。

拓展阅读

国际税收管辖权确定原则

属人原则,即以纳税人(包括自然人和法人)的国籍、登记注册所在地或者住所、居住和管理机构所在地为标准,确定其税收管辖权。凡属该国的公民和居民(包括自然人和法人),都受该国税收管辖权管辖,对该国负有无限纳税义务。属人原则在国际税法上的具体体现为居民税收管辖权。

属地原则,即以照一国的领土疆域范围为标准,确定其税收管辖权。该国领土疆域内的一切人(包括自然人和法人),无论是本国人还是外国人,都受该国税收管辖权管辖,对该国负有有限纳税义务。属地原则在国际税法上的具体体现为收入来源地税收管辖权,也称从源征税。

税收管辖权的冲突从以下三个方面为税务合规计划提供了可能性。

1. 居民管辖权之间的冲突

各个主权国家在确定自然人的居民身份时,有的采用住所标准,有的采用居住时间标准,还有的采用意愿标准;在确定法人的居民身份时,有的采用登记注册标准,有的采用总机构标准,还有的采用实际管理机构标准。由于各国管辖权之间的独立性,跨国纳税人完全有可能通过一定的规划手段同时避开两个国家的纳税义务。

例如,当一国以时间标准确定自然人的居民身份,而另一国以意愿标准确定居民身份时,纳税人可以采取使自己在前者逗留超过一定时间,而又根据自己需要选择纳税地点的方式合理合法降低税负;当一国实行注册标准,而另一国实行总机构标准确定法人是否为本国居民法人时,跨国纳税人可以根据有关国家的标准设置总机构并登记注册,以达到减轻税负的目的。

2. 收入来源地管辖权之间的冲突

行使收入来源地税收管辖权的前提条件是,作为征税对象的纳税人的所得与征税国之间存在着经济上的源泉关系。因此,所得来源地的识别认定,成为各国所得来源地税收管辖权的重要内容。通常,在所得税法上,纳税人的各项所得或收益一般可划分为四类:营业所得、劳务所得、投资所得和财产收益。各国所得税立法和实践,对不同种类、性质的所得的来源地采用的判定标准和原则并不完全一致。这就为跨国纳税人进行税务合规计划提供了操作的空间。

【例10-1】 A国一家建筑公司为完成某项建筑工程,需要借助其位于B国的母公司的专有设计技术。根据A、B两国签订的税收协定,该建筑公司向其境外母公司支付特许权使用费,其母公司需要向A国缴纳10%的所得税,并由该建筑公司代扣代缴税款。但是,根据 A 国税法,如果该建筑公司向其境外母公司支付服务费,则其母公司不需要在 A 国缴纳所得税。该公司面临着两种方案:一是与母公司签订技术转让合同,从母公司购买该项专有技术的使用权,该公司向其母公司支付特许权使用费 2 000 万元;二是与母公司签订技术服务合同,由母公司为该公司的这项工程提供建筑设计服务,该公司向其母公司支付服务费 2 000 万元。假定母公司在 A、B 两国适用的企业所得税税率分别为 25% 和 20%。

第一种方案:双方签订技术转让合同,母公司取得的收入属于特许权使用费。

$$母公司需要在 A 国缴纳的企业所得税 = 2 000 \times 25\% = 500(万元)$$

由于母公司居住国 B 国的税率(20%)低于 A 国的税率(25%),因此,其在 B 国取得的该笔所得不需在 A 国补缴所得税。母公司的实际税负为 500 万元。

第二种方案:双方签订技术服务合同,母公司取得的收入属于服务费。母公司不需要在 A 国缴纳税款。

$$母公司在 B 国缴纳的所得税 = 2 000 \times 20\% = 400(万元)$$

显然,双方签订技术服务合同比签订技术转让合同的税负减少了 100 万元(500-400)。因此,从税收角度看,第二种方案对母公司来说更有利。但是,需要注意的是,在本案例中,两种方案的税负产生差异的必要前提是:收入来源国(东道国)税率高于居住国税率。换句话说,只有在收入来源国税率高于居住国税率的情况下,母公司的这种税务合规计划方案才能奏效。而且,对于位于 A 国的该建筑公司(子公司)来说,两种方案下,其对该项专有技术的使用权也会存在差异。企业的国际税务合规计划要统筹考虑相关各方利益、多重因素和各类客观条件。

3. 居民管辖权和收入来源地管辖权之间的冲突

相比于同类型管辖权下的税务合规计划,在居民管辖权和收入来源地管辖权之间进行操作的空间更大,也更普遍。例如,A 国实行收入来源地管辖权,B 国实行居民管辖权,则 A 国居民在 B 国获得的所得就可以免于在 A 国的所有纳税义务。同样,对于两个国家实行不同税收管辖权的其他情况,纳税人也可以找出类似的其他办法来减轻自己的税收负担。

拓展阅读

世界各国税收管辖权的选择

一般来说,资本技术输入较多的发展中国家,多侧重维护收入来源地管辖权;而资本输出较多的发达国家,则多侧重维护居民管辖权。大多数国家为维护本国利益,一般同时行使两种税收管辖权。国际上,单一行使地域管辖权的国家有文莱、法国、荷兰、玻利维亚、多米尼加、危地马拉、尼加拉瓜、巴拉圭、巴西、厄瓜多尔、巴拿马、委内瑞拉等;同时行使居民管辖权和地域管辖权的国家有中国、新加坡、马来西亚、泰国、阿富汗、日本、印度、印度尼西亚、巴基斯坦、菲律宾、奥地利、比利时、丹麦、挪威、瑞典、芬兰、瑞士、卢森堡、德国、希腊、意大利、西班牙、葡萄牙、英国、爱尔兰、摩纳哥、墨西哥、哥伦比亚、萨尔瓦多、孟加拉国、洪都拉斯、秘鲁、澳大利亚、新西兰、斐济、巴布亚新几内亚等。美国同时行使居民管辖权、公民管辖权和地域管辖权。

（二）税收制度的差别

1. 税基范围

税基是政府征税的基础和依据,描述的是征税的广度,即解决对谁的什么征税的问题。例如,所得税的税基为应纳税所得额,即以应纳税所得额为基础征税。一般而言,税基不外乎三种情况:对收入课税,即以收入或总收入为课税对象;对财产课税,即以财产的实物量或价值量为课税的基础;对商品与非商品流动的流转额课税。各国税法下不同税种税基的规定差异很大,比如什么项目的所得应列入应税所得的范围,什么样的收入可以列入扣除的项目,各国的规定都有差异。对于从事跨国经营活动的跨国公司来说,需要掌握每种税基包括的具体范围。一般来说,税收优惠越多,税基越小、越窄;反之,税收优惠越少,税基越大、越宽。在税率确定的条件下,税基的大小、宽窄决定着税负的轻重。因此,各国税法对税基的不同规定意味着某一纳税人的某项所得在一国不能扣除,而在另一国却可能获得扣除的待遇,为纳税人进行税务合规计划提供了机会。

2. 税率高低

从税收角度看,各国税率的差异是引导跨国企业经营活动的直接因素。由于经济发展阶段、国家治理水平及税制结构的不同,各国税率不可避免地存在差异。一方面,各国的税率会随着本国国情的变化不断调整。从全球来看,各国税率的这种动态调整使得各国税率的差异也在不断发生变化。另一方面,从国家之间税率的相互影响来看,国际税收竞争主要表现为税率的竞争。一国旨在吸引外来资本的低税率政策很可能会引发区域性甚至全球性的减税浪潮,这进一步加剧了国家之间税率的差异性。

从全球范围看,各国的税率差异非常大,为跨国税务合规计划提供了巨大的空间:为了实现利润最大化,跨国企业往往将其生产要素及相关的经营活动转移到税率最低的国家或地区,以尽可能减轻税负。

3. 税收优惠

在各国的所得税制度中,或多或少都会存在一些税收优惠的条款。从全球来看,这些优惠政策的目的不一、内容丰富、形式各异,成为跨国税务合规计划的主要工具和手段。对于一些亟须引进外资的发展中国家来说,其税收政策的优惠往往是吸引外国投资的重要工具。我国在20世纪90年代实施的《中华人民共和国外商投资企业和外国企业所得税法》就是为了吸引外资专门制定的系统性的税收优惠政策。如今,一些发展中国家的特殊税收优惠政策依然对跨国企业有着极大的吸引力。即便在发达国家,为了实现特定的政策目标,税法中也不可避免地会有一些税收优惠条款。比如,为了促进科技创新而制定的研发费用加计扣除政策,为了促进中小企业发展而制定的减免税政策。对跨国企业来说,这些税收优惠无疑成为其国际税务合规计划的重要途径。

4. 税收征管水平

有些国家社会稳定、经济发达,政府政策透明、运转效率高,法律和政策的贯彻实施及时而到位,如北欧的瑞典、丹麦。在这些国家之中,税收征管制度是成熟的,方便企业利用对税法的了解和对国家优惠政策的领悟安排自己的生产经营活动来进行税务合规计划。相反,在一些发展中国家中,政局不稳,缺乏一个持续稳定的税收政策,征管工作也不到位,给税务合规计划工作带来了很大的困难。一个明显的例子是在执行国际税收条约规定的情报交换条款的各有关税务当局管理效率上的差别。如果某一缔结国的管理水平不佳,就会导致该条款大打折扣,造成国际避税条件。

【例 10 - 2】 万豪国际集团在世界各地许多令人向往的城市和度假胜地拥有数千家酒店。从费城到巴黎,豪华的地毯和闪耀的吊灯并没有多大区别,令人意外的是这家国际酒店连锁集团竟然投入巨资购置洗煤机。

对一个酒店经营者来说,洗煤机听起来不会增加效益,但这种投资是一种非同寻常的营利手段,而且对美国公司的税务管理来说已经变得日趋重要。2024 年,万豪国际集团利用税法中鼓励从非常规来源生产燃料的减税规定,通过投资购置洗煤机获得 7 400 万美元的减税收益,2003 年获得同样数量的减税收益,两年的减税收益加在一起是最初 6 000 万美元投资额的两倍。万豪国际集团的实际税负率从 2001 年的 36.1% 下降到 2002 年的 6.8%。这项减税收益占该公司 2024 年 2.77 亿美元利润的 1/4 以上。

万豪国际集团的所作所为并没有什么非法之处。美国对公司征收的联邦所得税税率当时为 35%,但没有几家公司按这个税率纳税。美国各地的公司都在仿效万豪国际集团减少纳税的战略,许多公司都获得了公司财务管理的"真谛":利润不断增加,税收负担大大减轻。

(三)国际税收协定的差别

国际税收协定是两个或两个以上国家为了消除对跨国所得的国际重复征税和处理跨国纳税人征纳事务方面的关系而签订的书面协议。国际税收协定最初为消除国际重复征税而产生,经过不断地发展和完善,如今已经涵盖了消除国际重复征税、税收管辖权的划分、国际税收征管等更丰富的内容,已经形成较为完备的、得到大多数国家认可的国际准则:OECD 税收协定范本和联合国税收协定范本。目前,绝大部分国家之间的国际税收协定都是以这两个范本为基础签订的。

作为各国制定对跨国所得征税规定的基础,国际税收协定不仅兼顾了各国居民管辖权和地域管辖权的实现,专门对税收居民和所得来源地(常设机构)做出了明确的规范,而且根据不同类型跨国所得的性质划分了缔约各国的征税权。尽管国际税收协定包含了非歧视原则、国际税收征管协商与合作等非常丰富的内容,但其对各国实体税法产生影响的,主要是税收居民和常设机构、各类所得征税权的划分等条款。由于这些条款在各国执行的程度、掌握的标准并不完全一致,而且这些条款并未涵盖跨国所得的全部领域,因此,为企业开展国际税务合规计划活动提供了空间。

四、国际税务合规计划风险

(一)政策风险

BEPS 行动计划即"税基侵蚀与利润转移"行动计划,是 OECD 发布的系统性的国际反避税计划。2013 年,受 G20 的委托,OECD 开始了 BEPS 行动计划的研究。2015 年,OECD 发布了 BEPS 行动计划的 15 项研究成果,并逐渐开始在各国推行。BEPS 行动计划强调国际税收的公平性,要求**税收与实质经济活动和价值创造相匹配**。传统的国际税收主要是为了解决双重征税问题,把征税权在居民国和来源国之间重新分配。但结果是,跨国公司利用国际税收协定的优惠条件和各国的优惠税制,合法避免了居民国和来源国任何一方的税收,将利润转移到了其他地区,对居民国和来源国都造成了税基侵蚀和利润转移,而得到好处的是对经济活动没有贡献的避税地和低税地。

随着 BEPS 行动计划在越来越多国家推广,跨国企业的国际税务合规计划空间将会进一步缩小。BEPS 行动计划涉及的国际税收范围之广、经营活动内容之多、限制性规定之严,几乎无一不为跨国税务合规计划带来潜在的风险。在新的反避税法规政策环境下,纳税人在国际税务合规计划时需要深入了解这些政策变化,及时调整税务规划安排,避免不必要的税收风险。

拓展阅读

BEPS 行动计划

BEPS 行动计划包括五大类,共计 15 项行动(见表 10-1)。BEPS 行动计划的出台,意味着跨国公司先前习惯使用的避税方式很可能遭到中断和治理,各跨国公司在税务合规计划的过程中,要考虑经济活动的问题,务必使税收和经济实质相匹配,否则很可能会给企业带来更大的税收风险。

表 10-1　BEPS 行动计划

类　别	15 项行动计划		主　要　内　容
应对数字经济带来的挑战	第一项:数字经济		针对数字经济带来的新问题,对税制、税收协定和转让定价规则存在的问题提出修改建议
协调各国企业所得税税制	第二项:混合错配		针对利用国家间税制差异获得双重或多重不征税结果的行为,提出修改国内法和国际规则的建议
	第三项:受控外国公司规则		强化受控外国公司规则,防止利润留存境外避免纳税
	第四项:利息扣除		针对利用利息扣除避税的问题,提出修改国内法和国际规则的建议
	第五项:有害税收实践		审视各国"有害"的优惠税制,推动各国做出改变
重塑现行税收协定和转让定价国际规则	第六项:反税收协定的滥用		针对滥用税收协定待遇的行为,修订国际税收协定,并提出必要的国内法修改建议
	第七项:常设机构		针对避免成为常设机构来避税的行为,修订国际税收协定中常设机构的定义
	转让定价	第八项:无形资产	限制利用无形资产、风险和资本,以不合理的定价进行转让,人为增加低税地利润,减少高税地利润的行为
		第九项:风险和资本	
		第十项:其他高风险交易	

续　表

类　别	15项行动计划	主　要　内　容
提高税收透明度和确定性	第十一项：数据统计分析	建立数据统计分析体系，以监督和评估 BEPS 行动计划的作用和影响
	第十二项：强制披露原则	帮助各国税务机关设计税务合规计划方案披露机制
	第十三项：转让定价同期资料	充分考虑企业遵从成本，制定转让定价同期资料通用模板
	第十四项：争端解决	建立更有效的争端解决机制，弥补国际税收协定中争端解决的不足
开发多变工具促进行动计划实施	第十五项：多边工具	研究制定多边方式，减少为落实行动计划中国家之间不必要的协商程序

（二）技术风险

近年来，作为信息和通信技术创新的产物，数字产品和数字经济本身不仅带来了商业模式的重要演变和跨国公司全球价值链的整合，而且对基于传统经济构建的国际税收规则和体系形成巨大冲击。传统经济下的商业活动通常会留下明晰的交易痕迹，如财产所在地、居住地、行为发生地，因此可以较为容易地确定收入的性质和来源，进而基于收入的来源判定相应的税收管辖权，并通过合理的方式划分利润归属，同时结合现有税收协定避免国际税收争议和国际双重征税情况的发生。但在数字经济下，交易通常具有数字化、虚拟化、隐匿化和支付电子化等特点，交易场所、提供商品和服务的消费比较难以判断。相应的，数字经济下的经济活动收入的性质以及来源也相对难以确定，由此造成税收管辖权判定和利润归属划分的难题。

2019 年，OECD 正式提出 BEPS 两大支柱，针对数字经济的税收问题提出了新的解决方案。2020 年 1 月 31 日，OECD 和 G20 发布 BEPS 两大支柱的包容性框架声明，以应对数字经济下的税收挑战。支柱一内容是统一方法，提出新联结度规则和利润归属方案。支柱二提出全球最低税规则并逐步寻求达成一致。BEPS 两大支柱方法的提出和应用将进一步影响国际税收环境，国际税务合规计划方案也随之面临变革。

（三）国际税收征管环境变化

近年来，国际税收征管合作取得了突破性进展。截至 2020 年 2 月 19 日，《多边税收征管互助公约》的签约国（地区）已覆盖 136 个国家（地区），包括一些国际知名避税地（如巴拿马、开曼群岛、巴哈马），全球进入国际税收征管多边共同合作的新阶段。我国于 2013 年 8 月 27 日签署加入《多边税收征管互助公约》，2017 年 1 月 1 日正式执行。

2016 年，多国还签署了《转让定价国别报告多边主管当局间协议》。在 2016 年的第十届税收征管论坛（FTA）期间，我国与加拿大、印度、以色列和新西兰税务局局长一起签署了

《转让定价国别报告多边主管当局间协议》。根据该协议,签署国承诺将自动交换跨国企业集团按照各国国内法要求编制的转让定价国别报告。该协议要求全球合并收入超过 7.5 亿欧元的跨国企业集团,由其母公司向所在国税务机关按年报送集团全球所得、税收和业务活动的国别分布情况和其他指标。在当前国际税收征管多边合作的背景下,纳税人的国际税务合规计划面临着来自多边税务当局的征管挑战,纳税人的跨境经济活动信息将更加全面、动态地展现在税务部门面前,跨境税收风险防范不可忽视。

进阶学习

全球经济治理视角下国际税收遇到的新问题

2019 年 4 月,第一届"一带一路"税收征管合作论坛在中国乌镇召开,这是首次由中国税务部门发起并主办的高级别国际税收会议。在这次会议上,包括 34 个理事会成员和 22 个观察员国家(地区)的"一带一路"税收征管合作机制正式建立。2024 年 9 月,第五届"一带一路"税收征管合作论坛在中国香港召开,会议围绕"深化税收征管合作,服务高质量共建'一带一路'"主题进行了深入交流,达成了《第五届"一带一路"税收征管合作论坛联合声明》《香港行动计划(2025—2027)》等重要成果。"一带一路"税收征管合作机制已成为"一带一路"合作伙伴增进互信、凝聚共识、深化合作的重要平台,对全球税收治理发挥了重要作用。

"一带一路"税收征管合作机制是第一个由中国主导建立的国际税收征管合作平台,秉持共商共建共享原则,推动了"一带一路"国家(地区)在税收征管方面的工作交流、经验分享及跨境合作,有利于各国(地区)税收征管能力的提升、增长型税收环境的构建和税收征管信息化的转型。"一带一路"税收征管合作机制是一个有吸引力、有影响力、有广阔发展前景的多边合作平台。

"一带一路"税收征管合作机制是首个"一带一路"准政府部门间的多边合作机制,在推进共建"一带一路"高质量发展中发挥重要作用。"一带一路"税收征管合作机制的建设是促进"一带一路"共建国家(地区)贸易和投资自由化便利化的需要,也是促进"一带一路"高质量发展的需要,对市场主体产生重要影响,如可通过新签订或修订税收协定,更新发布国别投资税收指南,助力企业对外投资。"一带一路"税收征管合作机制的运作,有助于将相关国家(地区)的国际税收秩序诉求付诸实践,进而推动国际税收秩序的重塑,推动人类命运共同体的构建。

第二节　国际税务合规计划策略

一、国际税务合规计划的基本策略

跨国公司的国际税务合规计划主要涉及生产和销售环节,其中涉及的税种主要有流转税和所得税。一般来说,增值税、消费税等流转税为间接税,在某一时点上归属明确,规划空间较小。所得税是直接税,是以所得为课税对象的税种,跟所有人直接联系,因此将随跨国公司一同跨国流动,为税务合规计划提供了充足的空间和条件。因此,**跨国公司的国际税务合规计划主要涉及的税种为所得税。**

跨国公司的国际税务合规计划无外乎从两个方面入手——对投资地点的选择(外部环境的分析比较)以及对自身公司组织形式的选择。

（一）投资地点的选择

由于各国税收制度的差异，跨国公司在选择投资地点时，应综合考虑税率、优惠政策、税收负担程度、投资环境等多种因素，并根据企业自身发展情况，进行最优策略选择，实现降低税负，提高竞争力，获得比较收益的目的。

跨国公司在选择投资地点时考虑的各种因素衍生出了国际税务合规计划的具体规划手段。比如，选择税率较低的地区并且充分利用税收优惠政策，从而尽可能降低在投资国的税收负担；当前跨国公司国外投资的首选地点——国际避税地，能够为跨国公司提供多项税收红利，是针对外部环境进行税务合规计划的不二选择。再比如，国与国之间的税收协定是税务合规计划的一个着眼点，跨国公司在设立投资地点时，应选择与本部所在国签订有相关国际税收协定的投资国，充分享受税收优惠带来的效益。

总的来说，跨国公司在制定国际化投资战略时，首先应深入分析企业所处的错综复杂的经营环境，通过比较各国税收制度的差异，估计税收负担的大小，合理选择投资地点，充分利用国际避税地。

（二）组织形式的选择

在充分考虑外部因素进行税务合规计划之后，跨国公司可从自身组织形式出发，探寻规划的可能性。根据不同的组织形式，企业可分为公司制企业、合伙企业以及独资企业三类。从内部组织形式上划分，企业可分为总分公司或母子公司。不同的组织形式对企业整体税负有着不同的影响，因此，在分析外部环境的基础上，跨国公司有必要在公司组织形式上进行积极的规划。

首先，对于公司制企业、合伙企业和独资企业而言，三者在缴纳所得税上存在差异。公司制企业需要双重纳税——企业需要缴纳企业所得税，同时股东还要依据分得的股息和红利缴纳个人所得税，而合伙企业和独资企业只需缴纳个人所得税即可。这一差异是跨国公司在选择投资企业组织形式上考虑的主要因素之一，当然，还要综合考虑筹资、风险、管理以及各项成本。

其次，对于总分公司和母子公司的选择，跨国公司也有很大的税务合规计划空间。分公司不具有独立的法人资格，在总分公司之间转移资产时，不涉及所有权的变动，不用缴税；并且总分公司之间可以进行亏损抵补，降低税收负担。子公司具备独立的法人资格，需要向所在国纳税，但子公司的设定可以将利润暂时滞留在子公司，或者选择在税负较轻时汇回母公司，从而享受递延纳税的好处。

总的来看，各公司组织形式对跨国公司而言各有利弊，因此，企业组织形式的选择在跨国公司进行国际税务合规计划时是一个可以考虑的方向，但还是要综合外部因素进行衡量之后，做出最优选择。

拓展阅读

子公司与分公司的税收区别

分公司是与总公司相对应的一个概念，子公司是与母公司相对应的法律概念。很多国家将外国公司设立在本国的分公司视为独立法人实体，并对其征税。在国际税务合规计划中，分公司与子公司的税收区别主要体现在以下四个方面：

　　(1) 分公司在东道国取得利润,相当于总公司有来源于东道国的经营所得(来自境外的所得),作为非居民需要向分公司所在国缴纳企业所得税。子公司作为独立法人实体,就企业利润向所在国缴纳企业所得税,税后利润向境外的母公司分配股息。

　　(2) 境外分公司的经营所得汇回总公司,通常无须向分公司所在国缴纳预提税,但东道国开征分支机构利润税的除外。境外子公司向母公司分配股息时,通常需要在子公司指令条件的成员国企业之间免征股息预提税,税收协定中股息预提税为零等情形除外。

　　(3) 根据总公司所在国的国内税法或签署的双边协定,总公司通常可以在计算境外所得(即分公司在东道国取得的所得)在其居住国的纳税义务时进行税收抵免(或享受免税政策)。母公司同样可以进行类似的税收抵免(或享受免税政策)。不过母公司在计算境外所得抵免时与总公司不同:有些国家的国内税法或税收协定规定只能进行直接抵免,即只能对在境外缴纳的股息预提税进行抵免;有些国家的国内税法或税收协定规定了直接抵免和间接抵免,即母公司还可以对其间接负担的境外子公司企业所得税进行间接抵免。若考虑到某些税收抵免的特殊规定,那么设立分公司和子公司可能会产生较大的税负差异。

　　(4) 子公司可以对税后利润不做股息分配,或者虽进行了股息分配但不汇回股息,从而达到递延税负的效果。另外,设立中介子公司可以起到将境外分国抵免转为综合抵免,中和境外高低税负的作用。与子公司不同,分公司与总公司之间通常可以共摊成本和费用,甚至根据一些国家的规定,境外亏损可以与境内盈利相抵减,因而存在企业通过以上途径降低其在高税国应纳税所得额的可能性。

二、国际税务合规计划的具体策略

(一) 转让定价

　　转让定价是企业进行跨国税务合规计划的基本手段。一般来说,**转让定价是跨国企业内部各公司之间通过提供产品、劳务、资金或财产等形式而进行的收入与费用的分配**。从本质来看,跨国企业的转让定价是利润在其位于不同国家的公司之间的转移过程,是跨国企业进行税务合规计划的重要手段。

　　跨国企业会通过转让定价的手段降低其位于高税负地区的关联公司的利润,同时增加其位于低税负地区的关联公司的利润,从而降低集团整体税负,实现税后利润最大化。具体来说,跨国企业通过转让定价在其内部各公司间转移利润,**主要是通过转让货物、提供劳务、资金融通、成本分摊等活动来实现的**。

1. 转让货物的转让定价

　　通过合理制定转让货物的价格转移利润是跨国企业常用的税务合规计划方法,其操作方法如下:在跨国企业位于高税率国家(或地区)的子公司将原材料或产品销售给位于低税率国家(或地区)的子公司时,在相关国家(或地区)税法允许的范围内,通过制定尽可能低的交易价格,尽可能降低位于高税率国家(或地区)子公司的利润,提高位于低税率国家(或地区)的子公司的利润,实现减轻整体税负的目的。在实践中,**这种方法常常适用于跨国企**

业的生产性子公司位于高税率的国家或地区(在这些国家或地区设立生产基地的生产成本有可能会更低)、销售性子公司位于低税率的国家或地区(跨国企业在这些国家或地区可能拥有较为成熟的销售网络)的情形。反过来说,如果跨国企业出于生产成本或其他因素的考虑,将生产性子公司设在了低税率的国家或地区,而其销售性子公司位于高税率国家时,则在生产性子公司将货物转让给销售性子公司时,应该尽可能提高货物转让的价格。

2. 提供劳务的转让定价

提供劳务是跨国企业利用转让定价进行税务合规计划的另一有效途径。与转让货物相比,跨国企业内部各关联企业之间提供劳务的价格制定具有更大的灵活性。由于劳务的类型多样、性质各异且富有变化,许多劳务的市场价格往往相差较大,难以形成公平的交易价格,因此,关联企业之间提供劳务的转让定价往往具有更大的规划空间。

【例 10-3】 M 公司是一家全球知名企业,在世界五百强的排名中长期名列前茅,总部设在美国。2015 年,M 公司在北京投资设立了一家外商独资企业,经过两次增资,注册资本高达 2 000 万美元。虽然 M 公司的实力强大,但它在北京的子公司自设立以来几乎没有什么盈利,除个别年度微利外,多年来一直处于亏损状态。6 年累计亏损达 20 多亿元。从 M 公司所处行业看,北京市该行业的平均利润率在 12% 以上,而这家子公司的平均利润率只有 -18%。调查发现,这家公司累计亏损巨大并不是因为产品在市场上的销售情况差,而是因为利润的一半以上都要支付给美国母公司,作为提供研发服务和技术支持的特许经营费用。在进行大量的论证之后,我国税务部门对其进行了转让定价调查和特别纳税调整,并最终获得了美方的承认。最终,M 公司的中国子公司补税及利息共计 8.4 亿元。按照企业目前的销售规模测算,每年其将为中国增加税收 1 亿多元。

3. 资金融通的转让定价

资金融通是跨国企业利用转让定价税务合规计划的又一重要途径,其操作方法如下:位于高税率国家或地区的子公司作为资金的需求者,从位于低税率国家或地区的关联企业借入资金,并以尽可能高的利率向其支付利息,以实现向低税负国家或地区转移利润的目的。在许多国家的企业所得税法中,对于企业的利息支出都有着允许税前扣除的规定。在那些税率较高且有着利息税前扣除规定的国家,跨国企业的子公司便可以通过加大向低税率国家或地区关联企业举债的规模从而支付较高的利息,实现转移利润的目的。

【例 10-4】 A 国甲公司的最大股东是位于 B 国的乙公司。甲公司欲从乙公司筹集资金 1 000 万元,有股权融资和债券融资两种选择:如果采取股权融资方式,所筹集资金每年的税后利润全部分配给乙公司;如果采取债权融资方式,年利息率为 10%。假定甲公司筹集的这 1 000 万元资金每年可以带来的税前利润为 100 万元,A、B 两国的企业所得税税率分别为 30% 和 20%,不考虑预提税。

在债权融资情况下,甲公司支付的利息 100 万元可以在税前扣除,无须在 A 国缴纳企业所得税;乙公司取得的利息,需要在 B 国缴纳企业所得税。

$$乙公司应纳所得税 = 100 \times 20\% = 20(万元)$$

在股权融资情况下,甲公司筹集的 1 000 万元资金带来的税前利润为 100 万元,则:

$$甲公司需要在 A 国缴纳的企业所得税 = 100 \times 30\% = 30(万元)$$

乙公司取得的利息在 B 国无须缴纳企业所得税。显然,债权融资比股权融资的总税负要低,因此债权融资方式更有利。

假如 B 国税法允许按照 15% 的利息率进行税前扣除,那么,乙公司可以进行进一步的规划:将债权融资的利息率提高到 15%。在这种情况下,甲公司需要支付利息 150 万元,不需要在 A 国缴纳企业所得税;乙公司取得这笔利息收入,需要按照 B 国税法规定的 20% 的税率缴纳企业所得税。这样一来,乙公司就可以通过较高的利息率将 50 万元额外的利润以利息的形式从较高税率的国家(A 国)转移到较低税率的国家(B 国)。

$$其总税负的减少额 = 50 \times (30\% - 20\%) = 5(万元)$$

需要说明的是,本案例中的这种通过资金融通转让定价的方法有两个使用前提:一是筹集资金的公司所在国税率高于债权公司所在国税率;二是没有考虑向境外支付股息和利息的预提税。如果考虑预提税的话,需要对两种方案的总税负进行重新测算。

4. 成本分摊的转让定价

除上述途径外,跨国企业内部各关联企业分摊成本也是一种转让定价的重要方式。在跨国企业内部,为了提升整体管理水平和经营效率,在诸如技术研发、销售网络建设、产品广告等领域,往往采取跨国企业统一提供、各子公司分摊成本的方式。这样一来,对于那些位于高税率国家或地区的子公司来说,分摊成本就成为其转让定价的一个有效途径。同时,由于成本分摊的各方往往有权获得相应的收益(对技术研发等无形资产的研发来讲,尤其如此),因此,通过成本分摊的方式,可以将相应的利润转移到税负较低的国家或地区。

> **提示**
>
> 利用转让定价进行跨国税务合规计划需要充分考虑各关联企业本身的业务联系,只有在正常的业务联系范围内,同时在各国税法允许的范围内,利用转让定价进行跨国税务合规计划才有可能取得预期的效果。

(二)成本分摊协议

成本分摊协议又称成本贡献协议,是指关联企业之间达成的在开发、生产或维持资产、劳务、权利方面如何分摊成本和风险,以及确定各参与方在这些资产、劳务、权利方面获取利益的性质和程度的一个合同框架。根据 OECD《跨国企业与税务机关转让定价税务指南》,成本分摊协议的签订应**遵循公平交易原则**。企业对成本分摊协议所涉及无形资产或劳务的受益权应**有合理的、可计量的预期收益,且以合理商业假设和营业常规为基础**。

成本分摊协议是为了在公司集团内部合力研发无形资产并分担研发风险的一种机制,主要是发挥"风险分担、互助互济"的功能,并使合力研发的无形资产带来的收益被协议各方共享。但在跨国公司眼里,成本分摊协议却成了其国际税务合规计划的一种有效工具。具体的操作路径是:让位于高税国的母公司与位于低税国或避税地的关联企业签订无形资产研发的成本分摊协议,然后使一部分无形资产带来的收益合理合法地转移到低税国(避税地)关联企业的账上,并使这部分利润远离母公司居住国的征税权。

🔴【例 10-5】　假设 A 公司、B 公司和 C 公司为关联公司,B 公司和 C 公司均为在中国境内成立的企业,A 公司是 B 公司和 C 公司的境外母公司。三家公司均从事相同产品的制造和销售活动,而 A 公司拥有其他两家公司不具备的技术研究资源,可以从事产品升级换代和新产品的研发,并将技术成果提供给 B 公司和 C 公司。在没有成本分摊协议的情况下,B 公司和 C 公司需要向 A 公司支付特许权使用费,作为使用技术成果的回报。如果三家公司签订成本分摊协议,且均同意各自在其所在地为研发成果的合法经济权益人,则对于 A 公司所发生的技术开发成本,三家公司可以按照成本与预期收益相匹配的原则进行分摊,并在所得税前进行列支。通过成本分摊协议的签订,B 公司和 C 公司无须再支付特许权使用费,也就不用就支付的此项费用预提企业所得税。

🔴【例 10-6】　20 世纪 90 年代开始,为了减轻在美国较高的所得税税负,美国微软公司建立起了全球性的业务分区域运营组织。按照美国税法的规定,如果微软的美国母公司把无形资产转移到新设立的外国子公司以换取子公司的股权,该交易将会被视同母公司销售无形资产,应就该无形资产在未来 20 年间产生的所有特许权使用费在美国纳税。

为减轻微软集团在美国的所得税税负,美国微软公司与海外关联公司签订了成本分摊协议,将无形资产的研发费用预算进行了分摊:爱尔兰运营公司 MIR 大约分摊 30%,波多黎各运营公司 MOPR 大约分摊 25%,新加坡运营公司 MAIL 大约分摊 10%,余下的 35% 由美国微软公司分摊。由于成本分摊协议的每个参与方均被视为研发的无形资产的所有人,微软将其所研发的无形资产转移到了美国境外,也将无形资产所产生的收益转移到了美国境外。

通过上述安排,微软公司实际上获得了巨额的无形资产免税。2011 年,微软在全球有699.43 亿美元的销售收入和 280.71 亿美元的税前利润,全球实际税负率是 17.5%。其在爱尔兰、新加坡和波多黎各的区域运营中心共获得约 154.07 亿美元的税前利润,约占全球税前利润的 55%,但平均实际税负率却仅为 3.16%。

(三) 资本弱化

资本弱化又称资本隐藏股份隐藏或收益抽取,是指跨国公司为了减轻税负,采用贷款方式替代募股方式进行的投资或融资,即公司资本中的债务资本远大于股本。通常情况下,公司特别是跨国关联公司进行跨国融资时,经常通过高负债、低投资的形式,使其资本弱化,从而增加利息支出转移应税所得。这是因为税法上规定股息支付不能作为费用列支,只能在企业利润中分配,不具有抵税作用,而利息支出则可以作为费用,允许企业在计算应税所得时扣除,从而缩小企业所得税的税基,达到税收负担最小化。让集团中的低税国企业向高税国企业进行债务融资,高税国企业支付的利息不仅可以税前列支,冲减税基,而且这笔利息在低税国企业作为收入还可以负担较轻的所得税,达到"一箭双雕"的效果。为了防止纳税人利用资本弱化进行国际避税,有的国家制定了严格的限制资本弱化(债务/股本比例)的法规,也有的国家通过向本国企业支付给非居民企业的利息课税预提所得税的办法来抑制这种避税行为。

【例 10-7】 自 2011 年起,漳州市税务局为加强反避税管理,实施建立反避税案源库制度,要求各基层单位关注关联交易。在此机制下,2013 年 6 月,A 汽车配件产品生产企业进入漳州市税务局稽查人员的视线。征管信息显示,这家企业是 2009 年成立的跨国公司,主要从事汽车配件的生产销售,2009 年—2012 年销售收入增势良好,账目显示却是连年亏损,各年度毛利率均为负值,4 年累计亏损达 1.8 亿元。这种巨额亏损与其连年增长的销售收入显然不匹配。另外,该企业同期的销售成本与销售收入严重倒挂,费用金额较大。据此,稽查人员怀疑这家企业存在转让定价避税的可能。经过一年多的案头审计、实地核查、调取账簿、约谈协商,漳州市税务局终于厘清了 A 企业"通过不合理的产品作价方式、资本弱化等手段进行转让定价,向其境外关联方转移利润,造成巨额累计亏损以避税"的事实。

资本弱化问题调整方面。税务调查证实,A 企业账面上长期亏损,自 2010 年起处于资不抵债的状况,依靠其境内关联企业提供的委托贷款维持生产、经营,2010 年至 2012 年累计委托贷款额高达 6.6 亿元,支付关联方利息 1 500 多万元,关联债资比分别为 1.5∶1、3.12∶1 和 4.71∶1。这表明,A 企业利用债权性投资代替权益性投资,多列利息支出。鉴于 A 企业除 2011 年外的其他年度,税负率与其境内关联方所在地所得税率相同,2010、2012 年度发生的关联借款利息准予扣除。因资本弱化不得抵扣的关联利息支出,由 1% 的税负率差异产生应补所得税额,由此确定对 A 企业调增 2011 年应纳税所得额近 140 万元。

【例 10-8】 在 2017 年 4 月 1 日之前,英国的企业所得税税率是 20%,对向非居民支付的利息课征 20% 的预提所得税(股息免征预提所得税)。假定一家英国公司当年取得应税所得 100 万英镑,应纳所得税为 20 万英镑;其柬埔寨子公司当年取得应税所得 50 万英镑,企业所得税税率为 20%,应纳所得税为 10 万英镑。在没有公司内部融资的情况下,公司集团的总税负为 30 万英镑。现在,假定柬埔寨子公司向英国母公司提供一笔贷款,英国母公司要向柬埔寨子公司支付 40 万英镑的利息,此时,英国母公司的应纳税所得额变为 60 万英镑(100-40),应纳所得税为 12 万英镑。由于英国与柬埔寨之间没有税收协定,英国对 40 万英镑的利息支付要征收 20% 的预提所得税,即 8 万英镑,因而英国征收的所得税总额仍为 20 万英镑。当年,柬埔寨子公司由于取得了 40 万英镑的利息收入,其应纳税所得额增加到 90 万英镑,应纳所得税为 18 万英镑。由于柬埔寨允许本国居民办理外国税收抵免,柬埔寨子公司负担的 8 万英镑英国预提所得税可以办理税收抵免,其实际纳税为 10 万英镑。这样,母子公司的总税负仍为 30 万英镑。显然,由于英国征收了 20% 的预提所得税,英国母公司通过向柬埔寨子公司支付利息避税的动力就大大地降低了。

(四) 企业组织形式规划

企业组织形式规划主要是跨国企业根据各国对于子公司和分公司征税规定的不同特点,通过合理设置境外经营机构的组织形式,来达到减轻税负的目的。在大部分国家的税收规则及相关法律规定中,子公司都被视为一个独立的法人,需要独立承担所在国的纳税义务;而分公司在更多情况下则被视为不具有独立法人地位的经营机构,其在法律意义上仍然属于总公司,其经营成果往往要与总机构的经营成果汇总到一起。

一般来说,如果企业预计其境外经营机构在设立之初的几年内会出现亏损,那么,其应将该经营机构以分公司的形式设立。这是因为,在分公司亏损的情况下,其亏损一般可以抵消一部分境内总公司的盈利,从而减少应纳税所得额,降低税负。如果境外分公司在发展几年后开始盈利,这时,则应将该经营机构的组织形式由分公司改为子公司,以使其成为东道国的居民企业。这是因为,作为东道国的税收居民,子公司通常可以享受一些居民企业特有的税收优惠,比如,东道国与其他国家签订的税收协定中规定的预提税优惠条款,对居民企业采取延迟纳税的政策。例如,一些国家的税法规定,境外投资企业的利润未以股息形式汇回之前,母国公司可以不必为这笔收入缴纳企业所得税。当然,与分公司相比,子公司也可能会给企业带来额外的费用,比如,两国的重复征税、向母公司分回利润的预提税。总体而言,分公司与子公司的组织形式各具特点、各有利弊,企业需要根据自身的经营情况对海外设立经营机构的组织形式进行综合考虑。

【例10-9】　CC汽车集团公司成立于1989年,总部位于中国南方,于1998年上市。从最初出口少量产品到中国周边的国家,到在全球范围内大规模制造汽车,CC汽车集团公司开拓了庞大的海外市场。CC汽车集团公司最原始的业务主要是汽车销售。

随着全球汽车行业的迅猛发展,由于业务拓展的需要,CC汽车集团公司计划在A国成立一家公司。制定的组织形式方案如表10-2所示。

表10-2　组织形式方案

差　异	分　公　司	子　公　司
法人资格	没有独立法人资格	具有独立法人资格
税负的抵销	分公司亏损可以抵销其母公司的盈利	母公司不能进行税负抵销
税收的风险	会转移到母公司,母公司进行汇总缴纳	不会转移到母公司
税收的监管	相对比较宽松	相对比较严格

如果只是从减轻税负的角度来看,对CC汽车集团公司更有利的是选择分公司这种组织形式,因为CC汽车集团公司刚刚迈向国际市场,如果选择的组织形式是设立分公司,那么成立的分公司很可能亏损,而这些亏损额就可以抵销总公司的一部分盈利。如果成立子公司,不但不可以冲减总公司的利润反而可能会带来一些风险。

【例10-10】　中国某外贸公司在M国设立了一家全资子公司,中国的企业所得税税率为25%,M国的企业所得税税率为15%,股息预提税税率为10%。某年度该外贸公司在中国实现利润600万元,在M国的子公司实现利润250万元。总公司将税后利润的70%汇回母公司,剩余30%自用。外贸公司税负计算如下:

子公司在M国应纳企业所得税=250×15%=37.5(万元)

子公司的税后利润=250-37.5=212.5(万元)

母公司分得的毛股息=212.5×70%=148.75(万元)

母公司在M国应纳预提所得税=148.75×10%=14.875(万元)

母公司间接负担的子公司的企业所得税＝37.5×70%＝26.25（万元）

母公司在 M 国直接和间接缴纳的税额＝26.25+14.875＝41.125（万元）

母公司来自 M 国的全部应税所得＝148.75+26.25＝175（万元）

抵免限额＝175×25%＝43.75（万元）>41.125（万元）

母公司应补缴企业所得税＝43.75-41.125＝2.625（万元）

母公司境内所得应纳企业所得税＝600×25%＝150（万元）

母公司来自全球所得在中国的应纳企业所得税＝150+2.625＝152.265（万元）

建议：由于母公司适用的企业所得税税率高于子公司的企业所得税税率，在不影响母公司现金流的情况下，可通过允许子公司尽可能高比例地留存收益用于再投资经营，使子公司暂不分配利润，从而实现递延纳税。

（五）国际避税地的相关税务规划

1. 国际避税地的概念和种类

国际避税地，又称避税天堂、避税港、离岸中心等，一般是指那些税负非常低甚至不征收所得税的国家或地区。从目前世界上的主要避税地来看，国际避税地主要包括以下几种类型：

（1）不征收任何所得税的国家或地区。这类避税地通常称"纯避税地"，如巴哈马、开曼群岛、瓦努阿图。这些国家或地区对于在本地注册的公司，每年会收取公司年检费，费用相对较低。

（2）虽然征收所得税但税率极低的国家或地区，其税率一般不超过 10%。这类避税地较为典型的有英属维尔京群岛、所罗门群岛等。

（3）对特殊的境外控股公司设置非常低的税率的国家或地区。这类避税地对本国的企业往往按照正常税率征收所得税，但是对于境外企业在境内设立的不在其境内开展经营活动、仅具有控股作用的公司，往往不征收所得税或者征收极低的所得税。

（4）与大部分国家签订具有特殊优惠条款的税收协定的国家或地区。在这些国家或地区签订的税收协定中，预提税的税率非常低甚至为零。

此外，有的国家或地区（比如中国香港地区）实行单一的地域管辖权，仅对来源于境内的所得征税，对于来自境外的所得不征收所得税。这些国家或地区也常常被认为是国际避税地。

上述各种类型的国际避税地有一个共同的特点：对于境外控股的公司往往设置了非常低的税率，甚至不征收所得税。这就形成了世界范围内的"税收洼地"。显然，对跨国企业来说，这些避税地成为其进行跨国税务合规计划的主要途径：通过将利润从其他国家的子公司转移到位于国际避税地的子公司，并将利润累积在国际避税地，便可以在很大程度上降低公司的整体税负。

2. 国际避税地规划的实施步骤

从实施步骤来看，要利用国际避税地进行跨国税务合规计划，第一步就是跨国公司选择在某个国际避税地建立子公司。对于国际避税地的选择，跨国公司除考虑地缘关系等客观因素之外，往往还要考虑国际避税地的信息安全等因素，以应对各相关国家可能采取的反避税措施。事实上，许多国际避税地都有着严格的银行安全法或者相关的保密规定。此外，跨国公司在国际避税地建立何种性质的子公司,需要根据企业经营的性质、特点等因素做出合理的决策。

在国际避税地建立子公司之后,跨国公司第二步要做的就是,通过转让定价等各种形式,将位于其他国家(特别是高税率国家)的子公司的利润转移到在避税地新设立的子公司。由此,跨国公司的利润就从高税国转移到了国际避税地,整体税负就会大幅降低。这是跨国企业利用避税地进行税务规划的最常见方法。

【例 10-11】　SD 网络发展有限公司于 2016 年 11 月成立,是一家从事互动娱乐媒体的跨国经营企业。在公司规模不断扩大的过程中,为了寻求更大的税务合规计划空间,公司采用了设立离岸公司的方式。2020 年 11 月,SD 网络发展有限公司在开曼群岛注册成立 SD 娱乐有限公司,并由该公司 100%控股设立在英属维尔京群岛的 SD 控股有限公司。在此之前,公司设立在英属维尔京群岛的 SD 控股有限公司已经下设多家全资子公司,包括中国的 SD 信息科技上海有限公司、美国特拉华州的 Shanda ZonaLLC 公司、英属维尔京群岛的 Shanda ZonaLimited 公司及日本的 Bothte.Inc.公司。2024 年,SD 网络发展有限公司在英属维尔京群岛又设立了地平线媒体有限公司,开曼群岛设立软银亚洲基础基金。

通过对 SD 网络发展有限公司设立离岸公司前一年和设立当年的财务报告数据进行对比分析,可以发现 2023 年的息税前利润比 2022 年增加了 77%,所得税支出减少了 19%;2024 年比 2023 年息税前利润增加了 127%,所得税支出增加了 108%。可见,息税前利润增加的倍数大于所得税增加的倍数,企业每年的税负也逐渐减轻。部分原因在于在英属维尔京群岛和开曼群岛设立了离岸公司,得到了免缴所得税、资本利得税和股息分配时的预提税的优惠。

3. 国际避税地规划的形式

除此之外,跨国公司还可以利用国际避税地进行多种形式的税务合规计划。比较典型的有:规避较高的预提税税率、混合海外公司利润、降低间接转让财产的税负等。这些规划方法往往适用于不同的情形,有着不同的特点,但毫无疑问都利用了国际避税地较低税率甚至不征收所得税的特点。

(1)跨国公司利用国际避税地规划的一个重要形式是通过在避税地设立控股公司,降低预提税税率。一般而言,跨国公司会在具有资源禀赋的地区设立生产型子公司,该子公司实现利润后,缴纳当地的企业所得税,并将税后利润以股息红利的形式汇回母公司。在汇回时,母公司需向子公司所在国缴纳一部分预提税(一般由支付股息的子公司代扣代缴)。如果子公司所在国预提所得税较高的话,跨国公司就可以在一个与两国同时签订税收协定且协定规定的股息预提税税率较低的国家设立控股公司,从而降低预提税的税负。

【例 10-12】　A 国的居民企业甲为了降低生产成本,欲在 B 国设立从事生产的子公司乙,预计乙公司每年在 B 国缴纳企业所得税后可以分回股息 1 000 万元。但是,由于 A、B 两国之间没有签订税收协定,乙公司在向甲公司分回股息时,甲公司需要缴纳 30%的股息预提税,税负高达 300 万元(1 000×30%)。甲公司取得的净所得为 700 万元(1 000-300)。

为了减轻预提税税负,甲公司在一个与 A、B 两国都签订了税收协定且协定中的股息预提税税率规定都比较低的国家 C 设立了子公司丙,再由丙公司到 B 国设立子公司乙。由此,甲公司就构建了"甲公司(A 国)—乙公司(B 国)—丙公司(C 国)"的公司架构。假定按照 A、B 两国分别与 C 国签订的税收协定,股息预提税分别是 5% 和 10%。那么,乙公司首先将 1 000 万元的股息分给丙公司,丙公司需要在 B 国缴纳预提税 100 万元(1 000×10%),甲公司取得净所得 900 万元(1 000-100)。由于 C 国为国际避税地,对丙公司取得的来自境外的股息不征收所得税,因此,丙公司无须在 C 国缴纳所得税。接下来,丙公司将其所得以股息形式分给甲公司,按照 A、C 两国签订的税收协定,甲公司需要向 C 国缴纳股息预提税 45 万元(900×5%)。因此,三家公司的整体税负为 145 万元(100+45),甲公司取得的净所得为 855 万元(900-45)。

显然,通过上述税务规划方法,甲公司的税负有了明显的降低。但需要说明的是,在上述安排中,丙公司只能设立在国际避税地,否则,在丙公司取得乙公司分回的股息后,还要在 C 国缴纳企业所得税,这会使得公司的整体税负增加,极大地抵消减税效果。因此,选择一个合适的国际避税地是这一税务规划方法的关键。

需要进一步说明的是,即便 C 国只与 B 国签订了具有股息预提税优惠税率条款的税收协定,C 国与 A 国的税收协定中并没有针对股息预提税的优惠条款,甲公司仍然可以借此进行有效的税务合规计划。即乙公司将股息分给丙公司后,丙公司(至少在若干年内)不再向甲公司分配利润,而是将利润保留在丙公司。这样,整体税负只有丙公司向 B 国缴纳的 100 万元预提税。但是,与前述方案不同的是,在这一方案中,利润留在了 C 国的丙公司而不是 A 国的甲公司。而且,这一方案往往会面临 A 国纳税调整的风险。

(2) 跨国公司利用国际避税地进行税务合规计划的另一个常用形式是:在母公司所在国采取分国限额抵免税收政策的情况下,通过在避税地设立控股公司,混合海外各子公司的利润,减轻整体税负。许多国家签订的税收协定,都采用了 OECD 范本和联合国范本规定的税收抵免政策来消除重复征税。但是,在税收抵免的具体运用中,各国的规定有所不同:有的国家实行分国限额抵免政策,有的国家则实行综合限额抵免政策。

对于来自境外的所得在境外已经缴纳的所得税,我国之前采取分国限额抵免的方法消除重复征税。《关于完善企业境外所得税收抵免政策问题的通知》(财税〔2017〕84 号)赋予了纳税人选择权,可行选择分国抵免法或综合抵免法,一经选择,5 年内不得改变,使企业有了更大的规划空间。如果我国的居民企业在海外投资且东道国税率高于我国,则超过按照我国税法计算的税额不能抵免;如果东道国税率低于我国,按照我国税法规定,还要补缴企业所得税。因此,企业需要根据实际情况谨慎规划选择分国抵免法或是综合抵免法,尽量使企业整体税负更轻。

🏵 【例 10-13】 A 国居民企业甲在 B、C 两国均设有分公司。B、C 两国分公司均取得税前利润 100 万元。假定 A、B、C 三国的所得税税率分别为 20%、15%、30%,且 A 国允许纳税人选择分国限额抵免法或综合限额抵免法来消除重复征税。

如果选择分国限额抵免法,那么 A 公司的境外所得纳税情况计算如下:

B 国分公司在 B 国缴纳企业所得税 = 100×15% = 15(万元)

B 国分公司的所得在 A 国的抵免限额 = 100×20% = 20(万元)

B 国分公司的所得在 A 国需补缴的企业所得税 = 20-15 = 5(万元)

C 国分公司在 C 国缴纳企业所得税 = 100×30% = 30(万元)

C 国分公司的所得在 A 国的抵免限额 = 100×20% = 20(万元)

C 国分公司的所得在 C 国缴纳企业所得税超过了抵免限额,不需要在 A 国补缴企业所得税。

显然,B 国分公司的所得需要在 A 国补缴所得税,而 C 国分公司的所得在国外承担了过重的税负,则:

B、C 两国的分公司取得的所得承担的总税负 = 15+5+30 = 50(万元)

如果选择综合限额抵免法,那么,A 公司的境外所得纳税情况计算如下:

B 国分公司在 B 国缴纳企业所得税 = 100×15% = 15(万元)

C 国分公司在 C 国缴纳企业所得税 = 100×30% = 30(万元)

B、C 两国分公司在境外取得的所得在 A 国的抵免限额合计 = 200×20% = 40(万元)

因此,B、C 两国分公司的所得不需要在 A 国补缴所得税。这样,B、C 两国的分公司取得的所得承担的总税负仅为 45 万元。

显然,本案例中选择综合限额抵免法对甲公司更有利,降低了公司整体税负——甲公司的整体税负降低了 5 万元(50-45)。

(六) 利用税收协定规划

国际税收协定是指两个或两个以上的主权国家之间签订的关于所得税和财产税事项的法律条约。从法律效力来看,国际税收协定的法律地位高于国内税法。国际税收协定按参与国多少,可以分为双边税收协定和多边税收协定。双边税收协定是指只有两个国家参加缔约的国际税收协定,是目前国际税收协定的基本形式。多边税收协定是指有两个以上国家参加缔约的国际税收协定,现在国际上还不多,代表了国际税收协定的发展方向。

1. 国际税收协定的作用

(1) 避免所得税和财产税的国际重复征税,对缔约国双方的征税权给予明确规定。例如,协定中关于股息、利息、特许权使用费等限定税率的条款通常被认为是协定的优惠条款。其中,相互协商程序条款为纳税人解决跨境税收争议问题提供了依据和途径。由于可以有效地解决国际重复征税问题,纳税人在国际税务合规计划中应充分了解并适用国际税收协定的相关内容。一方面,纳税人通过申请适用的协定条款来解决跨境经济活动的国际重复征税问题;另一方面,纳税人可以充分利用协定中关于限定税率的优惠条款,以降低预提税税负。

(2) 防止纳税人的跨境逃税活动。国际税收协定中包括税收情报交换等内容,纳税人在中长期的国际税务合规计划过程中,还需积极防范税收协定方面的国际反避税风险。

2. 利用国际税收协定网络进行税务合规计划的要点

(1) 有效规避或有效解决重复征税问题。在国际税务合规计划过程中,纳税人首先需要关注国际重复征税问题,应充分了解税收协定网络的覆盖情况、税收协定条款内容的差异,积极申请适用相应的国际税收协定条款。

（2）降低股息预提税。两国之间签订税收协定往往会对股息预提税提供一个优惠税务限定税率,比如我国对外签订的多数税收协定都将股息预提税税率限制为10%。而在荷兰、爱尔兰等欧洲国家对外签订的税收协定中,股息预提税零税率较为常见。另外,在区域性的税收协调方案中,也有关于股息预提税的优惠。例如,欧盟母子公司指令规定,欧盟成员居民企业之间支付的股息,只要满足一定条件就可以免征股息预提税。

🈂️【例 10-14】　我国居民企业 ZC 公司计划收购"一带一路"沿线电力企业的部分股权。现有两个方案可供选择。

方案一:收购 I 国一家电力企业(以下简称"IC 公司")10%的股权。

方案二:收购 M 国一家电力企业(以下简称"MC 公司")10%的股权。

我国未与 I 国签订双边税收协定,I 国电力企业适用的企业所得税税率为 15%,股息预提税税率同样为 15%。

我国与 M 国签订了双边税收协定,其中规定:"如果股息受益所有人是缔约国另一方居民,则所征税款:(一)在受益所有人是公司(合伙企业除外),并且直接拥有支付股息的公司至少 25%的资本、持股金额至少达 8 万欧元(或等值的其他货币)的情况下,不应超过股息总额的 5%;(二)在其他情况下,不应超过股息总额的 10%。"M 国电力企业适用的企业所得税税率为 20%,股息预提税税率同样为 20%。

假设 IC 公司和 MC 公司每年的税前利润均为 2 000 万美元,税收利润全部用于向股东分配股息。

方案一:ZC 公司取得的来自 IC 公司的股息,应向 I 国缴纳 15%的股息预提税。

IC 公司应就税前利润向 I 国缴纳企业所得税=2 000×15%=300(万美元)

IC 公司应就税收利润向 ZC 公司分配股息=(2 000-300)×10%=170(万美元)

ZC 公司应向 I 国缴纳的股息预提税(由 IC 公司代扣代缴)=170×15%

$$=25.5(万美元)$$

ZC 公司从 IC 公司取得的净股息=170-25.5=144.5(万美元)

方案二:

MC 公司应就税前利润向 M 国缴纳企业所得税=2 000×20%=400(万美元)

MC 公司应就税后利润向 Z 公司分配股息=(2 000-400)×10%=160(万美元)

ZC 公司应向 M 国缴纳的股息预提税(由 MC 公司代扣代缴)=160×20%

$$=32(万美元)$$

ZC 公司从 MC 公司取得的净股息=160-32=128(万美元)

如果 ZC 公司申请适用我国与 M 国签订的双边税收协定,ZC 公司取得的来自 MC 公司的股息应向 M 国缴纳 10%的股息预提税。

ZC 公司应向 M 国缴纳的股息预提税(由 MC 公司代扣代缴)=160×10%

$$=16(万美元)$$

ZC 公司从 MC 公司取得的净股息=160-16=144(万美元)

对比方案一和方案二,如果 ZC 公司未申请适用税收协定条款,方案二中的 ZC 公司在 M 国缴纳的股息预提税税额高于方案一中的 ZC 公司在 I 国缴纳的税额,方案二中的 ZC 公司取得的净股息也明显更低,两者相差 16.5 万美元。如果 ZC 公司申请适用税收协定的股息预提税条款,方案一中的 ZC 公司应向 I 国缴纳的股息预提税税额高于方案二中的 ZC 公司在 M 国缴纳的税额,此时两种方案下 ZC 公司取得的净股息仅相差 0.5 万美元。

考虑到 I 国和 M 国的税率均低于我国,且持股比例未达到20%(只有达到 20%才进行间接抵免,本例中只能进行直接抵免),因此 ZC 公司进行境外股息预提税直接抵免之后,还需要向我国补缴税款,这将最终使得方案一和方案二的税后投资收益差异仅源于东道国企业所得税税率的差异。

实行方案一:

ZC 公司应就股息所得向中国补缴税款=170×(25%-15%)=17(万美元)

补税后的净收益=144.5-17=127.5(万美元)

实行方案二且未申请适用税收协定条款:

ZC 公司应就股息所得向中国补缴税款=160×(25%-20%)=8(万美元)

补税后的净收益=128-8=120(万美元)

实行方案二且申请适用税收协定条款:

ZC 公司应就股息所得向中国补缴税款=160×(25%-10%)=24(万美元)

补税后的净收益=144-24=120(万美元)

在中国补税后,方案一的净收益高于方案二7.5 万美元(127.5-120)。

(3)降低利息(特许权使用费)预提税。纳税人在开展跨境借贷或跨境无形资产许可活动时,应注意充分利用国际税收协定中关于利息和特许权使用费的限定税率,降低在东道国的预提税税负。在利用税收协定中关于利息限定税率的优惠条款时,可以同时结合资本弱化的税务合规计划方式,用以降低企业融资环节的税收负担。

第三节 跨国公司的国际税务合规计划

一、跨国公司的经营战略

(一)跨国公司的概念

跨国公司(Transnational Corporation),又称多国公司(Multi-national Enterprise)、国际公司(International Firm)、超国家公司(Supernational Enterprise)、宇宙公司(Cosmo-corporation)等,主要是指以本国为基地,通过对外直接投资,在世界各地设立分支机构或子公司,从事国际化生产和经营活动的企业。

（二）跨国公司的经营战略

跨国公司对海外直接投资的区位选择,不仅与东道国的自然禀赋和特征相关,也与其自身经营战略密切相关。跨国公司根据其不同的生产经营战略,追求和利用不同的东道国条件。

1. 多国内独立生产体系

多国内独立生产体系是跨国公司最早的海外经营形式。这一形式表现为跨国公司通过对外直接投资,在海外建立生产型分支机构,分支机构在东道国独立经营,与母公司的联系主要体现在产权控制、转移技术和提供长期资本等。大型跨国公司控制着许多独立的海外分支结构,使它们能够各自独立地服务于东道国市场。

2. 简单一体化生产体系

简单一体化生产体系主要集中在劳动密集型产业,产业内激烈的价格竞争促使跨国公司采取这种策略,以取得低成本优势。跨国公司通过股权和非股权安排,向东道国的分支机构提供生产必需的资本、技术、设备、原材料、技术指导与质量检验等,以充分利用东道国的比较优势,开发和利用当地的资源和廉价劳动力,以降低生产成本。

3. 复合一体化生产体系

信息技术的发展,使资源跨界流动更加便利,跨国公司正在使其在地理上分散的国外分支机构和不完整的生产体系转向全球性的一体化生产与营销网络,以寻求公司各分支机构的协同效应优势。跨国公司可以根据公司长期发展目标,将公司的各项具体职能安排在世界任何具有相应比较优势的区位,并以统一的方式为整个公司服务,最大限度地增强公司整体竞争力。在复合一体化生产体系下,跨国公司追求的不是单一目标,而是将市场资源和效率等目标有机地结合起来,使公司的各项职能和经营活动在世界范围内实现最佳投资组合。

4. 网络化、开放性的国际生产体系

网络化、开放性已经成为当今世界主要跨国公司国际生产的重要特征。随着跨共公司之间联盟与合作关系的发展,跨国公司在结构上逐渐演变成全球性网络公司,其全球性经营扩张日益表现为两个相互交错网络的拓展与延伸,二者相互渗透、相互补充,共同构成跨国公司进行全球竞争的战略基础和一体化国际生产体系。

二、跨国公司的国际税务合规计划案例之一：苹果公司的国际税务合规计划

（一）背景资料

苹果公司(Apple Inc.)是美国一家高科技公司,总部位于加利福尼亚州的库比提诺。苹果公司创立于 1976 年,当时公司名称为美国苹果电脑公司(Apple Computer Inc.),并于 1980 年公开招股上市,2007 年更名为苹果公司。

2013 年 5 月 20 日,美国国会参议院国土安全委员会下属的常设调查委员会对外发布了一份关于苹果公司纳税情况的报告,称苹果公司利用美国税法中的漏洞和海外分支网络,在 2009—2012 年间避免向美国政府缴纳超过百亿美元的税额,总税负率仅为 22%,远低于美国联邦税率 35%。苹果 2012 年发布的财报显示,苹果公司在海外获得了 368 亿美元的利润,却仅缴纳了 7.13 亿美元的公司所得税,税负率仅为 1.9%。这些数据表明苹果公司可能存在很大的税收问题。

面对这样的指控,苹果公司 CEO 蒂姆·库克(Tim Cook)在第二天的听证会上进行了辩驳。他坚决否认苹果在财务运营上有非法之处,并且强调苹果公司是美国第一大纳税企业,

在创造就业、推动经济发展上对美国经济社会有巨大的贡献。但他承认,苹果公司在海外拥有千亿美元的资金储备,由于美国税率太高,苹果公司并没有把现金全部带回国内的打算。他建议美国应该对公司税进行全面的改革,这样才会有更多的公司把海外资产转回国内,从而推动美国经济的繁荣与发展。

一同出席听证会的苹果公司 CFO 及税务主管也强调,苹果公司与爱尔兰的协议早在 30 年前就已签订,并且税务合规计划手段没有违背任何法律。美国税法限制了苹果公司的竞争力,为了扩展海外业务,他们不得不把海外收入留存在境外。如果苹果公司无法获得"合理税率",则不会将境外收益带回本土。

(二) 苹果公司开展税务合规计划的诱因与条件

1. 各国税收管辖权和法人税收居民身份判定标准的差异

税收管辖权是一国政府在征税方面的主权。目前,税收管辖权主要有地域管辖权、居民管辖权和公民管辖权。美国目前同时实行三种税收管辖权,爱尔兰同时实行地域管辖权和居民管辖权。

对于法人税收居民身份的判定,美国采用的是以法人登记注册地为确定法人居民身份的标准,即凡依据本国法律在本国登记注册的公司不论其总机构是否设在本国,也不论其投资者是本国人还是外国人,均确认其为本国公司或本国的法人居民。而爱尔兰采用管理机构或者控制中心地(通常指公司董事会行使其权力的地点)标准,即凡是法人管理机构或者控制中心设在本国,无论其在哪个国家注册成立,都是本国的法人居民。苹果公司正是利用了不同国家税收居民身份的判定标准的漏洞,在爱尔兰注册了一个负责海外业务的国际运营公司,又把实际管理机构或者控制中心设在美国,以实现"双边均不纳税"。

对于所得来源地的判定,一般采用经合组织税收协定范本的规定:特许权使用费一般只能由居民国征税,来源国不能行使征税权。另外,根据税收协定以及一些国家国内税法的规定,积极营业所得不需要在来源国缴税,除非在来源国设有常设机构;即使在来源国设有常设机构,积极营业所得扣除支付的特许权使用费后只需缴纳少量的税收。苹果公司利用这些规定在全球各集团子公司内转移其无形资产使用权,最终只在居民国缴纳了较低的税收。

2. 各国、各州所得税的差异

(1) 美国本地公司所得税的差异。美国宪法允许州政府自行开征州所得税,因而公司需要将其所得在拥有课税权的州之间进行划分。每一个州都有权自由选择对公司所得进行划分的要素种类及其权重。这就使得公司所得分配公式中的要素种类和数量以及计算方法在各州之间呈现很大的差异。如果把收入实现在一个公司所得税较小甚至为零的州,那么该公司应纳所得税就会很少,这样就可以实现国内税收支出的减少。这就是苹果公司选择内华达州设立资金管理公司的重要原因。

(2) 海外企业所得税的差异。公司利用之前提到的双边避免成为纳税人的方法,把海外公司建立在一个所得税相对较低甚至为零的国家,避开美国 35% 的高所得税税率。就目前而言,苹果公司在海外拥有 1 000 多亿美元资金,如果把海外资金全部汇回美国,至少要向美国政府缴纳超过 300 亿美元的企业所得税。

3. 转让定价协定的利用价值

转让定价手段是跨国公司最常用的一种国际税务合规计划策略。跨国关联企业之间可以通过操控企业之间的关联交易行为,把利润转移到低税率的国家,实现企业集团总税负降低的目的,但是此规定要求关联企业之间的转让定价要符合独立交易原则。苹果公司可以利用无形资产转让定价,使其海外利润承担较低的税负。

4. 成本分摊协议的利用价值

美国公司采用成本分摊协议可以避免使用美国税法的 Section 367(d) 的规定。苹果总公司可以通过与爱尔兰子公司签订成本分摊协议,共同研发无形资产,共同拥有无形资产,后期爱尔兰控股公司再买断欧洲地区的无形资产所有权。

5. 国际税收协定的可利用

为了解决国与国之间税收权益分配的矛盾和冲突,各国之间一般会通过签订国际税收协定给予缔约国居民一定的所得税优惠。苹果公司可以利用爱尔兰和欧洲国家的相关协定(如爱尔兰与欧洲各国达成的欧盟成员内所得税免税协议)安排税务合规计划战略。

> **提示**
>
> 利用国际税收协定实施税务规划具有一定的风险,表面上看是合法有效的,实际上却容易被认为滥用国际税收协定,税务当局可以通过加强与税收协定国家税收信息交换等方式加以控制。

(三)苹果公司境内规划策略

1. 美国的多级税收体制

美国实行的是联邦—州—地方多级税收体系。美国现行的公司所得税是由联邦公司所得税和州公司所得税组成的。一般来说,州公司所得税是在联邦公司所得税税基上加征一定比例的税。

联邦公司所得税法定税率为35%,而对于州公司所得税的税率,各州有不同的规定。苹果公司在美国境内正是利用了各州之间不同的税率,部署了一套税务合规计划安排。

2. 境内税务合规计划的组织架构安排

(1)在内华达州设立子公司。苹果公司的总部位于加州的库比提诺,而其管理和投放现金的部门却是一个设立在内华达州雷诺市的 Braeburn Capital 子公司,是苹果旗下的资产管理公司,成立于2006年,其目的是管理苹果公司的庞大现金。Braeburn Capital 用这些资金对公众权益市场进行相对保守的投资并且高度保密。

苹果公司把 Braeburn Capital 设在内华达州的原因在于,加州的公司所得税税率为8.84%,如果该子公司设立在加州,那么公司就需要为其在国内的收益缴纳公司所得税。而内华达州不征收公司所得税,也不征收资本收益税,把该公司设立在内华达州就避免了缴纳高额的州所得税。各州一旦发生产品的销售,部分销售利润被存入 Braeburn Capital 公司的账户中,接着该公司会把这些收入投资到股票、债券等理财产品中,这些投资产生的利润也不受加州税务当局的监管。Braeburn Capital 公司还为苹果公司提供了削减其他州——包括佛罗里达、新泽西和新墨西哥在内——税额的可能,因为那些州的税法规定,如果一家公司的财务管理在其他州进行,那么纳税基数可以降低。由此,苹果公司就通过在国内跨州建立一个子公司,躲避了加州和其他 20 个州需要课征的上亿美元的税额。苹果公司在美国境内的税务合规计划结构如图 10-1 所示。

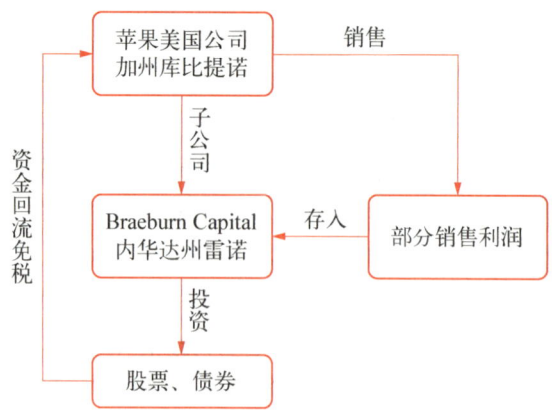

图 10 - 1 苹果公司在美国境内的税务合规计划结构

（2）利用研发支出优惠政策。美国高新技术产业税收优惠政策有：科研机构作为非营利机构免征各项税收和对企业研发（R&D）费用实行税收优惠。

美国为鼓励企业增加研发投入，把研发投入与一般性投资区分开，实行费用扣除和减免所得税的双重优惠。企业研发费用可选择两种方法扣除：一是资本化，二是在研发费用发生当年一次性扣除。作为鼓励措施，企业研发费用按规定办法计算新增部分，其 20% 可直接冲减应纳所得税额。

加州鼓励企业加强基础研究和开发活动，允许将公司内部 15% 的研发费用，或公司请外部机构从事研发的费用的 24%，用于抵免公司所得税。这一比例在全美是最高的。

美国具有特殊的联邦和州税收体系，各州拥有一定的立法权，造成了各州税率的差异性，给予了企业一定的政策选择空间。联邦政府的高税率，在一定程度上迫使企业寻求各种规划手段以减轻税负。

（四）苹果公司海外税务规划策略

1. 苹果软件产品涉税分析

（1）**无形资产交易的特性**。无形资产是指企业拥有或者控制的没有实物形态的可辨认非货币性资产。它没有物质实体，表现为某种法定权利或技术。无形资产交易的特征一般有以下四点：① 无形资产在交易中产生所有权和使用权的分离；② 无形资产交易是长期交易；③ 无形资产交易无统一价格；④ 无形资产交易价款支付方式多样。

软件也属于一种无形资产。软件下载不同于实体物品交易，是无形的、无法触碰的，从中国的 iTunes 下载和从英国的 iTunes 下载效果是一样的。如果从低税国的 iTunes 下载软件，这种交易关系就会被当作是发生在该低税国。

（2）**业务流程分析**。苹果公司海外市场的 App Store 业务是由注册在卢森堡的子公司 iTunes S.A.R.L 运营的，其软件产品的交易结构如图 10 - 2 所示。该公司只有几十名员工，并且该公司存在的外部证据只有一条，那就是一个带有写有"iTunes 公司"字样的纸片的信箱。选择在卢森堡设立该公司的原因是该国承诺只要它们把相关的交易转移到卢森堡，该国就会对苹果等高科技公司的收入实行低税政策。一旦相关国家的消费者在 App Store 上下载了歌曲、视频或

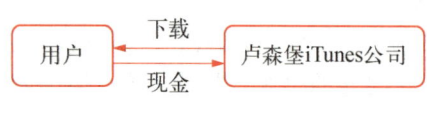

图 10 - 2 软件产品的交易结构

者相关软件,这些销售收入就会被记在卢森堡 iTunes 公司名下。据统计,卢森堡 iTunes 公司自2011 年以来,每年的销售收入都超过 10 亿美元,大致相当于 iTunes 全球销售额的 20%。

（3）**税收争议**。目前关于苹果公司如何确定软件销售地及如何征税,存在一定的税收争议,基本观点如下:

WTO 协定中具有法律效力的《服务贸易总协定》确定了四种国际服务贸易方式,很多国家仅能对其中的"商业存在"和"自然人流动"征收关税。App Store 的线上数字服务交易是《服务贸易总协定》中典型的"跨境交付",需要对此征收关税。但根据世贸组织《关于软件海关估价的决定》,只有有载体的软件才需缴纳关税,如果 App 下载不牵涉人员过境和硬件捆绑销售,就不必缴纳关税。

在苹果应用程序商店上传应用软件的开发公司是自主销售商,已为自己的销售行为在所在地缴纳增值税。应用程序商店向开发商提供信息存储服务,并受其委托向最终用户收取费用,在扣除标准佣金后将全部收益转交给开发商,按照交易实质无法要求应用程序商店缴纳增值税。

对于企业所得税,App Store 通过网络向境外销售 App 的行为,目前只适用于非居民企业来源于收入来源国的所得,应由付款人代扣代缴所得税,但目前很难找到一个下载苹果软件的付款人。另外,iTunes 公司是卢森堡公司,无法在各国银行开立账户,需要第三方支付公司的支持,这种交易实际是通过第三方支付服务商实现的,即由第三方支付服务商向用户收费,再转付至境外。

2. "爱尔兰—荷兰—爱尔兰"三明治架构分析

苹果公司虽然把大部分的制造和组装业务承包给了海外公司,但是大多数的管理人员、产品设计师、营销人员、研发部门等却在美国。苹果公司的绝大部分利润来自美国。然而,苹果公司的财务报告显示,该公司已经找到了各种各样的不违法途径,将大约 70% 的利润转移至世界各地,并且仅需支付极低的税款。苹果公司采用的税务合规计划就是运用"爱尔兰—荷兰—爱尔兰"三明治架构(见图 10-3)。

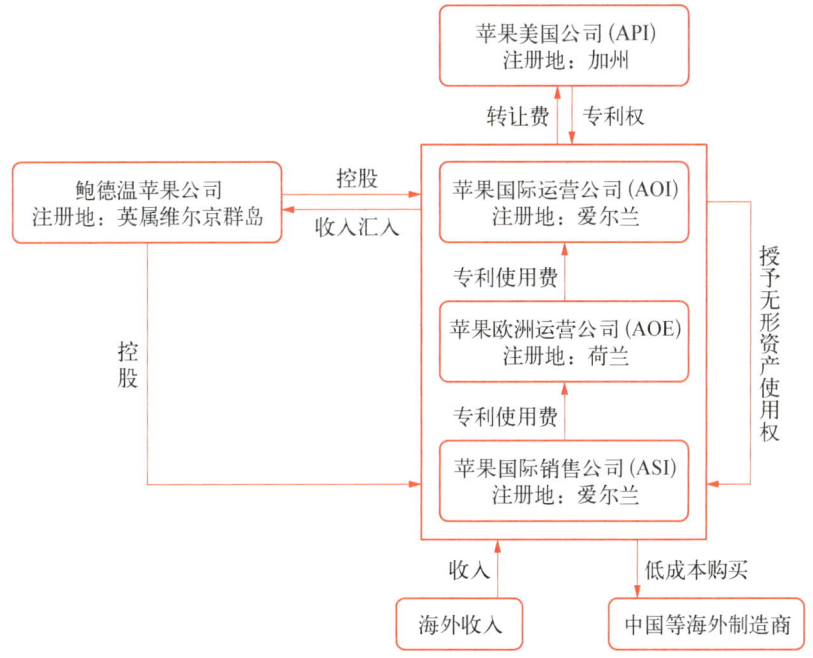

图 10-3 "爱尔兰—荷兰—爱尔兰"三明治架构

（1）三明治架构的基本结构。"爱尔兰—荷兰—爱尔兰"三明治结构的基本结构就是图10-3中间框内的设立在境外的三家海外公司。这三家海外公司的基本情况如表10-3所示。

表 10-3　三家海外公司的基本情况

结　　构	注册地	实际控股企业	居民纳税人身份
面包片二： 苹果国际运营公司（AOI）	爱尔兰	英属维尔京总部	非爱尔兰居民纳税人、 非美国居民纳税人
夹心： 苹果欧洲运营公司（AOE）	荷兰	苹果公司	荷兰居民纳税人
面包片一： 苹果国际销售公司（ASI）	爱尔兰	英属维尔京总部	非爱尔兰居民纳税人、 非美国居民纳税人

（2）纳税人身份认定。爱尔兰、美国、荷兰法人居民纳税身份的判定标准如表10-4所示。

表 10-4　爱尔兰、美国、荷兰法人居民纳税身份的判定标准

国　　家	判　定　标　准
爱尔兰	管理和控制中心地标准
美　国	公司注册地标准
荷　兰	公司注册地标准

通过观察可以发现，爱尔兰认定居民纳税人身份的依据是企业的管理和控制中心所在地而不是注册地，因此，注册在爱尔兰的双层面包并不是爱尔兰的居民纳税人，因为其实际管理和控制机构并不在爱尔兰。同时，双层面包也不是美国的居民纳税人，因为美国认定居民纳税人注册地。

（3）三明治"面包片"的作用。苹果的关联公司之间并不存在实际的销售活动，苹果公司选择了一种难以找到公允价值的交易品来充当转移收入的媒介——知识产权（无形资产）。当美国以外的苹果用户点击购买音乐或者下载软件时，苹果美国公司就把其拥有的知识产权转移到其爱尔兰运营公司，用户支付的现金则进入其爱尔兰销售公司的账户。

第二片爱尔兰面包"苹果国际运营公司"持有大量苹果产品的相关专利和知识产权，由于第一片爱尔兰面包"苹果国际销售公司"在销售苹果产品时，必须用到苹果的知识产权，因此"苹果国际销售公司"就需要向"苹果国际运营公司"支付知识产权专利使用费同时分配股息。

选定爱尔兰作为三明治的面包片的原因如下：首先，对于当时的爱尔兰，苹果公司的投资无疑具有很强的吸引力。苹果落户爱尔兰之前，爱尔兰的失业率和通货膨胀率都很高并

且仍在不断攀升,又受高素质人才移民国外等因素的影响,爱尔兰的经济和社会发展都面临着很大的危机。1956—1980年,爱尔兰开始通过零税率吸引外国企业入驻该国,以拯救爱尔兰的经济。从1981年起,为让企业具备生产资格,落户爱尔兰的企业必须缴税,但是税率仍然很低,不超过10%。苹果在爱尔兰享受了很长一段时间的免税和低税待遇。其次,苹果公司为当地提供了大量的就业机会,爱尔兰政府承诺给苹果公司提供税收减免优惠。最后,由于爱尔兰法人居民身份的判定标准是管理和控制中心地标准,也就是说,如果一家在爱尔兰注册的公司其管理权和控制权都不在爱尔兰本国,就会被认定为外国公司,不用在爱尔兰缴税。苹果公司正是利用这一点,在国际著名避税地——英属维尔京群岛设立了爱尔兰公司的总部——鲍德温控股有限公司。鲍德温控股有限公司掌握了苹果国际运营公司和苹果国际销售公司的部分股权,达到了控股的标准。同时,由于苹果国际运营公司是外国公司,它把收入汇到设在英属维尔京群岛的总部不需要向爱尔兰缴税,几乎是零成本。

（4）三明治"夹心"的作用。按照爱尔兰税法的规定,苹果国际运营公司向苹果国际销售公司名义上支付的专利使用费实际上是转移利润,需要缴纳所得税。苹果公司为了避免这个环节的税负,采用"曲线救国"的策略,在同盟国荷兰设立了"苹果欧洲营运公司"。

荷兰税法规定:对于法人居民身份的判定以公司注册地为标准而不是以总部所在地为标准。与两个爱尔兰公司一样,荷兰公司也被认定为欧盟公司,并且爱尔兰和荷兰都有税收协定,欧盟成员公司之间的交易免征所得税,即爱尔兰和荷兰都不对向境外支付的特许权使用费征收预提税。于是,爱尔兰销售公司取得海外收入后首先支付给荷兰公司,再由荷兰公司支付给爱尔兰运营公司,这两个支付过程都是免税的,这样荷兰公司就把爱尔兰销售公司的收入"零成本"转移到爱尔兰运营公司。最终爱尔兰运营公司收到收入后再通过分配股息的方式把利润转移到处于避税地的鲍德温控股有限公司,这部分收入积累在英属维尔京群岛就避开了税收监管。

3. 基于成本分摊协议（CSA）的转移定价分析

苹果研发活动的成果,就是苹果的知识产权,这是苹果和苹果商品的核心竞争力和价值源泉。苹果的研发活动几乎全部在美国本土进行。然而,在成本分摊协议之下,在美国本土进行的研发活动创造出的知识产权被部分地置于爱尔兰公司名下,赚取的巨额商业利润,大多不成比例地被截留在美国以外,成功实现避税。

苹果美国公司与苹果国际运营公司通过签订成本分摊协议,共同研发并拥有无形资产。如果没有成本分摊协议,根据美国税法Section 367(d)的规定,运营公司在获得这些专利技术时就需要母公司的授权,母公司转移专利技术就相当于销售无形资产,这就需要运营公司支付一笔权利金,并按照20%课税,而母公司的这笔销售收入又要按照美国税法征收35%的公司所得税。但成本分摊协议的适用解决了上述高税负问题。在成本分摊协议下,母公司和运营公司通过联合研发的方式实现了专利转移授予的目的。

总体来说,苹果成本分摊协议的真正功能是通过转让定价工具,人为地安排苹果价值核心的知识产权中的经济权利在关联公司间的归属,满足现有转让定价国际通用规则的形式要件,把利润转移到爱尔兰进行避税。

（五）苹果公司税案的延伸：国际反避税评价

2016年8月,苹果公司的避税事件引起轩然大波。苹果公司可能面临补缴145亿美元的税务风险。据法新社报道,欧盟委员会2016年8月底裁定,苹果公司在爱尔兰非法逃税

145 亿美元,苹果须将这部分税金返还给爱尔兰政府。其实,2014 年 6 月,欧盟委员会已经对苹果公司在爱尔兰的税务问题展开调查。

英国《金融时报》称,苹果必须补缴数十亿欧元税款,这将是欧盟有权规管成员企业以来的最大追税单。近年来,欧盟委员正采取行动,对全球各大企业的激进避税行为重新划定红线。如果对苹果公司的避税惩罚成为先例,欧盟后续可能还会对星巴克、亚马逊、麦当劳等几十家美国公司过去数年在爱尔兰、荷兰、比利时、卢森堡等"避税国家"的部分避税行为补缴税款。

欧盟法院于 2020 年 7 月 15 日对苹果公司和爱尔兰政府的税案作出裁决:欧盟委员会没有提供足够的证据证明爱尔兰政府违反了欧盟竞争法中的"禁止国家援助"条款,并将税收作为国家资源向苹果公司提供不正当的优惠待遇。因此,撤销 2016 年相关裁定,苹果无须补缴给爱尔兰 130 亿欧元(约合人民币 1 030 亿元)的税款。至此,苹果和欧盟之间持续四年的税务纠纷暂时告一段落。

三、跨国公司的国际税务合规计划案例之二:澳大利亚雪佛龙税案

2015 年 10 月 23 日,在长达近一年的诉讼审理后,澳大利亚法院就雪佛龙集团(Chevron Corporation)于 2003—2008 年间在美国和澳大利亚之间集团关联融资税务案件作出判决,最终宣判澳大利亚税务当局(以下简称澳洲税局)胜诉。

这一判决的背后,是漫长而针锋相对的抗辩过程,双方围绕澳大利亚国内的转让定价法规、所得税法规、澳大利亚与美国之间的双边税收协定等一系列文件引经据典,引用的判例多达 40 余例。本案开庭审理时间长达 21 天,参与庭审的除了原被告双方外,还包括由律师、投资银行顾问、转让定价顾问、国际税务顾问组成的庞大顾问团,成为澳大利亚税务庭审时间最长的案件之一。

另外,这一判决的时点也颇具意义,在二十国集团(G20)主导并持续发酵的 BEPS 行动计划引致的国际税收格局重塑的大浪潮下,无论是跨国企业、各国税务机关,还是专业中介机构,势必将这一判例作为关联融资案例的里程碑之一。

(一)案例背景

雪佛龙集团公司于 2002 年开始对其澳洲控股公司(简称 CAHPL)开展资本结构调整。该控股公司是雪佛龙集团与美国德士古集团(Texaco)合并后在澳大利亚设立的。

为了实现调整目的,CAHPL 与其全资子公司,即位于美国的美国德士古公司(简称 CFC)签订了信贷融通协议,经由 CFC 在美国外部市场中筹措资金后通过关联贷款的方式向 CAHPL 提供资金。以下是本案例的重要事实信息:

(1)CFC 主要从外部商业票据市场筹集资金,共计约 25 亿美元,其资金利率成本不超过美元伦敦银行间同业拆借利率(简称 LIBOR)。在该案例发生期间,CFC 取得的美元 LIBOR 维持在 1%~2% 的水平。

(2)CFC 在上述筹资过程中获得了雪佛龙集团控股母公司的担保。

(3)CFC 共向 CAHPL 提供了约 25 亿美元的澳元关联贷款,利率达到澳元 LIBOR + 4.14%,CFC 提供的贷款以澳元为本金并相应计提利息。

(4)CFC 与 CAHPL 之间的关联借贷交易没有任何形式担保、财务和运营保障性条款或其他资产保全条款。

（5）根据澳大利亚国内税法、澳大利亚与美国签订的双边税收协定，以及 CAHPL 在澳大利亚做出的相关申请，CAHPL 在向 CFC 支付上述关联贷款利息时无须在澳大利亚缴纳任何预提所得税。

（6）与此同时，根据美国国内税法以及 CFC 在美国的税务安排，CFC 从 CAHPL 收到的利息收入无须在美国作为应纳税所得纳税。

（7）基于 CFC 是 CAHPL 全资子公司的控股关系，CFC 在融资活动中产生的利润以股息的形式向 CAHPL 分派。

（8）CAHPL 就 CFC 分派而来的股息可享受在澳大利亚免税的待遇。

澳大利亚税务机关基于一系列考量，认为上述转让定价安排不符合澳大利亚现行转让定价法规，CAHPL 承担了过高的利率定价，并且交易的税务目的和税务利益可以被论证，因此该交易不符合独立交易原则。雪佛龙集团则围绕澳大利亚国内法规进行抗辩，试图采用独立交易安排下的可比交易论证案例中的关联交易，并引用先前判例。

最终，澳大利亚法院基于一系列文件证据和考量，基本否决了雪佛龙集团引用的判例在本案中的适用性，并认为其提供的分析不足以证明案例中的关联交易充分遵循了独立交易原则，判决澳洲税局胜诉。倘若雪佛龙集团不再上诉，将面临大额的转让定价调整金额和罚金。

（二）案例焦点

1. 何为独立交易？

首先，雪佛龙集团引用澳洲税局败诉 SNF 公司（该案是澳洲税局在颁布适用交易重定性的转让定价法规后的一则败诉案件，该案中 SNF 公司取得了不适用该规定的判决）的判例，强调其分析的合理性。

具体而言，雪佛龙集团就假设情形下 CAHPL 与第三方商业银行（如美国银行）之间可能发生的可比贷款交易进行了详细说明，并在外部投资银行专家的协助下，试图对该无担保无抵押的①虚拟贷款进行量化分析，以此证明本案中交易的利率符合独立交易原则。

然而，主审法官最终驳回了雪佛龙集团公司的分析和提议。法院认为，引用 SNF 公司判例从而试图忽略交易主体的所有特征和可比因素，这样的分析逻辑是不符合独立交易原则的。具体来说，法院认为，即使雪佛龙集团需要基于虚拟情形下的交易进行分析，也应当充分考虑交易主体的关键特征，包括 CAHPL 作为跨国集团企业的一部分和贷款方 CFC 的特征（集团母公司提供担保），以及其所在的行业的特征（油气能源行业），从而使得假设情形足够接近真实交易。

因此，本案中雪佛龙集团公司采用与商业银行之间的虚拟交易是难以从转让定价角度证明该行业内实际交易是如何定价和安排的。基于上述考量，法院最终没有采纳雪佛龙集团公司提出的转让定价分析方式。

2. 集团隐性支持与信用评级

在关联融资交易中，**集团隐性支持主要指的是单个企业因其作为集团的一部分而可能被外界认同的偿债能力和信用状况的提升**。在本案中，法院基于法理认为，在没有明确的理由和法律依据得以完全忽略集团隐性支持这一因素的情况下，雪佛龙集团公司认为的集团

---

①　CFC 在上述筹资过程中获得了雪佛龙集团公司的担保，而 CFC 与 CAHPL 之间的关联贷款则无任何担保抵押条款。最终控股母公司的担保是否透过 CFC 的融资成本间接影响了后者贷款的利率，是值得考虑的一点。

隐性支持因素可能是存在的。

法院甚至从集团定价政策和融资策略上论证 CAHPL 在外部市场上会倚靠集团信用支持获得更低的借款利率。庭审中还引用了 2009 年加拿大通用电气税务案件的判例（简称 GE 判例）作为上述因素的有利佐证。在 GE 判例中，法院认可了集团隐性支持这一因素的存在。

在本案中，主审法官认为，独立企业的概念与单个企业是不同的。雪佛龙集团公司之所以能够对该融资交易进行安排并得以按照目前的各项交易条件实施该交易，与其作为跨国企业成员的身份、其与资金提供者之间的控制关系是密切相关的。因此，法院认为完全抛去这些交易主体的特征，将雪佛龙集团公司当作毫无瓜葛的单个企业考虑其信用状况以及市场利率是不合适的。但在本案中，法院在信用评级分析上的庭审结果与 GE 判例有所不同。

在 GE 判例中，法院不仅认可了隐性支持的因素，而且认可了基于单个企业信用评级进行适当上调的分析方法。换言之，GE 判例中法院认可了单体信用评级进行分析的基础。然而，在本案中，法院认为以单体信用评级为基础的分析方法在独立金融机构的贷款业务中可能常见，但并不适用于像本案中母子公司之间的关联借贷，因此基于信用评级进行调整的分析也就无从谈起了。

基于上述考虑，法院没有采纳本案中雪佛龙集团公司提供的评级机构针对借款人（即 CAHPL）的主体信用评级分析。然而，法院和澳洲税局实际上并没有给出雪佛龙集团公司应该如何分析集团隐性支持因素的方法或实质性意见。此外，澳洲税局和法院并未就美国母公司向 CFC 作出集团担保从而使得 CFC 获得较低融资成本的问题予以考虑，这一因素可能不利于澳洲税局的立场并且产生美国转让定价风险。

3. 对关联交易的重新定性

在本案中，法院就澳洲税局对于交易条件的重新定性给予了支持，使得这一判决具有时代意义。

法院认同了澳洲税局在资产保全条款这一关键交易条件上的主张，即在独立交易情形下，借款人通常会向贷款人提供运营或财务方面的保障，以此获得独立交易条件下的合理利率水平，作为融资交易对价。这意味着在分析本案中的独立交易条件时，应当基于含有上述保障条款的可比交易进行定价。因此，本案中雪佛龙集团公司一方的专业分析，即基于无资产保全条款情形下的转让定价分析或调整，最终几乎都被法院认为是无效证据。

更为重要的是，在澳大利亚修订后的转让定价法规中，税务机关正式被赋予了对交易进行重新定性的权力（即使需要满足特定条件），并且对于交易的重新定性，税务机关无须就重新定性的行为主动举证其正当性。这一举证义务将由纳税人承担，即需要纳税人举证对税务机关的重新定性予以反驳。

除上述三点外，本案中法院还对交易币种、纳税人企业内部证据（如内部往来邮件）进行了全面审理，进一步支持了其判决依据和结果。

（三）BEPS 时代前后对于关联融资交易的观点差异

时至今日，相较于购销交易、服务交易和无形资产交易，金融交易在转让定价领域仍然处于各国税务机关难以真正触碰的价值链环节，这在很大程度上是由这类交易的高度灵活和复杂性决定的。

由于金融交易本身可以附加和设定层出不穷的交易条件（甚至是各种金融期权）以达到

交易双方的特定目的,加之金融交易的频率在借助互联网和数据平台的情况下达到空前的高度,以及在金融机构的协助下交易成本可以达到很低的水平,因此关联方之间的金融交易相比其他交易而言,从安排到执行都更便捷。此外,2008 年金融危机后跨国企业越来越多地使用内部融资代替外部融资以节省成本,而税务成本的节约也常常在金融交易中体现得淋漓尽致。基于上述背景,关联融资交易逐渐成为跨国企业进行税务规划以达到税基侵蚀和利润转移目的的重要领域。

1. 真实交易和风险承担的界定

BEPS 报告的相当篇幅在于论述和指导各国税务机关和纳税人为何以及如何对真实交易进行界定,并提出了较为完整的一套分析框架。其中,关联交易合同安排是理解和界定关联交易的切入点,而不再是完全依赖的基础。

BEPS 报告明确指出,单凭交易双方的书面合同是远远不够的。如果合同信息不完整或与双方实际行为不符,则可根据关联企业的实际行为提供补充性证明,从而在转让定价分析和调查中取代相应的合同安排,并基于准确界定后的交易确定独立交易定价。同样,在对风险承担的界定上,决定和实施风险控制活动、拥有承担风险的财务能力在 BEPS 报告中成为重要考量因素。

BEPS 报告的推出,无疑进一步帮助各国税务机关在面对形式交易时取得更大的主动权,特别是在面对金融交易时可以采取更有效的手段重新定义双方的交易条件,甚至否决一部分交易条款,以还原真实交易的本质。更为重要的是,金融交易在某种程度上可以说是风险交易,交易双方根据互相承担的风险量化形成交易条件,最终确定交易对价。税务机关如能对风险和风险的分配有较为全面的分析和评判,就能大大增强对金融交易的监管能力。

2. 对集团协同效应的考量

BEPS 报告明确提出了对集团协同效应的指南,即将集团协同效应按照其实质区分为隐性支持产生的附带性收益和特意采取的协同行动。其中,对于企业仅因其作为集团成员而非集团成员协同行动产生的收益,例如在关联融资交易下的资信水平提升,企业和税务机关无须就该隐性支持产生的附带性收益进行定价调整;反之,如果该收益来自集团成员采取的一致协同行动,则应当就产生的收益对该协同行动进行补偿。

BEPS 报告对关联融资交易,尤其是借贷交易和担保交易形成了深远影响。目前,在实务中模糊不清的集团信用评级与个体信用评级的关系、担保费的定价问题等,都有望在这一影响下逐步形成有章可循的实践指引。

本案中,雪佛龙的美国母公司对 CFC 提供了集团担保,该担保在一定程度上使得 CFC 能够以较低的资本成本从票据市场上融资,进而向 CAHPL 提供稳定长期的贷款资金。在独立交易条件下,资金供给的担保是否会间接地传导至 CAHPL 以至 CFC 愿意以无担保的方式和目前的利率与 CAHPL 进行交易,同样值得从美国转让定价角度进行思考。

从美国转让定价角度来考虑,是否应当以及如何对母公司提供的担保予以补偿,可能会成为美国税务机关的关注点。考虑到包括前述 GE 判例在内的相关案例,母公司提供担保的价值应当予以考量,本案中澳洲税局站在本国税收的立场上,没有充分考虑这一因素。倘若在本案判决后美国税务机关对集团母公司提出疑问,公司应当如何应对潜在的双重征税、如何就母公司担保价值予以分析将成为新问题。

此外,如前所述,在对子公司进行信用评级时,即使仅根据子公司个体的财务状况进行分析,子公司的个体财务状况是否在一定程度上已经体现母公司和集团对其的经营价值也值得思考,尤其是在子公司依赖关联交易获得经营业绩的情形下。

复习与思考

1. 什么是国际税务合规计划?它与国内税务合规计划的联系与区别是什么?
2. 国际税务合规计划的特点有哪些?
3. 国际税务合规计划产生的前提条件有哪些?
4. 转让定价进行税务合规计划的原理是什么?
5. 跨国企业进行国际税务合规计划时应注意哪些问题?

小试牛刀

一、自测题

扫码完成自测

二、业务题

1. Tony 是境外跨国企业的高管。2024 年该境外公司在华投资,决定选聘 Tony 进入中国,为中国境内子公司提供劳务并支付工资,并保留 Tony 在境外公司的职位。Tony 在华停留期间有两份收入来源,一份由境内公司支付至 Tony 的境内账户,另一份由境外公司支付至 Tony 的境外账户。停留时间,往返次数,股权激励方案暂未定。境内子公司应该如何为 Tony 提交规划,减少不必要的税收损失?

2. 某国一家制药公司,生产一项有专利权登记的药品,在市场上独一无二,没有竞争对手。该公司打算向国外开拓业务,有如下三种方案可供选择:

方案一:根据海外市场的销售情况,不设立生产场所和销售机构,只通过外国的代理商推销产品。

方案二:产品制造仍然在该国,在国外只设立销售营业部。

方案三:在国外设立从生产到销售的子公司。

试分析不同方案下,公司可能涉及的所得税。

星巴克公司的税务合规计划

星巴克是美国的一家连锁咖啡公司,不仅在特种咖啡零售界处于世界领先地位,而且是世界著名的咖啡连锁店。星巴克每年都从世界各地的消费者手中赚取丰厚的利润,然而它的税收问题却频频出现在媒体的报道中。

在英国,2012年,星巴克曾因纳税问题引发了公关危机。路透社和英国独立调研机构"税务研究"对星巴克的纳税情况进行过调研,这一研究持续了四年的时间。调研显示,星巴克从1998年进入英国,截至2012年,已占据英国市场1/3的份额,总销售额累计超过30亿英镑,但其缴纳的企业所得税累计只有860万英镑,占其销售额的比重不到0.5%。

在荷兰,星巴克也存在纳税争议。2015年10月,欧盟委员会判决荷兰政府与星巴克之间签订的预约定价协议不正当地减少了星巴克在荷兰的税负,构成了荷兰对星巴克的非法国家补助。为减轻由此引发的不公平竞争,欧盟委员会责令星巴克向荷兰当局补缴2 000万~3 000万欧元的税款。

星巴克公司的税收结构如图10-4所示。

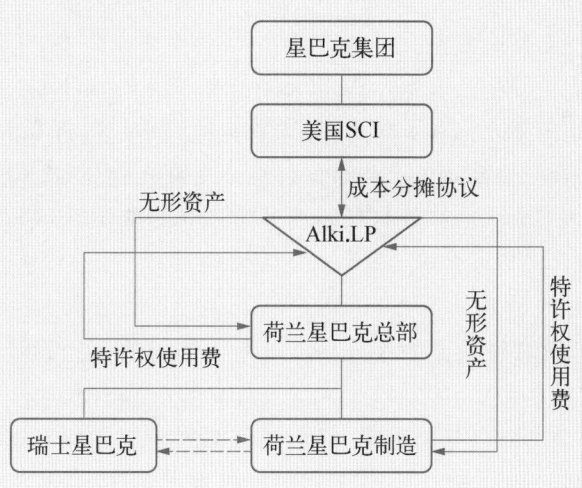

图10-4 星巴克公司的税收结构

星巴克集团控制下的Starbucks Coffee International(SCI)是一家成立于美国华盛顿州的有限责任公司。首先,其通过美国集团内部一系列复杂的控股关系,最终控制位于英国的有限合伙企业Alki.LP。其次,这家位于英国的有限合伙企业控股荷兰星巴克总部(Starbucks Coffee BV)。再次,荷兰星巴克总部控股瑞士星巴克(Starbucks Coffee Trading Company SARL)和荷兰星巴克制造(Starbucks Manufacturing BV)。

星巴克企业整体的规划方向是把海外利润集中在英国和瑞士,原因如下:第一,瑞士是避税天堂，企业所得税税率只有 20%，远远低于美国的 35%，也低于欧美多数国家，利润固积在瑞士可以大大降低星巴克的整体税负。第二，星巴克在英国的企业是一家合伙制企业，按照英国税法规定，合伙企业不承担纳税义务，由合伙人缴纳个人所得税，而它的合伙人位于美国的华盛顿州，不用在英国纳税，所得分回美国后在华盛顿州不需要缴纳州税，税负降低效果明显。

下面梳理一下这些组织在星巴克税务合规计划中的作用。

首先，来看英国的有限合伙企业 Alki.LP。Alki.LP 和 SCI 一起负责产品研发，签订有成本分摊协议，享有星巴克的无形资产所有权。它负责一小部分产品研发，主要起着授予无形资产所有权的作用，除此之外不负责其他生产经营工作。假设无成本分摊协议，美国公司 SCI 在授予英国有限合伙企业 Alki.LP 知识产权的过程中会获得一笔特许权使用费，这笔特许权使用费没有改变整个集团的收益，却因需要在美国缴纳税款而造成利益损失。成本分摊协议最重要的作用，就是避免产生特许权使用费进而导致纳税义务。

其次，瑞士星巴克负责星巴克全球范围内的生咖啡豆采购工作，之后再把咖啡豆销售给世界各地的星巴克制造公司，其中包括荷兰星巴克制造。为了利用瑞士税率较低的优势，把利润汇集在瑞士，瑞士星巴克用较高的价格把生咖啡豆卖给荷兰星巴克制造。荷兰星巴克制造被定义为一家来料加工企业，因此采购价格根据成本加成法，按照 20% 的利润率，在瑞士星巴克购进生咖啡豆的成本上计算确定。资料表明，其他生咖啡豆加工制造企业的利润一般位于 4.9%～13.1%，由此看来，20% 的利润率不仅超过最高利润而且超过较多，因此瑞士星巴克和荷兰星巴克制造的交易价格偏高，存在转移定价的行为。

再次，荷兰星巴克制造负责欧洲、非洲等地区的咖啡豆供应，从瑞士星巴克采购了生咖啡豆之后，负责烘焙和包装咖啡豆，之后再分销给各地的门店。荷兰星巴克的利润一部分流入了英国，一部分流入了瑞士，造成最后的应纳税所得额大幅减少。一方面，由于荷兰星巴克制造在咖啡豆生产过程中利用了英国 Alki.LP 授权的咖啡豆烘焙等技术，因此其收入的一部分通过特许权使用费的形式转移给了 Alki.LP。另一方面，荷兰星巴克制造通过转让定价的方式，在采购咖啡豆的过程中，支付瑞士星巴克较高的价格，把这部分利润转到了瑞士。

最后，荷兰星巴克总部负责和各门店谈判各项产品的具体销售协议，同时提供星巴克商标等无形资产的使用权，向各门店收取特许权使用费。虽然荷兰星巴克总部每年从各门店获得了大量的特许权使用费，但是这一使用权由于是从英国星巴克制造授权而来，还需要向英国的 Alki.LP 支付高额的特许权使用费，由此将大量的利润转移给了英国的 Alki.LP。

除此之外，两家荷兰企业——荷兰星巴克制造和荷兰星巴克总部享有荷兰的优惠政策，即对从荷兰向境外支付的股息、利息和特许权使用费不征预提税。这两家公司都使用了英国合伙企业提供的特许权，须支付特许权使用费，因此，星巴克无须支付任何预提税，就轻松地完成了利润由荷兰到英国的转移设计。

思考：

1. 星巴克公司主要采用了哪些跨国税务合规计划方法？

2. 星巴克公司与苹果公司的跨国税务合规计划有何异同点？

主要参考文献

［1］ 蔡昌,李梦娟.税法［M］.北京：高等教育出版社,2023.

［2］ 蔡昌.企业财税合规：涉税风险排查与税控管理案例解析［M］.北京：中国经济出版社,2023.

［3］ 班得瑞.税法的哲学基础［M］.许多奇,程雪军,译.北京：商务印书馆,2024.

［4］ 全国税务师职业资格考试教材编写组.税法：Ⅰ［M］.北京：中国税务出版社,2025.

［5］ 全国税务师职业资格考试教材编写组.税法：Ⅱ［M］.北京：中国税务出版社,2025.